# VOYAGES DV
## SEIGNEVR DE VILLAMONT,
Cheualier de l'ordre de Hierusalem, Gentilhomme du pays de Bretaigne.

*Diuisez en trois Liures.*

Le PREMIER contient la description des villes & forteresses de l'Italie, & des antiquitez & choses sainctes & modernes qui s'y voyent.

Av SECOND est amplement traicté de la Sclauonie, Grece, Turquie, Moree, Cephalonie, Candie, Chypre, Hierusalem, & de tous les Saincts lieux où nostre Seigneur Iesus-Christ a faict des miracles: Auec la croyance des Chrestiens Grecs, Armeniens, Syriens, Georgiens, Abyssins, & autres Chrestiens de l'Asie & Affrique.

Et au TROISIESME est la description de Syrie, de Damas, Phenicie, Ægipte, Damiette, du grand Caire de Babilone, des Anciennes Piramides, & Mommies: auec la description de l'Empire du Grand Turc, & leurs coustumes & croyance.

*Ensemble la valeur & changement des monnoyes qui se despendent en tous les Royaumes & Prouinces cy dessus.*

Plus vn Abregé de la description de toute la France: Et les Ordonnances des Roys & Empereurs de France Grādsmaistres & chefs de l'ordre des Cheualiers du Sainct Sepulchre de Hierusalem.

A PARIS.
PAR CLAVDE DE MONSTR'OEIL ET
IEAN RICHER.
M. D. XCV.

AVEC PRIVILEGE DV ROY

Pagination incorrecte — date incorrecte

**NF Z 43**-120-12

# AV LECTEVR.

cuſer ſi i'ay obmis quelque choſe par inaduertance: ou ſi mon langage n'a eſté enrichy de quelques belles fleurs d'eloquence, comme la matiere le requeroit bien, attendu que ie n'ay employé mon temps à ſuiure la trouppe des muſes, mais pluſtoſt me ſuis adonné, voyageant par diuerſes prouinces, à l'exercice des armes, comme propres & conuenables à ma condition. Cependant, bening lecteur, tu receuras ce mien petit labeur, & ſuppleeras (s'il te plaiſt) aux fautes qui s'y pourroient rencontrer, & le receuant d'auſſi bon cœur que ie te le preſente, tu me donneras courage à l'aduenir de n'eſtre chiche de ce que j'auray plus exquis rapporté du temps & de l'occaſion ſeruant à la France ſelon mon deſir, Adieu.

## *QVATRAIN.*

*François voyez ces peuples eſtrangers,*
*Sans changer d'air faittes ce long voyage,*
*De Villamont en la fleur de ſon aage*
*A ſes deſpens vous tire des dangers.*

# SOMMAIRE DES CHAPITRES.

*Liure Premier.*

BRef discours où est contenu le voyage de Lion & de Vienne, auec la description desdites villes fleuues & riuieres qui sont à l'entour d'icelle, ensemble les commoditez qu'il faut prendre pour heureusement faire le voyage de Rome & d'Italie, auec vn aduertissement des perils & dangers qu'il conuient euiter, tant pour la seureté de sa personne que de ses deniers, & lettre de change. Chap.1.folio 1.a

Voyage de Lyon à Thurin, auec la description du mont Senis, & des villes, riuieres, fleuues, & montagnes qui s'y voyent en cheminant par la Sauoye, & la valeur de ses monnoyes, auec les aduertissements comme il se faut comporter faisant ledit voyage. Chap.2.fol.4

Briefue description du voyage d'Italie, & de quelques villes du Piedmont, auec les choses les plus remarquables qui se representent deuant les yeux de ceux qui font telles peregrinations, & la description de la tres-haute montagne de Roche-Melon. Chap.3.fol.7.b

Description du Piedmont, & de la valeur de ses monnoyes, & des villes, forteresses & riuieres desquelles il est decoré & embelly, & la description de Nouarre & de Milan. Chap.4.fol.10 a

Voyage de Milan à Boulongne auec le cours de la monnoye dudict Duché, ensemble les descriptions des citez de Plaisance, de Parme, Rege, & de Modene, & la valeur des monnoyes qui s'y despendent. Chap.5.fol.13.a

Description de la fameuse cité de Boulongne surnommee la grasse, auec les temples, palais, fontaines & places qui la decorent, ensemble le pourtraict & figure de la Lombardie, auec les fleuues & riuieres & coustumes des habitás d'icelle, & la valeur des monnoies dudict Boulongne. Chap.6.f.16.a

A TRESHAVT ET ILLV-
STRE SEIGNEVR, GVY D'Es-
peaux, Duc de Beaupreau, Comte de Che-
millé, Vicomte de la Hardouynaie & de
Miniac, Baron de Mortagne, de Beauma-
noir & du Chastel, Seigneur de Baing, Mof-
son, Bodister, & de Runefaux, &c. Capitaine de cinquante hommes d'armes des ordonnances de sa Majesté.

*PVISQVE la France ( Mon-
seigneur ) reçoit les gages de
mon affection sous vos adueus,
il m'a semblé estre raisonnable
luy voulant rendre compte de mes premieres
actions, d'emprunter le mesme mâteau, estant
impossible que ie me puisse mieux asseurer
pour estre bien receu, que par vous qui avez
tousiours paru par vostre fidelité au Roy, & 
saine affection à l'estat comme un ferme rocher entre les flots & les tourbillons, contre*

à ij

# EPISTRE.

lesquels vous vous estes d'vne liberté Françoise tāt de fois exposé auec le hazard de vostre vie, & aux despens de vos biens. La France donc vous redeuant ce bon œil, tant pour le rāg de vostre tres-illustre maison, que pour vos merites en son endroit signalez en tant d'occasions, ie le viēs prendre, me representant à elle par vous comme à vn mirouer & fidelle rapporteur. Fauorisez donc (Monseigneur) de vostre bien-veillance pour rendre fauorisé & bien voulu de la France celuy qui ne le veut estre que par vous, puis qu'il s'est du tout voué,

Vostre tres-humble seruiteur<br>
DE VILLAMONT.

# PREFACE AV LECTEVR.

ENtre les moyens que les anciens ont recherché pour acquerir la science de regir & gouuerner les grands estats, & republiques, celuy semble auoir esté le principal & plus certain que l'experience & la cognoissance des gouuernemens estrangers apporte, pour ce que sur leur modelle on bastist telle forme qu'on veut, prenant des vns & des autres ce qui est bon, & delaissant le côtraire. Comme à la verité c'est la vraye science politique que l'experience, & n'y a aucunes regles de philosophie, ou maxime de police si certaines, que celles que nous apprenós par l'exemple d'autruy: Cela se void és liures des plus aduisez & sages qui ayent oncques escrit. Et certainement l'experience nous a faict cognoistre que ceux qui auoient beaucoup voyagé, & remarqué auec iugement les façons de viure des prouinces les plus esloignees, estoient beaucoup plus propres au maniement des affaires, que ceux qui s'estoient contentez de viure en leurs maisons & fueilleter leurs liures, qui ne peuuent si exactement representer les coustumes gardees és pays estranges, que la practique qu'vn chacun qui y a esté en apprend. A ceste cause Vlisses est recommandé de ce qu'il auoit veu plusieurs & diuers pays, & retenu les mœurs des vns & des autres: Car ce n'est rien de voir qui ne iuge & qui ne retient ce qu'il a veu pour en faire son profit: Et aussi changer d'air non pas d'esprit, c'est se pourmener sans profit. De moy (Amy Lecteur) ie

á iij

# AV LECTEVR.

confesse auoir esté dés ma ieunesse fort curieux de voir pour apprendre, à quoy i'ay employé vn fort long temps tant en l'Europe qu'en l'Asie, apportant tout ce que i'ay peu de diligence & d'exacte recherche, pour m'en retourner auec vn esprit plus poly & propre aux affaires, ie ne sçay si mon labeur m'a succedé selon mon desir. Quoy que soit ie me suis tant pleu en mes voyages, & en la souuenance des choses rares que i'y auois veuës auec tres-grande peine & frais presque insupportables, qu'estant en fin retourné sain & dispos en mon pays, i'ay voulu contenter plus longuement mon esprit & contempler du port asseuré auquel ie me trouuois, la mer tracassée des vents & tempestes en mes perilleuses rencontres, me representant ceux qui sont encor en leurs peregrinations, & ay mis par escrit ce que i'ay veu & cogneu de singulier & rare par tout où i'ay esté, dont vn autre qui sera employé en meilleurs affaires que ie ne suis, pourra faire son profit. Ainsi faut-il rendre à nostre patrie ce deuoir, si nous ne sommes employez à la seruir, pour le moins ne receler ingratement à ceux qu'on y employe les thresors qui sont cachez auec nous. Mais par ce qu'il n'y a chose qui chatouille tant les sens des gens mal naiz que l'enuie & la detraction quand vn chacun estime l'honneur de son voisin luy tourner à blasme, ie m'estois resolu de garder cela comme vn memoire pour moy seul, si beaucoup de gens d'honneur (mes amis) qui en ont eu communication, ne m'eussent poussé, importuné & contrainct de le communiquer à tout le monde. Ainsi vaincu de leurs importunitez ie t'en fay present d'affectió, te priāt de me vouloir ex-

## DES CHAPITRES.

d'icelle. Chap. 28. f. 69. a

Miracles de nostre Dame de Lorette. Chap. 29. f. 70. b

Description de la cité d'Ancone, auec les monts & beaux ports, arcs triumphaux, & belles campagnes où se sont donnees anciennement plusieurs signallees batailles : & la valeur de la monnoie qui s'y deſpend. Chap. 30. f. 72. b

Briefue description de la cité de Fanno, & Pezaro, ensembles des riuieres qui la confinent & bornent, des vestiges des antiquitez qui si retrouuent encore de present, les lieux où ont esté donnees batailles remarquables, & la valeur des monnoyes de Pezaro & d'Vrbin. Chap. 31. f. 75. a

Descriptions des citez de Rimini, Rauenne, & de Chioggia, auec les singularitez, & antiquitez qui s'y trouuët. Le lieu où les François & les Espagnols se donnerent bataille. Chap. 32. f. 77. b

Ample description de la celebre cité de Venize, auec toutes les singularitez & antiquitez remarquables, ensemble le discours des plus signalees victoires qu'ils ont remportees de leurs ennemis : L'ordre & belle police de leur republicque Chap. 33. f. 80. a

Suitte des singularitez de la Republique des Venitiens, & des beaux presents que leur ont faict les souuerains Euesques de Rome. Chap. 34. fol. 83. a

Discours contenant l'ordre que le Duc & la seigneurie de Venize tiennent marchant par la cité, auec le nombre des Gentils-hommes qui entrent au conseil, & multitude des officiers qui sont à Venise, & surquoy s'estendent leur iurisdiction. Chap. 35. fol. 84. a

Description du temple magnifique & superbe de Sainct Marc de Venise, & du riche thresor qui y est, auec les grandes places qui l'enuironnent, & les beaux palais & ingenieuses horloges qui les ornent & embellissent. Chap. 36. fol. 88. b

Description de l'admirable arcenal de Venise, auec le nombre des galeres qui sont dedans, & la multitude des ponts qui sont audict Venize, ensemble la quantité des parroisses, monasteres, eglises, & corps saincts qui y reposent, mesme quelques coustumes dudict pays, & valleur de ses monnoyes. Comme aussi la valeur des monnoyes de Gemes- Chap. 37 f. 92 b

# TABLE
## LIVRE SECOND.

Aduertissement à ceux qui veulent faire le voyage de Ierusalem, du temps qu'ils doiuent s'embarquer, & du marché qu'ils doiuent faire auec le patron de la naue: ensemble quelles prouisions ils doiuent porter pour leurs necessitez, & quels habillemens. Chap.1.f.98.a

Les ceremonies que font les mariniers Orientaux au partement de leurs vaisseaux, le nombre des estrangers qui estoient en nostre naue, les traictements que les pelerins y reçoiuent, la valleur, longueur, & largeur de ladite naue, auec les descriptions de plusieurs isles & villes des prouinces d'Aquilee & d'Istrie. Chap.2.f.101.b

Continuation de nostre voyage, auec la description de plusieurs villes de Dalmatie, Sclauonie, Vallone, & de plusieurs isles qui sont en la mer. chap.3.f.106.a

Description de la grandeur & largeur du goulfe de Venize, de l'isle de Corphou, de celle de la Cephalonie, celle de Zante auec plusieurs autres isles: ensemble les limites de la Moree, ou Peloponese, & les termes de la mer Adriatique. chap.4.f.110.a

Description de la Moree, ensemble des belles isles & monts qui l'embellissent, Du Royaume de Candie, auec les villes & citez qui le decorent: Sa grandeur, largeur & sa fertilité. Plus partie de la description de l'isle de Rhodes, & du Royaume de Chipre. chap.5.f.114.a

Continuation de la description du Royaume de Chipre, de sa grande fertilité en vins excellens, succres & autres sortes de fruicts, auec diuerses histoires & coustumes que les Turcs obseruet à la prinse de quelque prouince. Ch.6.f.120.

Comme les Turcs entrerent en nostre naue, & de leur reception, auec deux histoires prodigieuses qui suruindrent en Famagouste, ensemble l'opinion qu'ont les Grecs du Sepulchre du Lazare. chap.7.f.124.b

Opinions qu'ont les Turcs, de la destinee d'vn chacun, & d'vne herbe qu'ils appellent Haffion. La situation, confrontation, longueur, largeur & circuit du Royaume de Chipre: & de l'abondance de toutes sortes de biens qui y croissent, auec la description du mont de Cincrez, des Cauaillettes qui mangent le fourment audit Chipre, & des oyseaux Mahometans qui les chassent, ensemble la valleur des monnoyes.

# DES CHAPITRES

chap.8.f.129.a

Voyage de Chipre en Iaffa, & des orages & tourmentes que nous endurasmes sur mer. chap.9.f.134.b

Entree de la terre saincte en Iaffa, & des choses memorables qui y ont esté faictes, ensemble le marché faict auec nostre Dragoman pour nous conduire en Ierusalem, & nous acquiter de toutes Caffares. chap.10.f.137.b

De la maniere que les pelerins sont cōduicts de Iaffa en Ierusalé par les mores & Turcs, & de la façon de leurs armes & habillemēs, des caffares des Arabes, & maniere de leur manger. Les descriptions & situations de Lida, Rama, & de la maison de Ioseph d'Arimathie. Du chasteau du bon larrō. De la fontaine de Ieremie. Du Modin des Machabees, & de la vallee de Therebinte où Dauid tua Goliath. Chap.11.f.143.b

Nostre ariuee en Ierusalem, & de la reception honneste que l'on nous y fist, auec plusieurs ceremonies que l'ō obserue auant visiter les saincts lieux. Chap.12.f.148.b

Descriptions des maisons d'Anne, Caiphe, de sainct Marc, & de Zebedee, ensemble du mont de Sion, du Sacrifice d'Abraham, & de celuy de Melchisedech. Chap.13.f.149.a

Continuation de la visitation des saincts lieux qui sont enclos dans Ierusalem, auec la description de la Probatica piscina: & de la maison de Pilate. Chap.14.f.153.b

Description du Temple de Salomon, comme il est à present auec son circuit, & aussi la description de la porte Doree, & plusieurs choses notables. Chap.15.f.156.a

Description de l'Eglise & du sainct Sepulchre de la Vierge Marie: De la grotte où nostre Seigneur sua sang & eau, les vestiges de ses pieds & autres choses. Chap.16.f.159.a

Description de la fontaine de Bersabee, du champ Acheldema, de la maison de saincte Anne, de plusieurs lieux du mont d'Oliuet, signamment de celuy d'où nostre Seigneur monta au ciel. Chap.17.f.162.b

Voyage de Bethanie auec sa description, & narration de plusieurs lieux saincts où nostre Seigneur Iesus a esté, & a faict de grands miracles, comme celuy de la Resurrection du Lazare. Chap.18.f.166.a

Amples descriptions des lieux saincts qui sont dans l'Eglise du Sepulchre de nostre Seigneur, & du mont de Caluaire. Chap 19. f.168.b

# TABLE

Continuation de la description de l'Eglise & du sainct Sepulchre de nostre Seigneur, auec la ceremonie qui se faict à la creation des Cheualliers de Ierusalem. Chap.20.f.172.b

Discours des ceremonies, coustumes, & erreurs des Grecs en leur religion. Chap.21.f.176.b

Des Siriens & Iacobites qui sont au sainct Sepulchre, & en la ville de Ierusalem, & de leurs erreurs. Chap.22.f.179 b

Des Nestoriens & leurs erreurs, & des Armeniens & Georgiens qui sont aussi au sainct Sepulchre, & en Ierusalem, & leurs erreurs. Chap.23.f.181.b

Des Abissins, Maronnites & Goffites ou Coptites, Schismatiques qui sont en Ierusalem & sainct Sepulchre. Cap.24.f.184.a

Sommaire description de l'Eglise du sainct Sepulchre de nostre Seigneur Iesus-christ. Chap.25.f.187.a

Voyage de Bethlehem auec la description de l'eglise qui y est, & de plusieurs lieux Saincts qu'on trouue faisant ledit voyage. Chap.26.f.189.a

Description du lieu de la natiuité de Iesus-Christ, de celuy de sa circoncision & adoration des trois Rois, de la chambre de Sainct Hierosme, de sa figure & de son sepulchre : ensemble du lieu où l'Ange dist aux pastoureaux, *gloria in excelsis Deo*, & de la grotte où la Vierge Marie se cacha. Chap.27. f.192.a

Voyage de la montagne de Iudee, auec les descriptions du lieu où sainct Iean Baptiste fut nay : du lieu où la Vierge Marie visita Elizabeth, du desert dudit S. Iean, du lieu où S. Philippe baptisa l'Eunuque, de l'origine du fleuue Iourdain, & que c'est que la mer morte. Chap.28.f.196.b

Discours des cerimonies des enterremens des Turcs, & de l'opinion qu'ils ont de la resurrection des morts, du iour du iugement, & de ceux qui iront en paradis & en enfer. Chap. 29.f.200.b

Comment les Turcs nourrissent leurs petits enfans plus nettement que ne faisons les nostres, & la vertu d'vne herbe nommee Opium, & d'vne drogue dite Rusma, & pourquoy les Turcs en vsent souuent. Chap.30. f.204.b

Description des admirables sepultures des Rois de Hierusalem, & de la valeur des monnoyes dudit royaume. Chap. 31.f.207.b

## DES CHAPITRES.

Description de la cité de Florence, & de ses magnifiques & superbes temples, des rivieres & fonteines qui l'embellissent & la rendent admirable, & la valeur de ses monnoyes. Chap. 7 f.9.a

Situatiō de la ville de Sienne, auec la descriptiō de la superbe eglise qui y est, ensemble l'assiette de Viterbe & des bains de Bollicano, auec leur merueilleuse proprieté, & autres choses singulieres & remarquables. Chap. 8 f.21.b

Ample description de la cité de Rome, & de ses fonteines. Chap 9 f.23.b

Description des superbes & magnifiques temples de la cité de Rome, & des beaux palais, & autres singularitez qui s'y trouuent. Chap.10.f.26.b

Discours des forteresses, pyramides, colonnes, temples des Dieux des anciens Romains, dont les vestiges & traces sont encore demeurees en leur entier, auec les superbes monumens des Empereurs de Rome. Chap.11.f.28.b

Description des somptueuses eglises de Rome auec leurs embellissements & enrichissements, ensembles les ioyaux & reliques precieuses des saincts Apostres & Martirs, qui se trouuent en icelle. Chap.12.f.31.a

Briefue narration des plus exquises reliques & monumens des saincts martirs, qui ont pour la foy constamment enduré les supplices & tourmens, ensemble vn recueil des choses plus memorables qui se representent dans la cité de Rome. Chap.13.f.33.a

Poursuite des eglises auec leurs descriptions, oratoires, reliques & autres choses signalees qui se trouuent dans la ville de Rome, & en ses bornes & limites, auec la geographie des theatres & colonnes qui l'embellissent. Chap.14.f.34.b

Ample discours du bel ordre qui est gardé quand sa Saincteté va par la cité de Rome, ensemble la descriptiō des sainctes ceremonies qui sont faictes lors que sa Saincteté faict chappelle & celebre la saincte Liturgie. Chap.15.f.36.a

Autre description des ceremonies qui se font lors que le Pape celebre la Saincte messe, ensemble les solemnitez qu'on obserue à la creation du Cardinal. Chap.16 f.38.b

Description de l'antique cité de Tiuoly, embellie d'vn palais où il y a plusieurs belles & ingenieuses fontaines, & des

# Table

orgues qui sonnent d'elles mesme des chansons en musique à quatre parties Chap.17.f.41.b

Description de plusieurs villes & autres forteresses qui sont entre Rome & Naples. Chap.18.f.43.a

Continuation du voyage de Rome à Naples, auec la description de plusieurs choses belles & antiques. Chap.19.f.45.a

Description de la cité de Naples, de ses chasteaux, & autres choses remarquables qui sont dedans, ensemble du Sepulchre de Virgille, de la grotte admirable de Naples, de la grotte mortelle du chien, & de plusieurs bains. Ch.20.f.47.a

Situation de la ville de Poussolle, la description des forges de Vulcan, ensemble la structure de plusieurs beaux temples, bains merueilleux, amphiteatres & autres singularitez remarquables. Chap.21.f.50.a

Description de la grotte de la Sibille Cumanne, du lac d'Auerno, de la cité de Baye, & autres choses remarquables. Chap.22.f.52.a

Description de plusieurs bains chauds, qui ont grandes proprietez de guarir les maladies, ensemble plusieurs autres choses signalees, comme la mer morte, & sa description, auec celle de l'admirable Piscine que fist bastir Lucullus. Chap.23.f.54.b

Carnaual de Naples où se font plusieurs choses recreatiues, item des grandes gabelles qu'il y a audict Royaume de Naples, & la valeur de sa monnoye. Chap.24.f.57.b

Description des courses, tant d'hommes que cheuaux, & autres animaux qui se font au Carnaual de Rome, ensemble les ceremonies Papales qui se font le iour des Cendres, la valeur des monnoies de Rome, licence du Pape, pour aller en Ierusalem. Chap.25.f.60.b

Discours des choses memorables que l'on rencontre, faisant le chemin de Rome pour aller à nostre Dame de Lorette. Chap.26.f.63.a

Ample description de la chapelle de nostre Dame de Lorette, comme elle a esté transportee miraculeusement par les Anges, ensemble des miracles qui s'y sont faicts, des apparitions de la Vierge à plusieurs personnes religieuses & deuotes. Chap.27.f.65.a

Poursuitte de la description de la chappelle de nostre Dame de Lorette, ensemble des ornemens Royaux & richesses

De la situation de la saincte cité de Hierusalem, portes d'icelle, & de ses habitans,& des villes qui sont autour, & autres singularitez. Chap.32.f.109.b

## TROISIESME LIVRE.

Partement de Hierusalem, & la description de Cæsaree de Philippe,& autres lieux. Chap.1.f.215.a

Descriptions des citez de Ptolemaide,Thyr, Sydon, Baruth, & autres lieux. Chap.2.f.218.a

Descriptions du voyage de Damas, du lieu où Cain tua son frere Abel, des mariages des Turcs, & de plusieurs autres choses. Chap.3.f.223.a

Description de la cité de Damas & de plusieurs autres choses. Chap.4.f.225.a

Descriptions de diuerses choses aduenuës en Damas, de la puissance des Iannissaires, de leurs salaires & vestements. Chap.5.f.230.a

Discours de l'Empire du grand Turc, & de la puissance de ses armees tant en paix qu'en guerre, des bruslements que se font les Turcs, & de leurs brandillements. Chap.6.f.237.a

Maniere des Arrabes & leurs coustumes, auec la description du mont de Lyban, & des ceremonies que faict le Patriarche & autres Euesques Chrestiens Maronnites celebrant la messe. Chap.7.f.241.b

Description des cedres du mont de Lyban, de la cité de Tripoly de Surie, de la valeur de sa riche planure, & de quelques coustumes des Turcs. Chap.8.f.244.b

Quelle opinion ont les Turcs de Iesus-Christ, de la Vierge Marie, & de la foy Catholique. Ensemble de leurs coustumes sur ceux qui blasphement Iesus Christ & Mahomet:de la punition des adulteres,& des pleurs que font les Iuifs sur leurs morts. Chap 9 248.a

Ce qui couste pour aller de Tripoly à Marseille, & de Marseille à Tripoly. Que c'est qu'vne Carauanne, l'obseruation du Caresme & de la pasque des Turcs, auec la valeur des monnoyes:& du port de Tripoly. Chap.10.251.a

De quelle mort sont punis les malfaicteurs en Turquie. La situation de la cité de Damiette d'Egypte. Les descriptions des cheuaux marins, de l'arbre de Paradis, & de plusieurs choses qui sont sur le Nil, mesme de la description du grand Caire de Babylone. Chap.11.f.256.a

# TABLE

Description du chasteau du grand Caire, des nations estrangeres qui y demeurent. Du croissement & decroissement du fleuue du Nil. Des Cocodriles, & de la fertilité d'Egypte, & des nations qui y demeurent. Chap 12.f.260.b

Ample description des admirables Piramides d'Egypte, du grand Colosse ou Idolle, & des Mommies qui sont és deserts areneux, auec la description du lieu où croist le vray baume: & des grandes garnisons qui sont audit Egypte. Chap.13.f. 266.a

Valeur des monnoyes d'Egypte, & comme les Turcs & Turques s'habillent : comme les Turcs font l'amour, & autres coustumes tresbelles. Chap.14.f.271.b

Diuerses coustumes des Turcs en leur boire, manger, dormir, vuider leurs differents, & autres choses tresbelles à voir Chap.15.f.276.a

Ample description d'Alexandrie en Egypte, & de ses Aiguilles admirables: Ensemble les descriptions de la Giraffe, de l'Elephant, du Chameau, & de plusieurs choses aduenuës sur mer. Chap.16.f 280.a

Les remonstrances que feist le patron de la naue aux passagers sur le peril de naufrage où ils estoient, auec la description des confins, grandeurs, largeurs, & circuit des mers de l'Orient. Chap.17 f.297.a

Histoire notable d'Antonio Bragadino qui a trouué la pierre Philosophale. Chap. 18.f.290.b

Description de la cité de Padouë, du sepulchre d'Antenor, & d'autres choses y contenuës. Chap.19.f.294.a

Description de la forteresse de Lignago, & du superbe pont de Mantouë. Chap 20.f.298.a

Description de la cité de Mantouë & de la monnoye qui s'y despend. Chap.21.f 300.a

Description de la cité de Cremone, du parc de Pauie, & du lieu où le grand Roy François fut mis prisonnier. Chap.22. f.303.a

Description de la superbe Chartreuse qui est pres Pauie, & de la cité de Pauie. Chap.23.f.305.a

Description des citez d'Alexandrie de la Paille, & d'Ast en Piedmont. Chap.24.f.307.b

Retour de Thurin à Lion. Chap.25.f.309.a

Retour de Lion en Bretagne. Chap.26.f.310.b

F I N.

# PETIT DISCOVRS SVR LA DESCRIPTION DV ROYAVME de France, des Fleuues qui l'arousent, & des mers & montaignes qui le bornent. Faict par le Seigneur de Villamont, Chevalier de l'Ordre de Hierusalem.

LE Royaume de France est presque de forme ronde, borné d'vn costé de la grand mer Occeane, qui regarde les Prouinces de Guyenne, Gascongne, Xaintonge, Poitou. Bretaigne, Normandie & Picardie, qui sont toutes ensemble vn demy-rond, à cause de la Bretaigne qui s'auance, & se plonge fort auant en la mer. D'autre costé il confine aux pais de Flandres, Haynaut, Lorraine, & la Franche Corté, & separé par les fleuues de Lescaut, la Meuze, & la Sone. Et d'vn bout encor il est ioinct à la Bresse, Sauoye, aux hauts monts des Alpes, & à la mer Mediterranee, qui regarde la Prouence, & Languedoc, qui tous ensemble font vne forme de croissant, auecques les hauts monts Pyrenees, qui separent la France d'auec les Espagnes, Ainsi accouplāt ces deux croissans, vous trouuez vn rond parfait.

Or en la France y a plus de cent, tant fleuues que riuieres, desquelles les quatre principales où toutes les autres tombent, sont Loyre, Seine, Rone, & la Garonne.

Le fleuue de Loyre est de grande longueur, prenant son origine d'vne fōtaine qui est sur les limites de l'Auuergne, & prez de la ville du Puy, il croist peu à peu de fontaines, & neiges fondues ez montaignes, court vingt & quatre lieues sans porter batteaux de grand charge : Mais venant passer par Rouanne, se fait renommer de tous les marchãds, & continuant son cours heureux passe par le milieu de la France, venant perdre son nom à sainct Lazare, qui est en Bretaigne, pour s'engoulfer en la mer Occeane, apres auoir baigné plusieurs pors, & diuerses villes, comme Nantes, Ancenis, le pont de Sé, Saumur, Tours, Amboise, Bleys, Boygency, Orleans, Gergeau, Gyan, Cosne, Sancerre, la Charité, Neuers, Desize, Rouanne & autres petites villes & chasteaux. Dans ce fleuue de Loyre, descendent plusieurs riuieres du costé du Mayne, Anjou & Bretaigne, comme celle de la Huyne qui passe à Comaray. Sartre qui arrouse le Mans, & Sablé. Le Loyr qui baigne Illiers, Chasteaudun, Lauerdin, le Lude, & la Fleche. Maisne qui passe par Laual, Chasteau-Gontier, & par le milieu d'Angers, dans laquelle les autres trois perdent leur nom : Et Ardre qui va lentement par le milieu de Nantes.

Du costé de Poitou, Berry, Bourbonnois, Auuergne & Lymozin, y tombent aussi plusieurs riuieres, sçauoir la riuiere d'Alier qui sans aucun empeschement parfaict son cours par l'Auuergne, & par Moulins en Bourbonnois. Celle de Yeure qui court par le Berry, en decorant les villes de Dun le Roy, sainct Iust, Bourges & Meun. La riuiere de Cher, qui arrouse aussi le Berry, & va par Menestou, Selles, Mont-Richart, Chenonceau & Bleré. Celle de Theo qui costoye les villes d'Yssoudun, Ruilly & Lucy. La riuiere d'Indre qui baigne celle du Bourg-Dieu, Buzancé, Paluau, Chastillon, Loches, Cormery, & Mombazon. Celle de la Creuse qui va dormant par Malleray, Canar, Argenton, saint Marceau, Romefort, Blanc en Berry, Pruilly, le port de l'ile, & pert son nom au bec des deux eaux, tombant en la Viene : Et puis la riuiere de Clain qui passe par Poitiers, & descent en celle de Vienne, sur la-

## DE FRANCE.

quelles sont les villes du Moutiers, Pierre-buffere, Lymoges, Ifuailles, La Voute, Chastelerant, Ingrande, Dangers, Pisle-bouchard & Chinon, de là elle se descharge dans Loire à Montsoreau où elle pert son nom.

Le fleuue de Seyne est beau & fort renommé, pour-ce qu'il passe par Paris, qui est la capitale ville de toute la France. L'origine de ce fleuue vient d'vne fontaine nommee Seyne, à raison qu'elle est tout ioignant vne ville ainsi appellee, laquelle n'est pas beaucoup eslongnee de Dijon, capitalle ville de Bourgongne, le cours de ce fleuue est fort tortueux, & ne porte aucun batteaux, sinon depuis Nogen sur Seyne, iusqu'à son embouscheure en la grand mer, qui est au Haure de Grace en Normandie, & passe par les villes de Chastillon, Mussy l'Euesque, Tent, Bar sur Seyne, Troye en Champaigne, Nogen sur Seyne, Moret, Bray, Melun, Corbeil, Paris, Poyssi, Meulan, Mantes, Vernon, Gaillon Pont de l'Arche, Rouen, Caudebec, Honfleur, Harfleur, & Haure de Grace, où il se va emboucher en la mer. Ce fleuue donc trauerse partie de la Bourgongne, Champaigne, Brye, France, & Normandie.

En iceluy se pert la riuiere de Marne, qui passe par Champaigne & Brye, arousant les villes de Chaalons, Esparnay, Dormans, Chasteau-Tierry, Meaux, la Ferté, Lagny & Charenton, auant que de changer son nom en la Seyne. En la riuiere de Marne tombe celle de Moray, qui costoie les villes de Coullemiers, & Crecy. En celle de Seine descent la riuiere d'Aube, sur laquelle est la ville de Bar, dite sur Aube, & celle d'Arsy, & Plancy. Et au pays de Bourgongne coule dans la Seyne la riuiere d'Yonne, sur laquelle sont les villes de Creuant, Auxerre, Villeneuue le Roy, Sens, & Montereau faut-Yonne. Au Gastinois descent aussi dans ladite Seyne la petite riuiere de Loyn qui passe à

# DESCRIPTION DV ROYAVME

Nemours, Montargis, Chastillon, Bleneau & sainct Fargeau. Comme aussi en Normandie, y tombe la riuiere d'Eure qui passe à Chartres, Dreux, Passy, Eureux & Louuiers. Sur celle d'Oyse qui arrouse la Picardie, & qui s'engoulfe aussi en la Seyne, sont situees les villes de Mezieres, Riemont, la Fere, Chauny, Noyon, Compiegne, Creil, sainct Leu, Beaumont & Pontoyse. Sur Ayne qui court par la Chápagne, sont assises les villes de saincte Menehou, Rethel, Vi ly & Soissons. Par le milieu de Picardie, le fleuue de la Some court, lequel auant se terminer en la mer Occeane, arrouse les villes de Ham, Peronne, Corbie, Amyens, Piquiqui, Abeuille & sainct Valery, où est son embouschure en ladite mer. Le violent & impetueux fleuue du Rosne préd son cómencemét ou origine au delà du Lac de Geneue, qui est en Sauoye, duquel descendát fort impetueusemét entre montaignes & rochers, decore quelques villes de Sauoye, comme Geneue, Coulonges, Chastilon, seissel, & Belle, & reuenant baigner les murailles de Lyon, rencontre vn peu au delà la dormante Sone, auec laquelle il va se precipiter d'vne furie en la mer Mediterranee, à l'embeucheure d'Aiguemortes.

Le Rosne donc en parfaisant son cours, faict separation du Viuarez & Languedoc, d'auec le Dauphyné, Valentinois & la Prouence, & passe ioignant les villes de Vienne & Thyn, qui sont au Dauphyné, celle de Valence qui est au Valentinois, & celles de Loriol, Montelimar, Auignon, Nones, Tarascon & Arles, qui sont en Prouence. Du costé du Viuarez, il court le long de Tournon, Cursol, Viuiers, & le pont sainct Esprit: De la part du Languedoc, il passe par Beaucaire & Aiguemortes, qui est à son embouscheure.

En ce fleuue, celuy de la Sosne, qui au rapport de Cesar,

## DE FRANCE.

coule si doucement, que l'œil ne peut iuger la part où tire son courant, pert son nom apres auoir separé la Bourgongne, Charolois, Masconnois, & Beauiulois, d'auec la Franche-Conté, & la Bresse, & passe par les villes d'Aussonne, Verdun, sainct Iean de Laune, Chaalos, Tornu, Mascon & Ville-Franche. Finalement il s'abisme à toute peine dans le Rosne, apres que la riuiere du Doux qui passe par la Franche Conté, & par les villes de Besançon, Rochefort, Dole & Seurre luy a enflé son cours.

Tombe aussi en ce fleuue impetueux, la riuiere du Lyserre, qui prend son origine pres le mont Senys, se croissant peu à peu des neiges fondues ez montaignes, courant, bruyant par les rochers de la Sauoye, iusqu'à la forteresse de Mot-Melian, où eslargissant sa carriere, va s'esgayant par Grenoble & Romans, villes du Dauphiné. Plusieurs autres torrents & riuieres s'embouchent en luy, entre lesquels est le fleuue de la Durance, qui costoye le Dauphiné & la Prouence, sur lequel sont basties les villes de Guylestre, Ambrun, Tallart, Cistron, & Cauaillon.

Le fleuue de la Garonne, prend son origine & source des montaignes du Sault, qui sont proches des Pyrenées: Puis venant trauerser le Languedoc & la Guyenne, se precipite en la mer Occeane.

Sur iceluy sont grand nombre de villes, comme Sangenson, sainct Legier, Rieux, Muret, Grendre, Agen, Eguilon, Tonins, Marmande, la Reolle, sainct Macari, Cadillac, Bordeaux, Blaye, Talmont & Royan. En la Garonne se perdent diuerses riuieres des costez de Perigort, Quercy, & Languedoc, Scauoir la riuiere de Lers qui court par le Languedoc, sur laquelle sont les villes de Coserans, Aques, Tarascon, Mirepoix, Pamiers & Thoulouse: y descent

DESCRIPTION DV ROYAVME

aussi la riuiere de Lageu, où sont les villes de Bruliart, Castres, Lauaur, Montauban, & Moissac. Sur celle du Tar, sont les villes d'Artes, Lescure, Alby, Gaillac, & Rabastins. Sur la riuiere de Lot qui va par le Quercy, sont celles de Monsalu, Acier, Cahors, & Villeneuue Dagenoys. Sur la Dordone qui baigne le Perigort, sont situees les villes de Fumel, Bergerac, Saincte Foy, Liborne, Froissac, & Bouriq. En ladite Dordonne descent la riuiere de Lisle, qui passe par Tortuerac, Perigueux, Mussidan, & Coutray. Du costé d'Armignac & Gascongne, coulent deux riuieres en la Garonne, appellees Gers & Bayse, sur lesquelles sont basties les villes d'Aux, Condon & Nerac.

Ce sont les quatres fleuues principaux qui passent par la France, & qui sont separation de diuerses Prouinces, dans lesquels tous les autres fleuues & riuieres tombent, fors la Charante, qui decore le pays de Xaintonge, en arrousant les villes de Cognac, Xaintes, Talbourg, & Soubize, & s'engolfe en la mer Occeane, & quelques petits torrents qui ne meritent d'estre nommez.

Or entre le fleuue de Loyre, celuy de Seyne & la Sone, qui tombe dans le Rosne, sont les prouinces de Bretaigne, Normandie, le Perche, le Mayne, Aniou, partie de la Touraine, la Beauce, Gastinois, Niuernois, Bourgongne, Charolois, Masconnois, & Beauiculois.

Entre le fleuue de la Seyne, les pays de Flandres, Haynaut, & Lorraine, sont les riuieres de Marne, Oyse, & la Some qui contiennent en elles la Champaigne, Brye, France, Rethelois, Vermandois, Picardie, & le Bailliage de Caux en Normandie.

Entre le fleuue de Loyre, celuy de la Garonne & du Rosne, qui font comme vne ouale, sont les Prouinces de Poitou, Xaintonge, Perigort, Lymozin, Berry, Solongne, Bourbonnois, Auuergne, Forest, Quercy, Velay, Lyonnois, Viuaretz & Geuoudan.

Entre ladite Garonne, la mer Occeane, les Monts Pirenees, & la mer Mediterranee sont les Prouinces de Guyenne, Armignac, Gascongne, & Languedoc.

Entre le fleuue du Rosne, la mer Mediterrannee, les Monts des Alpes, Sauoye, & la Franche Conté sont les Prouinces du Dauphiné, Valentinois, Diois, & Prouence.

Nostre belle France estant bornee des mers, & des hautes montagnes, mentionnees cy dessus, & enrichie en son interieur de si gros fleuues & riuieres, où sont edifices tant de nobles Citez & villes, gardees par leurs Citoyens, & defendues contre les forces ennemies par la noblesse, illustre & inuincible: il ne sera hors de propos de dire sur la fin de mon petit discours, la curieuse recherche que i'ay faicte pour la mesurer au compas, où i'ay trouué par espreuue qu'elle est presque aussi large que longue: Car depuis le Conquet qui est sur la mer Occeane à l'extremité de Bretaigne, iusques au pont de Bonuoisin, qui est à l'entrée de Sauoye, & qui separe l'opulente France d'auec la Sauoye sterile, se treuuent (si ie ne me suis trompé au compte, en faisant le chemin) cent quatre vingts sept lieues de largeur, selon la droicte ligne: Et prenant la longueur de la France depuis Calais qui est sur la mer Occeanne, iusqu'à Narbône, ou Aiguemortes, qui est sur la mer Mediterranée, se trouuent deux cens huict lieues ou enuiron, qu'elle a de long. De sorte qu'il y a fort peu de diference entre la longueur & largeur de la France. Ce sont les honnestes loisirs où i'ay passé quelques heures du iour, desquels i'ay voulu faire part à ceux qui y prendront plaisir en attendant de moy choses plus grandes.

* iiij

# EXTRAICT DES OR-
## DONNANCES DES EMPEREVRS,

Roys, & Princes de la France, qui ont esté souuerains, & chefs de l'ordre des Cheualiers du sainct Sepulchre de Iesus-Christ, en Ierusalem, pris & coppié sur l'original, ez presences de frere Iean Baptiste, gardien & Commissaire general du Pape, en la Terre Saincte.

### Art. I.

AV nom & à l'hõneur de Dieu, Pere, Fils, & Sainct Esprit: De la biẽ heureuse Vierge Marie: Anges, Archanges, Saincts. Patriarches, Prophetes, Apostres, Euangelistes, Disciples, & tous Saincts & Sainctes, Esprits & ordres de la cour Celeste de Paradis.

### Art. 1.

IN nomine & ad honorẽ Dei Patris, Filÿ, & Spiritus sancti. Beataeque Virginis Mariæ eius matris: Angelorum, & Archangelorum, Patriarcharum, & Prophetarum Dei, Apostolorum, Euangelistarum, sãctorum Discipulorũ, & omniũ Sanctorũ, & sãctarũ, et Spirituũ omniũ celestis quæ curie.

## Art. 2.

Sit notum & evidenter pateat omnibus excellentissimis, & illustrissimis principibus, nobilibus, militibus, & populo Christiano: anno ab incarnatione Domini nostri Iesu Christi millesimo nonagesimo nono. Quod illustrissimi invincibiles & Serenissimi Principes, Sanctus Carolus Magnus Imperator, & Rex totius Franciæ. Ludouicus sextus sapiens, dictus pius. Philippus dictus sapiës magnanimus, & conquerens. Sanctissimus, atque magnanimus Ludouicus. Præses Godefredus de Buillon, ac alij magnanimi Principes & Reges Christiani. Assequuta per eos in eorum Imperio, & Regno corona sponte deo venerunt ac

## Art. 2.

Soit notoire & manifeste à tous Princes & valeureux Chevaliers Chrestiés, que les trespuissás indomptables, preux, chevaleureux Empereurs, & Roys tres-Chrestiens de France, en l'an de l'incarnation de nostre Seigneur Iesus-Christ, mille nonante neuf: C'est aſçauoir le grand Empereur & Roy de Fráce, S. Charlemagne. Le bien sage & devot Roy Loys sixiesme. Le Hardy sage & courageux Philippes dit le Conquerát. Le tres-sainct & vaillant Roy monseigneur sainct Loys. Le preux Godeffroy de Buillon, Duc de Lorraine, & autres magnanimes, & devotieux Roys & Princes Chrestiens. Ayans receu, & conquesté la courône en leurs Royaumes & Empires, se sont vouez à Dieu, avecques promesses de leurs richesses, & chacuns biens, pour cõduire leurs armees outre mer. A fin de ruiner, & destruire la perverse, & tiránique nation des Sarrazins, Infideles, & chacun deux s'efforcer de mettre sous leurs puissances, auctoritez, & obeissances le Royaume de Hierusalem, pays, terres, & seigneuries occupees par lesdits Infideles: d'acroistre, & augmẽter tant qu'ils pourroient la foy Chrestienne. Deffendre & garder d'opression, l'estat de l'E-

*promiserunt sese, & eorum bona atque personas exponere ad militandum & bellum gerendum ultra mare, pro subiuganda et destruenda perversa, et tirannica natione Sarracinnorum, Infidelium et eorum potestatibus et authoratibus. Regnum Hierosolimitanum eiusque terras, et dominia à dictis infidelibus occupata, subiiciẽdo pro viribus fidẽ christianã augendo. Statum Ecclesiæ Catholicæ, Apostolicæ, et aliorum cristianarum Ecclesiarum ab omnibus vexationibus, et opressionibus tuẽdo et defendendo, in eorum protectione, et tuitione prælatos eiusdem Ecclesiæ: Pauperes, orphanos, viduas, et cæteros Christianos contra quoscumque inimicos eorumdem ponendo.*

glise Catholique, Apostolique, & Romaine. Les Prelats d'icelle prédre en protection, & deffendre aussi cōtre tous les pauures, les orphelins, femmes veufues, & estrangers Chrestiens.

## Art. 3.

*Sit etiam notum quod nos supranominati circa premissa vota nostra adimpleuimus. Nostrisque diligentijs, & cura deo inspirante regnum Hierosolimitanum, partesque Sarracenorum adepti fuimus, & cōtra illos victorias laudabiles obtinuimus, dictamque fidem Christianam auximus. Propterea nomen Christianissimi Principis iusto nobis impositum fuerit, & merito ab alijs Principibus, & populo Chri-*

## Art. 3.

Soit encore manifeste que nous Empereurs, Rois, & Princes, Auons faict grād deuoir d'accomplir nosdits veuz, & que par nos grandes valeurs, prouësses, hardiesses, & bōnes conduites, que Dieu a faites de nos grandes armees. Nous auons acquis ledit Royaume de Ierusalem ez pays des Sarrazins, & eu de grandes & honorables victoires contre iceux. Et par telle voye & moyen, augmenté la foy Chrestiéne, à cause dequoy nous auons iustement acquis le sainct nom de Tres-Chrestiens Roys, & merité les grandes louanges que nous auons receues de tous autres Princes & peuples Chrestiés. Quant nous sommes heureusement retournez au Royaume de France, & grandes Seigneuries à nous appartenans, & aux autres Royaumes, & pays des Princes Chrestiens, nos amis: Lesquels nous ont aydez & secourus de gés & argét, pour accomplir nos veuz d'entreprises contre lesdits infidelles, & ont eu leur part de l'honneur des victoires & louanges.

*stiano datũ Cum feliciter in regnum nostrum Frãciæ terrasque & dominia ad nos spectantia reuersi fuimus. Etiam omnia alia regna Principibus Christianis nobis amicissimis in nobis subueniendo, tam suis diuitijs, quam hominibus, et tamdem possemus adimplere vota nostra, et que iamdudum inceperamus. Propterea vt ipsa ratio decet habuerunt partem honoris prout nos ipsi habuimus.*

## Art. 4.

INsuper in honorem passionis Domini nostri Iesu Christi, atque reuerentiam quam nos debemus Sactissimo Papæ sedi Apostolicæ, atque obedientiam Vicarijs Dei in hoc mundo, atque etiam Episcopis de magna ciuitate Roma humiliter recepimus sanctissimas cruces: quibus nos signauerunt, atque milites nostri: In honorem quinque plagarum domini nostri Iesu Christi, Vt eo magis essemus solidati in huiusmodi infideles, vt cognosceremus nos, atque populũ nostrũ Christianũ tã viuum, atque mortuũ in regionib' horum infidelium. Insuper inspeximus, atque deliberauimus fundari ordinem Sanctissimi Sepulchri, nostræ ciuitatis

## Art. 4.

Que nous auons depuis meurement aduisé & deliberé de fonder l'ordre de cheualerie dudit sainct Sepulchre de nostre ville de Hierusalem, en l'honneur de la saincte Resurrection, & adiousté à nos saincts noms de Treschrestiens Roys la dignité de chef dudit ordre. Et en la reuerence & obeissance que deuons à nos S:ts. Peres les papes, Vicaires de Dieu en ce mõde terrestre, Euesques de la grande cité de Rome, receu humblemét les cinq croix d'iceluy ordre, dont ils nous ont faict croire, & nos gés de guerre en l'honneur des cinq playes de nostre

Redempteur Iesus-Christ: Affin d'estre plus formidables, craints & redoutez desdicts infidelles, & faict grand nombre des Cheualiers dudict ordre. Et iceux croizez & conduits côtre lesdits infidelles, lesquels s'en sont fuis de deuant nous & nosdictes armees, sans auoir peu resister, quand nous auons porté, & iceux Cheualiers, lesdites cinq croix sur nos habits, faisans cruelle guerre contre lesdits infidelles.

*Hierosolymitanæ, in honorem & reuerentiam sanctissimæ Resurrectionis nostro nomini Christianissimo dignitatem primarum dicti ordinis adiunximus, & dictas quinque cruces rubeas, eiusdem etiam in honorē quinque plagarum domino nostro Iesu Christo inflictarum, deferri voluimus milites dicti ordinis, quamplurimos creauimus, illosque dictis crucibus cōtradictos infideles insigniuimus: qui fugitiui ob id remanserunt, nec non exercitui resistere nequiuerunt.*

*Art. 5.*

QVe afin de recompenser lesdits Cheualiers, & autres gens de guerre voyagers, lesquels nous ont suiuy en

Art. 5

*ET vt dicti milites, & alij cæteri homines bellici veagium in dictum regnum Hierosolymitanum facere volentes, qui in nostro ser-*

ritio et exercitu strenuos et magnanimos in præfatos infideles sese gesserunt, et circa præmissa in augmentum dictæ fidei Christianæ, et defentionem Catholicæ, Apostolicæ Ecclesiæ Romanæ, et aliarum Ecclesiarum Christianarum fauorabiliores et faciliores reddantur, his vti et gaudere posse authoritatibus præminentijs, priuilegijs, et iuribus, quibus nostri officiarij, et domestici vtuntur, et gaudent, permisimus, et permittimus, quodque non sint tributarij, nec de rebus et mercaturis ab eis transferendis aliquod subsidium soluent, nec non ab omnibus oneribus, et subsidiis, aut tributis quibuscumque nobis quauis ex causa seu ratione domicilij, vel alias debitis, seu

nosdites entreprinses de leurs bons seruices, & valleureux effects contre lesdits Infidelles, & pour les obliger de faire toussiours mieux, à l'augmentation de la foy Chrestienne, & deffence de l'Eglise Catholique, Apostolique, Romaine. Nous leurs auons donné liberallement (outre ledit honneur de Cheualerie) permission de iouir de semblables auctoritez, priuileges, franchises, & droits de nos officiers prochains de nos personnes, & qui sont de nos maisons. Et suiuāt nostredite liberallité, bonne volonté & humanité, auons encore d'abondant permis & permettons ausdicts Cheualiers, & gens de guerre de guerre, voyagers dudit saint Sepulchre, qu'ils ne seront tributaires, & ne payeront aucune chose des dentrees, ou especes de hardes qu'ils achepterōt, ains les passerōt librement auec eux, & leurs cheuaux, armes, vestemens, & autres robbes franchement, & quittemēt par tous les païs de nos obeyssances, & qu'ils ne serōt inquietez d'aucuns tributs, charges, ny subsides quelconques en leurs maisons & demourances, ny autre part, de sorte qu'ils demoureront libres & exempts de toutes daces & immunitez, affin de donner cœur aux autres nos subiets d'entrepredre lesdits voyages, &

debendis, in partibus & terris nobis subditis, cum equis, armis, vestimentis: Aut alias proficiscendo remanebunt liberi exempti, & immunes animumque acuent aliorum nostrorum subditorum dictum veagium facere, & in eo nos concomitari nostras susceptiones iuuando contra dictos infideles volentium.

### Art. 6.

Voluimus præterea & volumus, quod qui honorem dictæ militiæ assequi, ac dictis franchisijs & libertatibus vti et gaudere voluerint, dicta viagia & seruitia in gratiam et augmentum dictæ fidei Christianæ defensionem Romanæ Catholicæ & Apostolicæ Ecclesiæ, ac aliarum Ecclesiarum Christianorum in se suscipiët, dictoque ordini ascribātur, & in Ecclesia diui Sepulchri Ierosolimitani, à nobis aut nobis absẽtibus nostro locum-tenenti ibi cruce signabuntur. Posique certificationibus authoritate Archiepiscopi, seu Curati diœcesis, vel parrochiæ in qua orti fuerint debi-

de nous suyure ausdites entrepises contre lesdits infidelles.

### Art. 6.

Que nous auons esté & sommes d'auis que tous ceux qui desireröt d'acquerir ledict honneur de Cheualerie & permissions deuant dites, feront lesdits voiages & seruices, pour l'augmétation de la foy Chrestienne, & defence de l'Eglise Catholique & Romaine. Et viẽdrõt receuoir ledit ordre, & seront croizez en l'Eglise du sainct Sepulchre de Ierusalem, par l'vn de nous, ou nostre lieutenant audict lieu (à cause d'absence) apres qu'ils auront fait aparoistre par certifications des Archeuesques, Euesques, & Curez des Dioceses, & paroisses dont ils seront nais, qu'ils sont Chrestiens, catholiques, legitimes, & nõ bastars, & qu'ils n'ont iamais esté reprins ne reprochez en iustice, & dehors d'aucuns crimes & vilains cas. Et que lesdits Cheualiers seront confez, repentans de leurs fautes & pechez: Ferõt leurs Pasques le iour de leur reception, & seront administrez par celuy qui fera le seruice diuin, en l'Eglise dudict sainct Sepulchre, auquel lieu l'vn de nous ou nostre Lieutenant es honorerons d'iceluy ordre, & ensaisinerõs desdites cinq croix. Apres qu'ils aurõt ainsi faict serment d'obseruer, garder fidellemẽt,

*tæ expeditis, constiterit nobis, aut dicto nostro locum tenenti eos esse christianos, Catholicos, legitimos, & non nothos nec vllo modo fuisse reprehensos, nec aliquo crimine nephario et enormi in iudicio, vel extra diffamatos & notatos. Quod que dicti milites confessi à suis peccatis, & absoluti die eorum receptionis in dicta militia Sacrosanctum Eucharistiæ Sacramentum à Sacerdote, tunc in dicta Ecclesia diui Sepulchri officium diuinum celebrante, accipient: in qua nos, aut noster locum tenens laurea dicti ordinis decorabit, illosque quinque crucibus obsignabit. Iuramento per eos, & eorũ quemlibet de contẽtis in ordinationibus dicti ordinis per nos editis & promulga-*

*tis fideliter obseruandis, & defendendis præstito, solutaque summa triginta scutorum coronatorum, thesauro dicti Sepulchri pro eleemosina pauperibus peregrinis, et alijs bellicis hominibus in dictum locum veniētibus, & ibi in dies affluentibus & ægrotis in hospitalibus eiusdem S. Sepulchri vrbis Hierosolimitanæ, & sancti Ioannis, ac sancti Lazari, iacentes aplicanda.*

& sans faute, le contenu esdites ordonnances dudit ordre, & que ils aurōt payé au thresor dudit sainct Sepulchre chacun trente escus couronne, pour vne aumosne, qui sera employé pour la nouriture & entretenement des pauures peregtins, & autres bonnes gens de guerre, voyagers de nosdits entreprinses: qui abordent iournellement malades aux trois grands hospitaux dudit sainct Sepulchre, sainct Iean, & sainct Lazare de nostre ville de Ierusalem.

### Art. 7.

*Qvod nostri viatores subditi gaudebunt libertatibus, & franchisiis latius in no-*

### Art. 7

QVE nosdits subiects voyagers iouiront des franchises à plain declarees en nostre ordonnance, payeront cinq escus couronne, pour ladite aumosne, & seront obligez à l'obseruation d'icelles ordōnances.

### Art. 8.

Nous auons encores esté & sommes d'auis, qu'en l'Eglise dudit sainct Sepulchre de Ierusalem, & autres Eglises, que nous autres Rois, Princes, & Seigneurs nos amis, auons faites & ferons édiffier audit Royaume de Frāce, & ailleurs en leurs pays, à ceste deuotion dudit S. Sepulchre, seront faicts les seruices à Dieu ainsi qu'il s'ensuit. C'est asçauoir

stra ordinatione desuper facta & edita declaratis. Summamque quinque scutorum coronatorum dictæ eleemosinæ applicandam soluent, & ad obseruandam dictam ordinationem sese obligabunt.

### Art. 8.

Voluimus etiam & volumus, quod in dicta S. Sepulchri Hierosolymitani, & alijs Ecclesiis per nos ac alios Reges & Principes hactenus ædificatis & imposterum ædificandis in dicto regno Franciæ, & alibi in eorum terris & dominijs, in honorem eiusdem S. Sepulchri & deuotionem celebrabuntur officia diuina, modo & forma sequentibus. Scilicet quod qualibet die dominica mensis Pre-

\*\* iij

sbiteros Latinos cæremonijs in talibus adhiberi solitis, adhibitis altarna, et quinque missæ, voce submissa in honorem & reuerentiam dictarum quinque plagarum domini nostri Iesu christi celebrabuntur. Huiusmodi officionos, seu nobis absentibus locumtenens, nostri milites, & viatores præfati assistent.

qu'il sera celebré par chacun Dimanche du mois vne haute messe par les prestres Latins, auec toutes les saintes ceremonies qui y appartiennent. Et sera dicte vne messe haute, & cinq messes basses, aussi en l'honneur & reuerence des cinq playes de nostre Sauueur Iesus-Christ. Ausquels seruices nous, ou nostredit Lieutenant en l'absence, nos Cheualiers & voyagers assisteront.

### Art. 9.

Quod dictus noster locumtenens, milites et viatores quotidie missam audire, preces & horas Sanctæ crucis dicere, & quasdam eleemosinas elargiri tenebuntur.

### Art. 9.

Que nostredit lieutenant Cheualiers & voyagers, seront obligez d'aller ouyr chacun iour la messe, dire les heures de la croix, & faire quelques aumosnes.

Art. 10.

Art. 10.

Que les jours des cinq festes annuelles de la Conception, Nativité, Annonciation, Purification, & Assumption de la vierge Marie, seront celebrees haultes messes aussi en langue Latine, & seront faictes processions, ausquelles comme ausdictes messes, nous assisterons, ou nostredict Lieutenant, Chevaliers, & voyagers, & ferons nos Pasques à toutes lesdictes festes. Affin d'estre trouuez en estat de grace, quand nous, lesdicts Cheualiers, & voyagers voudrons aller contre lesdicts Infideles.

Quod diebus festis annualibus Conceptionis, Natiuitatis, Annunciationis, Purificationis, & Assumptionis beatæ Mariæ virginis, alta voce, verbis Latinis missæ celebrabuntur, fientque processiones, quibus nos, dictúsque noster locumtenens, milites, & viatores assistere, et Sacro Sanctum Eucharistiæ Sacramentum recipere tenebimur, vt deo acceptabiles et grati, contra dictos infideles securè bellum gerere, et eos subiugare possumus.

## Art. II.

Quod in dies missa celebrari procurabimus pauperibus, eleemosinam largiemur : dicti autem milites solum diebus veneris cuiuslibet hebdomadis in honorē passionis domini nostri Iesu Christi id fieri procurabunt, horas sanctæ crucis dicemus, & serò vesperas mortuorum dici faciemus : deumque optimum pro principibus, regibus, & populo Christiano precabimus, & rogabimus, & victoriam contra dictos infideles in gratiam, et augmentum fidei & defentionem Catholicæ, Apostolicæ, & Romanæ Ecclesiæ concedere velit & dignetur.

## Art. II.

Que nous ferons iournellemēt dire Messes, donnerons l'aumosne aux paures, & lesdits Chevaliers seront tenuz faire le semblable, par chacun vendredi de la semaine seullement, en l'honneur de la mort & passion de Iesus Christ : Dirōs les heures de la croix, & au soir ferons dire vespres des morts, & prierons Dieu pour tous Princes, Seigneurs, & peuples Chrestiens : affin qu'il luy plaise nous donner tousiours victoire contre lesdits infidelles, pour l'augmentation de la foy & defence de l'Eglise Catholique, Apostolique Romaine.

Art. 12.

Que nous nostredit Lieutenant, Chevaliers, gens de guerre, voyagers dudit sainct Sepulchre, feront abstinence, & ieusnerōs les Aduens de Noël, la quarantaine, les quatre temps, les rogations, & vigilles desdites festes annuelles, & de la vierge Marie : pour l'amour de Dieu. En consideration de la penitence laquelle nous est recommendee, & aux peuples chrestiēs pour auoir pardon & graces de Dieu des fautes & offences faictes contre sa volonté, & afin que nous surmontions les tentations du diable, & que nous

Art. 12.

Quod nos, dictus noster locumtenens, et alij milites bellicosi, & viatores dicti ordinis, temporibus Aduentus domini, quadragesimæ, quatuor temporum anni, rogationum, & vigiliarum dictorum festorum annualium beatæ Mariæ virginis, in honorem dei ac dictæ eius matris Mariæ virginis, & in contemplationem penitentiæ nobis & populo Christiano ad à Deo veniam, & remißionem peccatorum nostrorum obtinendam impositæ, ac vt tentationes diaboli euitemus & in dictos infideles reddamur victores, ieiunabimus.

soyons tosiours vainqueurs contre luy, & lesdits Infidelles.

*Art. 13.*

EX nostra scientia decreuimus, et decernimus, quod die festo Sacro Sancti Sacramenti, in Ecclesia dicti Sancti Sepulchri vrbis Hierosolimitanæ tres missæ, scilicet, prima in lingua Soriana, secunda lingua Græca, tertia vero lingua Latina, alta voce officiumque diuinum cæremonijs solitis adhibitis celebrabuntur. In alijs autem Ecclesiis per nos et nostros amicos in Frãciæ regno nostrisque terris et dominiis in honorem dicti Sancti Sepulchri ædificatis, Latinè celebrabitur idem of-

*Art. 13.*

NOus auons de nostre certaine sciẽce encores esté, & sommes d'auis, que le iour & feste du sainct Sacrement, seront dictes & celebrees trois hautes messes, & faict le seruice diuin ceremonieusement en l'Eglise du sainct Sepulchre, de nostre ville de Ierusalem : asçauoir la premiere messe en langue Suriane, la seconde en langue Grecque, Et la troysiesme en langue Latine, & ez autres Eglises dudict sainct Sepulchre, que

nous & nos amys a-
uons ediffiees en nos
Royaumes de France,
& autres Royaumes,
& pays, & grandes
Seigneuries qui nous
appartiennent,& auſ-
dicts Princes noz
amis, ſerõt faicts ſem-
blables ſeruices en
langue Latine, & ſe-
ront auſſi faictes pro-
ceſſions en l'honneur
& reuerence de la
foy & creance que
nous, & tous autres
Princes, Seigneurs,
& peuples Chreſtiens
deuons auoir audict
Sainct Sacrement.

*ficium. Fiéntque proceſ-
ſiones in honorem et re-
uerentiam fidei, et cre-
dentiæ in Sacro San-
ctum Sacramentum Eu-
chariſtiæ, nobis et popu-
lo Chriſtiano infuse.*

## Art. 14.

Quod anno quolibet die dominica in Rami-spalmarū à nobis aut nostro locum tenens in nostra absentia, assumatur et eligatur vnus ex presbiteris, qui supra asinam sedens in conuocatione et cœtu duodecim presbiterum qui officium diuinum in Ecclesia dicti sancti Sepulchri celebrare solent, dictam vrbem Hierosolimitanam introibit. Cui quidem presbitero sit electo, nos et dictus locum tenens noster, milites, viatores, et populus Christianus eiusdem vrbis obuiam ire, illúmque benigne recipere, et in Ecclesiam dicti sancti Sepulchri magna cum humilitate concomitari tenebimur, in qua quidem Ecclesia

## Art. 14.

Que le iour & feste de la Pasque des Rameaux sera de nous ou nostredict Lieutenant à cause d'absence, esleu par an l'vn des prestres, lequel en assemblee de douze autres prestres, qui ont accoustumé de faire le seruice diuin en ladite Eglise d'iceluy sainct Sepulchre, fera son entree sur vn asne en nostredicte ville de Ierusalem: & nous & nostredit Lieutenant auec lesdits Cheualiers, & peuples Chrestiens d'icelle, voulons aller au deuant dudit prestre esleu, pour le receuoir & conduire en toute allegresse dedãs ladite Eglise dudict sainct Sepulchre. Auquel lieu sera faict le seruice ceremonieusement par ledit esleu & prestre, en l'honneur & reuerence de l'entree que nostre Sauueur Iesus-Christ feist en assemblee de ses saincts Apostres en nostre ville de Ierusalem, de l'honneste reception que luy feist le peuple d'icelle, & des allegresses qu'ils feirent de sa bien venue & presence.

dictus electus, et alij supranominati presbiteri, officium diuinum in honorem em reuerentiam introitus domini nostri Iesu Christi, quem in dictam vrbem Hierosolimitanam sanctis eius discipulis præsentibus fecit, honestè receptionis per habitantes dictæ vrbis, et lætitiæ ab eis ob eius aduentum et introitum factarum, solemniter celebrabitur.

### Art. 15.

LE Ieudy ensuiuant le seruice sera dict ceremonieusement par ledit prestre esleu & les denommez, en l'Eglise dudict sainct Sepulchre. Et nous & nostredict Lieutenant appareillerons leur

### Art. 15.

DIe autem Iouis sequenti officium diuinum cum cæremonijs assuetis per electum et alios presbiteros supra dictos in Ecclesia sancti Sepulchri celebrabitur et dicetur: nòsque et noster locum tenens refectionem

| | |
|---|---|
| *illorum in pane, vino, piscibus, in domo Sancti Cænaculi dictæ nostræ vrbis Hierosolimitanæ præparabimus: in qua illos benignè recipiemus, eorum pedes humiliter lauabimus & osculabimus, cenámque celebrabimus, illisque eleemosinas ob charitate elargiemur. Et postquam dicti electus & alij presbiteri gratias deo egerint, Sanctumque dei Euangelium quod suis Apostolis prædicauit, nobis enunciauerint, nos, aut noster locumtenens, milites & viatores supranominati in dicto Cenaculo nostram refectionem sumemus, eleemosinas in auro, argento, vestimentis, victualibus, panibus, vino, & alij dapibus, omnibus ægrotis in* | refection en la maison du sainct Cenacle de nostredite ville de Ierusalem, où nous les receurons benignement, leur lauerons & baiserõs les pieds hũblement, & ferons faire la Cene: Et leurs donnerons grandes aumosnes charitablement. Et apres que ledit prestre esleu, les denommez prestres auront rendu graces à Dieu & à nous declaré sa saincte parolle, ainsi qu'il feist à ses Apostres à la fin de ses graces, nous, ou nostredit Lieutenãt Cheualiers & voyagers prendrõs aussi nostre refection audit lieu, & donnerons aumosnes d'or & d'argent, & de vestemens, de viures à tous ceux qui serõt malades |

ausdits hospitaux, & autres pauures, lesquels nous sçaurons estre en indigéce & necessité, en reuerence & recordation de la saincte Cene que nostre Sauueur Iesus-Christ a faite auec sesdict Apostres, en ladite maison du sainct Cenacle de nostre ville de Ierusalem.

magnis hospitalibus iacentibus cæterisque pauperibus in indigentia & necessitate cōstitutis nobis notis, in reuerentiam & commemorationem Sanctæ Cænæ, quam simili die dominus noster Iesus Christus cum dictis suis discipulis in præfata domo sancti Cænaculi fecit, elargiemur & concedemus.

### Art. 16.

Que ledict prestre esleu, & trois denōmez, lesquels l'autōt suiuyen nostre ville de Ierusalé, se retireront au mont des Oliues, & y passeront la nuict dudit Ieudy en prieres & oraisons, en reuerence & recordation de la priere que nostre Redépteur Iesus-Christ feit au mesme lieu à Dieu sō pere.

### Art. 16.

Quod electus et presbiteri anti-nominati qui illum in dictā vrbem Hierosolimitanam, vt supra, fuerint concominati, in montem oliuarum sese conferēt, ibique tota nocte dictæ diei Iouis precibus & orationibus diuinis, in reuerentiam & recordationem orationis in dicto loco per eundē dominū nostrū Iesū Christū fusè vacabūt

## Art. 17.

Die verò veneris sancti, dictus presbiter electus Euangelium passionis domini nostri Iesu Christi in Ecclesiam dicti sancti Sepulchri perleget, illudque nobis, nostroque locum tenenti, militibus et viatoribus, populoque Christiano interpretabitur, officiumque divinum cum alijs supranominatis presbiteris Latinè celebrabit, cui assistere tenebimur, nec cibo aliquo reficiemur aut vtemur, donec hora qua dominus noster Iesus Christus in redemptionem generis humani in cruce pendens emisit spiritum pulsata fuerit.

## Art. 17.

Que le lendemain, iour du tressainct vendredy, ledict esleu dira l'Euangille de la passion en l'Eglise dudit sainct Sepulchre, & l'interpretera a nous, nostredit Lieutenant, Chevaliers, voyagers, & autres peuples Chrestiens: & fera consequemment auec lesdicts denommez le seruice diuin en langue Latine: auquel seruice nous, nostredict Lieutenant, Chevaliers, voyagers, assisterons, & ne prendrons refectiõ iusques à ce que l'heure soit passee, que nostredict Redépteur rédit l'ame à Dieu son Pere en la saincte croix pour le salut du gére humain.

Art. 18.

### Art. 18.

Que quatre desdits Chevaliers garderont soigneusemét ledit sainct Sepulchre la nuict dudit Vendredy iusques au lendemain heure de demy iour, en l'honneur & reuerence de ce que le corps de nostre Redépteur fut gardé des mescreans Iuifs, ceste mesme nuict.

### Art. 19.

Que les Prebstres Caldees Grecs & Latins, feront continuelles prieres durant la nuict dudit Védredy, en l'Eglise dudict sainct Sepulchre, pour l'augmentation de la foy, & deffence de l'Eglise Catholique, Apostolique, Romaine & autres EglisesChre-

### Art. 18.

Quod quatuor milites dicti ordinis nocte dictæ diei veneris vsque ad meridiem diei sequentis in honorem & reuerentiam domini nostri Iesu Christi, cuius corpus ab infidelibus Iudæis ibi dicta nocte custoditum fuit, fideliter custodient.

### Art. 19.

Quòd omnes Presbiteri Caldæi, Græci & Latini continuas preces tota nocte diei veneris in Ecclesia dicti S. Sepulchri in gratiam fidei & defentionem Catholicæ & Apostolicæ Ecclesiæ, ac aliarum EcclesiarumChristianarum aduersus huiusmodi infideles fundent.

### Art. 20.

INsuper ordinauimus et ordinamus continuè eleemosinas elargiendas et concedendas esse, vt à carceribus dicti milites viatores, et alius populus Christianus liberentur, qui tam à nostris regno Franciæ dominiis et terris, quam ab aliis partibus et terris Principum Christianorũ nobis amicorum venientes, contradictos Infideles nobiscum bellum gesserunt. Et illud ita prosecuti fuerunt, vt captiui et detẽpti ab ipsis infidelibus fuerint nec nõ humiliter dictos Principes ac reuerendos dominos Archiepiscopos, Episcopos, Abbates et alios beneficia tam in dictis nostris regno Frãciæ, do-

stiennes contre lesdits Infideles.

### Art. 20.

NOus auons esté & sommes aussi d'auis de faire continuer grãdes aumosnes, pour retirer de prison les Cheualiers, voyagers, & autres pauures chrestiens, lesquels sont venus tant de nos Royaumes, pays, & grãdes Seigneuries, que d'ailleurs, des pays des Princes Chrestiens nos amis, pour suiure lesdictes entreprises, lesquelles sont à present, ou pourront estre à l'aduenir detenus en captiuité par lesdicts Infideles: & de prier de toutes nos affectiõs lesdicts Princes, & messieurs les Archeuesques, Euesques,

Abbez, & autres beneficiers, tant de nos Royaumes de France, pays, & grandes Seigneuries d'iceux Princes de la Chrestienté, de vouloir donner & aumosner chacun le quart du tiers du reuenu de leursdicts benefices: affin de l'employer au recouurement & rachapt desdits paures prisonniers Chrestiens, en l'honneur de Dieu, & recognoissance de ce qu'ils ont fait bon deuoir de combatre, ruiner & destruire lesdits Infidelles, pour l'augmentation de la foy, deffences desdites Eglises Chrestiennes, & desdicts Prelats.

*minijs & terris quam in aliis ad dictos Principes Christianos spectantibus obtinentes supplicare & requirere, vt quartam partem tertiæ partis redditus beneficiorum suorum pro redemptione dictorum captiuorum in honorem dei & remunerationem suorum laborum circa impugnationem dictorum infideliũ in gratiam et fauorem fidei, et defensionem Ecclesiarum Christianarum et Prelatorum.*

### Art. 21.

Nos quoque supplicauimus & rogauimus sanctissimos almæ vrbis Romæ Pontifices, quatenus indulgentias omnibus Principibus nobis amicis populóque Christiano, qui pro redemptione & liberatione dictorum captiuorum et pauperum, nobis et alijs prædictis Principibus subiectorum et dictum Sanctum Sepulcrum visitare nosque contra dictos infideles et ad illos impugnandos, prout supra dictum est, concomitari voluerint, concedere et impartire velint.

### Art. 21.

Nous auons encores prié nos tressaincts peres les Papes, Euesques de la tresgráde ville de Rome, de vouloir dōner grandes Indulgences & pardons à tous lesdits Princes nos amis, & Seigneurs & peuples Chrestiens, qui voudront donner & aumosner pour ledict recouurement des prisonniers, & aux paures nos subiets, & autres d'iceux Princes, qui voudront venir faire ledit voyage du sainct Sepulchre, suiure nosdites entreprises contre lesdits Infidelles, pour le sainct effect dessus declaré.

*Art.* 22.

NOus auons aussi pour certaines bonnes cósiderations esté d'auis, que les Cheualiers de l'ordre dudit sainct Sepulcre auront charge expresse d'aller faire ledit recouurement des prisonniers, par le moyen des sauf conduits du Soldan de Babylone & de ses Lieutenans: Ausquels Cheualiers seront deliurez les deniers desdictes aumosnes pour ce faire, & rendront compte d'iceux à nostre Lieutenant dudit Ierusalem, en communauté des Cheualiers dudict ordre, & voyagers dudit sainct Sepulchre.

Art. 22.

PRæterea statuimus, et pensata animi deliberatione voluimus, quod milites dicti ordinis sancti Sepulchri sub saluagardia Soldani Babylonensis aut eius locumtenentis omnes dictos captiuos redimendi et liberandi in se suscipient. Quibus militibus ad hūc effectum denarij dictarū eleemosinarum tradentur, et de his computum rationes, et reliqua nostro locumtenenti in dicta vrbe Hierosolymitanæ in cōmunitate militum dicti ordinis, et viatores dicti Sancti Sepulchri reddent.

\*\*\* iiij

### Art. 23.

Quod ex nostra scientia & spontanea voluntate eligimus, nominamus, & constituimus & nominamus dictos milites nostri ordinis sancti Sepulchri in parceptores & administratores redituū et prouētuum, fundationum et eleemosinarum præmentionatarū. Et de his præfati milites, et in eorum absētia dicti viatores administrationem et regimen habeant. Nec non aliorum fundationum per nos aut nostros amicos in ecclesiis nostri regni Frāciæ, dominorum et terrarum nostrarū, ac aliorum Principū insinuatarum et eleemosinis datarum pro redemptione et liberatione dictorum militum & viatorū ac populi Chri-

### Art. 23.

Que nous de nostre certaine sciēce, bon sens & volonté, auons esleuz, nommez, & chargez lesdits Cheualiers de nostredit ordre dudict sainct Sepulchre, & les eslisons, nommons, & chargeons commandeurs & administrateurs des rentes & reuenus des fondations & aumosnes prealleguees. Et de faict voulons qu'ils en ayent le commandement, & l'administration, & lesdicts voyagers en leurs absences: affin qu'ils facent faire loyalle distribution desdictes rentes, reuenuz & aumosnes ausdicts Prebstres, qui feront le seruice diuin en ladicte Eglise du sainct Sepulchre de nostredicte ville de Ierusalem, & des autres fondations par nous, ou nos amis faictes ez Eglises de nos Royaume de France, pays, & grandes Seigneuries, & autres Royaumes desdicts Princes, desdictes aumosnes dediez pour le recouurement desdicts Cheualiers voyagers, & autres Chrestiens, qui sont & pourront estre en captiuité, & prison desdicts Infidelles, & aux pauures lesquels abondent chacun iour ausdicts grands hospitaux dudict sainct Sepulchre d'icelle ville de Ierusalem, S. Icã, S. Lazare, & autres lieux d'hospitalitez, fondez

*stiani, in potestate et dominio, ac carceribus dictorum infidelium forsam detentorũ et detinendorũ, vt huiusmodi reditus et eleemosinæ presbiteris officium diuinum in dicta Ecclesia sancti Sepulchri celebrantibus ac pauperibus in dictis hospitalibus Sancti Sepulchri, sancti Ioannis, Sancti Lazari, & aliis hospitalibus, ab aliis Principibus nobis amicis et senioribus, ac populo Christiano, in honorem dei, sanctorum, Apostolorũ, aliorumque Sanctorum, tam in nostro regno Frãciæ, terris et dominiis, quam amicorũ nostrorũ fundatis et institutis affluẽtibus, et ibi moram trahentibus fideliter ab eis respectiuè distribuantur. De quibꝰ redditibꝰ et*

\*\*\*  iiij

*prouentibus sic receptis & distributis idem milites & viatores, anno quolibet in crastino festi sacro Sancti Sacramenti, in Camera nostri consilij Hierosolimitani, rationes & computas reddent, & ad hos fines idem preceptores & administratores ibi sese representare, aut de his eorum computa seu verum memoriale eorum mittere tenebuntur.*

par plusieurs desdicts Princes nos amis, & autres Seigneurs & peuples Chrestiens, en l'hôneur de Dieu, des Saincts Apostres, & autres bien heureux saincts, tant en nostre dit Royaume de France, païs & grādes Seigneuries, qu'en ceux de nosdicts amis. Dō & desquelles receptes & distributions ils rendrōt compte d'an en an, le lendemain de la feste dudit sainct Sacremēt en la chambre de nostre conseil, audit Ierusalé: auquel lieu nous voulons que lesdits administrateurs se presentent pour la cause deuant dicte, ou enuoyent le veritable memoire desdicts cōptes audict lieu.

### Art. 24.

Que nostre clerc du thresor dudict sainct Sepulchre de nostredite ville de Ierusalem fera bon & veritable memoire par escript, desdictes redditiōs de comptes, gardera les memoires desdicts comptes, receuera le reliqua d'iceux s'il s'en trouue, & nous fera signer ou a nostredict Lieutenant à cause d'absence, les descharges desdits administrateurs, tāt presens qu'absens.

### Art. 25.

NOus voulōs aussi que de nos-dicts Royaumes de Frāce, pays & grandes Seigneuries, & des Royaumes & pays de nosdits amis, viennent &

### Art. 24.

Quod clericus thesauri dicti sancti Sepulchri Hierosolimitani bonum & fidele memoriale redditionis huiusmodi computorũ describet, cartas seu papiros eorum conseruabit huiusmodi. Reliqua si quæ debeantur, recipiet, quitantias & acquitamenta eorum computorũ sic adictis administratoribus tam presentibus quàm absentibus per nos seu in nostra absentia locum tenantem nostrum arrestari & signari procurabit.

### Art. 25.

VOluimus etiam ac volumus, quòd centum milites dicti ordinis in nostris regno Franciæ, terris & dominijs, & alijs regnis ad nostros amicos spectantes, degentes & moram trahentes, veniant in cameram nostri consilij Hierosolimitani & compareant, qui nos aut nostrum locumtenentem in dicto viagio viriliter & animo alacri ac beneuolo concomitari & nobiscum assistere, mediaque rationes & causas in dicto consilio pro bellis gerendis contra dictos Infideles in augmentum fidei & defentionem Ecclesiarum Christianarū, tam Latinarum quā aliarum linguarum prædictarum, administratorum fundatorum & eleemosinarum allegandas & proponendas audire & intelligere possint & valeant, vt super his conclusiones validas & necessarias ac iuridicas assumamus.

comparoissent en nostredicte chambre, du conseil de nostre dicte ville de Ierusalem, de deux ans en deux ans, le nombre de cent Cheualiers, lesquels seront en bonne disposition, force & vertu pour faire ledit voiage, affin de nous assister ou nostredit Lieutenant, & entendre les bonnes raisons que l'on alleguera audict conseil pour les affaires de la guerre, côtre lesdicts Infidelles, & augmentation de la foy, deffences des Eglises Chrestiennes, tant Latines que d'autres langues, desdictes administrations, fondations & aumosnes, pour accomplir lesdictes charges, & sur toutes lesdictes raisons & autres affaires prendre bonnes & sages resolutions.

Art. 26.

Nous auons esté aussi, & sommes d'auis encores à present d'enuoier vn desdicts Cheualiers en ambassade vers le Soldan de Babylone, & le prier de permettre que nostredit Ambassadeur demeure trois ans entiers audict Babilon, pour auoir nouuelles & s'equerir soigneusement s'il y aura aucuns Cheualiers, & autres Chrestiens, detenus captifs par les gens dudict Soldan: affin d'en poursuyure la deliurance, pour or & argent, que nous enuoyerons par

Art. 26.

Statuimus etiam & ordinauimus aliquem ex equitibus dicti ordinis eligere oratorem apud Soldanum Babilonem, qui permittat dicto nostro oratori, quòd spatio trium annorum completorum in dicta Babilonia commoretur, & vitam ducat, vt de quibusdam militibus viatoribus, et aliis Christianis captiuis à dicto Soldano seu eius belligeris detentis notitiã habere possit, pretióque auri et argēti, quòd per alios nostros milites sub salua gardia et protectione dicti Soldani mittem⁹, liberētur dicti captiui ab huiusmodi detētione, aut si maluerit ipse Soldanus quòd in locum infidelium à nobis aut nostris subditis in bello aut alibi captiuorum detentorum seu detinendorum: quos eo casu ab huiusmodi sua captiuitate liberare intendimus, modo dicti nostri captiui liberentur.

## Art.27.

CVm autem noster miles sic delegatus orator de dictis captiuis, à Soldano, seu eius belligeris, vt profertur, detentis plenam habuerit notitiam, id nobis cartis veris nomina illorum, loca in quibus detineantur significari, saluagardiam à dicto Soldano ad hos fines obtentam mitti procurabit, vt dicti milites & viatores sic captiui securius ad nostras

autres Cheualiers qui auront bons sauf-conduicts dudict Soldan: ou en eschange des Infideles, qui sont & pourrõt estre en guerre: lesquels nous permettõs estre deliurez, pourueu que les nostres le soyent quant & quant.

## Art.27.

ET quant nostredit delegué Cheualier à faire ledit Ambassade, sera bien informé s'il y aura desdits voiagers & autres Chrestiens detenus en captiuité par lesdicts Infidelles, il nous fera entendre par cartes veritables les noms d'iceux, les lieux où ils seront detenus, & enuoyera bons saufs-cõduicts dudit Soldam,

pour asseurer lesdicts *partes redire possint.*
Cheualiers, de leurs
voyages & passages,
quand nous les enuoi-
rons recouurer, & re-
commandera ladicte
seureté audit Soldam.

### Art. 28.

QVe nostre-dict Ambassadeur & Cheualiers feront apparoistre à nous, où nostredict Lieutenant à cause d'absence, du recouurement qu'ils auront fait desdits captifs, combien ils auront payé pour les deliurer de captiuité, à qui, & en quel lieu. Et pour ce faire, nous representeront, lesdicts prisonniers, ou biē les doubles de leurs cartes de deliurance & liberté. Dont nous voulons que soyent faicts

### Art. 28.

QVod dictus orator et milites. nobis aut nostro locumtenenti in absentia nostra, de redemptione dictorum captiuorum fidem facient, quam summam pro redemptione captiuitatis huiusmodi, cui & in quo loco exsoluerint. Et ad hos fines dictos captiuos, saltem copias cartarum liberationis eorumdem nobis repræsentabunt, præmissaque omnia & singula ad notitiam aliorum Regum & Principũ Christianorum, dominorumque Archiepiscoporum,

Episcoporum, Abbatum, & aliorum beneficiatorum nostri regni Franciæ, terrarum & dominiorum nostrorum, & aliorum nostrorum amicorum deduci voluimus, vt fructum ex suis sanctis eleemosinis consequantur gloriosum, ac imposterum in illis elargiendis promptiores reddantur.

### Art. 29.

Quòd intendimus et deliberamus quotidie dictas quinque cruces dicti ordinis Sancti Sepulchri nostris vestimentis appositas deferre. Quas dicti milites & viatores, siue eos bellum gerere aduersus dictos infideles, & alibi adire, seu

memoires, pour enuoyer ausdicts Roys, Princes, & Seigneurs Chrestiens nos amis, Archeuesques, Euesques, Abbez, & autres beneficiers de nosdits Royaume de France, pays, & grandes Seigneuries, & à ceux de nosdicts amys, affin de leur donner allegresse du bon fruict de leurs sainctes aumosnes, & meilleur courage d'obseruer icelles par an.

### Art. 29.

Que nous sommes bien deliberez de porter chacun iour, lesdicts cinq croix dudit ordre sur nos vestemens, & que lesdicts Cheualiers & voyagers feront le semblable, en quelques lieux & endroicts qui leur conuiendra aller à la guerre contre lesdicts Infidelles, & ailleurs ez cours & assemblees des Princes, grands Seigneurs & peuples Chrestiens.

aulas regias & conuocationes, seu cætus Principum & aliorum Christianorum populorum frequentare contigerit, similiter deferre tenebuntur.

## Art. 30.

Que lesdicts Cheualiers ne deurōt aller en la guerre contre aucuns Princes Chrestiens, ains leur feront fauorables seruices, s'il ne leur appert que lesdicts Princes soyent excommuniez de Dieu, & de nosdicts saincts Peres les Papes, bannis de l'Eglise Catholicque, & que leurs Royaumes soyent donnez en proye aux gens de

## Art. 30.

Quod dicti milites contra aduersus aliquos Principes Christianos bellum gerere minimè tenebuntur, imo illis fauorabiles erunt, casu quo sibi constiterit dictos Principes esse excommunicatos auctoritate dei & summi Pontificis, ab Ecclesia Catholica exules & dispersos, eorumque regnū belligeris esse prædā.

*Quo casu adueniente dicti milites pro eis contra dictos Principes arma suscipient, ad exemplumque dei iura pauperum, orphanorum, viduarum, extraneorum defendent, & ab omnibus vexationibus & oppressionibus viriliter protegent.*

guerre auquel cas ils s'armeront contre lesdits Princes, & seront lesdicts Cheualiers à l'exemple de Dieu & de nous, defenseurs du droict des pauures, orphelins, femmes veufues, & estrangers, & les garderont de tout leur pouuoir d'oppression, molestie, & maltalent.

### Art. 30.

*Nos igitur præmissis & alijs legitimis causis et rationibus consideratis animum nostrũ mouentibus, præscriptas ordinationes à nobis ferri & edi, illasque de verbo ad verbum, nil de contentis in eisdem omisso, obseruari decreuimus, statuimus, sapienter deliberauimus. Et in eius rei testimonium & robur ad sancta dei Euangelia*

### Art. 30.

Nous pour les bõnes cõsiderations deuant dictes, auons sagemẽt aduisé de faire lesdites ordonnances, & de les accõplir de tout nostre pouuoir, sans rien obmettre d'icelles. Et auons pour plus grande obligation promis & iuré par nos foy & loy sur le liure des sainctes Euangiles de ce faire, & ne

& ne laisser aucunes choses à executer à nostre escient du contenu esdictes ordonnances. Lesquelles seront aussi gardees & soigneusement accóplies par nos successeurs Roys de France, chefs de nostredit ordre du sainct Sepulchre, & de ceste chose nous chargeons leur conscience, de faire ainsi garder & accomplir sans faute les veuz & obligatiós des Chevaliers de nostredict ordre & voyagers dudit Ierusalem : ainsi que le portét nosdites ordónances, que voulons estre mises & fidellement gardees en nostredict tresor dudit sainct Sepulcre, & les memoires concernás

*per fidem et legem nostrã id fidei nec sponte aliquid de contẽtis in eisdem ordinationibus executione dignum omittere promisimus, et iurauimus illas à nostris successoribus regni Franciæ regibus dicti ordinis sancti Sepulchri, ac presentium capitibus secundum eorum tenorẽ obseruari ordinantes. Et in hoc eorum conscientiam illis contrauenien- do onerantes, vtáque et obligationes per milites dicti ordinis, et viatores in dictam vrbem Hierosolymitanam emitti, et factas obseruari et adimpleri, prout eisdem ordinationibus cauetur. Quas volumus deponi, et fideliter custodiri in thesauro dicti sancti Sepulchri, memoriásque illas absque diminutione con-*

*tinentes continentia in nostrum Franciæ regnũ, terras & dominia, tam ad nos quàm ad alios principes spectantia trãsferri, vt omnia & singula præmissa ab eis videri, visitari & fideliter obseruari possint, ac si in dicto thesauro existerent ipsos humiliter supplicantes quatenus in his nostram intentionem & bonam voluntatẽ in honorem domini nostri Iesu Christi, qui nostrorum cordium scrutator est, illaque in eius protectione & possessione conseruat, principiumque & terminum nostræ vitæ dat & tribuat, adimplere velint & dignentur: & vt magis ac magis dictæ nostræ ordinationes cunctis pateant euidenter, & sint notæ ac*

icelles sans diminutiõ. Voulons estre transportez les coppies en nos Royaume de Fráce, pays & grandes seigneuries a nous appartenans, & en ceux des Princes nos amis, affin que le tout soit veu par eux, reueré & gardé fidellement, ainsi qu'en nostredit thresor de Ierusalem. Et nous les prions de toutes nos affections d'accomplir nos bons desirs & bonnes volontez, en l'honneur de nostre Redempteur Iesus-Christ, qui voit clair dans nos cœurs, les tient, & ceux de tous Roys & Princes Chrestiens en sa possession, & donne le commencemét & fin à nos vies, & de toutes autres personnes. Et affin aussi que nosdictes ordonnances soiēt mieux recogneues, reuerees & gardees perpetuellement à tousiours-mais, nous voulons nostre seel myparty, desdictes cinq croix dudict ordre, estre mis & apposé a icelles, faictes & declarees par nous en nostredicte ville de Ierusalem, le premier iour du bien heureux mois de Ianuier, l'an de la Natiuité de nostre redempteur, mil quatre vingts dixneuf.

*observentur in perpetuū, voluimus & ordinamus eas nostri sigilli quinque crucibus dicti ordinis in medio eiusdem appositis munimine roborari. Quæ datæ & latæ fuerunt à nobis in vrbe Ierosolymitana, die prima fœlicis mensis Ianuarij, anno à Natiuitate Domini nostri Iesu Christi, milesimo nonagesimo nono.*

**** ij

# FIN.

# TABLE DES NOMS

*ET CHOSES MEMORABLES contenues au premier liure.*

*Le nombre marque, le fueillet: a, la premiere page, b, la seconde.*

## A

Aqueduc nouueau, & antien, & que cest. 24 a
abbaye de Fossa Noua, où S. Thomas d'Aquin mourut 43 b
abbaye nommee Margouline 48 b
abondance de toutes choses en Venize 93 b
academia ville de Ciceron 55 b
admirable coulône *de sancta Maria in Portico* 35 b
admirable tour, faicte d'vn haut rocher 44 b
admirable grotte de Naples 48 b
admirable pont de l'Empereur Caligula 51 a
admirable chose du sablon de la mer 54 a
aiguille de marbre de sainct Pierre de Rome 29 a
aiguille de marbre de S. Iean de Latran 29 a
aiguille de marbre de saincte Marie Maior 29 a
aiguille de marbre de nostre Dame du Populo 29 a
aigue belle petite ville 6 b
amphiteatre & sa description 51 b
antique statue de Scipion l'Afriquain 20 a
antien conduit d'eau des Romains 43 a
antiens vestiges & epitaphes des Romains 45 b
antique Capoüe & sa description 46 b
antien pays des Sabins 63 b
aneau que le Pape donna au Prince de Venize, duquel il espousa la mer, & pourquoy 83 a
antien conduit d'eau en Rome 24 a
apparition de la vierge Marie, au Prieur Alexandre 66 b

# TABLE

arcenail de Naples 47 a
arc triumphal de l'Empereur Traian 73 b
arc triumphal de l'Empereur Constantin le Grand 29 b
arc triumphal à Fauno 71 b
arc triumphal de Titus & Vespasien 29 b
arche d'Alliance 31 b
arc triumphal d'Octauius Cæsar 77 b
astuce & ruze de laquelle vsa le Pape Sixte Quint pour chasser les bandy d'Italie 41 a
autel que firent les Apostres en la maison de nostre Dame 66 a
authorité des six principaux conseillers 87 a
auditeurs nouueaux 87 b
auditeurs tres-nouueaux de Venize 87 b
autel de sainct Iean Baptiste 31 b

## B

Bains de Bolicano &leurs proprietez 22 b
baston pastoral d'Aaron 31 b
bains Fumerolles & leurs proprietez 48 b
bains d'Astruno 50 a
bains de Calatura, & plusieurs autres 51 a
bains de la Sibile Cumane 53 a
bains de monte Christo 53 b
bains de saincte Croix 54 a
bains du Soleil & de la Lune 54 a
bains de la Spelonque, & de leur vertu 54 a
bains de Ciceron, dits Tritoli 54 b
bains sudatoires & leur description 54 b
bains souuerains pour plusieurs malladies 55 b
bataille dōnee entre les Frāçois & Espagnols, & où 79 a
belles rues à Florence 20 a
belle fontaine au Capitole 25 a
belle Biblioteque du Pape 28 a
belle contree de Molle 45 b
belle responce que fist Luculus à Pompee le Grand 56 b
beau port d'Ancone 73 b
belles coullonnes de marbre à Rauenne 78 b
bois de Sapins sert de chandelle en plusieurs lieux 82 a
Boussoullain 9 b
bouche de verité, & que cest 30 a
bois verd en tout temps 63 b
bois & ville de Monte Fiascon 22 a
bulette de la santé de Lion & autres lieux 4 b

## C

Chasteau de Pipet 4 a
canal de Milan 11 b
canal de Modene 15 a
Campo Sancto, & que cest 35 a

***⁎ iiij

# TABLE

changement de mōnoie passant en la Sauoye 5 b
chasteau du mont Melian 6 b
chappelle des transis 7 a
chasteau de Soriano 22 b
cheuaux de marbre du mont Cauallo 25 b
chappelle du Prezepio & ces indulgences 33 a
chappelle des quarātes martirs 35 a
chasteau de Sermonette 43 b
chasteau de Finalle 15 a
cité de Suze 9 a
citadelle de Turin 9 b
cité de Thurin & sa description 9 b
cité de Verseil & sa descriptiō 10 b
citadelle de Verseil 11 a
cité de Nouare 11 a
citadelle de Nouare 11 a
cité de Plaisance, & sa description 13 b
cité de Boullongne, & sa description 16 a
cité de Viterbe 22 b
cité de Rauenne, & sa description 78 a
cimetiere de sainct Ciriace 33 b
Cimetiere de sainct Calixte 34 a
cinquante huict vases de terre representans nauires 42 a
cité de Valitre où Octauius
Cæsar print origine 43 b
combien on peut porter d'argent de Lion, ou de Turin à Rome 32
coustumes d'Italie touchant les gabelles 11 a
coustumes des Lombarts 18 a
coustumes des hostes d'Italie 23 b
corps de sainct Matthieu, & de sainct Hierosme 33 b
corps de sainct Laurent, & de sainct Estienne Martyrs 33 b
corps sainct Sebastien 35 b
corps sainct Valentin & Zenon 35 a
corps de sainct Iaques & S. Philippe 35 b
coulonne ou sainct Pierre & sainct Paul furent flagellez 36 a
condānation de mort à Rome pour peu de chose 38 b
comme il se faut gouuerner estant à Rome 40 b
corps de Tuliola fille de Ciceron 44 a
colizee quaré 44 b
cources des Iuifs tous nuds 60 b
cources des vieillars 61 a
cources des hommes portant barbe 61 a
cources des ieunes geās sans barbe 61 a
cources des cheuaux bardez & des moyens cheuaux 61 b

# TABLE

courses des iuments 61 b
courses des asnes 61 b
courses des buffles 61 b
cité de Piperne 43 b
cité de Terracine & sa cituation 44 a
cité de Fódi & sa belle cituation 44 b
cité de Formia 45 a
cité de Miturne 46 a
cité de Capouë 46 b
cité d'Auela & sa situation 47 a
cinq fosses bouillantes 50 b
cité de Poussole, & sa situation 51 a
cité de Cumene 52 a
cité de Naruy 64 a
campagne de Falerne 46 a
campagne de Lebori 47 a
castel de Vouo à Naples 47 b
castel Nouo à Naples 47 b
castel sainct Erme à Naples 48 a
carnaual de Naples 58 a
carnaual de Rome 60 b
ceremonies qui se font quád le Pape faict chappelle 37 b
ceremonies qui se font quád le Pape dit la Messe 38 b
ceremonies qui se font à la creation d'vn Cardinal 39 a
cent chambrettes, & que cest 57 a
ceremonie Papalle du Mercredy des Cendres 62 a
chasteau de Bourgueto 63 b
chasteau de Scipion l'Afriquain 64 a
chose merueilleuse, d'vne certaine terre 64 a
Casa Bruciata 74 a
cité de Tolentine 65 a
cité de Macherata 65 a
cité de saincte Polette & sa description 64 b
cité de Ricanati 65 a
cité de Venize & sa description 76 a
ce qui maintient vn Royaume ou republique 82 a
ceremonie des Rameaux faite à Venize 91 a
cité de Sienne & sa description 21 b
cité de Naples & sa description 47 a
cité de Baye, & sa description 54 a
cité d'Ancone, & sa description 73 a
cité de Pesare, & sa description 76 b
cité de Riminy, & sa description 77 b
chapelle du Presepio & sa description 26 a
cheual de bronze doré, & de la belle statue de

**** iiij

# TABLE

Bertelomi de Bergame desfus 95 2
castel sainct Ange, & sa description 28 b
chefs de sainct Pierre, & S. Paul à Rome 31 a
chefs de sainct André, sainct Iacques, sainct Luc, sainct Sebastien, sainct Chrysostome, sainct Gregoire, saincte Petronile 32 b
chefs de sainct Timothee de sainct Celse & Iulien 33 a
charlatans de Venize 93 b
Chasteau de Fabriano 74 a
comme Iules Cæsar passa le fleuue de Rubicon 74 a
conqueste de Constantinople, faicte par les Veniciens 85 b
conseil des dix, & de leur auctorité à Venize 86 b
conseil des six Sages grands 87 a
college des vingt 87 a
corps de saincte Clere 64 b
consecration que firent les Apostres en la maison nostre Dame 65 b
corps entier de l'Euesque S. Anthoine 7 b
corps de sainct Marc à Venise 89 b
corps de sainct Isidore à Venize 85 a
corps de sainct Sergio & Baccho 94 a
corps de sainct Zacharie, sainct Gregoire Nazienzene, & de sainct Theodore 94 a
corps de sainct Nerei, Achilei, & Pancrace 89. 94
corps de saincte Sabine, Lazare & Taraso 94 b
corps de saincte Luce 94
corps de saincte Anastase 94 b
corps de sainct Gordien, & Epimache 94 b
corps de sainct Paul premier hermite, & de sainct Florien 94
corps de saincte Barbe 94
corps de sainct Roch 94
corps de Ionas le Prophete 94 b
corps de sainct Nicolas & sainct Theodore, Archeuesque 94 b
corps de saincte Helene 94 b
corps de sainct Estienne 94 b
corps de sainct Paul, martir, & de sainct Cosme confesseur, & les os de sainct Cosme & sainct Damien 94 b
corps de sainct Ananias 94
corps de sainct Donat & Girard 94
corps de sainct Alban de Buran 94 b
corps de saincte Orce, & S. Dominique hermite 94 b
corps de saincte Christine 95 a
corps de sainct Chermacon

TABLE

& sainct Fortunato 95 b
corps de sainct Saba 95 a
corps de sainct Athanase 95 a
corp de saincts Theodore martir 95 a
corps de sainct Dominique à Boulogne 16 b
corps des saincts Simon & Iude Apostres 32 a
cruelle bataille des Romains & des Gaullois, & où elle fut donnee 74 b
coustumes des hosteleries de Venize 79 b
couuerture de plomb du Palais de Venize 86 a
coustumes Venitiennes 95 b
coustumes d'enterrer les morts, tant à Venize qu'en Italie 96 a
coulonne des Empereurs, Antonin & Traian 29 a

## D

Description de la cité de Vienne 4 a
description du mont Senis 6 b
deux mil d'Italie, font vne lieue Françoise 7 a
description de la cité de Milan 11 b
description du tres-fort chasteau de Millan 12 a
description du temple magnifique de Millan 11 b
description de la cité de Parme 14 b
description de la cité de Regge 15 a
description de la belle fontaine de Boulongne 16 b
description de la Lombardie 17 a
description du fleuue du Po 17 a
description de la cité de Florence 19 a
description du temple magnifique de Florence 20 b
description de la superbe Eglise de Sienne 21 b
description de Toscane 22 b
description de la cité de Rome 23 b
description de l'Eglise sainct Pierre de Rome 27 a
description de la chapelle Gregorienne 27 b
description du Palais de S. Pierre de Rome 27 b
description des iardins de Beluedere 28 a
description de Laoconte 28 a
description du Colisee de Rome 29 b
description de nostre Dame de la Rotonde de Rome 30 b
description de la grotte venimeuse du chien, & du lac d'Agnano 49 a
description des forges de Vulcan 50 a
description de la grotte de la Sibile Cumane 49 a
description du lac d'Auerno 53 a

# TABLE

description du buffle 57 61 a
description de l'Eglise & maison de nostre Dame de Lorette 65 a
description de la cité de Fanno 75 a
description de la ville de Chioggia 79 a
description du Palais de la librairie de Venize 81 a
descriptiō de la sale des pregadis 81 b
descriptiō de la sale du grand conseil 82 a
description de l'Eglise de sainct Marc de Venize 88 b
description du thresor de sainct Marc de Venize 89 b
description de la tres-belle horloge de Venize 92 a
description de l'arcenal de Venize 92 b
de la table où nostre Seigneur fist sa cene 32 a
deux epines de la courōne de nostre Seigneur 34 a
de la collonne où nostre Seigneur fut flagellé 35 a
demeurances de Princes & Seigneurs à Naples 45 a
deux colonnes de marbre qui sont en la place sainct Marc à Venize 80 b
deux puis enrichis de bronze à personnages, à Venize 86 a
deux pulpitres tres riches, en l'Eglise de sainct Marc 89 a
296 colonnes de marbre & porphire au dehors de l'Eglise de sainct Marc de Venize 90 b
deux cens mil ames en Venize 86 b
deux grands corps de logis en la seconde place de sainct Marc 91 b
deux cens croisees en vn logis de la place de sainct Marc à Venize 91 b
dix-huict portes en Rome 24 a
dix grandes de metal en l'Eglise de sainct Marc 90 b
d'où vient qu'il y a tant de Comtes en Plaisance 14 a
don du cierge blanc que le Pape donna au Duc de Venize 82 b
dons des enseignes & trompettes que fist le Pape au Duc de Venize 84 a
douze Abbayes en Venize 94 a

## E

Eglise de l'Archeuesque de Rauenne 78 b
eglise de sainct Geruais & Prothais 78 b
eglise de sainct André 78 b
eglise de sainct Marc, bastie de fer & pierre, sans aucun bois 91 a
eglise de l'Annunciade, & ses miracles 21 a

## TABLE

eglise d'Ara Celi, qui a cent vingt & deux degrez de marbre  24 b
eglise de sainct Alexis  26 a
eglise de sainct Laurent  26 b
eglise de saincte Potentiane  26 b
eglise de la Trinita del môte  27 a
eglise où fut baptizé l'Empereur Constantin  30 a
eglise de sainct Iean de Latran  31 a
eglise de sainct Pierre de Rome  32 a
eglise de sainct Paul de Rome, & ce qui est dedans 33 a
eglise de saincte Marie Maior  33 a
eglise de sainct Laurent de Rome  33 b
eglise de sainct Sebastien de Rome  33 b
eglise de saincte Croix en Ierusalem  34 a
eglise de nostre Dame du Populo  34 a
eglise des trois fontaines où sainct Paul fut decapité 34 a
eglise de Domine quo vadis  34 b
eglise de nostre Dame in Trasteuere  34 b
eglise de sainct Iacques coſſa cauallo  35 a
eglise de S. Clement  35 a
eglise de saincte Praxede 35 a
eglise des saincts Apostres  35 b
eglise de saincte Marie via Lata  35 b
eglise de saincte Marie Liberatrice  35 b
eglise de saincte Marie in Portico  35 b
eglise de sainct Iean porte-latin  35 b
eglise de Scala cæli  36 a
eglise de sainct Pierre in carcere  36 b
eglise de saincte Clere  48 a
eglise du mont d'Oliuet à Naples  48 a
eglise de sainct Dominique à Naples  48 a
entree du Royaume de Naples  42 a
estudes generales & autres exercices à Boullogne 16 a
escurie du Duc de Florence  20 a
escalliers remplis de fontaines  40 b
escurie du Roy d'Espagne à Naples  57 b
etimologie du nom de Constantinople  59 a
examinateurs de Venize 88 a
excellente musique à Venize  95 a

## F

Faisans & chamois qui se trouuent au mont de Roche Melon  8 b
familiarité des Florentins à l'estranger  23 a
fenestre par où l'Ange salua la vierge  23 a
Fiorensole  18 b

# TABLE

filles Venitiennes ne sortent iamais de la maison, iusqu'à ce qu'elles soyent mariees  96 a

fleuues de la Saone & du Rosne, passant à Lyon  3 b

fleuue du Po  9 b

fleuue du Thesin & sa description  11 b

fleuue de Parme  14 b

fleuue de Penaro  15 a

fleuue d'Ebre, dit Reno  15 b

fleuue d'Arno  19 a

fleuue de Gagliriano  46 a

fleuue de Metro  74 b

fleuue de Vulturne  46 b

fleuue d'Isaurus ou Pisaurum  76 b

fleuue de Boaso  73 a

fleuue de Rubicon, & sa description  74 a

fleuues de Montour & Bedeso  78 a

fleuue de Vulturne  44 a

fleuue du Tibre & sa proprieté  24 a

Fontaine de Braues  21

fontaine de Viterbe  22 b

fontaines de Rome  24 a

fontaine du grand Moyse  24 a

fontaine de Sauo  26 a

fontaine d'huille qui sourdit à la natiuité de Iesus-christ  35 a

fontaine qui sourdit miraculeusement  36 a

fontaines de Leda de la Licorne du Padiglion  41 b

fontaines de Pallas  42 a

fontaine d'Æsculape Aretuze & Pandore  42 a

fontaines des deesses Pomona & Flora  24 a

fontaine qui represente Rome  42 a

fontaines venant du rocher artificiel  42 a

fontaines des Dragons  42 a

fontaine de la Deesse Nature & de Neptune  42 b

fontaines Dantinoe, & des Empereurs  42 b

fontaines des oyseaux, & de Pegase  43 a

fontaines dans le Molle de Naples  47 a

fontaines de Naples  47 b

Fontana Acetosa  52 a

forteresse de Gayette  45 a

forte citadelle en Ancone  70 b

## G

Gabelles sur le pays Milanois  13 b

gabelles de Venize affermees à deux millions d'or  94 a

galleries du Duc de Florence & leur description  19 b

garnison du Pape est au castel sainct Ange  28 b

gabelles sur les terres du Pape  60 a

graffes de fair attachees aux mains & pieds pour monter vne montagne  8 b

grand accident qui cuida ar-

## TABLE

riuer à Rome, à vn seigneur François 40 a
grande fosse bouillante 50 a
grandes gabelles au Royaume de Naples 59 b
grand sacrilege commis par les François & où 79 a
grand college de Venize & de quels hômes il est composé 87 b
grand nombre d'officiers à Venize 88 b
grande flagellation des penitens de Venize 90 a
grande ceremonie la nuict du Vendredy Sainct à Venize 90 b
grand canal de Venize & ses traquets 93 a
grand nombre d'estrangers à Venize 93 b
grand nombre de places à Venize 94 a
grand nombre de reliques de corps saincts à Venize 94 a
grosses gorges de pauures gens de Sauoye, causees par l'eau qu'ils boiuent 6 b
grotte de Diane 41 b
grotte de Venus 42 a
grotte du Roy Salas 57 a
grotte de la Sibile Cumane 52 a
grotte Dragonara & sa description 56 a

### H

Haute tour d'Asinelli 17
haute coullône de marbre en Florence 20 a
haut clocher de sainct Marc de Venize 91 b
habit Venitien 95 b
habit des dames Venitiennes 95 b
histoire notable 49 b
histoire d'vn Alleman 50 a
histoire notable 50 b
histoire d'vn François, Napolitain & Aleman 57 a
histoire estrange d'vn malfaicteur qui fut faict mourir à Venize 80 b
histoire du Pape Alexandre & de l'Empereur Federic 82 a
*horto del paradiso* 35 b
huict mille gondoles à Venize 80 a
huict vingts neuf Eglises en Venize 94 a

### I

Image de la vierge Marie, painte par sainct Luc 21 a
image du crucifix qui parla à sainct Thomas d'Aquin 48 a
image de cedre que fist sainct Luc 65 b
images de sainct François & sainct Dominique 89 b
image de la vierge Marie, saluee de l'estoille, de l'Ange & des trois Roys qui sont à l'horloge de Venize 92 a
insolences du Carnaual de Naples 59 a
ioyaux de nostre Dame de Lorette 69 a

# TABLE

isle de Rome, & que c'est 24 a
isle de Ponce 56 a
iuges di note ciuili & ieur auctorité 83 a
iuges di note criminali & leur iurisdiction 86 a
iuges de petitione 88 a
iuges de mobile 88 a
iuges du propre 88 a
iuges du Cathandry & leur auctorité 88 a
iuges appellez Pionego 88 b
iuges soppra castalei 88 b

## L

Lac d'Aiguebellette 5 a
la chapelle de Roche-Melon 9 a
lac glacé sur vne haute montaigne 9 a
l'abbaye sainct André 11 a
la tour & le fleuue sainct Ambroise 15 b
lac de Volcena 22 a
lac de Vicco 22 b
l'antique statue de Scipion l'Affriquain 20 a
lac & mont de roses 22 b
lac de Bacane 22 b
la voie que le Consul Emilius fist faire 23 a
la chaîne de laquelle sainct Iean l'Euangeliste fut lié 31 a
la chemise de nostre Seigneur 31 a
la robe de pourpre, & le suere de Iesus-Christ 31 b
la saincte Veronique 32 b
la moitié des corps de sainct Pierre & de sainct Paul 32 a
la grille où sainct Laurens fut grillé 33 b
la moitié de la croix du bon larron 34 a
la corde en Italie, c'est l'estrapade en France 40 b
laberinte de Poussolle 48 a
la croix de bois que firent les Apostres 65 b
largeur & longueur de la maison de nostre Dame 65 b
largeur de la fenestre de ladicte maison 61 a
largeur de la cheminee de ladicte maison 61 a
la zecca où on bat la monnoie à Venize 81 a
le lieu où se faict la quarantaine en allant en Italie 7 b
les chemins qu'on peut prendre pour aller de Thurin à Rome, & voir toute l'Italie 101
le lieu où le Roy Charles huictiesme, retournant de Naples, remporta vne grande victoire sur les Italiens 14 a
le lieu où sainct Pierre fut crucifié 27 a
le Calice où Sainct Iean l'Euangeliste beut le venin 31 a

# TABLE

les vestemens de la vierge Marie 31 a

le linge duquel nostre Seigneur essuya les pieds des Apostres à sa Cene 31 a

les collonnes de marbre où nostre Seigneur s'appuioit en Ierusalem 32 b

le fer de la lance qui perça le costé de nostre Seigneur 32 b

le Crucifix qui parla à saincte Brigide 33 a

le berceau de nostre Seigneur 33 b

le lieu où sainct Paul fut decapité 34 b

l'esponge, & vne Empoule pleine du sang de nostre Seigneur 34 a

le tiltre de la croix de Iesus 34 a

le lieu d'où Æneas descendit aux enfers 53 b

le beau chemin que le Pape Gregoire 13. fist faire pour aller de Rome à nostre Dame de Lorette 64 b

les cinq Sages de terre ferme 87 a

le bucentaure & que c'est 93 a

l'isle où se fist le Triunirat 15 b

lieu nommé catacombe, & que c'est 34 a

lieu où se faict l'Alun & le Soufre 51 a

l'interno où habita Scipion l'Afriquain 51 b

lieu où mourut Tibere Cæsar 56 a

licence du Pape pour aller en Ierusalem 62 b

liberté sur l'estat des Venitiés 96 b

l'ordre que le Pape tient allāt par Rome 36 a

l'ordre que tiēt le Pape quād il faict chapelle 36 b

longueur & largeur du pont de marbre de Rimini 77 b

longueur & largeur de la place du palais de S. Marc 80 b

l'ordre que le Prince tient allant par Venize 84 a

l'vn des cloux de la croix de nostre Seigneur 34 a

## M

Martinets de Viene, & que cest 4 a

marché pour aller de Lion à Thurin 4 b

marché pour aller de Milan à Boulogne 13 a

marché pour aller de Rome à nostre dame de Lorette 63 a

mauuaise coustumes qu'on permet aux courtisannes de Rome 40 b

maison Royalle de Poussole & son beau iardin 58 a

mauuais traictemēt du manger & dormir au Royaume de Naple 60 a

marché faict pour aler de Lorette à Rauenne 72 b

mauuais air en esté à Pezaro 76 b

messagers enuoyez à Nazareth 67 b

# TABLE

miracle de la saincte Ostie 22 a
miracle de la saincte Ostie 26 b
miracle faict à Lorette en la personne du Marquis de Bade 70 b
miracle en la personne d'vn medecin de Lion 70 a
miracle fait en vne demoniacle 71 b
miracle d'vn Crucifix qui est à sainct Marc de Venize 90 a
mots principaux qu'il conuient faire inserer dedans la lettre d'eschange 3 a
mont d'Aiguebellette 5 a
montre generale de la gendarmerie de Milan 12 a
monts Appennins leur hauteur & cituation 19 b
mont de Cimini 22 a
mont du Campidogle 24 b
mont Palatin 25 a
mont Cælio 25 b
mont Cauallo 25 b
mont Auentino 26 a
mont Cespio 26 a
mont Viminale 26 b
mont de Montorio 27 a
mont de Picio 27 a
monts de Citorio d'Ortuli & Iordano 27 a
mont de Vaticano 27 a
mort du Compte Iean Pepoli 39 b
mort du nepueu de Dom Petre de Nauarre 39 b
mont d'Olibano 45 a
mont de Cecubo 46 a
mont Garro 46 a
molle de Naples, & que ceū 46 a
mont de Paucillippo 48 b
montaignes sulfurees 50 a
montaigne de Cendre 53 a
montagne de Missene 56 a
mont de sainct Siluestre 63 b
montagne de Somma 64 a
mont Falcon 64 b
montagne d'Ancone 73 a
mont saincte Catherine 73 a
mont sainct Criaco 73 a
mort d'Asdrubal de Carthage où ce fut 71 a
mont de Sfaltide 76 b
murailles de Lorette faicte par le Pape Leon 65 a
munitions de l'arcenal de Venize 93 a
1550 hommes qui trauaillent tous les iours en l'arcenal de Venize 83 a

# O

Oratoires de sainct Paul & de sainct Luc 30 b
Ordonnances que le Pape Sixte Quint à faictes à Rome 39 b
Ordonnances dudit Pape sur le faict des armes 40 a
orgues qui artificiellement iouent d'elle mesme sans main d'homme 41
origine de l'Empereur Galba 45 a
ordonnances seueres en Italie pour baiser vne femme publi-

## TABLE

publiquement 58 b
ornement de la maison de la vierge Marie faict de marbre precieux 69 a
oratoires de sainct Iean l'Euangeliste 31 b
ou se faisoient les ieux en l'honneur de Vulcan 51 b
où Totilla fut deffaict, & mourut 76 b
on peut aller par mer & par terre à Venize 88 b
oz de dix mil martirs 35 b
oz de Neron 34 a

### P

Palais de Boulongne 76 b
pallais du Cardinal Farnaise 25 a
pallais du Pape Sixte Quint, sur le mont Cauallo 26 a
pallais de Pillate à Rome 30 a
pallais de Sauelly, & ses belles statues 35 b
pallus de Pontine 43 b
palius où Marius Consul se cacha 46 a
passage du Tibre par bateau 59 b
pallais de sainct Marc, & sa description 81 a
pallais de Tiuoli & la description de son superbe iardin 41 b
pallais de Medicis 27 a
pont de Montmelian 6 a
perdrix blanches & autres noires 8 b
piramide de Viéne qu'on dit y auoir esté mise pour faire mourir Pilate 3 b
Pierra malla 19 b
pigne de Bronze de l'Empereur Adrian, & sa grandeur 28 a
piramide de marbre de Cestio 29 b
piscine admirable de Lucius Lucullus 56 b
pierre sur laquelle Iulle Cæzar harangua le peuple de Rimini 77 b
puis de Rauenne 78 a
plusieurs bains 53 b
place de sainct Marc, & sa longueur 91 b
pourtraict de Iesus-christ que fist sainct Luc 32 a
poix verds en tout temps à Naples 51 b
pommes d'Adam & que c'est 51 b
port de Cezenatico 78 a
pont de Rialto 92 a
prairies sur le mont Senis de deux lieues de lõgueur 7 a
prophetie de la Sibile Tiburtine 24 b
premiere Eglise à Rome dediee à la vierge Marie 26 b
proprietez d'eaux bouillātes 50 b
present du Duc de Bauiere faict à nostre Dame de Lorette 70 a
premier transport de la maison de la vierge Marie 66 b
processions des penitens de Venize le Vēdredi saint 90 a
punitions diuines sur les Fraçois, & où 79 a

# TABLE

puissance des Venitiens sur
 la mer 92 b
présent du Roy de France
 Henry troisiesme à nostre
 dame de Lorette 69 b

## Q

Quatre ponts de pierre
 & de marbre sur le
 Tibre à Rome 24 a
quatre riches coullonnes de
 bronze 31 b
quatriesme transport de la
 maison de la vierge Marie
 68 b
quatorze cents gentilshom-
 mes entrans au conseil au
 dimanche à Venize 85 b
quarāte croisees de longueur
 en vn corps de logis 86 a
quarante iuges criminels à
 Venize 86 b
quarantaine vieille, & leurs
 auctoritez 87 a
quatorze image de bronze &
 vn crucifix d'argent à sainct
 Marc de Venize 89 a
quatre riches coulonnes autour du poisle de sainct
 Marc 89 b
quatre coulonnes d'allebaba-
 stre en l'eglise de sainct
 Marc 89 b
quatre cheuaux de bronze
 dorés, sur le porticque de
 sainct Marc de Venize 90 b
quatre cents ponts à Venize
 93 a
quels escus ils faut porter en
 Italie 3 b
que cest qu'vn bandy 41 a
que cest qu'vn sasi 84 a
que cest qu'vn commenda-
 tori 84 b
que cest que la painture Mo-
 saique 89 a

## R

Riuiere de Lizere 6 a
riuiere de Lorca 10 b
riuiere de Bagia 10 b
riuiere d'Abda 13 b
riuiere du Tar 14 a
riuiere de Crustulo 15 a
reliques de la Magdeleine, &
 de sainct Laurent 31 b
riuiere d'Amacene 43 b
riuieres de Potensa, Asino &
 Aspidos 60 a
responce faicte du vieil legi-
 ste au Pape 76 b
richesse d'argent de nostre
 dame de Lorette 69 b
richesse d'or de nostre dame
 de Lorette 69 b
richesse des ornemens de
 Lorette 69 b
riuiere de Fimmiceno & son
 chasteau 73 b
riuiere de Dienneuola 74 b
riuiere de Cezaro 74 b
riuiere d'Argilla 75 a
riuiere de Candiano 76 a
riuiere de Fogiia 77 a
riuiere de Mareguia 77 b
riuiere de Sanio 78 a
riches coullonnes de Rauenne 78 b
ruines des termes de Traian
 Empereur 26 b
ruines des termes de l'Empereur Decio 26 b

# TABLE

ruine collisee & où 43
ruinee cité de Foro Sempronio 75 b
Roger de Furlo couppé 76 a

## S

Sainct Pierre in Vincola 16 b
sancta sanctorum, & que c'est 32 a
scala sancta, & que c'est 31 b
Scarperia 19 a
scindies de Venize 88 b
seconde victoire contre ledit Pepin 81 b
second transport de la maison de la vierge Marie 68 a
second parler de la vierge Marie 64 a
seigneur du Bastiame, & leur auctorité 76 b
separation du Dauphiné d'auec la Sauoie 5 a
sepulchre du Roy Robert à Naples 48 a
sepulchre du Roy Ladislaus 48 a
sepulchres de monsieur de Lautrec & de dom Pietre Nauare 48 a
sepulchre d'Agripina, mere de Neron 53 b
sepulchre de Virgille 48 b
sepulchre de la Roine Placida & de ses enfans 78 b
sepulchre de Iules Cæsar 29 a
sepulchre de Crassus 30 a
sepulchre du Pape Iulles 26 b
sepulture des Ducs de Toscane 21 a
sepulchre de Vespasien & Titus, Empereurs 26 a
sept salles de l'Empereur Vespasien 26 b
sepulchre de Ciceron 45 a
sept monts en Rome 24 a
septante & deux paroisses à Venize 89 a
situation de la cité de Lion 3 b
situation de la cité de Modene 15 a
situation de la belle cité de Terna 64 a
soixante & dix statues en la gallerie du Duc de Florence 20 a
statue d'Æneas 24 b
statue d'Hercules, de Mercure, & plusieurs autres 24 b
statue de Marc Aurelle 24 b
statues de plusieurs Dieux 24 b
statue de la louue de Romulus 24 b
statues de Iulles Cæsar, d'Octauius Cæsar, de Marius, de Constantin le Grand, des Papes Paul & Sixte cinquiesme, du Marfore & autres 25 a

*****ij

# TABLE

statuës de diuers Rois 252
statues de Venus, de Cupido, d'Hercules, du Tigre du Nil, de Cleopatra & autres 28 a
statuës de la Sibille Albunee, & d'autres nymphes 42 a
stratageme d'Hannibal 46 a
superbe & magnifique fonteine de Florence, auec sa description 19 b
superbe tour de marbre à Florence 20 b

## T

Temple du Dieu Mars 20. b
temple de Fanno 25 b
temple de Diane 26 a
temple d'Hercule 26 a
temples de Iupiter, Ianus, & Mercure 29 b
templum pacis 29 b
temples de Concorde, Venus & Minerue 30 a
temples d'Antonin, & Nerua Empereurs 30 a
temples du Soleil & de la Lune 30 a
taureau Farneze & sa description 25 b
temple de Fortune 30 a
temple de Bacchus & son sepulchre 30 b
temple de la deesse Vesta 30
temple de la Pudicitia 35 b
temple d'Antonino 50 a
temple de Iupiter 51 a
temple de Hercole baulo 52 a
temples de Mercure & d'Apollo 53 b
teples de Venus & Diane 54 b

termes de Diocletian Empereur 26 a
tempestes & orages sur le Rosne 14. a
termes Antoniennes & que c'est 29. b
tour de Pilate 4 a
torent d'Auesa 16
toutes choses se vendent à la liure en Italie 41 b
tour du Pape Gregoire 44 b
tour de Fracolise 46 a
tour du Molle de Naples 47 a
tour de Beluedere 28 a
tranchee de mosieur de Lautrec deuant Naples 57. b
trente & deux monasteres à Venise 94 a
trente & vn conuent de religieux à Venise 94 a
trente & six colones de marbre dans l'eglise de sainct Marc de Venise 89 a
theatre de Marcel 35 b
treshaut mont de Roche Melon & sa description 7 b
triumphe de Marius 30 a
trois conduits d'eau en vne allee de iardin 42 a
trois reseruoirs en vn iardin 42 b
trois chasteaux à Naples 47 b
troisiesme trâsport de la maison de la Vierge Marie 68 a
troisiesme logis au palais de sainct Marc 85 b
trois cents nonante & huict colonnes de marbre au palais de sainct Marc de Venise 86 a

# TABLE

trois portiques à l'eglise de S. Marc de Venise  90.b
trois places en vne à Venise  87 a
tunicelle de sainct Iean l'Euangeliste  31 a
trompette d'Æneas  56 a

## V

Valeur des escus de monnoye, & d'or en or  3 a
valeur des monnoyes de Sauoye  5 b
valeur des monnoyes de Piemont  10 a
valeur des monnoyes de Milan  13 a
valeur de la monnoye de Parme  14 b
valeur de la monnoye de Ferrare  15 a
valeur des mōnoyes de Boullongne  17 a
valeur des monnoyes de Florence  21 b
valeur des monnoyes du royaume de Naples  59 a
valeur des pallis qui se courent au Carnaual de Rome  60 b
valeur des monnoyes de Rome  62 b
valeur des monnoyes de la marque d'Ancone  72 b
valeur des monnoyes du Duché d'Vrbin  77 a
valeur des monnoyes Venitiennes  96 b
valeur des monnoyes de Genes  97 b

venise contient neuf mil d tour sans le Zudecca  80.
venise gloire de toute l'Italie  93 a
venise pauee de brique  93 b
verge de Moyse  31 b
ville de Chābery en Sauoye  5 b
ville de Chiuas  10 b
ville de Ligorne  10 b
ville de Lodde  13 b
villes de Lucignano & Aquapendente  22 a
ville de Marino  43 b
via Appia & que c'est  43 b
ville d'Itro & sa situation  42 a
ville de Ciceron  50 a
ville de Baulo où Neron feist mourir sa mere  53 b
ville de Foligni  64 b
ville d'Assisi où nasquit sainct François  64 b
ville de Senegalia  74 a
ville de Fosson Bruno  75 b
via Æmilia  78 a
ville de Seruia & la valeur de ses salines  78 a
victoire que les Venitiens eurent contre Pepin  81 b
victoire des Venitiens contre le Califfe d'Egypte  81 b
victoire des Venitiens contre Roger Roy de Cicile  81 b
victoire des Venitiens contre le Roy de Hongrie & les Geneuois  81 b
vn des cloux duquel nostre Seigneur fut ataché en croix  34 a
victoire des Venitiens contre le grand Turc  82.a

****  iij

*Table des noms & choses memorables contenues au second liure.*
*Le nombre, marque, le fueillet: a la premiere page, b, la seconde,*

### A

Abbaie de saincte Croix en Ierusalem, & sa description 199 b
abbaie de sainct Nicolas 115 a
achapt de l'eglise de sainct Lazare pour les Chrestiens 131 b
achapt de la maison de Ioseph d'Arimathie, par le Duc de Bourgongne 143 a
admonition du pere gardien 133 a
admirables sepultures des Rois de Hierusalem & leur description 207 b
admirables portes des sepultures des Rois de Hierusalem faictes d'vne seulle pierre sans fer ny bois 206 b
aduertissement que faict le gardien aux Cheualiers 175 b
admirable effigie de S. Hierosme 193 a
adultere puni entre les Grecs 177 a
Anglois declarez volleurs 131 a
arriuee en Hierusalem, on entre par la porte de Iaffa 146 a
asnes sauuages, & la vertu de vne pierre qui se trouue en leurs testes 115 b
autres prouisiós pour porter en la naue 105 a

### B

Bains & sepultures des Turcs en Chipre 120 b
barbare façon d'vn Turc demandãt la courtoisie 145 b
belles choses qui se vendent en Hierusalem 212 b
belle situation du port de Iaffa & sa description 139 a
bois de Cyprés qui viẽt apres estre taillé 110 b
bonne eau de cisterne 142 a
bourasque sur le goulfe de Narranté 107 b

### C

Chasteau du bon Larron 144 a
cendres & os des Rois de Hierusalem en leurs sepultures 207 a
champ de pois conuerty en pierre 190 a
chapelle de saincte Helaine 170 b
chappelle des Innocés 194 a
chappelle de flagellatiõ 197 a

# TABLE

chappelle de l'apparition 168 b
chappelle du tiltre de la croix 17 a
chappelle de la prison de nostre Seigneur 169 b
chasteau de Ierusalem & sa description 211 b
chasteau de Ierusalem basty par les Pisans 211 b
chars qui prenoient les serpens en Chypre 120 a
chasteau & Modin des Machabees 145 a
chasteau du Lazare en Bethanie 167 a
chasteau de Serith 138 b
cimetiere des Catholicques sur le mont de Sion 151 a
cimetiere des Iuifs en la vallee de Iosaphat 161 a
cimetiere des Turcs appellé Omeschit 200 b
cinquiesme caffare des Arrabes 139 a
cité de Ramatha Sophan dite Souba 145 b
cité de Rama 143 a
cité de Bethlehem 191 b
cité de Candie & sa description 116 a
chose notable d'vn Turc de Famagouste 128 b
comme les gens du Sousbacha de Rama sont habillez, allant par pays 141 b
comme les Turcs nourrissent leurs enfans plus proprement que ne faisons les nostres 204 b
comme sont faicts les berceaux de Turquie 205 a
combien de fois Ierusalem à esté prise, & par qui 211 a
cité de Samarie 110 a
claueures & clefs de bois en Ierusalem 212 b
combat sur mer d'vn nauire Venitien & d'vn Anglois 119 b
combien de temps a duré la loy des Turcs 201 a
comme seront ceux qui iront en Paradis, selon l'opinion des Turcs 202 a
comme les Turcs mangent 125 a
comme seront ceux qui iront en enfer selon l'opinion des Turcs 204 a
comme les Iannissaires voulurent ruer le grand Turc 123 a
confins de l'Arabie 163 b
confessiō des Iacobites 181 a
coullonne de la flagellation 168 a
collōne de l'impropere 170 b

# D

Escription du Dame qui enuironne le sainct sepulchre 189 b
description de la grandeur & largeur du goulfe de Venize auec ses confins 110 a
description du champ d'Alcheldema 162 b
description de l'isle de Corfou qui est en Grece & l'vne des clefs de Chrestiété 111 a

✱✱✱✱✱ iiij

# TABLE

description de la maison de Ioseph d'Arimathie 143 b
descriptiõ de l'Eglise de Bethlehem 190 b
description du lieu de la natiuité de Iesus-christ 192 a
description de la creche où Iesus-christ nasquit 192 b
descriptiõ de l'ancien sepulchre de Rachel, femme de Iacob 190 a
description de l'Eglise du S. Sepulchre de nostre Seigneur Iesus-christ 187 a
description du sainct Sepulchre de nostre Seigneur Iesus-christ 187 b
deux bonnes fontaines au desert de sainct Iean Baptiste 198 a
de quatre sortes de bois fut faicte la croix de nostre seigneur 200 a
description de la grotte où se cacha la vierge Marie 195 b
description de la montaigne de Iudee, & où nasquit sainct Iean Baptiste 197 a
descriptiõ du desert de sainct Iean Baptiste 198 a
description de la mer morte, ou goulfe de Sodome & Gomorrhe 198 b
descriptiõ du fleuue de Iourdain 199 a
description de l'abbaye de saincte Croix, pres Ierusalem 199 b
description du chasteau de Ierusalem 212 a
description de la saincte cité de Ierusalem 209 b
description de Rusma, & de ses prophetes 207 a
destruction de la cité de Ierusalem 211 a
de quelle maniere les Turcs nourrissent leurs petits enfans sans beaucoup de souci 203 b
deux tours à Iaffa 137 a
diamant de Baffo 158 b
diuerses nations habitent en Ierusalem 212 a
deux sequins pour l'entree de Ierusalem 147 b
diuerses opinions entre nous autres pelerins 127 a
diuersité d'opinions sur le faict des passeports des Turcs 129 b
d'où est venu ce mot de Soultane 179 a
dequoy sont nourris les enfans des Turcs 205 b
deuxieme chambre des Sepulchres des Roys de Ierusalem 208 a

## E

EN quelle façon se fera le iugemẽt selon les Turcs 202 a
en Ierusalẽ on ne se sert que de clefs & claueures de bois 213 b
Ebron 210 b
eglise de l'Ascension de nostre seigneur 165 a
eglise de sainct Lazare en Chipre 126 a

# TABLE

eglise de la vierge Marie a 50. degrez 156 a b
entrée du Cady des Turcs en la naue 125 a
entrée du goulfe de Venize 104 a
epitaphes des François 124 a
espouuantemens de plusieurs pellerins 13 a
exhortation faicte aux pellerins 147 a
exhortation qui se faict aux pellerins à chaque visite 148 b
exhortation qui se faict aux pellerins visitans l'eglise du sainct sepulchre 169 b
exhibition de bources auant que d'aller en Ierusalem 131 a

## F

Faulce accusation faicte par les Turcs sur le pere gardien 168 a
fauce opinió qu'ót les Turcs, de leur Mahomet 152 b
fertilité de Candie ou Crete 117 a
fertilité de Chipre 131 b & 130 a
fontaine de la vierge Marie 161 b
fontaine de Bersabee & sa description 163 a
fontaine, l'eau de laquelle faict mourir les cauaillettes 133 a
fontaine de S. Philippes, où li baptiza l'Eunuque 199 b
fontaine de la vierge Marie 197 b
fontaine du Prophete Elie, & l'impression de son corps en la pierre 190 a
fausse opinion qu'ont les Turcs de Mahommet 164 b
fontaine des trois Rois 189 b
folle creance des Turcs touchant les morts 201 b
folle opinion des Grecs 178 b
forteresse de Castelnouo 109 a
forteresse de Cataro 109 a
forteresses de Rhodes 112 a
forteresses des Pisans en Ierusalem 148 b
fracture que fist le mont de Caluaire à la mort de Iesuschrist 171 a
fruict d'amertume en enfer, selon l'opinion des Turcs 203 b
fouillement des hardes denãt que d'entrer en Ierusalem 146 b

## G

Goulfe de Caruere 105 a
goulfe de Larta, où Octauius Cæsar desfist Marc Anthoine, & Cleopatra 105 a
Goulfe de Largostoli 166 b
goulfe de Lepanthe 113 b
goulfe de Legma 114 a
goulfe de Lucrino 109 a
goulfe de Narante, & sa description 107 b
goulfe de Trieste 104 b
goulfe de Satelia 118 a
grand marché de viures en Chipre 135 a

# TABLE

description de la maison de Ioseph d'Arimathie 143 b
descriptiõ de l'Eglise de Bethlehem 190 b
description du lieu de la natiuité de Iesus-christ 192 a
description de la creche où Iesus-christ nasquit 19 b
descriptiõ de l'ancien sepulchre de Rachel, femme de Iacob 190 a
description de l'Eglise du S. Sepulchre de nostre Seigneur Iesus-christ 187 a
description du sainct Sepulchre de nostre Seigneur Iesus-christ 187 b
deux bonnes fontaines au desert de sainct Iean Baptiste 198 a
de quatre sortes de bois fut faicte la croix de nostre seigneur 200 a
description de la grotte où se cacha la vierge Marie 195 b
description de la montaigne de Iudee, & où nasquit sainct Iean Baptiste 197 a
descriptiõ du desert de sainct Iean Baptiste 198 a
description de la mer morte, ou goulfe de Sodome & Gomorrhe 198 b
descriptiõ du fleuue de Iourdain 199 a
description de l'abbaye de saincte Croix, pres Ierusalem 199 b
description du chasteau de Ierusalem 212 a
description de la saincte cité de Ierusalem 209 b
description de Rusma, & de ses prophetes 207 a
destruction de la cité de Ierusalem 211 a
de quelle maniere les Turcs nourrissent leurs petits enfans sans beaucoup de souci 203 b
deux tours à Iaffa 131 a
diamant de Baffo 128 b
diuerses nations habitent en Ierusalem 212 a
deux sequins pour l'entree de Ierusalem 147 b
diuerses opinions entre nous autres pelerins 127 a
diuersité d'opinions sur le faict des passeports des Turcs 129 b
d'où est venu ce mot de Soultane 179 a
dequoy sont nourris les enfans des Turcs 205 b
deuxieme chambre des Sepulchres des Roys de Ierusalem 208 a

## E

EN quelle façon se fera le iugemēt selon les Turcs 202 a
en Ierusalē on ne se sert que de clefs & claueures de bois 213 b
Ebron 210 b
eglise de l'Ascension de nostre seigneur 165 a
eglise de sainct Lazare en Chipre 126 a

# TABLE

eglise de la vierge Marie a 50. degrez 156 a b
entree du Cady des Turcs en la naue 125 a
entree du goulfe de Venize 104 a
epitaphes des François 124 a
espouuantemens de plusieurs pellerins 131 a
exhortation faicte aux pellerins 147 a
exhortation qui se faict aux pellerins à chaque visite 148 b
exhortation qui se faict aux pellerins visitans l'eglise du sainct sepulchre 169 b
exhibition de bourses auant que d'aller en Ierusalem 131 a

## F

Faulce accusation faicte par les Turcs sur le pere gardien 168 a
fauce opinió qu'ót les Turcs, de leur Mahomet 162 b
fertilité de Candie ou Crete 117 a
fertilité de Chipre 131 b & 110 a
fontaine de la vierge Marie 161 b
fontaine de Bersabee & sa description 163 a
fontaine, l'eau de laquelle faict mourir les cauaillettes 153 a
fontaine de S. Philippes, où li baptiza l'Eunuque 199 b
fontaine de la vierge Marie 197 b
fontaine du Prophete Elie, & l'impression de son corps en la pierre 190 a
fausse opinion qu'ont les Turcs de Mahommet 164 b
fontaine des trois Rois 189 b
folle creance des Turcs touchant les morts 201 b
folle opinion des Grecs 178 b
forteresse de Castelnouo 109 a
forteresse de Cataro 109 a
forteresses de Rhodes 112 a
forteresses des Pisans en Ierusalem 148 b
fracture que fist le mont de Caluaire à la mort de Iesus-christ 171 a
fruict d'amertume en enfer, selon l opinion des Turcs 203 b
fouillement des hardes deuãt que d'entrer en Ierusalem 146 b

## G

Goulfe de Caruere 105 a
goulfe de Larta, où Octauius Cæsar desfist Marc Anthoine, & Cleopatra 105 a
Goulfe de Largostoli 106 b
goulfe de Lepanthe 113 b
goulfe de Legma 114 a
goulfe de Ludrino 109 a
goulfe de Narante, & sa description 107 b
goulfe de Trieste 104 b
goulfe de Satelia 118 a
grand marché de viures en Chipre 135 a

## TABLE

grands thresors au sepulchre de Dauid 150 b
grottes de Minos ou sepulchre de Iupiter 116 b
grãdeur & lõgueur du royaume de Candie 116 b
grandes folies que les Turcs croyent de paradis 203 b
grandes folies que les Turcs croient de l'enfer 204 a
grotte de Iaffa 138 b
grotte où nostre Seigneur sua le sang & l'eau 159 b
grotte où les Apostres se cacherent 160 a
grotte de S Iaques le Mineur 161 a
grotte de sainte Pelagie 165 a
grecs obseruẽt quatre caresmes 177 a
Grecs consacrent en pain leué 177 b
Grecs communient sous les deux especes 178 a
grands erreurs où les Grecs sont plongez 178 a
Grecs tiennent les Catholiques pour schismatiques 179 a
grotte où la Vierge Marie laissa tomber de son laict & la vertu de ladite terre 196 a
grandeur de Hierusalẽ 211 b
grande puissance du Preste-Ian 186 b
grandeur & largeur de l'eglise du S. Sepulchre 190 a
grãdeur & largeur du monument de Iesus-Christ 189 a
grande deuotion qu'ont les Turcs & infidelles à nos lieux saincts 192 a

## H

Habits des prestres Grecs 179 a
herbe que les Turcs mangent appellee Haffion 122 b
Hierusalem prise par Cosdroës 211 a
Hierusalem est au mesme lieu qu'elle estoit au temps de nostre Seigneur Iesus-christ 209 b
Hierusalem est plus grande qu'elle n'a onc esté anciennement 211 a
Hierico 210 b
histoire d'Heraclius entrant par la porte dorée 154 a
histoire de la Magdelaine, de Marthe & du Lazare 139 b
histoire de Saincte Helaine 118 a
histoire de Saincte Helaine touchant la Saincte Croix 125 b
histoire notable de la porte dorée 157 b
histoire estrange d'vn More touchant la priere pour les morts 195 b

## I

Isle d'Arbe 105 b
isles & salines de Pago 105 b
isle de Braza & sa description 107 b
isle de Cephalonie 112 a
isle de Caprea, Coagolon, & Venetico 115 a
isle de Cerigo 109 b
isle de Cicerigo 110 a

# TABLE

isles de Medoli, Sansego & Veggia 105 b
isles de Liezena 108 a
isles de Coursola 108 b
ile de Melena 108 b
ile de Mezo, Callamanta, Zupana, Calaphata, & Cruma 109 a
ile d'Ithacha ou Compane, siege d'Vlysses 111 b
isles de Niemi, Grua, Scorda, Zaporello, & Millada 106 a
ile de Sabionzello, Torcola, Caza, Augousta 108 b
ile de Pascou 111 a
ile de Pelegosa 108 b
ile de Sancta Maura 111 a
ile de San Stephano, la Coronato, Liguri & Solta 106 b
ile de San Andrea, Buzo & Lissa 107 a
ile de Zante 112 b
ile de Prodono 114 b
ile de Sapientia 114 b
ile de Rhodes 117 b
ile de Scarpanto 118 a
iles de Strivalli 114 a
il faut bien se garder de la vanité des Turcs 166 b
Iuifs portent le bonnet rouge en Turquie, Hierusalem, & autres lieux de l'Orient 151 b

## L

LA Croix de nostre Seigneur fut faite de 4. sortes de bois 200 a
la chambre où S. Hierosme feist sa penitence & traduit la saincte Bible 193 b
laberinthe de Candie 116 b
l'ancienne cité de Salamine 132 b
largeur de la terre sainte 213 a
la fosse où fut trouvee la croix de nostre Seigneur 170 a
Laga de Iaffa 132 b
la pierre de l'onction où nostre Seigneur fut enseuely & oinct 172 b
la pierre où s'assist l'Ange quand nostre Seigneur fut resuscité 173 b
lauatoire des Turcs 142 a
lauatoire ou natatoire de Siloë 162 a
la voye doloreuse 149 b
lauement des pieds des pelerins fait par les religieux 147 b
l'eglise & fonteine de Hieremie 144 b
l'eglise de saincte Catherine & ses indulgences 194 b
l'eglise du sepulchre de la Vierge Marie a 50. degrez pour y descendre 159 b
l'eglise où Saincte Helaine estoit quand l'on cerchoit la croix de nostre Seign. 170 b
l'eglise du spasme de la Vierge Marie 154 b
le lieu où les croix des larrons estoient 170 a
lieu de la flagellation & couronnement de nostre Seigneur 154 b
l'entree du pont de Iaffa difficile 130 a
les François Rois de Chipre 118 a

## TABLE

lieu où S. Iean preschoit penitence 198 b
lieu où les sept dormás sommeillerent 128 b
Le lieu de la circoncision de nostre Seigneur 173 a
le lieu où fut taillé la palme pour faire les pieds de la croix de nostre Seigneur 200 a
le lieu où la Vierge Marie & S. Iean l'Euangeliste estoiét quád nostre Seigneur estoit en croix 171 a
lieu que l'on tiét estre au milieu du monde 176 b
l'Euesque des Goffites & ses vestements 153 a
les statuts des Cheualiers de Hierusalem 174 a
les Arrabes honorét les lieux saincts 164 b
l'eau d'vn puits creut miraculeusement à la priere de la Vierge Marie 195 a
l'eau du fleuue de Iourdain ne se corrompt iamais 199 a
les Turcs ont opinion que les damnez peuuent vn iour estre sauuez 204 a
les saincts monts qui sont en Hierusalem 208 b
les nations Chrestiennes qui seruent en l'eglise du sainct Sepulchre 179 a
limites de la Moree ou Peloponese 113 a
Limisso village & sa description 120 a
les noms des villes desquelles Hierusalem est enuironnee 212 b
les noms & surnoms des pelerins ibid.
l'heresie, erreurs & coustumes des Iacobites 181 a
l'origine d'où procede le fleuue du Iourdain 199 a
longueur de la terre Saincte 203 a
le sainct Presepio & sa description 193 a
le Therebinthe de la Vierge Marie 189 b
longueur & la place du temple de Salomon 157 b
les enfans des Turcs ne mangét iamais de bouillie 205 a
le lieu des sepulchres d'Abraham, Isaac & Iacob 213 a

## M

Marché auec le patró de la naue pour la nourriture 98 b
marché pour le passage en Tripoly 98 b
marché fait auec nostre Dragoman pour nous mener & & acquiter de tous frais depuis Iaffa iusques en Hierusalem 133 b
marché pour aller en Iaffa 128 a
maison de Ioseph d'Arimathie 143 a
maniere des Turcs disans leurs chappellets 141 a
maison de Caiphe reduicte en eglise 149 b
maison d'Anne pontife 151 a

# TABLE.

maison de la femme de Pilate 152 a
maison de S. Marc 152 a
maisõ du mauuais riche 154 a
maison de Saincte Anne 163 b
maison du Pharisien où la Magdelaine obtint la remission de ses pechez 154 a
maison du Prophete Abacuc 190 a
maison de la Veronique 153 b
maison de Zebedee 152 a
maison de Iacob 190 a
maison de Simon le lepreux 167 a
maison de Ioseph 195 b
malediction du figuier 167 b
maniere comme l'on faict les Cheualiers du saint Sepulchre de Hierusalem 173 b
maisons de Magdelaine & Marthe sœurs 165 a
maronites reduits à nostre eglise & les erreurs où ils estoient plongez auparauant 187 a
messe solemnelle celebree sur le mont de Caluaire 173 b
meilleur lieu en la naue 99 b
mont de Caldero 105 a
mont de Morlaca 102 b
mont de Pomo & sa description 107 a
mõtagnes de la Chimere habitees des Albanois 109 b
mõtagnes de Fanno & Merlera 110 b
mont de Sautelia 109 b
mont d'Ida 116 a
mont d'Olympe 125 b
mont Saincte Croix 125 b
mont Cineres faicts d'ossements 126 a
mosquee Turquesque pres Rama & le sepulchre d'vn Turc 142 a
mosquee pres le chasteau du bon Larron 138 a
montagne de Soccot 145 a
mont de Sion 150 a
merueilleuse inuention que les Turcs ont pour tenir nettement leurs enfans 205 a
mer morte & sa description 199 b
montagne de l'Offension 160 b
mont Moria 161 b
maladie que i'eus en Hierusalem 163 b
martyre d'vn Euesque Grec pour auoir entré au temple de Salomon 156 b
mosquee des Turcs 159 b
mosquee des Turcs & où 167 a
mont de Caluaire & les sacrez mysteres qui y ont esté faicts 171 a
montagne du Fond, où sont les vestiges du palais de Salomon 164 a
Mores celebrent la natiuité de Iesus-Christ 192 b

## N

Naue Venitienne venuë en Chypre 126 b
necessité ouure les moyens 129 a
nombre d'argent qu'il faut

# TABLE

porter pour faire le voyage de Veniſe à Hieruſalé 101 a
nombre des nations eſtrãges qui alloient en Orient 102 a
notable montagne 123 b
nul animal veneneux ſe trouue en Candie 117 a

## O

Opinion qu'ont les Turcs de ceux qui iront en Paradis 203 a
opinion des Grecs touchant ſainct Lazare 126 a
opinion des Turcs touchant les deſtinees 129 b
oratoire de S. Iean l'Euangeliſte 150 b
où Venus tenoit ſon ſiege royal 113 a
où ſe prennent les Faulcons en Chypre 122 a
où S. Barnabé fut martiriſé 125 b
où ſainct Pierre eut la viſion du linceul 139 b
où ſainct Pierre reſuſcita Thabita 139 b
où Godefroy de Billon print port en terre ſainte 139 b
où noſtre Seigneur s'apparut aux trois Maries 148 b
où ſaint Iaques le Maieur fut decapité & la deſcription de ſon egliſe 148 b
où S. Pierre renia ſon maiſtre 149 b
où le Coc chanta apres la negation dudit S. Pierre 180 a
où fut inſtitué le ſaint Sacrement de l'autel 150 a
où ſaint Thomas toucha noſtre Seigneur 159 b
où le ſainct Eſprit deſcendit 145 a
où la ſaincte Vierge treſpaſſa 150 b
où les trois rois adorerent noſtre Seigneur 193 a
où moururent partie des Innocens 193 b
où S. Philippe baptiſa l'Eunuque 199 b
où fut iecté le ſort de l'Apoſtolat de Iudas 146 b
où Melchiſedech offrit pain & vin à Dieu 152 b
où fut trouuee la teſte d'Adã 148 b
où noſtre Seigneur diſt, filles de Hieruſalem 154 a
où Simon Cireneem aida à porter la croix de noſtre Seigneur Ieſus-Chriſt 154 b
où Pilate diſt aux Iuifs Ecce homo 155 a
où eſt la pierre où l'Ange s'aſſeiſt quand il frappa de peſte 70. mil hommes 155 a
où Iacob vit môter & deſcẽdre par vne eſchelle les Anges au ciel 158 a
où Ieſus fut offert au temple 158 a
où Ieſus diſputa au temple 155 a
où l'Arche d'alliance, fut pẽdant la captiuité de Babilone 158 a
où S. Eſtienne fut lapidé 158 a
où le Roy Salomon ſacrifia

# TABLE

au Dieu Moloch 158 b
où S. Thomas vit porter la Vierge en Paradis 157 a
où nostre Dame se reposoit souuent 160 a
où nostre Seigneur laissa ses trois disciples quãd il pria 160 a
où Iudas baisa nostre Seigneur le trahissant 160 a
où le Prophete Esaye fut scié par le milieu 162 a
où Absalon conspira contre l'estat de son pere 163 a
où S. Pierre pleura 164 a
où les Iuifs voulurent oster le corps de la Vierge Marie aux Apostres 164 a
où nostre Seigneur pleura sur Hierusalem 164 b
où les Apostres feirẽt le Credo 164 b
où nostre Seigneur feist le Pater noster 164 b
où nostre Seigneur monta au ciel 165 a
où les Apostres demanderent à nostre Seigneur quand il feroit son iugement 165 a
où l'Ange apporta la palme à la Vierge Marie 165 b
où l'Ange dist aux Apostres Viri Gallilei 165 b
où nostre Seigneur dist à ses Disciples, Ecce ascendimus Hierosolymam 166 a
où Iudas se pendit 167 b
où les soldats diuiserent les vestements de nostre Seigneur 170 a
où estoit la teste d'Adam 172 a
où s'apparut nostre Seigneur à la Magdelaine apres sa resurrection 172 b
où la croix de nostre Seigneur resuscita vn mort 173 a
courtoisie Turquesque 173 b
opinions & erreurs des Iacobites 180 b
opiniõs, coustumes & erreurs des Suriens 180 a
opinions & erreurs des Nestoriens 181 b
opiniõs & erreurs des Armeniens 182 a
opinions & coustumes des Georgiens 183 a
opinions & erreurs des Abissins, Preste-Iannins ou Indiens 184 a
opiniõs & heresies des Goffites 186 b
où l'Ange dist aux pastoureaux, gloria in excelsis Deo 194 a
où le Prophete Zacharie feist le cantique Benedictus 197 a
où la Vierge Marie composa le cãtique Magnificat 197 b
opinions qu'ont les Turcs de la resurrection 201 b
Opiũ herbe singuliere entre les Turcs & sa vertu 206 b

## P

Palais d'Herodes 155 b
palais de Pilate 154 b
palais de Salomon 209 b
Palais des Cheualiers de

## TABLE

Hierusalem 152 a
Partement de Venise pour s'embarquer en la naue pour aller en Hierusalem 101 b
Par qui le Royaume de Chipre a esté gouuerné 133 b
Pauures baitimens des maisons de Chipre 114 a
perilleux passage sur mer entre les isles d'Augousta & Pelagosa 103 b
pelerins Mahumetans allans à la Meche 151 a
pescherie de Limisso & sa valeur 120 a
pertuis où la croix de nostre Seigneur estoit 171 a
pierre Aquilina & sa vertu 213 a
port d'aual d'Angousta 106 a
port & cité de Candie, auec leur description 100 b
porte belle 157 b
porte dorec & sa description 157 b
porte de sainct Estienne, dite du Trouppeau 158 a
porte de Dauid dicte Sion 149 a
porte de fer que S. Paul passa sortant de prison 152 a
port & forteresse de Souda 115 b
porte Iudicialis antique 153 b
porte murée de l'eglise du sainct Sepulchre 168 b
porte du trouppeau est maintenant dicte porte sainct Estienne 271 b
porte d'Ephraïn ou de Damas 211 b
porte de Iaffa 211 b
porte de Sterquilinia 211 b
pierre où s'assist nostre Seigneur quand il ressuscita le Lazare 165 a
pierre du monument du Lazare 167 a
pierre Aquiline & sa vertu 214 a
pierre d'vne Eglise dediée à la vierge Marie 195 a
pierre des Iuifs & sa vertu 214 a
pierre sur laquelle sainct Iean Baptiste s'asseoit 198 a
prieres & cerimonies que font les mariniers au partement de leur vaisseau 102 a
premiere chambre des sepultures des Roys de Ierusalem 208 a
premiere caffare paiée au capitaine des Arabes 143 a
pour vn sequin payé par chacun pellerin 42 a
present faict d'vn cierge à chaque pellerin, par le pere gardien & pourquoy 207 b
premiere apparition de nostre Seigneur à ses disciples apres sa resurrection 145 a
prinses de deux galliottes Turquesques par les Maltois 131 a
prison de saincte Catherine 132 b
prison où nostre Seigneur fut mis en la maison de Caiphe

# TABLE

phe 149 b
prieres des Turcs 159 a
premier caresme des Grecs 177 a
present au Sangiaco de Hierusalem pour luy demander licence d'entrer au S. Sepulchre 166 a
prison où S Pierre estoit 152 a
propriété d'vne terre qui fait venir le laict aux femmes 196 a
Probatica Piscina, & sa description 155 b
propriété de l'Opium 206 b
prouisions qu'il faut porter en la naue 99 a
puanteur des Iuifs en Hierusalem 151 b
puits d'eau en l'eglise Saincte Catherine en Bethlehem 194 b
punition merueilleuse d'vn More ou Arrabe pour auoir pris des pierres d'vne eglise dediee à la Vierge Marie 195 a

## Q

Vels habillemens portent les hommes & femmes en Hierusalē 213 a
que c'est que la peinture Mosaïque 153 a
que c'est qu'vne rotte 148 a
quels vestemens il faut porter au voyage de Hierusalem 100 b
quatriesme chambre des sepulchres des Rois de Hierusalem 208 b
quatriesme caffarre d'Arrabes 144 b
quatriesme caresme des Grecs 177 b
quatre colonnes que l'on dit pleurer 170 b
quatre principales citez en Candie 110 a
quelle monnoye ayment les Turcs 207 b
quelle opinion ont les Turcs de la resurrection 202 a
quelle chose on apporte de Hierusalem 213 b

## R

Ais de la barque de Chipre 130 a
Rama & sa situation 137 b
reception honneste au conuent de Hierusalem 146 b
remonstrances faites ausdits pelerins 131 b
rencontre d'vne carauanne de Mores, Turcs & Arrabes qui alloient en Hierusalem 141 a
ruines de Iaffa 138 b
Rusma & sa vertu 206 b

## S

Aison prime en Chypre 120 a
salines de Chypre 128 b
Sainct sepulchre de Iesus-Christ 172 b
sepulchre de saincte Anne 159 a
sepulchre de Ioseph 159 a
sepulchre de la Vierge Marie 159 a
Scala Sancta 155 a

# TABLE

seconde caffarre 144 a
sepulchres de Dauid & de Salomon 150 b
sepulchre de S. Lazare selon les Grecs 119 b
sepulcre de Godefroy de Billon & du Roy Baudouin 172 a
sepulchre des Innocens 144 a
sepulchre du Roy Manasses 161 a
sept paradis selon les Turcs 203 a
septiesme chambre des sepulchres des Rois de Hierusalem 208 b
sepulchre de S. Eusebe 193 b
sepulchre de Saincte Paule & Eustoche 193 b
sepulcre de S. Hierosme 193 b
sepulchre de S. Iean Baptiste, d'Elisee & Abdias Prophetes 110 a
sepulchre où le Lazare fut resuscité 165 b
sepulchres des Turcs 197 a
sepulchre du Prophete Zacharias 161 a
seueres coustumes des Grecs entre les hommes lais 177 a
second Caresme des Grecs 177 b
six portes de fer en Hierusalem & leurs noms 211 b
Sichem ou Neapoly 210 b
situation de Chypre sa longueur, largeur & circuit 132 a
situation de Iaffa 138 b
Sou-bacha de Rama va conter les pelerins de peur d'estre trompé 137 a
superbe sepulchre d'Absalon 160 b
superstitiō Iudaïque touchā le iour du iugement 199 b
statuts des Cheualiers de Hierusalem 174 a

## T

Table du Scalque 99 b
temps asseuré d'entrer en la naue 99 a
temps qu'il faut estre à Venise pour aller en Hierusalem 101 a
terre de la Vallonne 113 b
termes de la mer Adriatique 180 a
temple de Venus ou Paris rauit la belle Helaine 110 a
temple de Saturne 116 a
temple de Metellia 116 a
tempeste qui nous poussa en l'isle de Rhodes 117 b
temple de Venus en Chypre 118 b
temple de Salomon & sa description 156 a
temple de Salomon rebasty par Homar Roy d'Arrabie, & sa description 156 b
temple de Salomon ruyné & reedifié par plusieurs 153 a
temple où nostre Dame fut presentee 164 a
terre Saincte contient dixsept ou dix huict lieuës de largeur 212 a
terre Saincte contient ne-

# TABLE

nante lieuës de longueur 212 a

tierce caffarre d'Arrabes 138 b

tourmente à la coste de Chypre 128 a

torrent de Therebinthe 145 a

tour de Dauid 151 a

tour de sainct Simeon le iuste 189 b

tour de Gim 197 a

torrent de Botris 199 b

tour nebuleuse 109 b

traictement que l'on a en la naue 99 a

trente six barques pour tirer vne naue du port de Mallemocque 102 a

traictements qui se font en la naue 102 b

troisiesme chambre des sepulchres des Rois de Hierusalem 208 b

troisiesme caresme des Grecs 177 b

Turcs à cheual 120 a

Turcs boiuent vin encore que leur loy leur defende 125 a

Turcs venerent fort leurs sepulchres 200 a

Turcs honorent les lieux saincts 159 b

## V

Valeur, longueur & largeur de la naue qui alloit en Tripoly de Surie 103 a

valeur de la monoye de Chipre 134 a

valee de Hieremie 138 b

valee de Therebinthe où Dauid tua Goliath 145 a

valee de Iosaphat & sa description 158 b

valee de Gehennon 163 a

vanité du pere gardié de Hierusalem 163 a

valeur des monnoyes de Hierusalem 209 b

vent propre pour aller d'Occident en Orient 10 a

vestiges des pieds & mains de nostre Seigneur 150 b

vestiges des pieds que nostre Seigneur laissa montant au Ciel 165 a

vestements des femmes de Hierusalem 212 b

vertu de la pierre dicte Lapida di Iudei 213 a

villes de Trieste, Pyram, Orserra 104 b

victoire obtenuë par les Venitiens cõtre le grand Turc pres les isles de Corsolari en l'an 1571. 112 a

vins excellents en Chypre 120 a

vins excellents en vne montagne de Chypre 123 b

ville de Chity 126 a

vieil oliuier où fut attaché nostre Seigneur 147 a

ville de Gersemani 160 a

ville de Caïphe où fut tenu le conseil pour faire mourir nostre Seigneur Iesus-

✱✱✱✱✱ ij

# TABLE

Chrift 189 a
vieil genet à l'ombrage duquel se mettoit la Vierge 195 b
ville de Gabaon 210 a
vn marinier tomba en la mer par sa faute 115 b
vn prestre Grec ne peut dire messe passé 60 ans 176 b
vn prestre Grec ne peut auoir qu'vne femme 177 a
vnze oliuiers donnez par vn More pour prier Dieu pour son ame 195 b
voute obscure pour aller au sacrifice d'Isaac 162 b
vraye effigie de S. Hierosme sans humain artifice 135

## TABLE DES NOMS ET CHOSES MEmorables contenues au troisiéme liure,

Le nombre marque le fueillet: a, la premiere page, b, la seconde.

### A

Acte magnanime d'vn Esclaue 232 a
auctorité des Iannissaires 255 b
arriuee en Rama 217 a
arriuee en Iaffa 217 b
arriuee au grand Caire au port de Boulaq 260 a
armee ordinaire du grand Turc 240 a
arsenal de la mer rouge 169 a
adustions & bruslemens des Turcs à la façon des Arrabes 141 a
arrabes viuent de larcin 257 b
arrabes grands voleurs 242 a
arrabes prennent autant de femmes qu'ils veulēt 242 b
Arrabes sodomites 242
a quelle heure du iour les Turcs prient, leurs ceremonies, & l'ornement de leurs mosquees 242 b
aucuns aduocats n'y procureurs en Turquie 278 a
arbre du Cassier 265 a
aucuns degrez pour monter aux piramides 262 a
autre genre de mort duquel vsent les Turcs 257 a
autre superstition Turquesque 268 b
autre genre de mort en vsage en Turquie 257 b
abondance de tous biens en Alexandrie 276 a
aiguilles de marbre pres l'ancien palais d'Alexandre le grand 283 a
admirable cisterne où y a 500 degrez pour descendre tous taillez dans le roc 263 a
admirable colonne de Pompee & sa description 283 a
Antipatrida ou Assus 218 a

# TABLE.

## B

Belles courses des Turcs en Damas 227 a
belles courses en Damas 230 a
belles ioustes en Damas 231 a
belles mosquees en Damas 226 a
brandillement des Mores & Turcs 241 a
beauté des cedres de Liban & leur description 245 a
bonne iustice que feist vn renegat en Chipre 253 a
bonnes fonteines en Aman 224 a
bazars ou marché du grand Caire 261 a
baron de la Faye fait Turc au grand Caire 263 a
bazars des espiceries, ioyaux, musq & ciuette 261 a
belle commodité pour aller par le Caire 264 a
basteleurs de Turquie font choses grandes 270 a
belles cordes de luth en Turquie 277 a
belle douanne en Alexandrie 280 b
bains d'Abano 298 a
bastiments d'Alexãdrie 281 b
belles escuries du Duc de Mantoué & le nombre des cheuaux qui y estoient 301 a
belle eglise de Cremone 305 b
beau pont couuert à Pauie 307 a
beau present fait à vn Bacha par vn Sãgiac pour luy sauuer la vie 256 b
belle responce d'vn Turc sur le fait de la iustice 256 b

## C

Carauãne de 12. cẽts chameaux volee par les Arrabes & comment 252 a
ceremonies des Turcs & leurs mariages 228 a
caps d'Arrabes 216 b
canon d'extreme grosseur 262 d
cité de Cesaree de Philippe 217 b
chasteau des pelerins 218 a
cité de Thyr & sa description 219 a
cité de Sydon & sa descriptiõ 220 b
cité de Baruth & sa descriptiõ 220 b
citez d'Iblis & Botris 221 a
cap de Posso 221 a
cimetiere des Chrestiens qui meurent en Tripoly 221 b
combien de forgeurs de coutelars se trouuẽt en Damas 226 b
cõtraire coustume des Turcs à celle de France touchant les mariages 225 b
cheuaux des Turcs, leurs enharrachemens, auec leur description 230 b
ce que portent les Turcs à cheual 230 b
coustume des Turcs de donner vn esclaue eunuque à la nouuelle mariee 232 a

✠✠✠✠✠ iiij

# TABLE

coustume des Turcs allás par pays 236 a
caffares d'Arrabes entre Damas & Tripoly 236 b
coustume estrange en Turquie sur les homicides 249 b
coustume & maniere de viure des Arrabes 237 a
comme les Arrabes traictent leurs cheuaux 242 a
Chrestiens Maronites honorent grandemēt leurs Prelats 244 a
Cedres du mont de Liban ne se peuuent nombrer 245 a
cité de Tripoly 24 a
Chasteau de Tripoly 246 a
coustume estrange des Turcs sur ceux qui sont tuez 241 b
ce qui couste pour aller de Tripoly à Marseille, & de Marseille à Tripoly 251 a
Caresme des Turcs & cōme ils l'obseruent 148 a
comme les Turcs font leurs pasques 25 a
cheuaux marins de Damiette & leur description 254 a
canal qui cōduit l'eau au chasteau du Caire 257 b
claueures de bois au grand Caire 263 b
cōmodité au grād Caire pour boire l'eau fresche 264 a
ceux qui sont de la lignee de Mahomet portēt le turban verd 272 b
Cam de Mozmoly 224 a
confins de l'Empire du grand Turc 237 b

combien de grands Bachas y a en Turquie 237
comme les Turcs vont par la ville 273
cōme les Turcs font l'amour à vne fille ou femme 273
captiuité des femmes Turques & orientales 275 b
cōme la iustice est briefuemēt obseruee en Turquie 275
ciel tousiours serain en Egypte 276 b
canal d'Alexandrie 28 b
corps de S. Anthoine de Pade 296 b
chasteau de Castellette 299 a
comme les Turcs voltigēt sur les cordes 276 a
carnaual de Mantouë 300 b
cōme les Turcs vrinent 275 a
cōbat de 40. Cheualiers à la barriere 300 b
chasteau de Mantouë 300 b
chasteau de Cremone 304 a
chasteau de Pauie 307 a
cité d'Alexandrie de la Paille & sa description 307 b
cité d'Ast 308 b
chasteaux & citadelle d'Ast & leur situation 308 b
cité de Quere & sa situation 309 a

# D

Description de la cité de Ptolemaide 292
Damas & sa belle situation & description 225 a
descriptiō de la ville d'Aman 224 a
de quels meubles vsent les

# TABLE

Turcs 233 b
de quels tambours vsent les Turcs 240 b
dequoy est faicte la couleur de laquelle les Turcs s'oignent 270 b
description de l'Arrabe & son vestement 242 b
descriptiõ de l'eglise patriarchalle du mont de Liban 243 a
difference qu'il y a entre les Mores & Turcs 246 a
descriptiõ & valleur du port de Tripoli par chacun an 250 a
dix galleres Turquesques enuoyees en Chipre 255 a
de quelle mort les criminels sont punis en Turquie 256 b
description de l'arbre de Paradis qui est en Egypte 258 a
description de la ville de Damiette 258 a
distance de Damiette au grãd Caire 254 b
dialogue entre vn Ianissaire & moy 232 b
description de l'arbre du Caffier 289 b
description du grand Caire 260 b
2840 Mosquees au grand Caire 261 b
description du superbe chasteau du Caire 262 a
description du fleuue du Nil & sa largeur 258 b
description des cocodrilles qui habitent dans le Nil 260 a
descriptiõ de la ville d'Emps 224 b
description du camp de Tacheye 227 a
description de tout l'Empire du grand Turc 237 a
description de l'admirable Aqueduc du grãd Caire 262 b
description de l'isle de Delta 259 a
description des cheuaux marins 253 b
des dances des Mores 249 b
des ieux & passetemps des Turcs & de leurs dances 249 b
description des admirables piramides d'Egypte 266 a
description du sepulchre de Pharaon qui est en la piramide 262 a
diuerses piramides en Egipte 268 a
description de l'arbre qui produist le Baulme 262 b
description du Cocodrille 265 b
description de l'oyseau de Paradis 271 a
discours sur les vestemẽs des Turcs & autres Orientaux 275 b
diuers instrumens en Turquie, où ils se recreent & quels 276 b
descriptiõ de la maniere que les Turcs vsent à ferrer leurs cheuaux 272 a
du boire des Turcs 279 b

*****  iiij

# TABLE

du dormir des Egyptiens & Arrabes 281 b
description de la tres-belle Giraffe, de l'Elephant & du Chameau 284 a
description du goulfe de Sirte Maior qui est en Affrique 285 b
description de Lazaretto 288 b
description de la cité de Padoue 295 a
description de l'eglise de S. Anthoine de Padoue 296 b
description du Pallais de They 301 b
description de Cremone, & de sa haute tour 303 b
description de l'arc de sainct Augustin 307 a
d'où estoit Iob 224 b

## E

Estranges pleurs que font les Siriés sur leurs morts 212 a
estranges pleurs que font les Iuifs sur leurs morts 250 a
exercice des Turcs à cheual 231 a
exercice des Turcs à tirer des armes 231 b
en quel lieu la Cananee pria nostre Seigneur de guarir sa fille 220 b
enfant esclaue est reputé legitime entre les Turcs 233 b
en quoy consiste la richesse des soldats Turcs 239 a
embarquement de Tripoli pour aller en Ægipte 254 b
embarquement de Chipre, pour aller en Ægipte 257 b
en Turquie y a peu de places fortes 238 b
en tout l'Orient ny a cloche ou horloge, qu'au mont de Liban 243 a
estranges opinions qu'ont les Turcs des portraits & images 247 a
enquoy consiste la force du grand Caire 261 b
estrãge chose faite par sainte Helene 253 b
en toute Ægipte ny a autre eau que celle du Nil 289 a
excellés artisans en Turquie 271 b
embarquement de Venise pour aller à Padoue 294 a
eglise de saincte Iustine 257 a
epitaphes de Tite-liue 297 b
eglise de la Chartreuse de Pauie & sa description 305 a

## F

Femmes s'achetét en Turquie 23 a
fertilité du mont Liban 245 b
fertilité d'Ægipte 265 b
fruicts en Tripoli appellez Amazza franchi 245 b
folle creance des Turcs touchant leurs Pasques 252 b
forteresse de Lignago & sa description 298 b
fleuue de Ladere 299 a
forteresse de Marcaria 303 a
fleuue Doy 303 a
fleuue de Lambre 304 b

TABLE

figuier de la vierge Marie en Ægipte 269 a
fleuue du Thefin paſſe par Pauie 307 a
fleuue du Tane paſſe en Alexandrie 298 b
funerailles ſolemnelles d'vn Bacha 232 b

G

Guerre entre les Geneuois & Veniciens à la cité de Ptolemaide 219 a
grande peſte en Tripoli de Surie 221 a
grande guerre entre le Sangiaco de Tripoli & celuy des montaignes d'alentour 223 a
grande priſe ſur les Turcs, faicte par les Cheualiers de Malte 222 b
grande rotiſſerie en Damas 224 b
grande vnion entre les femmes des Turcs 233 b
grande liberté qu'ont les Chreſtiés en Tripoli 249 a
grande ialouſie des Turcs & la ſubiection de leurs femmes 250 b
grande reconciliation que font les Turcs & infideles à leurs Paſques 252 b
grand nombre de cheuaux qu'il y a en Ægipte 258 b
grand tumulte au grand Caire, & la mort du Sangiaco 264 a
grande piece de terre dans le grand Caire 261 b
grandeur du Caire 260 b
grande feſte que font les Ægitiens quand on couppe le Calcze 265 a
grande place deuant l'egliſe de Mantoue 301 b
grâde liberté qu'ont les Iuifs de Mantoue 302 a
grands gabeleurs en Italie 303 a
grande liberté des Iuifs en Piedmont 299 b

H

Hiſtoire notable d'vn Alquimiſte qui faict l'or 290 b
homicides frequens à Padoue, & pourquoy 296 a

I

Iardin où croiſt le vray baume 263 a
inſtrumens de Turquie differens d'accords aux noſtres 277 a
iuifs grands vſuriers 302 a

L

Lieu où ſainct George tua le dragon 221 a
lieu où ſainct Paul fut baptizé 225 b
lieu où noſtre Seigneur conuertit ſainct Paul 225 a
l'armee du grand Turc ſe monte en temps de paix & de guerre, deux cens trente trois mil hommes de cheual, ſans les Ianniſſaires & autres ſoldats 239 b
Le Roy ſainct Louis priſt Da-

# TABLE

miette 257 b
lauatoire des Turcs auant que faire leur oraison 246 b
luxure d'vn Chrestien auec vne Turque grandement puny 250 a
luxure d'vn Turc auec vne Chrestienne peu puny 250 b
l'arbre du Sicomore est tousiours vert 265 a
l'hospital du grand Caire a cent mil escus de rente 256 b
largeur du Nil & sa description 264 a
largeur & circuit de la grande piramide d'Ægipte 266 b
la maniere comme vrinent les Turcs 268 b
la peste de trois ans en trois ans au Caire 263 b
lac de Bouchiaris ou de Mareotis 280 b
longueur largeur & circuit de la mer de leuant 290 a
l'estendue du gouuernement du Bacha de Damas 223 b
les Turcs mesprisent nostre prouësse pour le regard des duels 234 a
l'autheur faict estat d'auoir faict en tout son voiage plus de sept mille lieues de chemin 311 a

## M

Mont de Carmel 218 b
miracle faict en Baruth 221 a
multitude d'eau rose en Damas 224 b
maniere de viure des Arrabes 242 a
maniere de viure des Turcs & de leurs cheuaux en guerre 238 b
mauuaise eau, & air en Tripoly 242 b
montaigne du Montain 256 a
montagne de Lantiliban 220 b
mesure du croissement du Nil 260 b
merueilleux escallier au chasteau du grand Caire 258 b
miraculeuse fontaine de Matalia 260 b
monastere de sainct Machaire 262 b
maison de Titeliue 297 b
montaigne de Gueré & sa description 309 a
mont du Char, & sa description 310 a

## N

Nostre Dame de la ville de Haremalle & ses miracles 228 a
nulle hostellerie en Turquie 223 b
nombre des malades qui estoient en la naue 279 a
Non derniere forteresse du Duché de Milan 308 b

## O

Ou nostre Seigneur resuscita la fille du Prince Iairus 217 b
où il guarist le flux de sang à vne femme 218 a

# TABLE

où sainct Pierre resuscita le Centenier Corneille 282
où nostre Seigneur demanda à ses disciples, *que dicunt homines* 215 a
où le Prophete Elie pria Dieu d'enuoier la pluie sur la terre 228 b
où l'arche de Noé fut bastie 224 a
où Cain tua son frere Abel 225 b
où se trouue les pierres Aquilines 271 a
où est ensepulturé Origene 220 a
où ledit Elie sacrifia, & aussi les faux Prophetes de Baal 228 b
où nostre Seigneur fit le miracle du sourd & du muet 219 b
où nostre Seigneur guarit la fille de la Cananee 220 a
opinion qu'ont les Turcs de la foy Catholicque 244 b
opinion qu'ont les Turcs de Iesus christ & de la vierge Marie 248 b & 249 a
où sainct Athanaze fit le cantique *Quicumque vult saluus esse*. 283 b
où saincte Catherine eut la teste tranchee 283 b
où sainct Marc fut decapité 283 b
où se donna la bataille deuãt Pauie 305 a
où sont les oz des François qui furent tuez deuant Pauie 306 b

## P

Puissance des Ianissaires & quel salaire ils ont 24 a
pauureté du Patriarche du mont Liban 243 a
plaisante mort du Cadi de Limisso 247 b
punition en Turquie de ceux qui blasphement Iesus-Christ & Mahommet 248 b
pleurs & battemens que font les Iuifues sur les sepulcres de leurs maris 246 b
port de Boulaque 255 b
peste de trois ans en trois ans au Caire 258 a
pelerins du sepulchre de Mahommet en grand estime 258 b
platte forme sur la piramide 261 a
peril que les Chrestiens encourent pour habiter auec les Turques 267 b
paisans de Turquie iouët des instrumens 271 b
pierre sur laquelle sainct Iean Baptiste fut decapité 283 b
present d'vne Royne de Frãce à la Chartreuse de Pauie 306 a

## Q

Queuë de mouton peze trante liures & plus 254 a
que c'est qu'vne Germe 254 a
quelle monnoie se despend en Ægypte, & sa valleur 271 b

# TABLE

## R

Riuieres d'Albana & Papharqui passent par Damas 215 a
riche planure de Tripoli 241 a
renegats grands yurongnes 279 b
riuiere de la Brente 294 b
riuiere de Serry 304 b
retour de Lion en Bretaigne 310 b

## S

Sagois procureur des mariages faicts entre les Turcs 226 a
seconde piramide d'Ægipte 268 a
secret d'vne pierre qui se trouue aux fiels des bœufs 278 b
sepulchre d'Anthenor & sa description 295 a
situation de Padoue, & la description de ses murailles 295 a
statue de bronze de Donatelli de son cheual, & de ses deux enfans 297 a
sepulchre de Titeliue 297 b
statue de bronze de l'Empereur Antonin à Pauie 307 a

## T

Torent de Hizon 218 a
Turc prend decime sur les enfans des Chrestiens de la Grece 234 b
Turcs portent longue barbe & la teste raze 236 a, hypocrites 243 a, ont en abomination les images & figures & pourquoy 243 b, honorent leurs Prestres 248 a, grands sodomites 247 a, grands yurongnes 249 b sont grands saulteurs 275 b, ne mangent poinct de porc 279 a, grands ioueurs de eschez 275 b, sont auaricieux 279 b, n'ont aucuns meubles de bois en leurs maisons 279 b
trois montaignes en Alexandrie 283 a

## V

Ville de Sarepte, où la veufue nourrit le prophete Elie 210 a
ville de Caiphas 218 b
ville de Cephorus 218 b
vestement des Ianissaires 235 b
valleur des monnoyes de Surye 254 a
ville de Massoure 259 b
ville de Serou & Rascallis sur le Nil 259 a
ville de Pharson & de Foua 271 a
ville de Caraffar, ioincte au Caire 262 a
vestemens des Turcs 272 a
vestemens des femmes des Turcs 272 b
valleur de la monnoye de Mantoue 202 b
ville & chasteau de Piciquiton, & leur descriptio 304 b
vioage des Mommies & leur description 269 b
ville de Memphis 269 b

## FIN DES TABLES.

# PREMIER LIVRE DES VOYAGES DV SEIGNEVR DE Villamont, Cheualier de l'ordre de Hierusalem, Gentil-homme de Bretaigne.

*Bref discours où est contenu le voyage de Lion & de Vienne, auec la description desdites villes, fleuues, & riuieres qui sont à l'entour d'icelles. Ensemble les commoditez qu'il faut prendre pour heureusement faire le voyage de Rome & d'Italie, auec vn aduertissement des perils & dangers qu'il conuient euiter tant pour la seurté de sa personne que de ses deniers.*

## CHAPITRE PREMIER.

COMME vn excellent peintre, lequel voulãt representer en son tableau, la description de plusieurs celebres regions & prouinces, n'est content d'y auoir naïfuemẽt pourtraict les beaux paysages verdoyants, entresuiuis des prairies esmaillees de diuerses fleurs, les claires fontaines & ruisseaux les enuironnãt de toutes parts;

A

mais tasche aussi par son industrie d'y effigier quelque belle figure d'homme pour le decorer & enrichir. Ainsi ce divin peintre & ouvrier de toute la nature, ayant par sa puissance infinie, basty ce beau téple & palais celeste, iceluy orné & embelly d'estincellants flambeaux, l'establissant le trosne & siege de sa maiesté divine, ne s'est contenté seulement de cela, ains a voulu çà bas, d'vn divin pinceau peindre & tracer vn autre monde terrestre, l'escabeau de ses pieds, auquel il a fait paroistre l'excellence de son ouurage & labeur admirable de ses mains. Et afin qu'il ne manquast rien, au comble & perfection de cest ouurage: il a creé l'homme dedans le pourpris d'iceluy, auquel il a empraint & graué l'idee & image de sa divine essence: le constituant Roy & Monarque de tout l'vniuers, pour s'esgayer & pourmener, par toutes les bornes & limites d'iceluy: afin que en telles peregrinations & voyages, il vint auec la raison & ratiocination dont il auoit esté doüé de Dieu a rechercher ce qui estoit de beau & rare sous la voulte des cieux. Et à ceste fin Dieu a empraint en l'ame de l'homme vn desir naturel d'apprendre, & de ne s'en lasser iamais iusques au tombeau, & ce qui plaist plus à l'homme sont les diuersitez des choses qui s'opposent de iour à autre à ses sens, & entrent en son intellect, dont il fait son profit & petit à petit s'acquiert vne science, laquelle il ne veut pas cómuniquer à luy seul, ains en veut rendre participans les autres, estimant son silence dómageable s'il se taisoit, ce qu'à peu pres il pense que les autres n'ont pas remarqué cóme il a faict. Ainsi moy à fin de profiter à autruy & à l'aduéture au public & à la posterité, i'ay bien voulu rediger par escrit & mettre en lumiere, ce que i'ay peu recognoistre & remarquer de rare & singulier en mes peregrinations & voyages d'Italie, Hierusalem, Egypte, Sirie, & autres lieux de Turquie, le plus briefuement & succinctement qu'il m'a esté possible, laissant à part ce que ie pensois estre cogneu à la plus part d'iceux qui ont veu les liures qui traictent pareille matiere que la mienne & parlant seulemét de ce qui me sembloit remarquable : Non qu'en cela ie me vueille authoriser d'auantage, sçachant assez ce que ie suis & la foiblesse de mon entendement, & que ie ne suis rien au pris de tant de grands & rares esprits & sçauans Cosmographes & Chorographes qui florissent auiourd'huy en la France, lesquels ont veu ce que i'escris, & s'ils vouloient le digereroient en meilleurs & plus elegans termes que ie ne sçaurois faire. Que si ces grands & doctes Cosmographes desdaignent de lire ce mien traicté, comme estant trop petit suiect pour s'y arrester longuement, l'effueilleter, & y perdre leurs heures de loisir, ie leur diray comme Lucille, qui escriuant ses satyres, disoit qu'il les escriuoit seulemét à ses Cosentins, aussi i'ay escrit seulement ce liure à ceux qui sont curieux de cognoistre ce qui est beau & remarquable en la terre saincte où les pieds de nostre seigneur ont reposé, & où son saint sepulchre est adoré de tous suyuant la prophetie d'Isaye le

Prophete. Aux defirs defquels pour mieux fatistaire, mefmes de ceux qui voudrót entreprédre le voyage comme i'ay faict, il m'a femblé bó les aduertir des incommoditez qui les pourroient retarder ou empefcher aucunement. Car auant que s'acheminer ils en feront inftruicts à fin de ny tomber par inaduertance;& feront par mefme moyen enfeignez comme ils doiuent fe comporter tant pour la feurté de leurs deniers, changements de monnoyes par les prouinces d'Italie & Turquie, que pour euiter auffi les perils & dangers qu'ils pourroient encourir, s'ils ne prenoient en main la prudence pour guider heureufement leurs affaires,& prendre les commoditez qui fót requifes pour paruenir à l'heureux fuccez de leur voyage. Pour lequel courageufement pourfuiure, ils feront excitez & conuiez, par les defcriptions des belles villes, citez & prouinces que ie leur mettray deuant les yeux, comme en vn tableau, en ce prefent difcours, où ie ne pafferay fous le voile de filence les chofes les plus fignalees & memorables qui s'y rencontrent & prefentent. Ie commenceray donques l'entree de mon voyage à la cité de Lion, fans autrement parler des lieux & prouinces que i'ay trauerfées pour y paruenir, d'autant que d'vn chacun, elles font affez cogneuës. Mais il me femble, que ce ne fera hors de propos, de reciter que partant de la Duché de Bretaigne au mois de Iuin 1588. ie vins droit à Paris, où ie baillay la moitié de mes deniers à vn banquier, duquel ie pris bonne lettre de change, adressante à Rome: & luy payay sept pour cent, pour le port desdits deniers. Quand à l'autre moitié, ie les pris sur moy, dont me repenty par apres, tout à loisir, pour le danger où ie me vey presque de les perdre par confiscation, estant fouillé en diuers lieux de l'Italie, d'autant que l'ordonnance est generalle, que de Lion à Rome, on ne peut porter plus de quatre vingts escus, & de Turin cinquante: tant pour la nourriture de l'homme, que de son cheual. Que s'il aduient qu'il soit trouué saisi de quelques deniers outre l'ordonnance, ils seront, sans aucune remission confisquez: de maniere que le plus expedient, est de mettre ses deniers à la banque, soit à Paris ou à Lion: & ne s'oublier point de faire inserer en la lettre de change, d'estre payé incontinent la lettre veuë, en escus d'or, en or, & de poix, ou si mieux ayment en Italien, *d'oro in oro del sole*. Car autrement on seroit en danger d'attendre longuement ses deniers: & qui pis est n'estre payé qu'en escus dor, ou de monnoye, qui valent moins que escus d'or en or: sçauoir celuy de monnoye cinquante souls, celuy d'or cinquante cinq, & celuy d'or en or soixante. La coustume est generalle par toute l'Italie, que quand on parle d'escus ils s'entendent de monnoye, & ainsi consecutiuement des autres. Mais le plus seur est, pour euiter toute contention & debat, specifier de quelle sorte d'escus on parle, pource qu'il en aduient quelquesfois inconuenient, & estre aduisé de ne

*Combien on peut porter d'argent de Lion ou de Turin à Rome.*

*Mots principaux qu'il conuient faire inserer dedans la lettre d'eschange.*

*Valeur des escus de monnoye, d'or, & d'or en or.*

## Voyages du Seigneur

porter point d'or, s'il n'est bien de pois, de peur de perdre beaucoup dessus : mais estant bien de pois, on y gaigne souuent au change, outre sa valeur ordinaire. Les escus de France & d'Espagne sont bien prisez, par toute l'Italie, signamment à Naples & Venise, où ils se mettent à plus haut pris, que tous les autres: toutesfois ceux qui peuuent porter des escus d'Espagne auec eux, ils y gaignent deux sols pour escu, par ce qu'il s'y met a mesme pris, que celuy de France. Or à fin d'auoir compagnie pour aller iusqu'à Lion, ie me mis au coche qui va ordinairement de Paris à Dijon & à Challons sur la Saone, dãs laquel. le nous estions dix personnes assez mal accommodez, payant chacun six escus pour le louage d'icelle : Et ayans roullé la Champaigne & la Bourgongne arriuasmes à Challons, où nous nous embarquasmes sur la Saone pour descendre a Lion, cité fort renommee, pour le grand commerce qui s'y fait de toutes parts : estant de fort grande estenduë & situee entre deux montagnes, qui sont encloses des murailles de ladite cité, sur l'vne desquelles y auoit vne tresforte citadelle, qui luy commandoit entierement: laquelle depuis peu de temps fut renuersee par terre, a la requeste des citoyens. Par le milieu d'icelle, passent le fleuue de la Saone, & de l'autre costé vers Sauoye, le turbulent fleuue du Rosne, lequel baignant les murailles de la cité, vient courant & bruyant rencontrer la dormante Saone, laquelle se sentant toucher d'vn choc si violent, se retire à quartier, pour

*Quels escus il faut porter en Italie.*

*Situation de la cité de Liõ.*

*Fleuues de la Saone & du Rosne passent a Lion.*

n'empescher son cours, la suiuant toutesfois iusques à la pointe d'vn rocher, où se ioignans ensemble courent s'engoulfer en la mer Mediterranee. Son cours violent m'incita de m'embarquer dessus pour aller veoir Vienne & les antiquitez de Pilate; mais y ayant nauigé enuiron quatre lieuës, suruint telle tourmente auec tonnerres & esclairs, que craignant faire vn piteux naufrage au profond de ses ondes, priay le nocher me mettre à bord : ce qu'il fist auec grandissime difficulté. Finalement, me voyant hors du peril, où i'auois esté ie rendy graces à Dieu, continuant mon chemin par terre, iusqu'à Vienne : où ie seiournay deux iours, pendant lesquels i'assistay aux funerailles d'vn penitent, qu'on ensepultura en l'eglise des Iacobins, sur laquelle le tonnerre tomba, emportant seulement la cime du clocher. Pour le regard de ladite cité, elle est fort antique & situee aux pieds de deux montaignes, le Rosne passant au costé, sur lequel est vn beau pont de pierre : & sur lesdites montaignes sont deux chasteaux, l'vn desquels est appellé Pipet, qu'on dit auoir esté basti artificiellement. Les huguenots, ayant pris Vienne, & voyant ne pouuoir auoir le chasteau à leur deuotion, leuerent le siege, pour s'en aller autre part, apres auoir ruyné la grande Eglise de l'Archeuesché, & laissé en son entier vn vieil temple des anciens Romains, sur la porte duquel se void encore vne ancienne inscription en lettres latines. Ie ne veux oublier sur le propos de Vienne de parler des Martinets, où se for-

*Tempeste & orage sur le Rosne.*

*Description de la cité de Vienne.*

*Chasteau de Pipet.*

gent les lames d'espee portans le nom de Vienne, lesquels sont faits sur vn petit ruisseau, qui à la fois fait moudre grand nombre de moulins: ny ayant qu'vn seul homme, pour forger plusieurs espees, d'autant que par vne grande industrie, les moulins font iouër les soufflets qui allument le feu, & batre les marteaux sur l'enciume, sans que l'homme ait autre peine que de tenir le fer en sa main pour en faire à sa volonte.

*Voyage de Lyon à Thurin auec la description des villes, riuieres, fleuues & montaignes qui s'y voyent en cheminant. Auec les aduertissements comme il se faut comporter faisant ledit voyage.*

## Chap. II.

*Marché pour aller de Lion à Thurin.*

LE mauuais temps estant passé, ie retournay à Lion, pour m'acheminer à Thurin, faisant marché pour cest effect auec vn Maron de Lion, auquel ie donnay six escus, pour le louage & nourriture de luy & de son cheual: la coustume estant telle par toute l'Italie, de ne nourrir les voituriers, mesmement leurs cheuaux. Or auant que de partir de Lion, il faut necessairement prendre vn passeport, & vne bulette ou buletin de la santé, autrement difficilement pourroit on passer en Italie. Ce que generalement fau-

*Bulette de la santé de Lion & autres lieux.*

dra faire, par tous les lieux ou l'on difnera & couchera, iufqu'à ce qu'on foit arriué en la Romagne ou Florence. Et aduenant qu'on feiournaſt quelques iours en vne ville, il faut que la bulette en face mention : laquelle on prendra des Commiſſaires qui font eſtablis fur chacun paſſage, leur payant la taxe ordinaire: & ſi on la paſſe de quelque petite choſe, on en eſt plus promptement depeſché. Il faut ſoigneuſement garder les bulettes, d'autant qu'elles font exactement viſitees, par chacun paſſage : pour ſçauoir ſi on a paſſé par quelque lieu peſtiferé. Partant doncques de Lyon, on me contraignit à l'entree du pont du Roſne, monſtrer la bourſe, & ce qui eſtoit dedans, afin de veoir ſi ie portois or où argent outre l'ordonnance, cy deſſus mentionnee : Ainſi trauerſant quelques villes du Daulphiné, arriué a celle du pont de Bonuoiſin, qui fepare le Daulphiné d'auec la Sauoye, par vne riuiere qui paſſe au milieu, à deux lieuës de laquelle montay la roide montaigne D'aiguebellette, qui dure vne lieuë de hauteur, & d'auantage de deſcente, eſtant toute remplie de bois taillis, repaire & taniere de larrons, toutesfois le chemin y eſt aſſeuré, à raiſon de la bonne garde qu'on y faict. Se trouuent dans ces bois, pluſieurs Ours & autres beſtes ſauuages, leſquelles en certain temps, ſont dangereuſes à rencontrer : & auant que monter la montaigne, on voit vn lac qui contient enuiron trois lieuës de longueur, qui porte pareillemēt le nom Daiguebellette, ouquel

*Separation du Daulphiné, auec la Sauoye.*

*mont Daiguebellette.*

*Lac D'aiguebellette.*

*Voyages du Seigneur*

se pesche de fort bon poisson, comme au disner le goust, m'en donna preuue suffisante: En ce lieu là le changement des monnoyes commence, desquelles ie feray peu de recit, pour ce que tous les hostes, veulent estre payez en monnoye de France, & non en celle de Sauoye, la raison est, que leur monnoye ne vaut rien du tout, & qu'ils gaignent beaucoup sur la nostre, toutesfois on y met l'escu de Sauoye à quatre liures quatre souls, & le pistolet à quatre liures, le teston à vingt souls, la realle à six, le bianchi à quatre, & le franc de Sauoye à vingt souls, le soul de Sauoye quatre quadrins, & celuy de France cinq & la parpayolle trois. Mais ceux qui ne sont aduertis de la valeur de leur monnoye, l'employent à mesme pris, qu'ils font en la France, qui est cause qu'ils y perdent beaucoup : les autres qui en sont instruis, s'empeschent bien d'y estre trompez: car encore qu'ils payent les hostes à leur volonté, ce neantmoins, c'est tousiours au prorata de la iuste valeur desdites monnoyes. Au contraire, ceux qui n'en ont l'aduertissement, estiment qu'elle a mesme cours qu'en France, qui est l'occasion que souuent ils sont trompez: dont pour euiter ceste perte, se faut resouuenir, que quatre de la nostre, font cinq de la leur, & estre aduisé de ne porter de leur monnoye, en aucune autre prouince, à raison qu'elle ne se met, qu'en la Duché de Sauoye seulement. Chambery est la principalle cité du Duché en laquelle y a parlement & magistrats pour la santé, elle est de pe-

*Changements de monnoye passant en la Sauoye.*
*Valeur des monnoyes de Sauoye.*

*Ville de Chābery en Sauoye.*

tite estendue, mais bien bastie par le dedans: toutesfois son habitation est mal plaisante, à raison des grandes neiges & pluyes qui s'y font ordinairement : comme aussi par toute la Sauoye, laquelle est composee de tref-hautes montaignes, les cimes desquelles se voyent peu souuent abandonnees de leur accoustumee blancheur: Mais celles que le clair Phœbus eschauffe de ses plus ardens rayons, se reduisent incontinent en eau, laquelle on void descendre du haut des montaignes, menant vn bruit fort impetueux. De telles manieres d'eaues s'engendre vne riuiere, qui s'appelle Lizere, prenant son origine toutesfois aupres du mont Senis, duquel elle vient murmurant à trauers les rochers, & s'augmentant tousiours par le cours continuel desdites eaues, qui descendent des montaignes susdites, faict à la fin vne grosse riuiere, qui en toute saison est fort perilleuse à passer, à cause de son accroissement inopiné, que les citoyens de Grenoble espreuuent quelquesfois bien enuis & à leur dam à raison que courant auec grande impetuosité par leur cité, elle emporte souuent quand & soy la maison de quelque habitant. Elle decore & embellist grandement la forteresse inexpugnable du chasteau de Montmelian, qui est situé sur vne montaigne, au pied de laquelle court ladite riuiere, que nous passames sur vn meschant pont de bois, qui est fort long comme de trois a quatre cens pas & estroit: & sur lequel il faut necessairement prendre Bulette des gardes qui y sont establis.

*Riuiere de Lizere.*

*Chasteau de Montmelian.*

*Pont de Montmelian.*

*Voyages du Seigneur*

De là entrasmes en vn beau chemin, laissant à la senestre de hautes montaignes, au bas desquelles sont plantees force vignes, qui durent trois ou quatre lieuës de longueur, mais peu larges & fort penibles à labourer: dont pour cest effect les vignerons montent comme par vne eschelle à plus de demie lieuë de haut : non seulement en cest endroict, ains aussi à Aiguebelle, qui est vne petite villette, bastie sur la Lizere, où ils labourét la terre à coups de main, à bien vne lieuë de hauteur, sás craindre le dáger de tóber ez precipices. Ie croy que la necessité & pauureté les contrainct à ceste misere, d'autant que la terre leur manque : ce qui est cause qu'ils sont tous pauures, demandans l'aumosne importunement aux passans, se laissant couler du haut des montaignes en bas pour auoir vn pauure quadrin. Outre ceste affliction, l'eau de neige de laquelle ils vsent, pour leur boire, est si pernicieuse qu'elle leur cause vne enfleure de gorge fort monstreuse à veoir, laquelle toutesfois ne leur faict point de mal, ainsi que les pauures gens m'ont dict. De là trauersant le Marquisat de la Chambre, le païs de Morienne & plusieurs autres villes peu celebres & renommees, arriuasmes au pied du mont Senis, où les habitans du village de Lasnebourg s'offrirent selon leur coustume, me porter, ou bailler vn cheual, pour monter la montaigne, qui dure pour le moins vne lieuë de hauteur, & ainsi qu'on approche peu à peu de sa cime, on s'apperçoit qu'elle se diuise en deux, faisant par le milieu vn passage tresbeau.

*Aiguebelle petite ville.*

*Grosse gorges des pauures gens de Savoye, causees par leau qu'ils boiuent : a ceste cause ils sont appellez Goastres.*

Chose, certes, digne d'admiration & qui esmouueroit mesme les plus grossiers à recognoistre la prouidence de ce grand Dieu, lequel cognoissant les peines & trauaux qu'endurent iournellement ses creatures, les a voulu recreer & soulager en ceste sorte: & qui plus est, leur donner vne belle planeure, réplie de prairies esmaillees & bigarrees sur le printemps, de belles fleurs bié flairantes, estendans leurs fins & limites de deux lieuës de longueur, au milieu desquelles est vn grand lac, ioignant la poste de la Tauernette, où passant en esté, l'on void cueillir les foins, & faire grand nombre de fromages. Aux autres saisons il y fait dangereux passer, sans la conduite des Marons, à raison qu'en la planure y a des precipices, lesquels estans comblez de neiges & le chemin pareillement, facilement on peut tomber dedans, & estre asseuré n'en releuer iamais. D'autre part il y suruient quelquesfois des tourbillons de vét de montagne, qui leuent la neige en si grande quantité, qu'estant portee de violence, elle entraine auec soy quelques passans (qu'elle rencontre) & les enseuelist & accable tout à coup amoncelee sur eux: les autres qui ne peuuét eschapper y meurét de froid, & sont iettez en la chappelle des transis, qui est ioignant la Tauernette, où y auoit grand nombre de corps morts lors que i'y arriuay. Et descendant la montaigne par vn chemin assez rude, qui dure deux lieuës de lógueur, passames par le bourg de la Ferriere, où l'on commence à conter par mil, deux desquels font vne lieuë de France.

*Prairies sur le mont de Senis de deux lieues de longueur.*

*Chappelle des transis.*

*deux mil d'Italie font vne lieue de Frãce.*

## Voyages du Seigneur

*Briefue description du voyage d'Italie, ensemble de quelques villes de Piedmont auec les choses les plus remarquables qui se representent deuant les yeux de ceux qui font telle peregrination, & la description de la tres-haute montagne de la Roche-Melon.*

### Chap. III.

*Le lieu où se fait la quarantaine en allāt en Italie.*

ARriuant à la Nouallaize premier passage du Piedmont, fus arresté pour faire la quarantaine, que i'auois auparauant beaucoup apprehendé, & cherchant les moyens d'en sortir, fus conseillé par le commissaire de la santé d'enuoyer à Thurin vers son Altesse, pour obtenir licence de passer : ce que ie feis de telle sorte que i'eus permission. Mais pendant que le messager fut à executer sa charge, plusieurs des habitans me conseillerent aller à nostre dame de Roche-Melon, qui est vne petite chappelle bastie sur le haut d'vne montagne, portant le mesme nom. Et combien qu'on me dist qu'elle estoit difficile à monter, neantmoins pour contenter mon esprit de chose qui m'estoit si rare & nouuelle, m'acheminay vers ledit lieu, menant deux Marons pour me conduire & soulager, ausquels ie feis porter des viures pour deux iours, d'autant qu'ils me disoiēt, qu'il ne s'y trouuoit autre chose q̃ des fromaiges frais a manger, & que la montaigne duroit bien pres de quatre lieuës de hauteur, laquelle ayant commencé à monter, iusques à vne lieue de haut trouuasmes quelques

*Treshaut mōt de Roche Melon & sa description.*

maisonnettes & des prairies ou le bestail paissoit, de là continuans nostre chemin vismes vne fontaine, qui sortoit d'vn rocher, l'eau de laquelle estoit excellente à boire: puis estans paruenus à grand trauail, iusqu'à deux grādes lieuës de haut, me trouuay tāt lassé & fatigué, que n'en pouuant plus, fus contraint de demeurer en vne maisonnette, où lon faisoit des fromages : en laquelle m'estant vn peu rafraischy, beu & mangé de ce que i'auois fait porter, le sommeil glissant peu à peu en mon cerueau me contraignant & mes compagnons reposer sur la belle dure, en attendāt que l'aube nous ramenast le iour pour poursuiuir le reste de nostre voyage. Les paures gens de ladite maison nous receurent honnestement, nous offrans & presentans à manger de ce qu'ils auoient, & n'ayant la commodité d'auoir de la chandelle taillerent par esclats du bois de sapin, lequel estant allumé, rendoit vne clarté semblable à celle d'vn flambeau. Et incontinent au point du iour suiuismes la roide montee de ladite montaigne, que trouuasmes beaucoup plus difficile qu'au commencement, de sorte que ie voulois retourner en arriere, sans le garson de la maisonnette ou i'auois couché que i'auois mené auec moy pour me monstrer les choses desquelles il m'auoit tenu propos le soir precedant, qui m'en empescha : me disant qu'à vn quart de lieue plus haut me monstreroit les lieux où il prenoit les perdris & que paraduenture en trouuerions de prises: ce qui aduint cōme il auoit predit, car il s'en trouua cinq, deux

*Bois de Sapins sert de chandelle en plusieurs lieux*

*Voyages du Seigneur*

*Perdriz blanches & autres noires.*

desquelles estoyent toutes blanches, & les autres blanches & noires: mais à manger elles ne sont pas si delicates, comme les rouges & grises.

*Faisãs & chamois qui se trouuent en ladite montaigne.*

Il se trouue aussi en ceste montaigne, Faisans & grand nombre de Chamois, dont le iour precedent le garson en auoit tué deux à coups d'arquebuze, la peau desquels il offroit à tresbon marché. Toutes ces choses m'inciterent à monter plus auant, iusqu'à ce que auant passé trois lieuës de hauteur, il fallut attacher aux mains

*Graffes de fer attachees aux pieds et mains pour môter vne montaigne.*

& piedz des graffes de fer, pour grinper à mont, & aussi de peur de glisser au bas des precipices, qui nous menacoyent d'vne horrible mort. Ce fut alors que le suport des Marôs me seruit beaucoup, sans lesquels ie n'eusse voulu si temerairement me hazarder: & m'aprochant peu à peu du haut de la môtaigne, mesmement de la moyenne region de l'air, incontinent vn froid insuportable me vint saisir de telle sorte, que changeant de couleur, & estant du tout recreu & affoibly, fus contrainct me laisser tomber à terre pour prendre vn peu de repos: ce que voyant les Marons, accoustumez à ce trauail, me feirent boire vn peu de vin, pour me dôner courage de continuer nostre chemin. Finalement estant soustenu desdicts Marons, arriuasmes à vn quart de lieuë pres de la pointe de la montaigne, où ie croy n'auoir iamais enduré froid plus violent, ny passé si perilleux passage: car il faut alors monter comme par vne eschelle, grinpant à mont auec les graffes de fer, que lon a attachez aux mains, & pieds, & faire estat de veoir soubz soy des abismes si profonds & effroyables qu'il ne côuient attendre, fors la mort à ceux qui tant soit peu escoulent où ne se tiennent fermement à leur graffe de fer. Certainement la chose est beaucoup plus espouuentable & perilleuse, que ie ne pourrois reciter, ce que ie dy aux curieux, comme i'estoye, qui voudront paruenir à la cime de ceste montagne au moys d'Aoust seulement, parce que ez autres moys, on ny peut aller aucunement. Estant doncques paruenu iusques au sommet i'entray en la Chappelle pour faire ma priere, & incontinent apres ie sortis iectant ma veuë sur vn grãd lac glacé, qui est vers le païs des Grisons: puis tournant la teste d'vn autre costé, ie regardis les coupeaux des montaignes, tant de la Sauoye, que du Daulphiné, couuerts encore de leurs chapeaux blancs, combien que fussions au moys d'Aoust. Et jaçoit que toutes ces montagnes soyent tres-hautes, neantmoins en côparaisõ de la môtagne où i'estoys, elles resembloyét petites. Puis venant à iecter les yeux sur les terres du païs de Piedmont, & de Lombardie, subitement i'oubliay tous les trauaux passez, & me senty comblé en l'ame d'vne ioye incredible: Et en ceste ioye, desirant de les côtempler de plus pres descendy de la montagne, pour en estre plustost iouissant. Partant le iour ensuiuant de la Noualaize allé coucher à l'antique cité de Suze, qui n'a autre embellissemét que sõ antiquité, & de hautes môtagnes qui l'enuironnét, au bas desquelles court la riuiere qui descent du mont Senis: Vn peu plus auãt est le Chasteau de Carigna-

*La Chappelle de Roche Melon.*

*Lac glacé sur vne haute montagne.*

*Cité de Suze.*

*Voyages du Seigneur*

no, que les François tindrent longuement assiegé contre Dom Pietro Colonne qui estoit dedans pour l'Empereur Charles le Quint, lequel fut prins par les François, & le Chasteau semblablement. Delà continuans le chemin vers Thurin, on passe plusieurs petites villes & Chasteaux, comme Boussolain, Sainct Ambroise, Veillane, & Riuoilo, qui sont toutes gentilles & bien basties, & approchant de Thurin, on void à la main dextre la Citadelle que le present Duc de Sauoye a faict edifier, laquelle est fort peu esleuee de terre, & a monstre d'estre tres-forte. Ioignant icelle est ladicte Cité, qui estoit anciennement collonie des Romains : elle est edifiee sur vne belle planure peu distante du fleuue du Po, & bastie en forme quarree, ayant à chacune face vne porte, & au dedans plusieurs beaux bastimens, signamment la grande Eglise & le Chasteau, où le Duc faict son ordinaire demeure, la court duquel estoit tresbelle & grande, lors que i'y passay du reste le pays est tres-fertil & abondant du costé du midy. Ayant d'autre part les Alpes, desquelles Tite Liue faict mention, recitant le passage qu'y feist Hannibal auec son armee, & mesme comme il print par force la cité de Thurin, qui n'est distante du fleuue du Po, que demy mille seulement, sur lequel fleuue on se peut embarquer pour descendre à Ferare, & par canal iusques à Venise, de laquelle on peut aller par mer iusques à Ancone, puis par terre à nostre Dame de Lorette & à Rome, qui est vn chemin qui couste peu ; mais

*Boussolain.*
*S. Ambroise.*
*Veillane.*
*Riuollo.*
*Citadelle de Thurin.*

*Cité de Thurin & sa description.*

*Fleuue du Po.*

d'vn tiers plus loing que les autres. Celuy qui va de Thurin à Gennes, Lucques, Pise & à Rome, n'est pas du tout si long, ains plus laborieux que le precedent: mais celuy qui va droict dudict Thurin à Rome, passe par Alexandrie de la Paille & à Plaisance, l'autre par Verseil, Nouarre, Milan, & aussi à Plaisance, qui est bien le plus beau & commode, tant à raison des citez & beaux pays qu'on y voit, qu'aussi pour la commodité des chariots qu'on y trouue ordinairement à bon prix. Dauantage faisant ce chemin, on ne s'allonge que d'vne seule iournee, qui fut cause que ie le choisy sur tous les autres, reseruant Nostre Dame de Lorette, & Venise au retour, laissant à la discretion d'vn chacun de prendre celluy qui luy semblera le plus commode, reuenans tous à vn, soit en allant ou en retournant, sinon celuy qui va de Thurin à Ferrare, qu'il faut prendre en allant pour la commodité de la riuiere.

*Les chemins qu'on peut prendre pour aller de Thurin à Rome, & voir toute l'Italie.*

*Description du Piedmont, & de la valeur des monnoyes, & des villes, forteresses & riuieres desquelles il est decoré & embelly: Et la description de Nouarre & de Milan.*

## Chap. IIII.

POur le regard de la valeur de la monoie qui se depéd au Piemót, l'escu de Fráce s'y met à

*Valeur de la monnoie du Piedmont.*

*Voyage s du Seigneur*

dix florins, & quelquesfois d'auantage, le florin douze gros, le gros quatre quadrins, le quadrin vn denier obole de France, le bianco vaut quatre sols, le sol sept quadrins, le florin six sols six quadrins, le caualot douze quadrins, quatre cauallots vn florin, & huict florins pour faire l'escu d'argent. Voilà la valleur de la monnoye qui se depend au Piedmont, pour lequel trauerser me mis en vne carosse, pour aller iusqu'à Milan payāt deux escuz d'or au carocher, à condition de m'aquitter des passages des riuieres, qu'il conuient passer auant que y arriuer, autrement les batteliers tyrannisent les hommes, les faisās payer du tout à leur volonté, quād ils sōt au milieu du passage. Cōmençant donc à rouller sur ces belles plaines paruinsmes à Chiuaz, qui est vne forte ville au pres delaquelle nous passames la riuiere de Lorca, & plus outre celle de Bagia, qui separe le Piedmont d'auecques le Marquisat de Montferrat: puis arriuasmes à Ligorne qui est vne gentille ville dependāte dudit Marquisat. De là continuant nostre chemin entrasmes en la Cité de Verseil, qui appartient au Duc de Sauoye, laquelle est de moyenne grandeur, mais belle & plaisante, & le pays tres-fertil, abondant en toutes sortes de fruicts excellens, & mesmement en raisins muscadets, où ils croissēt gros comme prunes de Damas violet, qui me faict dire, considerant la beauté du Piedmont, qu'il tient le premier rang en bonté, sur les autres Prouinces d'Italie: Or en la Cité est vne belle abaye nommee S. André, en l'Eglise delaquel-

*Marché, pour aller en Carosse de Thurin à Milan.*

*Ville de Chiuaz.*

*Riuiere de Lorca*
*Riuiere de Bagia.*
*Ville de Ligorne.*

*Cité de Verseil & la description.*

le est vne grande pierre de porphire sur le grand Autel, qui a cinq piedz de large, & huict de long, & les chaires du cœur sont faictes à pieces raportees de diuerses couleurs de bois, lesquelles representent plusieurs belles histoires, qu'on diroit de loing estre faictes auec le pinceau. A la sortie de Verseil se veoit la Citadelle & vne riuiere nommee Sessé autrement Saruo, laquelle trauersant à gué, ou par batteau, selon la saison du temps, on entre sur les terres du Duché de Milan. La premiere ville que no⁹ passames, fut celle de Nouarre qui est tres-forte & bien bastie, où y a Citadelle & garnison d'Espagnols, lesquels auparauant que nous laisser entrer dedans, nous demanderent si portions quelque chose qui deust payer gabelle, & respondant que non, nous laisserent passer, moyennant la courtoisie de deux ou trois sols pour chaque homme, laquelle il faut cõtinuer en la pl⁹ part des villes d'Italie, pour auoir patience de tels gabeleurs: Car aduenant qu'on ne leur vueille rien donner, ils ferment le passage pour visiter les hardes d'vn chacun & plus souuent le nõbre d'argent qu'on porte: tellement que pour euiter ceste fatigue & la perte du temps, on leur donne quelque chose, jaçoit qu'on ne porte rien sur soy, qui doiue gabelle. Tels gabeleurs sont ordinairement plus seueres à ceux de leur pays qu'aux estrangers, ainsi que j'ay congneu voyageant auec les Italiens & Espagnols, ausquels ils ont tenu plus rudes termes qu'à nous autres Fran-

*L'abbaye S. André.*
*belle pierre de porphire.*

*Citadelle de Verseil.*
*Riuiere de Sesse.*

*Cité de Nouarre.*
*Citadelle de Nouarre.*

*Coustume d'Italie touchant les gabeleurs.*

çoys:& qui en est l'occasion, c'est quils ont cognoissance que nous n'allons en Italie que pour despendre & non pour traffiquer. Paruenant au fleuue du Thesin, nous le passames par batteau, pour aller disner à la superbe hostellerie de Bouffalore, & en passant ie diray que le fleu-

*Fleuue du Thesin & sa description.*

ue du Thesin est impetueux & grand, procedant du lac Maior qui est aux Alpes vers le pays des Grisons, & descendant auecques vn grand bruit des motaignes, s'en vient courant, pour ioindre au Po: bien est vray que auparauant y arriuer, on luy oste la moitié de sa force, par vn tresbeau canal (que les Millanois disent les François, auoir faict edifier) aux deux costez duquel sont plantez des pallisades de bois, pour empescher la terre de tomber dedans, & a le canal de largeur enuiron trente & cinq pas, & peut porter à la fois soixante pippes de vin & plus, de maniere que Milan en reçoyt grande commo-

*Canal de Milan.*

*Description de la cité de Milan.*

dité. Ceste grande Cité est situee en vne plaine, comme aussi est quasi toute la Lombardie, suffisante pour nourrir de toutes choses ceste populeuse Cité, qui est si riche & remplie de trafficq, & marchandises, que le commun prouerbe dict en Italien, que qui veut rachepter Italie, ruine Milan. Mais si elle est magnifique en cela, elle l'est pareillement en beaux palais & sumptueux edifices, signamment en celuy du Duc de Terre-neufue, & le Dome où Eglise principale faicte auec telle despêce & artifice, que peu d'Eglise ou temple se peuuent parangóner à ce Dome tant en grandeur que autrement: car il est entierement basty de marbre blanc, aussi bien par dedans que par dehors, & soustenu de cent gros pilliers de marbre. En ce lieu (ce qui est à remarquer) la Messe se dit à l'Ambrosiéne & non à la façon Romaine, sinon les mots sacramentaux, les Chantres & Chanoines châtent l'office derriere le grand Autel, côme pareillement on faict en la plus part de toutes les Eglises d'Italie, pource que l'assiette des autres est quasi à l'entrée du cœur, & les autres Ecclesiastiques chacun en son ordre, au derriere & deuât. Il y a plusieurs autres Eglises & particularitez que ie passeray souz silence, pour parler du chasteau presque inexpugnable de Milan, lequel est situé à l'vn des bouts d'icelle & enuironné de profondz fossez à fond de cuue, & de Rauelins, bordez de grosses pieces d'artillerie, comme aussi est pareillement vn certain lieu, semblable quand à la couuerture, à vne halle, qui est au milieu dudict chasteau. Toutes lesquelles choses se peuuent veoir de la grande place qui est au deuant, à raison que les Espagnols n'en permettēt iamais l'entree aux Françoys, & y en a mille pour la garnison d'iceluy. *Descriptiō du chasteau de Milan.*

Le dimanche quatriesme iour de Septébre 1588. la monstre generalle de toute la gendarmerie du Duché de Milan fut faicte en la grande place du chasteau, où assista le Viceroy, & grand nombre d'autres Seigneurs, & y auoit douze compagnies d'hommes d'armes, & en celle du Duc de Sauoye, ie contay deux cents six maistres tous bien môtez & armez, mais en quelques *Monstre generale de la gendarmerie de Milan.*

B iiij

autres ny auoit que trente ou quarante hommes seullement : Y auoit d'auātage sept compagnies de cheuaux legers & quelques autres d'arquebusiers à cheual, bien montez & armez lesquels les vns apres les autres dressant l'escarmouche par escadrons bien arengez & prests à combattre contre cinq cents harquebusiers du Chasteau qui auoyent faict vne sortie, & mis en embuscade le long des fossez partie de leurs compagnōs, faisoyent tous à qui mieux mieux, comme à l'ennuy, de sorte que de toutes parts on n'entendoit que le bruit & son des trompettes, clairons, & tambours retentir, le cliquetiz des armes, harquebusades, & coups de canom qui se tiroyent incessamment du chasteau, & autres tintamarres qui durerent bien pres de six heures où enuiron. Ie croy que la prinse de Carmaignolles qui fut faite peu de iours apres par la surprise du Duc de Sauoye & ses adherās fut occasion de faire ladicte monstre generale, laquelle ne se fait sinon en cas de necessité. Le lendemain tous les gēsdarmes se trouuerēt auec leurs equipages en vne grande maison qui est hors la Cité, pour receuoir leur soulde, qui se mōte à chacun quinze escuz par moys: mais ils sont obligez à laisser plustost mourir leurs cheuaux, que de les vendre sās la permissiō du Viceroy: & s'il aduiēt qu'il en meure quelqu'vn, ils sont contraints les faire escorcher & en garder la peau, pour testifier sa mort à la prochaine monstre, autrement ils perdroient leur paye pour la premiere fois, & pour la seconde courroient la risque d'estre cassez: car le nom, le poil, & l'aage de leurs cheuaux sont escrits en vn liure. I'apris ceste coustume des gesdarmes qui estoient logez à nostre hostellerie, deux desquels furent cassez à raison de ce que dessus.

*Voyage de Milan à Boulongne, auec le cours de la monnoye de ceste Duché. Ensemble la description des citez de Plaisance, Parme, Regge, & Modene, & la valeur des monnoyes qui s'y despendent.*

### CHAP. V.

IL est necessaire auāt partir de Milan, prendre deux bulettes, l'vne de la santé, & l'autre qui testifiera vostre aage, la couleur de vostre poil, & le lieu où vous voulez aller, soit en coche ou à cheual, & sans cela vous ne pouuez passer outre. Ayant fait ceste depesche ie feis marché auec vn carocher à deux escus pour me mener iusqu'à Boulongne, où y a enuirō quatre iournees: mais auant que m'y acheminer ie d'escriray la valeur des monnoyes qui se despendent au Duché de Milan, auquel l'escu d'or & de pois se met pour cēt vingt & vn sol, le sol quatre quadrins, le quadrin vn denier obolle de Frāce: le double pistolet d'Espagne estant de poix s'y prend à deux cēts soixante sols & quelquesfois à d'auantage, qui est y gaigner clerement douze sols des nostres : mais celuy de la marque de Milan si met à dix sols moins, & l'escu d'or qui est leger ny vaut que cent seize ou dixsept sols, le duca- *Marché pour aller de Milan à Boulongne.*

*Valeur de monnoye de Milan.*

ton d'argent cent quatorze, la realle qui vaut quarante sols de France, si met à nonante de Milan, le bianqui à neuf, la parpayolle à dix quadrins, & la terso quarante sols: de maniere que sur l'or & l'argent on y gaigne beaucoup quand on en sçait la valeur & l'vsage du pays, mais autrement on y est bien trompé. Or partans de Milan, trouuasmes sur le grand chemin plusieurs gabeleurs portans harquebuzes à meche, lesquels nous visiterent par tout, pour sçauoir si portions quelque chose qui deust payer gabelle, voire iusques à nous toucher sur les reims & autre part, pour voir si a-uions de l'argent outre l'ordonnance: mais ie croy qu'ils auoient plus d'enuie de nous voler que d'accomplir leurs charges, car ils procedoient d'vne estrange façon: finalement fusmes contraincts leur iecter la courtoisie pour sortir de leurs mains. Ainsi continuans nostre chemin, passames la ville & marquisat de Marignan, au pied duquel court la riuiere d'Abda, qu'on passe par sur vn pont de bois: puis on arriue à Lodde qui est vne ville moyennement forte, où y a chasteau: & de la on paruient au fleuue du Po, qu'il faut passer en barque. Ce fleuue est le plus beau de toute l'Italie, à vn mil duquel est la cité de Plaisance, qui n'est point sur-nommee, ains est telle qu'elle porte le nom, tant à cause de sa belle situation, qui est en vne plaine tres-fertile, qu'aussi pour les bel-

*Gabelleurs sur le pays Milanois.*

*Marquisat de Marignā. Riuiere d'Abda. Ville de Lodde. Fleuue du Po.*

*Cité de Plaisance & sa description.*

de Villamont Liure 1.  14

les maisons & beaux placites qui la decorent grandement, lesquels par le dehors sont peints de diuerses histoires. Il y a mesmement plusieurs eglises tresbien basties & richement elabourees, signamment vne Abbaye qui est pres le palais du Prince qu'on a fabriqué de nouueau. Les gentils-hommes du pays font leur ordinaire demeure dans la cité, la plus grand part desquels se font appeller Comtes, encore qu'ils n'ayent pas deux cents escus de rente: cela vient, d'autant que tous les enfans issus de la maison d'vn Comte, portent tous le mesme nom, & partagent egallement comme font les roturiers en France. Qui est cause que tels petits Comtes n'ont pas beaucoup de moyen, toutesfois ils ont de la parade assez, mais peu suiuis: ainsi que i'ay cogneu à Rome moy estant en pension à sept escus le mois, ou deux de ces Comtes estoient à mesme pris, accompaignez chacun d'vn varlet mecanique. La cité de Plaisance est vne principauté annexee à la Duché de Parme, ny ayant de l'vne à l'autre de distance qu'vne petite iournee, faisant laquelle, on trouue la riuiere du Tar, qu'on passe par batteau, & quelquesfois à gué: il y auoit anciennement vn pont de pierre sur icelle, qui est à present tout ruiné, ioignant lequel on void le lieu ou Charles huictiesme Roy de France, combatit si valeureusement auec peu de gens qu'il auoit, la grande trouppe d'Italiens qui l'estoient venus assaillir contre leurs

*D'où vient qu'il y a tant de Comtes en Plaisance.*

*Riuiere du Tar.*

*Le lieu où le Roy Charles viij. s'en retournant de Naples rem-*

*porta vne belle victoire cõtre les Italiẽs.*

promesses, de telle sorte que les ayant tous defaits & taillez en pieces, passa le fleuue, & s'en alla en France victorieux de ladite rencontre, & mesmement de la conqueste du Royaume de Naples, de là i'arriuay à l'antique cité de Parme, ainsi appelée par ce torent d'eloquéce Ciceron en ses epistres familieres qu'il escriuoit à Cassius. Elle fut anciennement l'vne des colonies des Romains, comme tesmoigne Tite Liue en son xxxix. liure. Et mesme encore auiourd'huy le Duc de Parme faict grauer autour de sa monnoye ces mots, *Parma colonia Romanorum ciuium*, qui denotent bien, comme la verité est, qu'elle a esté autre fois colonie des Romains. Par ceste ville passe le fleuue nommé pareillement Parme, sur lequel est vn pont de pierre qui ioinct le faux-bourg auec la cité: laquelle est enuironnee de tres-fortes murailles, & situee en vne plaine, où croissent toutes sortes d'excellents fruicts, se void aussi en icelle de beaux bastimens, belles places & superbes eglises enrichies de marbre & d'exquises peintures, & les habitans fort doux & benins aux estrangers, ne leur permettant toutesfois porter l'espee par leur cité, sans la licence du Capitaine. Pour le regard de la monnoye qui s'y despend, elle n'a point de prix arresté, non plus que celle de Plaisance, & lors que i'y passay l'escu y valoit douze Iules, & le Iule cinq sols de France, mais y faisant peu de seiour (au moins ceux qui vont à Boulongne.) La cognoissance & valeur de la monnoye n'est pas beaucoup requise, d'autant que le iour en-

*Description de la cité de Parme.*

*Fleuue de Parme.*

*Valeur de la monnoye du Duché de Parme.*

suiuant, on entre au Duché de Ferare, à heure de difner, où il faut nouuellement changer de monnoye ; sçauoir à la cité de Regge, qui eſtoit mefmement vne Colonie des Romains, fous Auguſte Cefar comme recite Strabo. Elle eſt gentille & belle & baſtie en vn lieu mareſ-cageux, à cauſe de la riuiere de Cruſtulo qui coſtoye ſes murailles, la rendant par ce moyen beaucoup plus forte & tenable : c'eſt pourquoy le Duc de Ferare y fait faire bóne garde & ſemblablement à ſes autres citez & fortereſſes : comme au chaſteau de Finalle qui eſt tout enuironné de larges foſſez faicts à fond de cuue, tous remplis d'eau, y ayant touſiours au haut du donjon vne ſentinelle, qui ſonne vne cloche autant de fois comme il void de perſonnes paſſer par le chemin. La laiſſant à la main droicte, on paruient à la vieille cité de Modene appartenant au Duc de Ferare, en laquelle on faict auſſi garde comme en la precedente : La ſituation toutesfois de l'vne eſt plus plaiſante que l'autre, combien que toutes deux ſoient ſituées preſqu'en ſemblable lieu : Car celle de Regge eſt belle & nette, & celle cy plaine de fange & baſtie ſur portiques : bié eſt vray qu'elle a vne commodité, qui la rend beaucoup plus riche que l'autre, qui eſt vn beau canal qui ioinct à Bon-Porto, puis s'en allant rencontrer le fleuue de Pennaro, courent tous d'eux s'engoulfer dans le Po. Ceſte cité eſtoit auſſi vne colonie des Romains comme dit Pline liu. 29. Polybe liu. 3. & Ciceron en ſa ſeptieſme Philippi-

*Deſcriptiõ de la cité de Regge.*
*Strabo liu. 5.*
*Riuiere de Cruſtulo.*
*Chaſteau de Finalle.*
*Situation de la cité de Modene.*
*Canal de Modene.*
*Le fleuue de Pennaro.*

*Voyages du Seigneur*

que, & autres autheurs, comme Pline & Pomponius Mela. Sortans d'icelle la matinee nous vinsmes à vn fleuue dit à present Sainct Ambroise, à raison d'vne tour ainsi nommee, qui est situee iustement au milieu, laquelle sepate la Duché de Ferare, d'auec la Comté de Boulongne appartenant à l'estat ecclesiastique. Entrant donques sur les terres d'iceluy, arriuasmes au fleuue d'Ebré autrement appellé Reno, sur lequel est vn tresbeau pont, où estant vn Milanois de nostre compagnie me monstra la petite Isle nommee la Triumuire, où Octauius Cæsar, Marc Antoine, & Lepidus s'assemblerent pour establir leur Triumuirat, & faire les prescriptions des Romains qu'ils firét apres mourir, ayans laissé leurs armees à l'entree dudit fleuue pour la seurté de leurs personnes. Mais auant que d'entrer en Boulongne, ie feray mention de la valeur des monnoyes du Duché de Ferare, où l'escu dor & de poix y vaut septante & cinq boulligni, & le boulligni six quadrins, le quadrin vn denier obole de Fráce, le seizin deux quadrins, vne amoraye deux boulligni, vn S. George sept boulligni, vn caualot quatre boulligni, vne berlingasse quatre & demy, vn carti dixneuf boulligni, & vn bianco dix. Ce sont les principales monnoyes qui s'y despendent, combien que plusieurs autres especes s'y mettent.

*Pline liu. 3. cap. 15. Pomponius Mela b. 1. cap. 2.*

*La tour & fleuue S. Amroise.*

*Fleuue D'ebré dit Reno.*

*L'isle où se fist le Triumuirat.*

*Valeur de la monnoye de Ferare.*

*Description de la fameuse cité de Boulongne surnommee la grasse, avec les Temples, Palais, fonteines & places qui la decorent. Ensemble le pourtraict & figure de la Lombardie, avec les fleuues & riuieres & coustumes des habitans d'icelle, & la valeur des monnoyes dudit Boulongne.*

## Chap. VI.

Boulōgne surnommee la grasse, est vne grāde cité & bien peuplee en laquelle y a douze portes, par le milieu d'icelle passe le torrent Dauesa, & est quasi de forme ronde, & situee en vne belle cāpaigne, proche & voisine des hauts monts Appennins, qui n'empeschent la cité d'estre tres-riche & marchande, les maisons de laquelle sont presque toutes basties sur porches, de sorte qu'on y peut se pourmener, & faire ses negoces, sans estre incommodé de la pluye, ne aussi de la fange qui y est assez commune, à raison du commerce qui s'y fait, & du peuple qui y est resident: principalement pour estudier. Car il y a vne fort celebre & fameuse vniuersité en toutes sortes d'estudes & exercices honnestes, comme pour gentils-hommes & autres honnestes personnes, soit pour les adresser à piquer bien vn cheual ou a tirer des armes & autres occupations ou exercices honorables, esquels tous esprits genereux ont de coustume volontiers s'adonner: à fin de faire paroistre par là quelle est la dexterité & gentillesse de leur personne,

*Cité de Boulongne & sa description.*

*Torent Dauesa.*

*Estudes generales, & autres exercices à Boulongne.*

*Voyages du Seigneur*

laquelle si elle n'estoit exercee, viendroit peu à peu à s'abastardir sans ce trauail & ces beaux & gaillards exercices. Au milieu de la cité est vne haute tour nommee Asinelli, qui a cinq cens degrez pour y monter, m'estant beaucoup esmerueillé comme on a peu l'edifier si haute, consideré qu'elle ne sçauroit auoir que sept pieds en carré: outre ce, il y a de magnifiques palais, com-

*Palais de Boulongne.*

me celuy du Pape, du Comte Hieronime & autres: mais sur tous celuy qui est en la grand place, auquel la iustice est administree d'vn costé, & le gouuerneur de l'autre, tant le palais est de grande estenduë, sur la porte duquel est la statuë de bronze qui represente le deffunct Pape Gregoire XIII. Se void au deuant dudit palais

*Description de la belle fonteine qui est à Boulongne.*

vne tresbelle place & vne riche fonteine faicte de marbre & bronze où sont huict nymphes à l'entour qui iettent l'eau par les tetins & autres lieux, entre lesquelles est esleuee vne grande statuë du dieu Pluton richement elabouree & faicte de bronze: en apres s'y voyent plusieurs belles eglises & temples ou l'or & les peintures ny manquent aucunement, signamment à la cathedralle dediee à Sainct Pierre, la secondant

*Corps S. Dominique.*

de pres celle de Sainct Dominique, où le corps d'iceluy Sainct repose en vn sepulchre de marbre blanc, & vne chappelle esleuee fort haute de terre & faite toute de marbre, s'y void le chef Sainct Dominique, vne espine de la couronne de nostre Sauueur, & la Bible escrite du Prophete Esdras, auec plusieurs autres choses que ie serois long à reciter. Ie diray seulement qu'à Boulongne

gne l'escu vaut treize paules, quand il est de poids, & chacun paulle sept boulongnois & deux quadrins, le boulongnois six quadrins, & le quadrin vn denier obole, & changeant vn escu en boulongnois on en a quatre vingts vnze quadrins, & quarante & quatre quadrins d'vn paulle, mais d'vn iulle nouueau on n'en a que quarante: tellemét que l'escu de France ou d'Espagne y reuient à treize reales, & plus, quand on en prend la monnoye en quadrins. Mais allant à Florence ou à Rome, il ne faut point porter de monnoye boul'ongnoise, d'autant qu'on y perdroit beaucoup. Et par ce que la cité de Boulongne est la derniere de Lombardie, ie d'escriray la beauté, bonté, & fertilité dudit pays, lequel contient en soy le Piedmont, la Duché de Milan, les Duchez de Ferrare, Mátouë, Parme, Sabionnette, principauté de Plaisance, les marquisats de Mont-ferrat & Marignan, la Comté de Boulongne, partie de l'estat des Venitiens, & plusieurs autres seigneuries d'importance: estant bornée des Alpes du costé de Septentrion & d'Occident: faisans la separation de France & d'Allemagne d'auec l'Italie: & vers l'Orient & Midy elle a les monts Appennins & le fleuue du Po, qui fait son cours quasi par le milieu du pays pour se venir engoulfer en la mer Adriatique pres Venise. Ce fleuue (comme i'ay dit cy dessus) est le plus long & le plus riche de tous ceux d'Italie, tant à raison du grand nombre des citez qui sont assises à sa riue, qu'aussi pour les riches planures qu'il a pres de ses costez, dans lesquel-

*Valeur des monnoyes de Boulongne.*

*Description de la Lombardie.*

*Description du fleuue du Po.*

les sont fabriquees plusieurs belles citez peintes & ornees de diuerses histoires, voire iusqu'aux maisons de la campagne, qui rend le pays plaisant & agreable; les habitás duquel par vne certaine industrie, ont basti de toutes parts plusieurs petits canaux par lesquels ils cōtraignent l'eau des riuieres de descendre pour arrouser leurs terres à leur gré & volonté. qui est cause qu'ils ont grande abondance de foins, y couppans l'herbe ordinairement deux fois l'annee & dans les prez sont plantez des ormeaux taillables, qui ont des ceps de vigne plantez à leurs pieds, lesquels croissans & paruenans au haut desdits ormeaux, se viennent ioindre ensemble, laissans pendans leurs fruicts, afin de ne nuire au faucheur quand il voudra faucher son pré. Ceste gentille industrie humaine ne se fait seulement aux prez, ains mesmement aux terres labourables: tellement qu'en vne mesme annee, mesme terre apporte frométs, vins & bois. Mais entre autres ie repute fort grād le plaisir qu'ō reçoit allāt par ledit pays au téps d'Esté, car depuis Thurin iusqu'à Boulōgne où y a six bónes iournees, on marche presque par chemins couuerts, plus semblables à des allees de iardins, qu'à grās chemins ordinaires: ainsi que l'on peut voir sur le Duché de Parme & de Ferrare, où les hayes des chemins sont faites de lauriers, aubespins, rosiers & autres petits arbrisseaux tenus suiects & taillez comme les bancs d'vn beau iardin. & aux costez desdits chemins sont ordinairement deux canaux, par lesquels on void l'eau courir pour arrouser tantost un pré, tantost une terre labourable & tantost un beau parterre qui est une chose plaisante à voir. Les habitans du pays sont hommes ingenieux, alaigres, dispos & aptes à toutes choses honnestes & ciuiles, receuans auec doux accueil & courtoisie, l'estranger qui entre en leur pays, poureu qu'il ne leur cousterien : mais ils ont par entr'eux, querelles & inimitiez, de sorte qu'ils n'oseroient aller par pays sans estre bien armez, & ordinairement ils portét sous le pourpoint un iaque de maille, le coustelas au costé, le pistolet à la ceinture, & les pittolles à l'arçon de la selle, estans suiuis de quelques seruiteurs qui portent harquebuses à meche, d'autant que celles à rouët y sont deffenduës. Faut noter que mesme ceux qui n'ont point d'ennemis desquels ils se craignét, vont en ceste sorte par pays, & vnanimement quand ils sont en leur cité, portent tousiours le iacque de maille, le poignard & l'espee au costé : car leur coustume est telle de iamais n'appeller leurs ennemis au cóbat en duël, mais cherchent les moyens de les trouuer à leur aduantage pour se venger d'eux. Aduenant qu'ils se rencontrent auec pareilles armes & forces ils passeront outre leur chemin sans autrement se recognoistre. Pour le regard des contadins ou gens de vilage, ils portent tous une demie pique ou halebarde sur l'espaule, & le court coutelas au costé, & bien souuent le iaque de maille auec un pot de fer sur le derriere, qui leur sert de casque quand ils viennent aux mains. Ce

*Coustumes des Lóbards.*

C ij

*Voyages du Seigneur*

qui donne vne grande terreur quelquesfois aux passans inacoustumez à voir telles gens ainsi armez sur les grands chemins, croyant que s'ils trouuoiét quelques vns la nuit, qu'ils ne feroiét scrupule de visiter leurs bourses: c'est pourquoy on se loge de bonne heure, principallement quand on est seul. Voulant partir de Boulongne ie feis marché auec vn voiturier à six escus d'or en or pour me nourrir & mener iusques à Rome (où y a six bonnes iournees) à la charge que ie demeurerois cinq iours francs dans Florence, pendant lesquels ie me deuois nourrir, & ayant prins la bulette de la santé que l'on donne gratis, m'acheminay vers les monts Appennins passant par vn village nommé Pietra-Mala, auquel y a vn commissaire de la santé qui est estably par le grand Duc de Toscane, sa charge s'estendant de visiter toutes les bulettes & passeports qu'on aura prins, à fin de voir si on a passé en quelque lieu suspect. Puis il faict ouurir les valizes, & esuenter tout ce qui est dedans: ce qu'ayant fait, baille vne autre bulette qui est la derniere que l'on prend: car sur le reste de la Toscane, de la terre du Pape, & du royaume de Naples, ne s'en baille aucune; sinon partant de Rome pour venir à Venise, où il est requis en porter vne seulement qui ne soit aucunement suspecte. de Pietra-Mala descédismes à Fiorensolle qui est vne forteresse situee au pied des monts Appennins, lesquels ie montay & trouuay qu'ils duroient deux mille de haut & trois de descente, au bas desquels est vne iolie

*Marché pour aller de Boulogne à Rome.*

*Pietra Mala.*

*Fiorensolle. Monts Appennins & leur hauteur & situation.*

ville nommee Scarperia. Les monts Appennins sont iustement situez au milieu de l'Italie, faisans separation de la Lombardie d'auec la Toscane, aboutissans quasi à la mer Mediterranee d'vne part, & aux montagnes de l'Abruzze vers la mer Adriatique d'autre. Venons maintenant à Florence, puis à Sienne, qui sont villes par lesquelles il me conuint passer pour aller à Rome.

*Scarperia.*

*Description de Florence & de ses magnifiques & superbes temples, des riuieres & fonteines qui l'embellissent & rendent admirable, & la valeur de sa monnoye.*

### CHAP. VII.

Florence a remporté ce nom de belle entre toutes les citez d'Italie, estant edifiee en vne tresbelle plaine, qui a du costé d'Orient & de Septentrion, de petites montagnes tres-fertiles d'oliuiers, grenadiers & autres sortes de fruits: & auant que d'entrer en icelle on void à la main dextre vne citadelle ioignant le fleuue d'Arno qui passe par le milieu de la cité, la diuisant en deux parties, lesquelles sont reioinctes ensemble par quatre ponts de pierre, sur l'vn desquels est fabriqué vne galerie qui sert au grand Duc de Toscane pour aller de l'vn de ses palais à l'autre, dont celuy qui est delà le fleuue d'Arno, fut edifié par Cosme de Medicis pere du grãd Duc d'à present pour se tenir là l'esté, & l'autre palais

*Descriptiõ de la cité de Florence.*

*Fleuue d'Arno.*

qui est ioignant ledit fleuue, pour y demeurer à l'hiuer, lequel a son aspect sur vne grande place où l'on void la superbe structure d'vne fonteine bastie en ceste maniere. Premierement il y a vn grād base de marbre blāc qui a pour le moins trente pieds en catré, dans lequel sont quatre cheuaux de marbre qui semblent nager supportans la grande statuë du dieu Neptune, qui a enuiron dixhuict pieds de hauteur. Cette statuë a entre ses iambes quatre autres statuës de Naïades, & tient en l'vne de ses mains vne coquille dans laquelle ces Naïades iettent de l'eau par leurs bouches, laquelle eau tombe dās le grād vase de marbre, autour duquel sont quatre Satyres & autant de Deesses faites de bronze qui iettent l'eau par diuers lieux : & és quatre coings dudit vase, sont autres quatre belles statuës faictes pareillement de bronze. Il y a encore en la place plusieurs autres statuës esleuees sur piliers comme celle d'Hercules, qui massacre vn Roy à ses pieds ; celles des trois Sybilles ou plustost Charitez, entrelassees l'vne à l'autre faites de marbre blanc, & celles de Mercure, & d'vne autre deesse faites de bronze. Mais si on monte en la principale galerie du grand Duc, qui a deux cents trente pas de longueur, & douze de large, on verra iusqu'au nombre de soixāte & dix statuës, toutes mises en bel ordre, au haut desquelles sont d'vn costé les pourtraicts des Papes & de plusieurs Cardinaux : & de l'autre part sont ceux de diuers Monarques, Rois, &

*Superbe & magnifique fonteine de Florence, auec sa description.*

*Statues d'Hercules, & de trois Sybilles & de Mercure.*

*Galerie du Duc de Florence & sa description. Lxx. statues en ladite galerie du Duc de Florence.*

Princes de la terre, & pour faire fin on y void l'antique statuë de brôze de Scipion l'Affricain, qui subiugua Hannibal & Syphax, & feist Carthage tributaire. Quant aux escuries du Duc elles sont toutes voultees & basties sur belles coulonnes, où lors que i'y fus y auoit quatrevingts treize pieces de cheuaux, la plus-part desquels estoient dressez: & ioignans icelles est vn lieu, où sont nourris Lions, Ours, Tygres, Onces, Leopars, loups Seruiers & autrez sortes de bestes & oyseaux sauuages, qu'on void en donnant quelque chose à celuy qui les a en garde. Mais pour reprendre nos brisees la cité a les ruës fort belles, droites & toutes pauees de grandes & larges pierres, sur lesquelles ne passe iamais charrette, sinon les chariots des seigneurs & dames. Et quand on y apporte du bois ou quelques autres prouisions, on les charge sur de grandes clayes que les bœufs traisnent apres eux par lesdites ruës: ce qui la rend encore plus nette, combien que peu ou point s'y voyent des incommoditez. Outre ce, il y a plusieurs Palais, comme celuy de la deffuncte Royne, mere de nos derniers Roys, celuy des Stroces, de Saluiati, & autres: & en vne place qui est ioignante le palais des cheualiers est esleuee vne haute coulonne de marbre sur laquelle est vne statuë de marbre qui tient vne espee en sa main & vne balance en l'autre. Lesquels bastiments encore qu'ils soyent superbement edifiez auec vn mer-

*L'antique statue de Scipion l'Affricain.*

*Escuries dudit Duc de Florence.*

*Belles ruës à Florence où iamais ne passe charrette.*

*Haute colonne de marbre en Florence.*

C iiij

ueilleux artifice, si ne peuuent ils aucunement estre parangonnez au merueilleux bastiment de l'eglise de Sancta Maria del fiore, qui est entierement par le dehors bastie de marbre de diuerses couleurs à pieces raportees, y ayant vn grand Dome au milieu enuironné de tresbelles galeries faictes pareillement de marbre. Et pour paruenir au haut de ce Dome faut monter cinq cents soixante & huict degrez, sans qu'à l'aparéce il semble estre si haut cóme la pómedorée qui est dessus, laquelle d'en bas séble estre petite, & neantmoins il peut dedans bien pres de vingt personnes. Entrant en l'eglise on marche sur le paué tout elabouré de marbre, auquel plusieurs figures sont representees, mais les pilliers d'icelle ne sont que de pierre commune, qui est vne imperfection qu'elle a, comme aussi d'estre fort obscure. Le cœur de l'eglise est faict de marbre exquis & precieux, & mesmement l'effigie de nostre seigneur, & celle de Dieu le pere, qui sont sur le grand autel, accompagnees de celles des douze Apostres qui sont mises par ordre aux pilliers qui enuironnent le cœur : sortans de l'eglise on voit reluire la haute & superbe tour carree où sont les cloches, laquelle entierement est faicte d'vn marbre precieux, & enrichie de plusieurs ordres de fenestrages supportees de gentiles colonnes elabourees à la Corinthienne. Peu distant d'icelle se rencontre l'ancien temple du Dieu Mars, basti en forme ronde, & richement orné par le de-

*Description du temple magnifique de Florence.*

*Superbe tour de marbre à Florence.*

*Temple du Dieu Mars.*

dans, maintenant il est dedié à l'honneur de Sainct Iean Baptiste, seruant pour baptiser les enfans qu'on y porte : & en sa rotondité sont trois grandes portes de metal ouurees richement, signamment celle qui a l'aspect à Saincte Marie de la Fleur. L'ó veoid en l'Eglise de Saint Laurens les sepultures des Ducs de Toscane faictes de marbre blanc, & sur celle de Cosmes de Medicis ces mots sont inscripts DECRETO PVBLICO PATRIÆ. Il y a plusieurs autres belles Eglises, entre lesquelles celle de l'Anonciade est la plus deuote & frequentee pour les signes & miracles qui s'y font de iour en autre par l'intercession de la glorieuse vierge Marie qui y est là inuoquee, voire mesme que entrant en icelle on est incontinent rauy en admiration, car on ne voit là autre chose qu'armures d'hómes d'armes, & vœux de cire representez au naturel & grádeur des personnes sur lesquelles ont suruenu les miracles qu'on reoid escrits au bas de leurs effigies, lesquels sont si grands & esmerueillables qu'il n'y a personne qui ne soit espris d'admiration les voyant & lisant attentiuement: & le nóbre d'iceux est si excessif, qu'il n'y a quasi plus de lieu pour mettre ceux qu'on y apporte tous les iours, encore que l'Eglise soit tres-gráde Aussi tiét on pour certain q̃ l'image de la Vierge Marie inuoquee en ceste Eglise est le mesme portraict & image que cest excellent peintre & Secretaire de nostre Seigneur, Sainct Luc, effigia & representa de son diuin pinceau. Quand à la monnoye de Florence l'escu d'or & de poids

*Sepulture des Ducs de Thoscane.*

*Eglise de l'anonciade & ses miracles.*

*Image de la vierge pourtraict par S. Luc Euangeliste.*

*Valeur de la monnoye de Florence.*

vaut vnze iulles & demy, ou autant de paulles,& le paulle ou iulle huict crassiz, le crassi cinq quadrins,& le quadrin vn denier obolle de France, desquels il en faut quarante pour faire le iulle: d'auantage l'escu d'argét s'y met pour dix iulles & autres pieces qui se prennent pour la valeur des testons, voilà les monnoyes principales qui courent à Florence, desquelles pour leur bonté se metent en plusieurs lieux d'Italie sans aucune perte.

*Situation de la ville de Sienne, auec la description de la superbe Eglise de la Cité de Viterbe: ensemble des bains de Bollicano auec leur merueilleuse proprieté, & autres choses singulieres & remarquables.*

### Chap. VIII.

*Cité de Sienne auec sa description*

Apres Florence la premiere Cité qu'on voit en allant à Rome, est celle de Siéne, laquelle est situee sur deux petites collines, où l'air y est doux & benin: elle est toute pauee de bricque & decoree de beaux palais, mesmemét d'vne grāde place ronde où est vne fontaine nómee Branda,

*Fontaine de Branda description de la Superbe Eglise de Sienne.*

joignāt laquelle est la superbe Eglise dediee à la Royne du Ciel, mise au nombre des merueilles de l'Europe, pour la magnificence de sa structure, car tous ses piliers sont faicts esgalement de marbre blanc & noir où sont à douze d'iceux, les douze Apostres tres-richement elabourez, & au tour du grand Autel sont quatorze Anges de broze qui tiennét en leurs mains chacun vn cierge allumé: & presque tous les Papes, commençant à Iesus-Christ, se voyent au haut de son circuit, comme aussi l'image de la vierge Marie enuironnee d'vn trosne d'Anges & des quatre Euangelistes, qui sont à la voute du Dome, le tout fait de marbre precieux: comme est pareillement le paué d'icelle, qui en richesse, beauté, & ouurage surpasse tous ceux que i'ay veus. Cótinuans donc nostre chemin nous trauersames Lucignano pour monter à Aqua-pendente premiere ville de l'Estat Ecclesiastique, de laquelle descendant, arriuasmes au lac de Bolsena & au Chasteau portant le mesme nom, ouquel est reueré le corps de Saincte Christine, laquelle estant iectee dedans le lac pour soustenir la foy de Iesus-Christ, en sortit miraculeusement, sans sentir aucun mal ny douleur. Et en ce mesme lieu aduint le miracle de la Saincte Hostie consacree, laquelle estát tenuë entre les mains d'vn Prestre qui doubtoit que ce fust le vray corps de Iesus-Christ, elle s'osta publiquemét d'entre ses mains, sautant çà & là sur aucunes pierres de marbre où elle laissa les signes & marque de son sang precieux, cóme se voit encore aujourd'huy en l'Eglise où le miracle fut faict. Delà passát le long de la ruë dudit lac, entrasmes dans les bois de Mótfiascó & en la ville mesme qui est edifiee sur vne mótagne où croissét de bós vins muscadets, iadis tant celebrez des escripts des anciés Romains: il y a vn tresfort chasteau en ceste ville qui cómáde entieremét sur la belle plaine de Viterbe, en laqlle ayás chemin 7. mille, trouuasmes

*Villes de Lucignano & Aqua pendente.*

*Lac de Bolsena.*

*Miracle de la Saincte Hostie.*

*Bois de la ville de Montfiascon.*

*Voyages du Seigneur*

vne maison à main droitte, distante du grand chemin enuiron deux cents pas, & de Viterbe vn mille, où nous vismes, & en quatre autres maisons circonuoisines les bains de Bolicano, chacun desquels a sa vertu à part, pour guarir les malades qui y vont iournellement: Car l'vn d'iceux a la proprieté de faire conceuoir, l'autre de guerir des vlceres & herpes, & les autres vne autre maladie toute differente. Quant à la Cité de Viterbe, elle est de moienne grandeur & fort antique, situee aux confins de ladite planure, & ayant à son entree vne belle fonteine qui iette l'eau en abondance: De reste il ny a chose en icelle qui soit digne d'escrire, ce qui conuie les passans à continuer leur chemin & monter les monts de Cimini, à la descente desquels on trouue le lac de Vicco, & la Via Cassia, apparoissant à la senestre le fort Chasteau de Soriano basty sur vn rocher & quelques autres petits chasteaux. Finalement paruenans à Roncillione, qui est vne petite ville enuironnee de profondes vallees, fors à son entree, où lon costoye le lac & le mont de Rose, puis celuy de Bacane & ses bois, qui sont quelquesfois perilleux à passer: Et à la fin on apperçoit de loing la tant renommee & celebree, par tous les historiens, cité de Rome, de laquelle ie diray cy apres, apres auoir encor parlé du Duché de la Toscane, & de sa grandeur: La Toscane commence à Pietra-Mala, & finist au fleuue du Tybre, qui la separe d'auec la Romagne, combien que maintenant plusieurs estiment qu'elle prend son commen-

*Bains de Bolicano auec leurs merueilleuses proprietez.*

*Cité de Viterbe.*

*Fontaine de viterbe.*

*Mont Cimini Lac de Vicco la Via Cassia. Chasteau de Soriane.*

*ville de Roncillione.*

*Lac & mont de Roze. Lac de Bacane.*

*Description de Toscane.*

ment à Aqua-pendente, à raison que le Pape iouist depuis icelle de tout le territoire iusques à Rome: mais ils s'abusent grandement, car encore du iourd'huy les Romains tiennent que le castel Sainct Ange & Sainct Pierre de Rome (qui sont edifiez deçà le Tibre) sont en la terre de Toscane, vsant de ce prouerbe qui dict, Ie m'en vois à Rome, quand ils veulent passer le pont Sainct Ange, de maniere qu'à ce comte elle dure cinq grandes iournees de longueur: C'est pourquoy le Duc d'icelle a obtenu le surnó de Grand sur tous les autres Ducs d'Italie, à raison que son Duché est de plus grande estendue, que ne sont les terres des autres Ducs: & le pays consiste en plaines & montagnes fort fertiles, en vins, froments, oliuiers, fruicts, & autres choses necessaires à la vie humaine, vray est que le bois y est fort rare en quelques endroicts. Au parsus se veoit encore quasi en son entier la Via Æmilia, que le Consul Æmillius fist faire & pauer depuis Rome iusques en Lóbardie, trauersant les Appennins & autres petites montagnes du Duché de la Toscane, sans laquelle les chemins seroient fort facheux en hyuer, à cause que la terre y est fort grasse, produisant en plusieurs lieux Scamonee, & autres herbes odorantes. Quant aux habitans du pays, sont hommes de grand entendement & de familiaire conuersation à l'estráger, leur móstrant toute espece de courtoisie en les recueillát fort humainement, taschát par tous moyés leur faire paroistre la bóne affection qu'ils leurs portét, laquelle ils vou-

*La voye que le Consul Æmilius fist faire.*

*Familiarité des Florentins à l'estráger.*

*Voyages du Seigneur*

droient biē effectuer s'il se presentoit quelque bonne occasion. Pour le regard des hostes & tauerniers des villes & campaignes, ils sont si affables & courtois qu'ils prient & forcent quasi les passans de boire & manger en leurs maisons, disant qu'ils ont viandes exquises & vins excellēts à bon marché: mais quand on est entré dedās & logé à la chābre, ils perdēt la memoire de leurs promesses en vous traictāt fort malemēt & salement pour le coucher, estāt ceste coustume aussi bien aux grādes hosteleries qu'aux petites, de ne bailler iamais de linceux blancs, non seulement au pays de Toscane, mais generalemēt par toute l'Italie, signāmēt au royaume de Naples, où lon est fort mal traicté de toutes choses, estant tousiours seruis par hōmes, d'autant qu'en Italie les femmes n'ont aucun maniment du faict des hostelleries, ny d'autre sorte de traffic, pour la grāde ialousie que ceste nation a imprimee en sa teste, finalement i'arriuay à Rome le 14. de Septēbre 1588.

*Coustumes des hostes en Italie.*

*Ample description de la Cité de Rome, & de ses fonteines.*
CHAP. IX.

*Description de la Cité de Rome.*

CEste tant celebre & renommee Cité de Rome chef de tout le monde, ayant subiugué & rendu sous son obeissance quasi toutes les nations & prouinces qui sont sous la cape du ciel, & maintenant appellee à bon droict la ville metropolitaine de toute la Chrestienté, fut edifiee par Romulus aupres du fleuue du Tybre, son circuit côtenāt seze mille de tour, & quasi autāt es- / loignee de la mer de Tirene. Elle a sept môts principaux, & dixhuict portes pour y entrer, auec quatre beaux ponts de pierre, soubs lesquels passe le tortueux fleuue du Tibre, l'eau duquel est fort sale, vilaine de couleur blanchastre, ayant la proprieté toutesfois de se côseruer ez cisternes, vn an ou deux sans corruption, y deuenant belle, claire & meilleure pour boire que celle des fontaines. On voit au milieu du fleuue (entre le pont de Quatro cappi, & celuy de Sainct Bartholomi) vne isle faicte à la semblance d'vn nauire, en laquelle anciennement estoyent deux temples dediez, l'vn à Iupiter, & l'autre à Æsculape, où maintenant sont deux Eglises & conuents de Religieux, les vns appelez Frati Zocolanti, & les autres Fate ben fratelli: & entrant en la Cité se voit grand nombres de fontaines, qui iectent l'eau en abondance, la principale desquelles est celle que le Pape Sixte V. a faict edifier sur le mont Cauallo, où est vn grand Moyse frappant de sa verge sur vn rocher, duquel l'eau sort par diuers lieux: tombant apres en vn beau vase sur lequel sont quatre statuës de Lyons, qui la vomissent abondamment, ladicte eau venant par vn Aqueduc esleué sur arcades, que le Pape Sixte à faict bastir qui est de longueur iusques à Rome, de huict a dix milles; ceste fontaine à esté appellee felice où heureuse par le Pape Sixte. Les ruës de la ville sont longues & droites, toutes pauees de brique, & enrichies de beaux palais en grād nōbre, en icelle cōme i'ay dict, sōt sept colli-

*7. Monts en Rome & 18. portes 4 ponts sur le Tibre.*

*Fleuue du Tibre et sa proprieté.*

*Isle de Rome, & que c'est.*

*Fonteines de Rome.*

*Fontaine du grand Moyse*

*Aqueduc nouueau à Rome.*

*Aqueduc Ancien en Rome & que c'est.*

*Voyages du Seigneur*

*Mont du Capitole.*
*l'Eglise d'ara cæli & 122. degrez de marbre pour y monter.*

nes ou petites montagnes côme on les voudra appeller: la premiere est le Capitole tât renômé par les anciens Romains, sur la cime duquel est vne belle Eglise nommee Ara cœli, pour en laquelle monter y a six vingts & deux degrez, tous faicts de marbre de tres-grande longueur qui furent apportez des ruines du Temple du Dieu Quirinus, qui estoit sur le mont Cauallo: le commun peuple tient que c'est au mesme lieu, auquel anciennement estoit le palais d'Octauius Cæsar Empereur, & où la Sibille Tiburnie luy

*Prophetie de la Sibille Tyburtine*

monstra au tour du Soleil comme vne vierge auoit enfanté le Roy du monde, & qu'il eust à l'adorer: Et pour ceste raison on appelle l'Eglise nostre Dame d'Ara cæli en laquelle sont des Religieux Cordeliers. Vn peu plus bas que le temple est le Palais du Capitole, où de premiere abordee, on voit l'admirable chef d'œuure d'vne

*Statue de Marc Aurelle.*

belle statuë representant l'Empereur Marc Aurelle, monté sur vn cheual, le tout de bronze doré, que les Venitiens ont desiré auoir donnant son pesant d'or. Et entrant au Palais où le Senat se tient, on y voit les statues de bronze doré du

*Statues des dieux Herculle, & son filz. Iupiter Minerue. Ceres. Statues d'Æneas. Statue de la Louue. Statue de Iules Cesar.*

Dieu Hercules & son fils, puis celle du Dieu Iupiter, accôpagnee de Minerue & de la deesse Ceres toutes faictes de marbre blanc, lesquelles les anciens Romains adoroyent comme Dieux. On y voit mesmement deux statuës d'Æneas faictes de bronze doré, dont l'vne se tire vne espine du pied, & l'autre demeure debout: ioignant laquelle est celle de la Louue, qui alecta Remus & Romulus fôdateurs de Rome, sâs oublier celle de

Iullius

Iullius Cæsar, d'Octauius Cæsar & de Constantin le grand, Empereurs des Romains, & de ce grand Marius, qui fust sept fois Consul. Outre ce, sont en l'vne des sales les deux statuës des Papes Paul & Sixte V. l'vne faicte de bronze & l'autre de marbre blanc: & descendant en bas, on voit la fontaine couler, que ledict Pape Sixte, a faict edifier, aux costez de laquelle sont les antiques statuës du Tigre & du Nil, fleuues issans du Paradis terrestre, & celle du grãd Mar-fore, toutes faictes de marbre blanc. Le second mont est appelé Palatino, sur lequel anciennement estoit le palais maior, où les Empereurs Romains faisoyent souuent leur demeure, sur les ruines duquel le deffunct Cardinal Farneze a faict edifier vn tres-superbe & delectable iardin, car à mesure que la montagne monte, il la feist applanir de telle sorte qu'il y a l'vn sur l'autre quasi deux iardins, les pourmenoirs desquels sont tãt beaux droits & vnis, ornez d'antiques statuës de marbre d'orangers, grenadiers & melonniers tous portans fruits, qu'il semble aux spectateurs estre en vn petit Paradis terrestre: Mais s'il s'est mõstré superbe en tel ediffice, il a bien d'auantage faict paroistre sa grãdeur & magnificéce en la somptuosité de son palais qui veut emporter le pris de beauté entre tous les autres d'Italie. En iceluy sont les antiques statuës de deux Roys d'Armenie, que les anciens Romains amenerent prisõniers à Rome, puis celle de l'Empereur Commode, & plusieurs autres en grand nombre: mais la plus admirable de toutes, c'est le Toreau Far-

*d'Octauius Cæsar de Cõstãtin le grãd & de Marius*

*Statues des Papes Paul & Sixte V.*

*Belle fontaine au Capitole.*

*Statues du Tigre, du Nil & de Mar fore*

*Mont Palatino.*

*Iardin de Farneze & sa description.*

*Palais du Cardinal Farneze Statues de deux Roys d'Armenie Celle de l'empereur Commode.*

D

*Toreau Farneze & sa description.*

neze, tres-antique chef d'œuure composé d'vne piece de marbre blāc, au milieu de laquelle est la statuë d'vn grand taureau courroucé, & de deux hōmes hardys qui le tiēnent l'vn par le musle & par la corne, l'autre auecques vne corde, & plus bas est vne pucelle, & au bout de la pierre de marbre vn ieune garçon qui lasche vn leurier apres le Taureau. Le 3. mont s'appelle Celio, sur

*Mont Celio. Temple Fauno.*

lequel est en son entier le tēple de Fauno, q̄ Numa Pōpilius secōd Roy des Romains feist fabriquer de forme rōde, lequel à present porte le nō de S. Estiēne le rotōd. Le 4. mont estoit dit des anciens Quirinal, parce que Romulus estāt foudroié du tōnerre ou massacré par ses Senateurs, le diable persuada au peuple Romain qu'il estoit deifié & colloqué au nōbre des Dieux, & q̄ son nom estoit Quirinus, dont pour ceste cause fut ainsi appellé: mais maintenāt il se nōme Monte

*Mont Cauallo. Cheuaux du mont Cauallo.*

cauallo, à raison de deux grāds cheuaux de marbre, & de deux statuës d'hōmes qui les tiennent par les resnes de leurs brides, lesquels furent apportez par Tyridaton Roy d'Armenie en la ville de Rome du tēps de Neron, & l'vn des cheuaux est l'ouurage de Praxiteles, l'autre de Phidias, cōme monstrent leurs inscriptions: Ce sont les cheuaux du Roy Diomede qui māgeoient chair humaine, que Hercules domta, ainsi que disent les fables des poëtes, car de dire cōme aucūs que ce soit la statuë de Bucephal & l'effigie d'Alexādre, le tēps y repugne, d'autāt que Phidias est lōg tēps deuant Alexādre: & quād à Praxiteles l'hōme qui tiēt son cheual, porte vne massuë cōme Hercules. Sur le mesme mōt le Pape y a vn beau palais, accōpagné de belles vignes & iardins, qui sont arousez de grand nōbre de belles fonteines qui descēdēt de son grād Moyse, auprés duquel est vne plaine, ou anciénement estoyēt les admirables termes de l'Empereur Diocletian, partie desquels sont encore debout, faisāt cognoistre à vn chacun l'excellēce de l'œuure, les poultres de laquelle estoyēt faictes de marbre, cōme se peut facilemēt iuger en plusieurs endroits des ruines où est à presēt l'Eglise de nostre Dame des Anges. Le cinquiésme mōt c'est l'Aduentia sur lequel est l'Eglise de S. Sabine, bastie au mesme lieu où estoit le tēple de Diane. Y est aussi l'Eglise de S. Alexis, en laquelle est vne image de la glorieuse vierge Marie, qu'on dit auoir parlé & dit à vn portier (ne voulant ouurir la porte audict S. pour prier) Ouure & fais entrer Alexis, car il est digne du royaume des Cieux. On y voit pareillemēt le tēple d'Hercules, où maintenant est l'Eglise de Saincte Prisce, & mesmemēt celle de S. Sauo, où est vne fonteine qui a la vertu de guarir du flux de sang: & ioignant le cœur de l'Eglise est vn sepulchre de marbre où sont les cendres des Empereurs Vespasian & Titus. Le mont Esquilino, maintenāt appelé Cespio, tient le lieu sixiésme, ayant l'hōneur de porter la premiere Eglise qui fut en Rome, dediee à la vierge Marie nōmee S. Marie maior, au costé de laquelle le Pape Sixte seant à present, à faict edifier vne tref-riche & superbe Chappelle dicte Præsepio, qui par le dedans est toute de iaspe, porphire, & marbre si clair & reluysant qu'on se voit dedās,

*Palais du Pape sur le mons de Cauallo.*

*Termes de Diocletian Empereur.*

*Mont Auentino.*
*Temple de Diane.*
*L'Eglise S. Alexis.*

*Tēple d'Hercules.*
*Fonteine de Sauo.*

*Sepulchres de Vespasien & Titus Empereurs.*
*Mont Cespio.*

*Chappelle du Præsepio.*

D ij

*Voyages du Seigneur*

cōme en vn mirouer: & leuant les yeux à mont on voit reluire l'or de toutes parts & la peinture qui y est.

*Descriptions des superbes & magnifiques temples de la ville de Rome, & des beaux palais & autres singularitez qui s'y trouuent.*
### CHAP. X.

*Sainct Pierre as vincola a-*
*lias in vicula*
*Sepulchre du pape Iulle.*
*Ruines des termes de Traian Empereur.*
*Sept salles de l'Empereur Vespasien.*
*Mont Viminal.*
*L'Eglise de S. Laurens.*
*Ruynes des termes de l'Empereur Decius.*
*Eglise Saincte Potentienne*
*Miracle de la Saincte Hostie.*

Sur le mesme mont de Cespio, est l'Eglise de Sainct Pierre in Vincola, où sont les chesnes de fer desquelles ledit Sainct fut lié, & le sepulchre du dernier Pape Iulles. Sont aussi sur ledit mont les ruines des termes de L'Empereur Traian, ioignāt lesquelles on entre en sept grādes sales qui se suiuent l'vne l'autre, ayāt chacune cent trente & sept pieds de longueur, & dixsept de largeur. Le septiesme mont est nommé Viminal, sur lequel est edifiee l'eglise de S. Laurent, où se veoit partie de la grille sur laquelle il fut grillé, & la pierre de marbre où son corps fut estendu apres sa mort: Anciénement les termes de l'Empereur Decius estoiēt aupres de ladite Eglise, mais à present ils sont tous ruynez. En la valee de ce mōt, est l'eglise de S. Potentienne, où sont les Religieux de l'ordre des Fueillans, & en ceste eglise est vne chapelle où la saincte hostie fcit trois sauts s'ostant des mains d'vn meschant prestre, laissant sa figure grauee dans les pierres qu'elle toucha, lesquelles sont couuertes de grilles de fer, de peur qu'on marche dessus, & à l'entree de ladite chapelle est vne maniere de puy couuert qu'on reuere beaucoup, d'autant qu'en iceluy est le sang que S. Potentiane alloit serrant par Rome auec vne espõge, aux lieux où plusieurs Saints martyrs auoiẽt esté martyrisez. Or outre ces sept monts principaux, il y en a encore six autres à Rome, le premier desquels est celuy de Ianicolo, dit à present Montorio, sur lequel est vne tres-belle eglise seruie par Cordeliers, & vn petit oratoire, basty au mesme lieu ou fut crucifié S. Pierre, au dessous de cest oratoire, s'en voit encor' vn autre où sont les deux coulónes où S. Pierre fut attaché & fouetté au parauãt mourir. Le secõd est le mont Pincio, où est pareillement bastie vne tres-belle Eglise que les Frãçois y ont faict fabriquer & appeller la Trinité del monte, en laquelle sont les religieux de l'ordre des Bons-hómes, qui sont presques tous François, & à costé d'icelle est le palais du Cardinal de Medicis (auiourd'huy grãd Duc de Toscane) dans lequel y auoit grand nombre d'antiques statues, qu'il a faict porter à Florẽce, apres auoir laissé le chappeau: Quant aux môts de Citorio, de Hortuli & Iordano, il n'y a riẽ en iceux qui soit digne de remarque, sinon qu'en cèlluy de Iordano est le palais des Orsins auquel estoit logé le Cardinal de Ioyeuse. Le dernier de ces monts est le Vatican, au pendant duquel, est l'Eglise de S. Pierre que feist bastir (sur magnifiques colonnes de marbre chacune d'vne piece) le grand Empereur Constantin: mais l'Eglise qui se paracheue à present est plus superbe & ad-

*Mont de Montorio.*

*Le lieu où Sainct Pierre fut crucifié.*

*Mont de Picio.*
*L'Eglise de la Trinité del Monte.*

*Palais de Medicis.*

*Mont de Citorio de Hortulli & Iordano.*

*Mont de Vaticano.*
*Description de Sainct Pierre de Rome.*

mirable, tant pour sa grandeur que pour l'architecture. Elle est composee en egalle, Croix, qui a en son milieu la fabrique d'vn Dome, enuironné de quatre autres moindres que luy qui sõt bastis entre les bouts de ladite croix, de sorte qu'entrant en l'Eglise, se voyent trois Croix, de tous costez, dont celle du milieu surpasse les autres en grandeur. Mais l'artifice admirable de ce grand bastimẽt, se decouure en ce qu'en le tournoyant par le dehors on le trouue tout rond, non que ie vueille dire, qu'il soit semblable à vne tour pour le regard de la rotondité, ains seulemẽt qu'on le iugera de forme rõde en le tournoyant. Et pour monter au haut de ceste grande machine, sont de beaux escaliers tous faicts en tournoyant sans aucuns degrez, & autour du grãd Dome on se peut pourmener, aussi bien au dedans, cõme on faict au dehors, trouuãt de toutes parts de petits escaliers, dans lesquels quelquesfois on se peut esgarer: mais descendant en bas on voit la Gregorienne parfaicte & bien bastie du deffunct Pape Gregoire, le dedans delaquelle, est entierement de marbre, porphire, & jaspe où les riches coulonnes ne mãquent aucunemẽt, non plus que l'or, à la voulte d'icelle, combien que de grandeur elle soit sẽblable à vne Eglise. Pour paracheuer cest œuure incõparable, le Pape dõne huit mil escuz par chacune sepmaine, y voyant trauailler des fenestres de son palais qui joignent presque la fabrique. Le palais est de grãde estẽduë, ayãt à son entree plusieurs beaux escaliers, par lesquels ordinairement les mulets mõtẽt & descẽdẽt chargez du bagage de sa Sain-

*Chapelle Gregoriéne & sa Description.*

*Description du palais de Sainct Pierre de Rome.*

cteté, & lesdicts escaliers ne sont pas faicts à degrez, ains sēblables à quelque mont, pour paruenir au haut duquel, on ne s'apperçoit point mōter: & auāt que d'y arriuer on cōtente sa veuë, de trois grādes galeries assisez l'vne sur l'autre, toutes dorees & peintes de diuerses histoires, bordās deux grāds logis sēblablement peints & dorez, passāt lesquels on entre en vne autre galerie qui cōtiēt de longueur enuiron de quatre cents soixāte pas: au milieu de laquelle est la Bibliotheque, pareillemēt peinte & dorée, laquelle le Pape Sixte à presēt seant a fait edifier, où il peut venir par vne autre galerie, de pareille longueur, que celle cy dessus: mais bien plus belle & mieux acōmodee, à raison que sa Sainctete s'y pourmene souuēt. Ioinct qu'elle à l'aspect à ses iardins de Beluedere, lesquels sōt situez au pēdāt du mōt de Vatican, où se voit au dedās vn beau bocage, vne fonteine, vne tour du haut de laquelle l'on peut iuger de l'estenduë de Rome, & voir la mer le tēps estāt serain. Descēdāt de la tour l'on voit la statuë de Lacoon & de ses enfās enlassez & en tortillez ensēble des neuds de deux grāds serpēs qui les deuorēt, chef d'œuure singulier pour estre faict d'vne seule piece de marbre blāc. Apres vous verrez les statuës de Venus & Cupido son fils, de la deesse Fortune, & d'Antinous Bardache de l'Empereur Adrian, de Hercules & son fils, du fleuue Tigre & du Nil, auec leurs Naiades, de Cleopatra & de sō serpent veneneux, toutes faictes de marbre blāc. Venōs maintenāt au Castel S. Ange qui est la *Moles Adriani* des anciens.

*Trois belles galeries.*

*Longue Galerie.*

*Belle bibliotheque.*

*Description des iardins de Beluedere.*
*Tour de Beluedere.*

*Statues de Lacoon & sa description*

*Statues de Venus de Cupido son fils.*
*Hercules & son fils.*
*Le Tygre*
*Le Nil &*
*Cleopatra.*

D iiij

## *Voyages du Seigneur*

*Discours des forteresses piramides, colonnes, temples des Dieux des anciens Romains, dont les vestiges & traces sont encore demeurées en leur entier, & des superbes monuments des Empereurs de Rome.*

### CHAP. XI.

*Castel Sainct Ange & sa description.*

LE Castel Sainct Ange est la principalle forteresse de Rome, laquelle est situee sur le bord du Tibre, & composee d'vne grosse & haute tour, que l'Empereur Adrian feist bastir auāt sa mort pour luy seruir de Sepulchre, faisāt mettre au haut d'icelle vne grosse pigne de bronze qui a quatre brassees de circuit & bien dix pieds de hauteur, en laquelle ses cēdres furent mises.

*Pigne de bronze de l'Empereur Adrian.*

Mais les Papes venans à regner en Rome, feirent enuirōner ladicte tour de bastions, & trāsporter la pigne en la court de Sainct Pierre, où elle se voit à present couuerte d'vn beau tabernacle soustenu sur huict coulonnes de porphire, & maintenant au lieu où estoit ladite pigne se voit vn Ange de marbre blāc, dont le Chasteau a prins le nom:

*Garnison du Pape au Castel Sainct Ange.*

Eu ce Chasteau le Pape tient grāde garnison, & grand nombre d'artilerie, laquelle l'on faict iouer ez bonnes festes de l'an sur le point du iour, & encore à la premiere entree que fera vn Cardinal à Rome, les cornets à bouquin y iouent chacun iour à huict heures du matin, estāt gaigez pour cest effet de sa Sainčteté, laquel-

*Le pape Sixte est a present decede et n'a regné que six ans.*

le viuāt encore dix ans fera vne nouuelle Rome, à raison des grāds bastimēs qu'il fait faire & esleuer de toutes parts, applanissant mōtagnes pour y faire chemins nouueaux, ayāt par cy deuāt faict dresser en la grand place de Sainct Pierre, la grand Aiguille de marbre, faite d'vne seule piece : contenant de hauteur enuiron de quatre vingts pieds. Elle estoit anciennement derriere l'eglise de Sainct Pierre, portāt au haut vne boule de bronze rōde, où les cendres de l'Empereur Iulles Cæsar estoient encloses, & ceste boule est maintenant transportee au Capitole & mise sur vne colonne de porphire : & au haut de l'esguille en son lieu sa Sainteté à fait mettre vne grāde croix doree, & ses armoiries au dessous. Il en a autant fait à celle qu'il a fait eriger au deuant de son palais qui ioinct l'eglise de Sainct Iean de Latran, qui en magnificence d'ouurage & de hauteur surpasseroit celle de Sainct Pierre, si elle estoit d'vne piece, d'autant qu'autour d'icelle, elle est toute entaillee & grauee de diuerses figures : la secondant de pres celle que i'ay veu esleuer en la place de nostre dame du Populo: ensemble celle qu'on void esleuee au deuant de l'eglise de Saincte Marie Maior, qui est en hauteur & largeur beaucoup moindre que les autres. Les colonnes des Empereurs Antonin & Traian sont biē dignes d'estre regardees, autour desquelles sont entaillees à personnages toutes les victoires que ces Empereurs ont obtenuës en leur viuant, & y a sur celle de Traian l'image de Sainct Pierre faite de cuiure doré, que le Pape de present y a fait apposer, pour à laquelle paruenir il faut monter cent vingt & trois degrez. Et auparauant que de toucher l'image de S. Paul qu'on void esleuee sur la cime de la Colon-

*Aiguille de marbre de S. Pierre.*

*Sepulture de Iulles Cæsar.*

*Aiguille de S. Iean de Latran.*

*Aiguille de nostre dame du Populo. Aiguille de Saincte Marie Maior. Colonnes des Empereurs, Antonin & Traian.*

*Voyages du Seigneur*

*Termes Antoniennes, & que c'est. Piramide de Cestio.*

ne d'Antonin il faut môter cent soixante & dix degrez. Ie n'oubliray encore les Termes Antoniennes qui se voyent encore quasi en leur entier : & l'ancienne piramide de marbre qui est bastie en la muraille de la ville ioignant la porte qui conduist à l'Eglise de Sainct Paul. Ie feus curieux de monter iusques en haut & y leus ces mots, C. Cestius L. F. P O B. Epulo P R. T R. P L. VII. VIR EPVLONVM, & au dessoubs y à escrit en plus petites lettres, *Opus absolutum ex testamento diebus,* CCCXXX. *arbitratum pontificum P. F. Clamelæ hæredis & Ponthi. L.*

*Description du Collisée de Rome.*

Le Collisée est aussi admirable, auquel anciennement se faisoyent les ieux & spectacles des gladiateurs, & les venations, aupres duquel

*Arc triomphal de Constantin. Temples de Iupiter, Ianus & Mercure. Arc triomphal de Vespasien & Titus. Têple de paix.*

l'arc triomphal du grand Empereur Constantin est encore en essence, voisinant de fort pres les vieilles ruines des temples de Iupiter, de Ianus & Mercure, laissant lesquelles on passe sous l'arc triomphal des Empereurs Vespasian & Titus, de là entrant au Campo Vacino, se voyent encore à la main dextre de grands vestiges du temple que les anciens Romains appelloient *Templum Pacis* Temple de la paix, lequel ils pensoient ne deuoir iamais prendre fin, à raison que ayant consulté l'oracle d'Appollon, combien de temps deuoit durer ce temple, il leur fist respôse qu'il dureroit iusques au temps qu'vne vierge enfanteroit : lors eux qui n'estoiêt conduicts sinon par la raison naturelle, pensant cela estre impossible, conclurent de ceste respôse que le temple de la Paix demeureroit eternel. Les traces & vestiges duquel temple sont encores quasi en leur entier; où est demeuree vne colonne de marbre faicte d'vne seule piece de grandissime valeur : & ordinairement quand le temps est fascheux, les Escuyers de Rome vont piquer leurs cheuaux sous lesdites Arcades qui sont restees debout, ioignant lesquelles sont les ruines de plusieurs autres temples, n'estant resté de leur beauté & splendeur que de belles colonnes de marbre : signamment des temples de la Concorde, de Venus, & Mineruë, d'Antonin & Nerua Empereurs, aupres desquels est le bel arc triomphal de l'Empereur Seuerus Septimius, auquel sont grauees ses trophees & glorieuses victoires. En allant vers Ripa, qui est vn port sur le Tybre où se vend le vin, se voyent les temples anciens du Soleil & de la Lune en leur entier, ioignant lesquels est le palais ruiné de Pilate, à ce que le peuple tient. Et enuiron de cent pas de là, est vne grande pierre de marbre, tirant sur le gris semblable à vne meule de moulin, ayant iustement au milieu la figure d'vne teste & d'vne bouche, qu'on appelle la bouche de Verité, que i'estime estre l'Idole de la deesse Rhea mere des dieux, autrement dite Cybele quelque chose que le peuple en vueille dire. Et pour faire fin ie n'obmettray encores le teple de Fortune, qui est ioignant l'eglise de S. Iean de Latran, basti en forme rôde, & soustenu sur 8. colônes de porphire qui enuirônét les sacrez fons, ou l'Empereur Côstantin fut guary de sa lepre en receuât le sainct Baptesme.

*Teple de Concorde, Venus & Minerue.*
*Temple d'Antonin & Nerua Empereurs.*
*Teple du Soleil & de la Lune.*
*Palais de Pilate.*
*Bouche de Verité, & que c'est.*
*Temple de la deesse Fortune.*
*Eglise où fut baptizé l'Empereur Constantin.*

## Voyages du Seigneur

Maintenant les Turcs, Iuifs, & Mores qui veulent estre chrestiens, y reçoiuent le sainct baptesme le samedy de Pasques. Dauantage ie ne passeray sous silence qu'à vn bon mille de Rome, est le temple de Bachus, soustenu pareillement sur colonnes de marbre, où l'on void son sepulchre, fait d'vne grande piece de porphire enuironnee d'autres petits Bachus qui tiennent chacun vne coupe en la main, & le raisin en l'autre: mais sur tous ceux que les Romains ayent edifiez, celuy de Pantheon est le plus magnifique, maintenant appellé nostre dame de la Rotonde, par ce qu'il est basti en forme ronde, sans aucune fenestre, la lumiere y venant par le haut d'iceluy, ayant au bas vne certaine fosse où l'eau tombant d'enhaut entre incontinent, coulant par sur le marbre & precieux porphyre, desquels ladite eglise est richement pauee, pouuant auoir de tous costez soixante & dix pas de longueur. A son entree y a vn beau porche que quinze colonnes de marbre supportent chacune d'vne piece, d'admirable grosseur, & ioignant icelles sont les portes toutes de bronze, par où l'on entre dedans le temple. Peu distant de ceste eglise sont les termes edifiez par Agrippa gendre d'Auguste.

*Temple de Bachus & son sepulchre.*

*Description du temple de la Rotonde basty par Agrippa gendre d'Auguste.*

*Description des somptueuses Eglises de Rome, auec leur embellissement & enrichissements, ensemble les ioyaux & reliques precieuses des Saincts Apostres & martyrs qui se trouuent en icelles.*

## CHAP. XII.

APres auoir remarqué les antiquitez de Rome, comme en passant ie traicteray vn peu des eglises d'icelle, & des sainctes reliques qui y sont, voulant commencer aux sept principales eglises qu'on visite à Rome entrant en la ville à fin de gaigner les indulgences. Et la premiere sera S. Iean de Latran que l'Empereur Constantin feist faire, & où les chefs de sainct Pierre & sainct Paul sont sur vn tabernacle qui couure le grand autel, duquel lieu iamais on ne les descend. Le iour qu'on les veut monstrer au peuple on ouure deux ou trois grilles de fer, desquelles ils sont enuironnez: puis abaissant le rideau (qui est au deuant) chacun les voit à son aise. Aussi void on le chef de sainct Zacharie pere de sainct Iean Baptiste, & celuy de sainct Pancrace. Se voit encore le calice auquel sainct Iean l'Euangeliste beut le venin par le commandement du cruel tyran Domitian lors Empereur de Rome. Se void pareillement la chaine de laquelle sainct Iean fut lié quād on l'amena d'Ephese à Rome, ensemble vne sienne tunique qui resuscita trois morts, & encore partie des vestements de la Vierge Marie, & la chemise qu'elle feist à nostre Seigneur Iesus-Christ, le linge duquel il essuya les pieds à ses Apostres le iour de sa cene, la robe de pourpre que luy donna Pilate qui est encore teinte de son sang precieux, quelque particule du bois de sa saincte croix, le Suai-

*Eglise de saint Iean de Latran.*

*Chefs de S. Pierre & S. Paul.*
*Chefs de saint Zacharie & de S. Pancrase.*
*Le calice où S. Iean l'Euāgeliste beut le venin.*
*La chaine de laquelle fut lié S. Iean.*
*Tunicelle de S. Iean.*
*Les vestemēs de la Vierge.*
*La chemise de nostre Seigneur.*
*Le linge duquel nostre Seigneur essuya les pieds à ses Apostres à sa cene.*

*Voyages du Seigneur*

re qui luy fut mis sur sa face dans le sepulchre, les reliques de saincte Marie Magdelaine & de sainct Laurens, l'oratoire où sainct Iean l'euangeliste prioit, quand il estoit prisonnier a Rome. Au deuant du grand autel sont quatre grosses colonnes de bronze elabourees à la Corinthienne, qui sont plaines de terre saincte, apportee de Hierusalem. Au bas de l'eglise ioignant la grand porte d'icelle y à vne chappelle, en laquelle sont diuerses reliques, cóme l'autel qu'auoit S. Iean Baptiste estant au desert, la verge de Moyse, le baston pastoral d'Aaron, l'arche de l'alliance, & vne grande piece de la table sur laquelle nostre Seigneur feist sa derniere Cene auec ses Apostres. Toutes lesquelles choses, furent apportees de Hierusalem par Titus Empereur, qui se monstrent facilement à l'estranger donnãt la courtoisie à celuy qui les a en garde, fors les chefs de S. Pierre & S. Paul, qui ne se monstrent iamais qu'aux iours accoustumez. Sortans l'eglise on paruient à trois escaliers, dõt celuy du milieu qui est faict de marbre blanc s'appelle Scala Sancta, à raison que nostre Seigneur Iesus-Christ monta par iceluy estant en Hierusalem pour estre interrogé de Pilate. Et apres auoir esté flagellé, deuint tant debile & attenué qu'il cheut par trois fois en descendant l'escalier, qui contient vingt & huit marches, en aucunes desquelles on voit les marques de son sãg precieux, couuertes de petites grilles de fer, à fin que ceux qui montent l'escalier pour y gagner les indulgences, ny touchent aucunement

*La robbe de pourpre.*
*Son Suaire.*
*De son sang & eau.*
*Reliques de la Magdeleine & de sainct Laurent.*
*Oratoire de S. Iean l'Euangeliste.*
*Quatre colõnes de bronze.*
*Autel S. Iean Baptiste.*
*Verge de Moyse.*
*Baston pastoral d'Aaron.*
*Arche d'alliance.*
*De la table de la Cene.*

*Scala Sancta & que c'est.*

finõ auec le doigt, n'eſtant permis à homme du monde les monter autrement que ſur ces deux genoux, non pas a ſa Sainſteté meſme, laquelle de nouueau l'a fait accommoder & enrichir de diuerſes peintures, comme en cas pareil le Sanſta Sanſtorum qui eſt au deſſus, l'entree duquel eſt prohibee aux femmes & non aux hommes : Il y à dedans l'image de noſtre Seigneur Ieſus-Chriſt, depeinte en l'aage de douze ans, que le ſimple populaire dit auoir eſté commencee par Sainſt Luc, & paracheuee par vn Ange, & vne grande piece de la table où il feiſt la Cene auec ſes diſciples, & au haut des trois eſcaliers ſont trois portes de marbre, qui furent apportees de Hieruſalem auec les marches de l'eſcalier pareillement de marbre, l'emplacement deſquelles i'ay veu de pareille largeur & longueur au Palais de Pilate eſtant en Hieruſalem, ainſi que vous entendrez cy apres. Et auparauant que ſa Sainſteté euſt fait abbatre la galerie qui eſtoit ioignant le Sanſta Sanſtorum, on y voyoit la feneſtre de marbre par laquelle l'Ange entra pour ſaluer la Vierge Marie & luy annoncer l'incarnation du fils de Dieu. La ſeconde egliſe qui fut edifiee en Rome par Conſtantin Empereur, fut celle de Sainſt Pierre, laquelle eſt ſouſtenue ſur belles colonnes de marbre : où repoſe partie des corps de Sainſt Pierre & Sainſt Paul, & le corps entier de Sainſt Simon & Iude Apoſtres, le chef de monſieur Sainſt André, que le Prince de la Moree autrement dite Peloponeſe

*Sanſta Sanſtorum.*

*Pourtraict de Ieſus-Chriſt que l'on dit auoir eſté fait par S. Luc.*

*De la table de la Cene.*

*Feneſtre où l'Ange ſalua la Vierge.*

*Egliſe de ſaint Pierre de Rome.*

*La moitié des corps de S. Pierre & S. Paul.*

*Corps de S. Simon & Iude Apoſtres.*

*Chef S. André.*

*Chef de S. Iaques.*
*Chef de S. Luc Euangeliste.*
*De S. Jean Chrysostome.*
*De S. Gregoire.*
*De Saincte Petronille.*
*La Saincte Veronique.*
*Le fer de la lance qui perça le costé de nostre Seigneur.*

apporta luy mesme a Rome. Les chefs de Sainct Iaques le Mineur, de Sainct Luc Euangeliste, de Sainct Iean Chrysostome, de Sainct Gregoire Pape, & de Saincte Petronile fille de Sainct Pierre : & sur vn tabernacle qui est à la main dextre en entrant en l'Eglise, est la saincte Veronique autrement appellee Volto sancto, & le fer de la lance duquel fut percé le costé de nostre Seigneur Iesus-Christ, lequel fut enuoyé par le grand Turc au Pape Innocent VIII. Lors que l'on monstre le Suaire de la saincte Veronique (que i'ay veuë par trois fois) il y a quatre Chanoines de ladite eglise de Sainct Pierre, qui montent sur le tabernacle par vne eschele de bois qu'ils font leuer apres eux, puis chacun d'eux ayant ouuert la grille de fer, l'vn prend ledit Suaire representant l'effigie de Iesus-Christ entre ses mains, & auec grande ceremonie le monstre à tous les assistans. Les cou-

*Les colonnes où nostre Seigneur s'appuioit en preschant.*

lonnes de marbre qui sont en la grande eglise, enuironnees de grilles de fer, sont celles qui estoient dans le temple de Salomon, ausquelles Iesus-Christ s'appuyoit quand il preschoit, ou qu'il guarissoit quelque demoniaque, ce que souuent est aduenu à plusieurs demoniaques, qui se trouuent assez souuent en Italie, lesquels en les touchant, se sont trouuez incontinent guaris.

*Bref ut*

*Bresue narration des plus exquises reliques & monuments des saincts martyrs, qui ont pour la foy constamment enduré les supplices & tourments. Ensemble un recueil des choses plus memorables qui se representent dedans la cité de Rome.*

### Chap. XIII.

L'Autre & troisiesme eglise que feist bastir Constâtin, est celle de Sainct Paul, qui est à vn mille hors de Rome, sur le chemin qui va au port d'Ostie, laquelle est soustenue sur quatre vingts huict colonnes de marbre, chacune faite d'vne piece. Ce qui meut cest Empereur à la faire bastir si loing de la cité, ce fut que le chef de l'Apostre Sainct Paul y fut trouué, & encore les chaisnes dont il fut lié sont en ceste Eglise, & le chef de son disciple Sainct Timothee, ceux de Sainct Celse & Sainct Iullien, vn bras de Saincte Anne, mere de la Vierge Marie: & sous le grand autel, sont les autres parties des corps de Sainct Pierre & Sainct Paul, au costé desquels est l'image du crucifix qui parla à Saincte Brigide Royne de Suece faisant son oraison, & grád nombre d'autres reliques, desquelles pour ne m'en estre enquis, ie ne sçay le nom. Saincte Marie maior est la quatriesme eglise de Rome construicte sous Constantin, & la premiere dediee à la Royne des Cieux: elle a quaráte colonnes de marbre, & la riche chappelle du Presepio, que le Pape Sixte V. a faict edifier, y laissant plu-

*Eglise S. Paul & ce qui est dedans.*
*Les chaisnes d. S. Paul.*
*Chef de S. Timothee.*
*Chefs de saint Celse & S. Jullien.*
*Vn bras de saincte Anne.*
*La moitié des corps de S. Pierre & de S. Paul.*
*Le Crucifix qui parla à saincte Brigide.*
*Eglise de saincte Marie maior.*
*Chappelle du Presepio.*

fieurs indulgences. Sa Sainfteté y celebra les meſſes le Sainct iour de Noel. Cefte eglife eft toute pauee de marbre à la Moſaïque, & ſa voute eſt toute dorée & lambriſſee : auãt au dedãs le corps de S. Mathieu Apoſtre, celuy de S. Hieroſme, de S. Romolo, le Preſepe autremẽt dit le berceau auquel dormoit noſtre Seigneur en Bethleem quand il eſtoit petit, & la pannicelle en laquelle il eſtoit enuelopé, auec pluſieurs autres reliques qui ſe monſtrent à Paſques & à Noël. La cinquieſme Egliſe de Conſtantin eſt S. Laurẽs à vn mille de Rome en laquelle ſont nõbres de riches colonnes & pluſieurs ſaintes reliques, cõme les corps de Sainct Laurent & S. Eſtienne martyrs : & meſme partie de la grille où ce ſaint martyr fut grillé, & la pierre de marbre encore teinte de ſa greſſe & de ſon ſang, ſur laquelle apres il fut mis. Deſcendant d'icelle par certains eſcaliers, on entre dedans le cimetiere de Sainct Ciriace qui eſt vne Grotte faite ſous terre, où les paures Chreſtiens s'alloient cacher fuyans la cruauté des Empereurs : & quand quelqu'vn d'iceux auoit eſté martyriſé on l'enterroit dedans, de ſorte que ledit lieu eſt de treſgrande deuotion, ayant à ſon entree vn crucifix, deuant lequel ſe celebre vne meſſe en commemoration des trepaſſez. La ſixieſme egliſe eſt celle de Sainct Sebaſtien, laquelle eſt ſituee ſur la Via Appia à vn mille hors la cité : en icelle ſont les corps de Sainct Sebaſtien & de Sainéte Lucine, & ſous l'egliſe, eſt vn lieu nõmé Catacombe, dans lequel eſt vn puys où les corps

*Corps S. Mathieu & d. S. Hieroſme.*
*Le Berceau de noſtre Seigneur.*

*Egliſe S. Laurent.*

*Corps S. Laurent & S. Eſtienne martyrs.*

*Cymetiere de S. Ciriace.*

*L'egliſe de S. Sebaſtien.*

*Corps de S. Sebaſtien.*

de Sainct Pierre & Sainct Paul furent long temps aurparauant que d'estre reuelez. De là on est conduit sous terre au cimetiere de Sainct Calixte, auquel on voit encores les licts & petites chambrettes entaillees dedans la terre, où les paurres martyrs se retiroient pour euiter la fureur des Tyrans, l'escripture donnant tesmoignage qu'en iceluy sont enterrez cent septante & quatre mille martyrs, au nombre desquels sont 18. Papes, il y a plainiere remission de tous ses pechez en visitant tous ces lieux par deuotion. La septiesme eglise appellee Saincte Croix en Hierusalem fut bastie aussi de Constantin le grand, à ce qu'on dit, à la priere de Saincte Helene sa mere, en laquelle est vne empoulle plaine du precieux sang de nostre Sauueur, & l'esponge auec laquelle les Iuifs luy presenterent le fiel & vinaigre à boire, deux espines de sa couronne, vn des clous, duquel il fut attaché en croix, le tiltre que Pilate mist sur icelle, vn des trente deniers pour lesquels il fut vendu, la moitié de la croix du bon larron, & plusieurs autres reliques. Outre ces sept principales eglises qu'on visite entrant à Rome, afin des indulgences : on y en adiouste encore deux, sçauoir nostre dame du Populo qui ioinct la porte Flaminiane, où les oz de Neron estoiét enterrez, qui furét deterrez par la reuelatio faite au Pape Paschal, & en leur lieu fut dressé vn autel au nom de la vierge, & a chef de téps fut bastie vne eglise. Et l'autre téple & eglise, est des 3. fonteines distát de Rome enuiron de deux bons mille, ainsi nommee à raison qu'au

*Le lieu nommé Catacombe & que c'est Cymetiere de S. Calixte.*

*Eglise de S. Croix.*

*Empoulle remplie du sang de nostre Seigneur.*

*L'esponge de nostre Seigneur.*

*Deux espines de sa courône.*

*Vn des cloux dont il fut attaché en la croix.*

*Le tiltre de la croix.*

*Vn des trente deniers.*

*La moitié de la croix du bon larron.*

*Eglise de nostre Dame du Populo.*

*Oz de Nerō.*

*Eglise des trois fonteines*

E ij

*Voyages du Seigneur*

mesme lieu & endroit l'Apostre Sainct Paul eut la teste couppee, laquelle tombant à terre feit trois sauts, assez esloignez l'vn de l'autre, auant mourir, où tout incontinent sourdirent miraculeusement trois claires fonteines, l'eau desquelles est des meilleures à boire.

*Le lieu où l'Apostre S. Paul fus decapité.*

*Poursuite des eglises auec leurs descriptions, oratoires, reliques & autres choses signalees qui se trouuent dedans la ville de Rome, & en ses bornes & limites, auec la Geographie des theatres & colonnes qui l'embellissent.*

## Chap. XIIII.

Quand aux autres eglises tant grandes que petites qui sont à Rome, il y en a deux cets ou enuiron, à toutes lesquelles sont de sainctes reliques & grandes indulgences : mais ie me contenteray seulement de faire recit de parties d'icelles, commençant à la petite eglise de *Domine quo vadis*, qui est bastie au lieu où nostre Seigneur s'apparut à Sainct Pierre, fuyant la cruauté de Neron, auquel Sainct Pierre demanda, Seigneur ou vas tu, & nostre Seigneur respondant luy dist, qu'il s'en alloit à Rome pour estre encore vne fois crucifié, & ce disant se disparut : à lors Sainct Pierre cogneut bien q̃ nostre Seigneur l'inuitoit au martyre, de sorte que retournant à Rome il s'exposa à la boucherie de Neron qui le feist crucifier. En l'eglise de Saincte Marie Trasteuere sourdit vne fon-

*Eglise de Domine quo vadis.*

*Eglise de nostre dame de Trasteuere.*

teine d'huile le iour que Iesus-Christ fut nay, ce qui rendit les Romains fort estonnez, mais plus leurs faux dieux, qui par leurs oracles n'en peurent rendre raison, & encore à present l'endroit de ceste souche est en l'eglise fermé d'vne grille de fer. En Campo sancto y a vn cimetiere couuert de terre saincte apportee de Hierusalem, auquel vn corps est du tout consommé en 24. heures. A S. Iaques scossa Cauallo, est la pierre sur laquelle fut offert nostre Redempteur au temple le 40. iour depuis sa natiuité, & celle ou Abraham voulut sacrifier son fils Isaac, lesquelles pierres furent apportees à Rome par Saincte Helene, en intention de les mettre en l'eglise de S. Pierre, mais les cheuaux qui les trainoient au lieu où est l'eglise mourrurent sur le champ, qui fut cause que ne les pouuans transporter de là, fut edifiee ceste eglise. A Sainct Clement est vne image de la Vierge Marie qui dist au Pape Sainct Gregoire qu'il donnast seize ans d'indulgences à ceux qui deuotement diroient en ce lieu trois fois Pater noster & autant de fois Aue Maria. A Saincte Praxede son corps est sous le grand autel. En la chappelle nommee Horto del paradiso (en laquelle iamais femme n'entre) sont les corps de Sainct Valentin & Sainct Zenon sur la colonne où nostre Seigneur fut flagellé: & au milieu de la chappelle sous vne pierre ronde qui y est sont ensepulturez vnze Papes & vingt neuf martyrs. Il y a pareillement vne autre pierre ronde remplie du sang de plusieurs martyrs qu'alloit recueillant Saincte

*Fonteine d'huile.*

*Campo sancto & que c'est.*

*Eglise de S. Iaques.*

*Eglise de S. Clemens.*

*Eglise Saincte Praxede.*

*Horto del paradiso.*

*Corps de S. Valentin & Zenon.*

*De la colonne où nostre Seigneur fut flagellé.*

*Chappelle de 40. martyrs.*

*Voyages du Seigneur*

Praxede par Rome auec vne esponge, qui est encore si frais & vermeil, que le Pape Leon X. qui n'estoit deuot que de bonne sorte, esmeruieillé de ce, feist enfermer & clorre la pierre où il est de grilles de fer. En l'eglise des saincts Apostres que l'Empereur Constantin feist bastir, sont les corps de Sainct Iaques, Sainct Philippe Apostres. A Saincte Marie via lata, se voyent les oratoires de sainct Paul & de sainct Luc, & où S. Luc escriuit les actes des Apostres, & s'y void son aneau, où est l'image de la vierge Marie. A l'eglise de saincte Marie Liberatrice est vne fosse, où anciennement l'ancien serpent ou diable habitoit, à ce qu'on dit, qui infectoit la ville de Rome, quand les Romains par chacun an manquoient à luy rendre le tribut qu'il demandoit: mais le Pape sainct Siluestre le chassa d'icelle faisant le signe de la croix. En saincte Marie in portico, qui estoit anciennement le temple de la pudicitia, y a vne image de la verge Marie depeinte par sainct Luc, laquelle faict beaucoup de miracles encore pour le iourd'huy, & se monstre toutes les octaues de Noel, & au derriere du grãd autel est vne colonne de dix pieds de hauteur qui rẽd iour & nuict vne grãde clarté, n'en ayant veu aucune qui se puisse esgaler à elle en splendeur & beauté. Ioignant l'eglise est le theatre de Marcel, sur lequel maintenant est fabriqué le palais du Seigneur Sauelli, dans le iardin duquel sont pres de quatre vingts statuës de marbre blanc. En l'eglise S. Iean porte latin, y a vne chappelle róde, où ledit sainct fut mis en

---

L'Eglise des S. Apostres. Corps de S. Iacques & S. Philippes.

L'Eglise de Saincte Marie Via lata. Oratoires de S. Paul & S. Luc.

Eglise S. Marie liberatrice.

Eglise S. Marie in portico. Temple de la Pudicitia.

Coolonne très riche du Portico.

Theatre de Marcel. Palais de Sauelli, où sont plusieurs statues.

Eglise S. Iean porte latin.

l'huile bouillante, sous la tyrannie de Domitiã Empereur, d'où il sortit miraculeusement sans auoir senty aucun mal. En l'Eglise de Scala cœli, qui est bastie en la via Ostia, se voyẽt au dessous de l'autel les os de dix mille martyrs, & le cousteau duquel ils furẽt tous martyrisez; & bref en l'eglise de S. Pierre in carcere (dãs laquelle celuy S. auec monsieur S. Paul son compagnon furent lõg temps detenus prisonniers en vne basse fosse) l'on touche la colonne où ces saincts Apostres furent attachez pour y estre fouëttez, ioignant laquelle est la fonteine qui miraculeusement sourdit, quand S. Pierre voulut baptiser S. Processe & S. Martinien leurs geoliers apres les auoir conuertis à la foy de Iesus-Christ, l'eau de la fonteine est tres-mauuaise à boire, mais au surplus elle a grande vertu de guarir toutes fiebures fors la quarte.

*Eglise de Scala cœli.*
*Os de dix mil martirs.*
*Eglise de S. Pierre in carcere.*
*Coulonne où S. Pierre & S. Paul furẽt flagellez.*
*Fontaine qui sourdit miraculeusement pour baptiser S. Processe et S. Martiniẽ.*

*Ample discours du bel ordre qui est gardé, quand sa Saincteté va par la ville de Rome: Ensemble la description des sainctes & diuines ceremonies qui sont faites lors que sa Saincteté faict chappelle, & celebre la Saincte Liturgie.*

## CHAP. XV.

Ayant discouru assez amplemẽt des temples de Rome, & des reliques qui y sont & des lieux deuotieux dicelle, il me plaist bien de dire l'ordre que le Pape tient allant par Rome, qui est que ses estafiers & autres seruiteurs domestiques vestus de sa liuree, marchent les premiers, qui conduisent premierement vne haquence,

*L'ordre que le Pape tient allant par Rome.*

E iiij

*Voyages du Seigneur*

vne mulle, & puis vne lictiere portee de deux mulets blancs sallerez & houssez de velours cramoisy, comme pareillement la mule & hacquenee: En apres les Suisses de sa garde marchent deux à deux suiuis de quelques caualiers, apres lesquels passet à cheual ses officiers & Chambriers vestus de robes violettes, portans le bonnet carré, les suyuãt de bié pres celuy qui porte la croix deuãt sa Saincteté & le maistre des ceremonies, qui va criant abassa, abassa, ou à bas, seigneurs, a bas, à fin d'aduiser vn chacun de mettre le genou en terre, pour receuoir la benediction du Pape, lequel estant en vne lictiere couuerte de velours cramoisi, la donne à tous les assistans: & pour gouuerner les mulets qui portent sa lictiere, il y a deux estafiers aux costez de sa Saincteté qui cheminent la teste nuë. En apres viennent les Cardinaux montez sur leurs mules qui sont richement equipees, lesquels sont suiuis des Archeuesques, Euesques, Abbez, Protenotaires & autres officiers, chacun vestu selon sa qualité. Pour l'arriere-garde marche en belle ordonnãce sa compagnie de cheuaux legers, bien mõtee & armee: & en cest ordre le Pape estant paruenu à la grãde porte de son palais tourne visage vers ceux qui le suiuent, en leur donnãt licence auec sa benedictiõ. Mais quand sa saincteté fait chappelle à S. Pierre, ou autres lieux, tous les Cardinaux (qui sont quelquesfois enuiron 50.) le võt trouuer en son palais, duquel par apres deux à deux descẽdẽt pour aller prẽdre leurs places en l'eglise. Sa Saincteté qui vient apres est assise en

*L'ordre que tient le Pape quand il faict chappelle.*

vne chaire de velours cramoisi que huit hômes abillez de rouge, portét sur leurs espaules, & ayát son regne sur sa teste, orné de 3. Couronnes d'or & pierres precieuses s'en va donnant la benediction à tous ceux qu'il rencontre : marchans à ses costez deux hómes vestuz de rouge qui portent chacun vn esuentail attaché au bout d'vn baston doré, lesquels sont faicts de tref-belles plumes d'aigrettes, de sorte qu'estát porté en ceste pópe on entend ses quatre trópettes sonner iusqu'à ce qu'il soit quasi arriué en son siege qui est esleué sur six marches & trois petits degrez du costé de l'euangile : auquel estant monté chacun prend place en la maniere que s'ensuit. Premierement à ses costez sont assis les deux Cardinaux qui luy seruent de Diacre & soubzdiacre, quand il celebre la Messe, & aussi pour luy oster la mytre de la teste, & luy leuer la chappe pendant qu'il donne la benediction. Quand à l'Ambassadeur de Fráce, il est sur la sixiésme marche du siege, apres le Cardinal qui est à la dextre de sa Sainteté, mais tousiours debout, sinon quand il se met à genoux pour voir monstrer le corps de nostre Seigneur : comme pareillement sont les autres Ambassadeurs chacun en leur ordre sur les basses marches dudit siege. Apres lesquels sont tous les Cardinaux assis sur longues bancelles tapissees, ayans tous à leurs pieds chacun vn Chambrier pour les seruir, qui portét ordinairement la longue robbe violette, entre lesquels demeure vne place vuide, où est le gauchial d'or & le coussin, qui seruent à sa Sainteté, quád

*Voyages du Seigneur*

il descēd de son siege pour voir esleuer le corps de nostre Seigneur, & aussi aux Cardinaux pour dire le *Gloria & le Credo*, en basse voix. A costé droict de l'Autel est assis en vne chaire le Cardinal qui celebre la Messe, assisté de son diacre & soubsdiacre, & autres officiers de sa maison qui le seruent à l'Autel : au bas duquel sur vn petit relaisde demy pied de haut sōt assis les auditeurs de la rotte, les abreuiateurs, les chambriers du Pape, son Medecin, les Aduocats du consistoire, les soubzdiacres Apostoliques, & maistres du palais, tous abillez de robes rouges. A la senestre de l'Autel est celuy qui porte la Croix deuant le Pape, deux de ses Secretaires, deux Chambriers secrets, l'vn desquels est le premier auditeur de la rotte, le pulpitre, le liure & la chādelle pour esclairer à sa Saincteté, quand elle dict quelque oraison dedās. Et au derriere des Cardinaux qui sont assis a son aspect, sont assis sur bācelles, les Archeuesques, Euesques, Abbez, Protenotaires, Pœnitēciers, & Gentils-hōmes qui entrent dedans pour voir les ceremonies, & sur les marches du siege de sa Saincteté, sont pareillement assis, le Senateur, les conseruateurs & Barons de Rome. A l'entree de la chappelle sont les Suisses de sa garde, tōus en ordre, lesquels souuent vsent de rudes termes à ceux qui veulent entrer dedans, mais quand on y est entré de bonne heure, ils ne

*Les ceremonies qui se font quād la Sainēteté faict chappelle.*

disent aucune chose. Et deuāt que le Pape monte en son siege, il commence la Messe, auec le Cardinal qui est preparé pour la dire, & tous les Cardinaux se disent l'vn à l'autre le *Confiteor*, sans se mouuoir de leurs sieges, lequel finy, les chātres cōmencét à chanter pendant que les Cardinaux vont rédre l'obeïssance à sa Sainéteté, en luy baisāt le costé droit de sa chappe, puis chacun estant retourné en son lieu, redescendent incontinent en la place pour dire à basse voix le *Gloria in excelsis deo*, faisants le semblable au *Credo*. En apres celuy qui doibt faire la predicatiō est mené aux pieds du Pape pour luy baiser sa pātousle & receuoir sa benediction auāt mōter en chaire, en laquelle il fait en langage *Latin* vne fort breue predication: laquelle finie, le diacre vient chāter le *Confiteor*, deuant sa Sainéteté, afin que tous les assistās le dient à basse voix, pour receuoir la benediction & absolution, & pour gaigner les indulgences que sa Sainéteté donne, qui sont ordinairement de vingt ou trente ans. Cela faict le Cardinal celebrant s'approche de l'Autel pour y dōner l'encens, lequel par apres est dōné au Pape & à tous les Cardinaux auec grande ceremonie. Car le premier qui la receu faict vne grande reuerence au second, le second au tiers, & ainsi consecutiuement iusques au dernier ne voulāt métiōner diuerses ceremonies qui se fōt iusqu'à ce que la paix est presentee par le diacre au Cardinal celebrāt, lequel luy disant *Pax tecum*, apres l'auoir baisee, la préd auec soy pour porter à l'vn des Cardinaux, qui est aupres de sa Saincteté, à laquelle l'ayant presentee pour baiser, reçoit les mesmes paroles *Pax tecum*, lesquelles toº les Cardinaux se disét l'vn à l'autre en s'anonçant la paix, ce que font séblablemēt les Euesques &

*Voyages du Seigneur*

autres assistans, finalement la Messe estant finie, le Pape donne de rechef la benediction & s'en retourne en sō palais en la mesme maniere qu'il en est sorty.

*Autre description des ceremonies qui se font lors que le Pape celebre la Saincte Messe, ensemble les solemnitez qu'on obserue à la creation d'un Cardinal.*

## CHAP. XVI.

Ceremonies qui se font quād le Pape dit la Messe.

QVand sa Saincteté, dict la Messe publiquement qui est ordinairement le iour de Pasques à Sainct Iean de Latran, le iour S. Pierre, en la mesme Eglise, & le iour de Noël en sa Chappelle du Presepio: Il est vestu & despouillé publiquement de ses habits Pontificaux sans sortir de son siege, tellement qu'apres luy auoir mis le Pectoral & la Chasuble, on luy passe par sur la teste le Pallium qui luy descend iusques sur ses espaules: ce Pallium est faict de laine blāche tresdeliee, prise des petits aigneaux vierges, & filee de filles vierges. Ce pendant les Chambriers des Cardinaux habillent leurs maistres publiquement de leurs habits Pōtificaux comme s'ils vouloyent dire Messe, lesquels portent la couleur rouge ou violette, selō le temps où l'on est, dautant qu'au Karesme & à l'Aduent ils ne portent que le violet, & tout le reste de l'an le rouge. Les Archeuesques & Euesques aussi s'habilent pontificalemēt portans les chappes violettes, & autres de l'estat Ecclesiastiques, sont ve-

*de Villamont. Liure 1.* 39

stus selon leurs qualitez : mais les officiers de sa Saincteté portent tousiours le rouge, & la Saincteté estant acheuee de vestir, elle descēd de son siege pour aller en vn autre qui est au deuant de l'Autel, où elle doit châter Messe, les Cardinaux estans assis à ses deux costez, lesquels luy ayant rendu l'obeissance accoustumee, il commence la Messe sans bouger de son siege, descendant de son siege il s'aproche de l'Autel, pour y presenter l'encens & chanter le *Per omnia*, qui se dict deuant la preface, puis incontinent que les *Agnus dei*, sont dits, il retourne à son siege pour prēdre le corps & sang de Iesus-Christ, que l'vn des Cardinaux luy porte. Certainement c'est vne chose tres-saincte & belle & qui se faict auec grandissimes ceremonies: comme aussi quand il communie les Cardinaux qui ne sont pas prestres: finalement la Messe estant celebree on le despouille des vestemens sacerdotaux pour le vestir de ses autres Pontificaux, estant porté en son palais en la magnificence cy dessus escrite. Mais quand il veut créer vn Cardinal, il tient consistoire public, auquel i'entray lors qu'il en créa deux, aux quatre temps de Noël l'vn desquels eut le chapeau du Duc de Florence, & à l'autre il le donna. La ceremonie qui se feist à leur creation n'estoit pas beaucoup grāde, sinon que sa Saincteté, & les Cardinaux estans en leurs sieges, certains orateurs haranguerent en latin, à tous lesquels le Pape respondit *Fiat vt petitur*. Ces choses se faisoyent auparauant que les nouueaux Cardinaux feussent entrez au consistoire

*Ceremonies qui se fōt à la creation d'vn Cardinal.*

& se continuerent iusqu'à ce que l'entree leur fut permise, pour venir receuoir la benediction de sa Saincteté, & estre conduicts par tous les autres Cardinaux pour ouir messe en la chapelle du Pape Sixte, qui en est tout ioignant, pendant laquelle les Orateurs cõtinuerent leurs harangues iusques à leur retour; qui fut alors que les nouueaux Cardinaux s'allerẽt mettre à genous deuant sa Saincteté, laquelle se leuant debout chanta certaines oraisons, puis print les chappeaux rouges & les leur mist sur la teste, disant, *accipe cappellum rubrum signum Cardinalis & ornamentum ecclesiæ &c.* Cela fait les deux Cardinaux luy baiserent l'vn apres l'autre le genoul, & s'en allerent remercier humblement tous les autres Cardinaux, lesquels iamais ne baisent la pentoufle du Pape, mais seulement le costé droict de sa chappe, & les Euesques le genoul, & tout le reste du monde Chrestien la pantoufle. Pour le regard des ordonnances que le pere Sixte a faite à Rome, elles sont inuiolablement gardees, & aduenant que quelque vn les transgresse sans remssion il est fait mourir: comme il ariua au Comte Ieã Pepoli de Boulongne, lequel encore qu'il fust grand Seigneur & de marque, ce neantmoins fut estranglé en sa chãbre pour auoir seulement retiré vn Bandy en sa maison: & le neueu de dom Pietre de Nauare qui a tant composé de doctes liures fut condẽné a estre pendu & estranglé sur le pont sainct Ange deux heures apres auoir dõné vn coup de houssine à vn Suisse de la garde, sans que sa Sain-

*Ordonnances de sa Saincteté faictes à Rome.*
*Mort du Cõte Iean Pepoli.*

*Mort du neueu de Dom Pietre de Nauarre.*

&eté eust esgard aux prieres & remonstrances qu'on luy faisoit de luy sauuer la vie en faueur de son oncle, ains au contraire respondit que si ce eust esté l'oncle mesme, qu'il l'eust faict mourir. Il en arriua de mesme à vn pauure homme pour auoir empeché vn sbire de l'executer; & en cuida bien arriuer autant à vn grand seigneur de France, que ie ne veux nommer, lequel aiant par argent suborné la mere pour auoir sa fille, fut descouuert, de sorte que le Pape en estât abreuué, enuoia incótinent des sbires pour le prendre: mais luy en ayant esté aduerty print la poste pour s'en retourner en France, & la meschante mere pinse, fut pendue & estranglee sur le pont sainct Ange, sa fille assistante au supplice au pied de la potence. Au reste nul n'oseroit porter l'espee, s'il n'a permissió, ny l'auoir tiree du foureau, si ce n'est pour s'en deffendre; car ceux qui la mettét les premiers à la main infaliblement sont faicts mourir, ou pour le moins condennez aux galeres. Vn iour passant sur le pont sainct Ange, ie viz deux gentils-hommes Romains qui auoiét grand desir de venir aux mains, mais ce n'estoit pas à qui tireroit le premier l'espee du foureau, dont d'vn commun accord ietterét leurs espees dans le Tibre, & d'vn braue courage se gourmerent à coups de poing. Peu de iours apres arriuerent à Rome trois Seigneurs François lesquels dés la premiere nuict allerent voir les Courtisannes portans leurs espees à la Françoise, mais les Sbires (que les François appelent sergents) les rencontrant

*Grand accident qui cuida arriuer à vn Seigneur François estans à Rome*

*Ordonnance de sa Saincteté touchant les armes.*

avec les armes à heure induë par la cité, les prindrent & menerent à la tour de Nonne, dont le matin enſuiuant auparauant qu'ils euſſent le moyen d'en faire aduertir le Cardinal de Ioyeuſe & l'Ambaſſadeur, eurent chacun trois traicts de cordes pour leur deieuner, les laiſſans aller libres par apres, leſquels honteux de ceſt outrage, ſe partirent de Rome, ſans autrement eſtre congneus. Car ceſt vne maxime generale en Italie, que pour peu de choſe on a la corde, qui vaut autant comme l'eſtrapade en France, ſinon qu'ils ne tombent pas de ſi haut. Outre ce, tout homme qui appelle vn autre au combat, eſt condemné à la mort. Du reſte il ne faut nulement parler des choſes concernans l'Egliſe, la foy, & le Pape, ſur peine d'encourir le peril d'eſtre mis en l'inquiſition, en laquelle eſtant entré vne fois on a moyen de s'y repoſer longuement, auparauant qu'on demande pourquoy on y a eſté mis, de maniere que celuy qui veut euiter ceſt inconueniét doit eſtre modeſte en ſon parler, ſignamment des choſes ſuſdictes, dautant qu'il y a des eſpies en Rome, qui rapportent tout ce qui s'y faict à ſa Sainčteté. Au ſurplus ceſt vne Cité fort libre & aſſeuree pour tous les poltrós, & où l'on eſt le bien venu quand on y porte de l'argent: car viuez, hantez les putains, iouez, blaſphemez & commettez toutes ſortes de pechez, perſonne ne vous en dira rien: m'eſtant beaucoup eſmerueille comme les putains & courtiſannes y ſont tant honorees & licentiees de porter robes de toile d'or & d'argent, & d'autres riches eſtofes, bien eſt

*La corde en Italie eſt l'eſtrapade en France.*

*Comme il ſe faut gouuerner eſtant à Rome.*

*Mauuaiſe Couſtume que l'on permet aux putains de Rome.*

vray

vray que pour les discerner d'auec les honnestes femmes, le Pape Sixte a faict vne ordonnance que aucune d'elles ne fust si hardie d'aller en coche, sur peine de cét escus pour la premiere fois, & dela corde au carocher; & de la vie à la secóde: de sorte que pour euiter la rigueur de telles ordonnances, elles vont maintenant à pied par les ruës, ce qui les fait cognoistre pour femmes de leur estat: Mais si sa Saincteté eust ordonné qu'elles eussent vuidé de Rome c'eust bien esté le meilleur, toutesfois elles y sont tollerees pour euiter vn plus grand mal. Et pour parler de la maniere qu'il procéda pour chasser & faire mourir les bandis de la Romagne, fut de donner licence à vn chacun de les tuer, & en apporter la teste sur le pont Sainct Ange, pour laquelle on auroit deux cents escus, & si c'estoit vn bandy qui eust tué l'autre, il auoit pareille somme & sa remission, qui fut cause que la plus part des bandis se massacroient l'vn l'autre, pour auoir l'argent & la liberté de retourner en leur patrie, de sorte qu'en ce faisant, ils furent tous deffaits en peu de temps, & les chemins rendus asseurez aux passans. Quand aux bandis, ce sont personnes iugees à la mort par sentence de contumace, lesquels se rallient ensemble pour se venger de leurs ennemis, & aussi pour voler vn chacun, y en ayant encore grand nombre au Duché de Ferrare & mesmemét sur l'estat des Venitiens. Les tributs que la Saincteté du Pape Sixte a imposé sur toutes choses sont tres-grands, & pour le monstrer ie feray mention d'vn seul, qui est

*Astuce & ruse de laquelle vsa sa Sainteté pour chasser les bandis.*

*Que c'est que vn bandy.*

F

## Voyages du Seigneur

*Toutes choses se vendent à la liure en Italie.*

qu'il prend six blancs de dace sur chacun ieu de cartes. Au reste toutes choses concernans la vie, sont venduës à la liure, qui ne pese que douze onces, & sçauez combien vous deuez payer pour chacune liure.

*Description de l'antique cité de Tiuoly embellie d'vn palais, où il y a plusieurs belles & ingenieuses fontaines. Ensemble plusieurs statues & beaux pourtraicts des Sybilles & Nymphes anciennes.*

### CHAP. XVII.

*Palais de Tiuoly & la description de son iardin superbe.*

AYant assez contemplé toutes les choses cy dessus, ie m'en allay à Tiuoly qui est vne ancienne ville dicte des anciens Tibur, situee sur vne montagne, à dix mille de Rome, sur laquelle y a vn palais accompagné d'vn iardin merueilleux que le Cardinal de Ferrare feist faire en son viuant, auquel y a trente & cinq fonteines faictes ingenieusement, desquelles les premieres sont dans la salle du palais qui est basty sur ladite montagne, & duquel on void Rome & ses campagnes : & y a vn tresbeau iardin qui est au pendant d'icelle : pour entrer dedans lequel, on descend vn escalier vers la fon-

*Fonteine de Leda.*

teine de Leda qui a son aspect sur vne allee de deux cents soixante pas de long, & de large quatorze, ioignant laquelle est le iardin secret,

*Fonteine de la Licorne & du Padiglion.*

où sont les fonteines de la Licorne, & de Padiglion qui iettent l'eau en forme de mirouërs,

*grote de Diane*

ayant à l'vn des bouts la Grotte de Diane & la

fontcine de Pallas, toutes enrichies de peintures mosaïques. Descendant de l'allee par petites trauertines couuertes d'arbres, on paruient à la seconde quasi de pareille longueur que la premiere, mais no si large, en laquelle sõt trois fonteines nommees du Dieu Æsculape & des deesses Arctuse & Pandore. D'icelles continuant la descéte par autres trauertines, on passe la tierce & quarte allee, où sont les fonteines des deesses Pomone & Flora, en descédãt encore vn peu, on entre en vne bellissime allee, qui à ses deux bouts a deux magnifiques fonteines, l'vne desquelles represente Rome auec ses 7. mõtagnes, & l'autre est la Superbe fonteine qui descéd d'vn grãd rocher fait artificiellemét, par le milieu duquel sort l'eau en abondãce costoyãt les statuës de la Sybille Albunee, & celles des riuieres d'Herculane & Aniene qui iettent l'eau dans trois vases, desquels par apres elle tõbe toute en vn qui est enuironé de dix Nimphes qui se delectẽt pareillement à verser de l'eau. Peu distant d'icelle, est la fonteine de Bacchus, & la grotte de Venus, auec vne fonteine, en laquelle quatre enfans nuds se lauent en iettant l'eau en vn grãd vase, où Venus se baigne. Le long de l'allee mentionnee cy dessus, sont 3. Aqueducs l'vn sur l'autre desquels l'eau sort en diuerses manieres, par cinquãte huit vases de terre qui ressemblent à vn nauire sans mast. Descendant plus bas on paruient à la fonteine, où sont quatre dragons en vn vase plain d'eau, lesquels s'efforçans de voler, la iettent fort loing par leurs gueulles, sortant de leurs

*Fonteine de Pallas.*
*Fonteines d'Aesculape, Arethuse & Pandore.*
*Fonteines des deesses Pomona & Flora.*
*Fontein qui represente Rome.*
*Fõteine venãt d'vn rocher artifiǐel.*
*Statues de la Sybille, Albunee & celles des riuieres d'Herculane & Aniene.*
*Statue de dix Nymphes.*
*Fonteine de Bacchus.*
*Grotte de Venus.*
*Trois conduits d'eau.*
*Cinquãte huit vases de terre.*
*Fonteine des dragons.*

F ij

*Voyages du Seigneur*

queuës cent mille canonnades, que la force de l'eau fait iouër, en montant la hauteur de deux lances. Pour la decoration d'vne chose si belle, se voyent deux escaliers de pierre de quarante & quatre degrez chacun, auec leurs bastemens & parapets, au haut desquels, l'eau sort en grande quantité. On void aussi au bas de la derniere allée trois beaux reseruoirs pour mettre le poisson, au bout desquels est la fonteine de Neptune, representant la grand mer Occeane, & celle de la Deesse Nature; tant ingenieuse & belle, qu'elle semble plus tost miraculeuse que naturelle, pour ce que sur icelles sont des orgues, qui par la force de l'eau, iouënt d'elles mesmes des chasons en musique à quatre parties: y sont aussi des Rossignols, qui ne cessent de gazouiller, & y a nombre de fonteines, desquelles l'eau iaillit en haut, menant vn bruit si doux, auec le son des orgues & chants de rossignols, qu'il semble aux escoutans estre en vn petit paradis, & croy qu'en tout le monde ne se pourroit à peine trouuer chose semblable. Se voit encore la Grotte de la Sybille, la fonteine d'Antinoë & celle des Empereurs. Mais venant à iecter ses yeux bien auant dans le iardin, on a la veuë d'vne belle tonnelle faite en maniere de croix, pour entrer en laquelle on passe par des portinaux, au milieu vous voyez vn Dome tout couuert de verdure, auquel est vne table enuironnée de fonteines: Et ioignant ladite tonnelle & aux quatre endroits qui s'allignēt en icelle, sont les paterres où sont semées les herbes potageres de diuerses sortes,

*[marginalia:]*
*Jupiters & leurs fonteines.*
*Trois reseruoirs.*
*Fonteine de Neptune.*
*Fonteine de la Deesse Nature.*
*Orgues qui iouent d'elles mesmes par la force de l'eau.*
*Grotte de la Sybille. Fonteine d'Antinoë. Fonteine des Empereurs. Belle tonnelle & sa description.*

& à leurs bords y a à chacun vn labirynthe bien compaſſé. Ie ne veux oublier la fonteine des oyſeaux qui chantent par la force de l'eau, & que vous diriez proprement eſtre des voix naturelles, mais lors que s'apparoiſt la nocturne chouëtte, leuant la teſte en haut pour eſcouter leurs chants, les petits animaux incontinent ſe taiſent, puis diſparoiſſant la chouëtte, ils recómencent d'vne gentille façon & s'eſforcent de châter plus fort que deuant. De l'autre coſté, ſur vn mont verdoyant ſe void le cheual de Pegaſe, & autres choſes treſbelles, que ie laiſſeray à preſent, me contentant de dire que i'eſtime ce iardin l'vn des plus beaux de l'Europe, & peut eſtre du monde.

*Fonteine des oyſeaux*

*Fonteine de Pegaſe*

*Deſcriptions de pluſieurs villes & autres fortereſſes qui ſont entre Rome & Naples.*

### Chap. XVIII.

APres auoir repeu ma veuë de l'aſpect de choſes ſi rares & exquiſes, ie retournay à Rome, pour prédre la route de Naples, me mettant en la compagnie du Porcache pour ceſt effect, auquel ie donnay trois eſcus d'or pour me nourrir & mener iuſques à Naples. Montans dóc à cheual le quinzieſme iour de Ianuier 1589 nous trauerſaſmes la campagne de Rome, coſtoyans l'Aqueduc que feirent edifier iadis les Romains, bien plus magnifique que celuy du Pape Sixte. Arriuant à la montagne qui confine

*Marche pour aller de Rome à Naples.*

*Ancien aqueduc des Romains.*

*Voyages du Seigneur*

la planure passames au trauers de Marine, qui est vne petite ville & chasteau appartenant au Cardinal Colonne, & de là entrames és dangereux bois de Velitre, qui durent six mille de long & arriuasmes à Velitre, de laquelle print origine Octauius Cæsar Empereur, & descendant d'icelle, passames auprès du fort chasteau de Sermonette situé sur vne haute montagne, lequel resista contre l'armee de l'Empereur Charles le Quint. De là passant au pied de la tour de Sermonette qui est sur le grand chemin ioignant le palus de Pontine, nous vinsmes a la vieille cité de Piperne, situee sur vne montagne, de laquelle faict mention Tite Liue en son huictiesme liure, narrant la gentile responce que ceux de Piperne feirét au Senat Romain, estans interrogez quelle paix ils desiroient auoir, qui estoit, qu'ils desiroient la paix perpetuelle, si elle estoit bóne & honneste, mais breue si elle estoit deshonneste. Nó gueres loin de Piperne se veoit la riuiere Damacene, sur le bord de laquelle est l'Abbaye de Fossa Noua, où Sainct Thomas d'Aquin mourut, le corps duquel fut porté à Toulouse, du téps que le royaume de Naples estoit suiect aux François: & de là on continuë son chemin par vne belle & riche planure par laquelle on paruient à la Via Appia, que feist faire Appius Claudius Censeur; laquelle anciennemét duroit depuis Rome iusqu'à Brundes, où y a six bonnes iournees. Et anciennement elle estoit toute pauee de grosses & larges pierres, mais maintenát elle est quasi tou-

*Ville de Marine.*

*Cité de Velitre où Octauius Cæsar print origine.*

*Chasteau de Sermonette.*

*Palus de Pontine.*
*Cité de Piperne.*

*Riuiere Damacene.*
*Abbaye de Fossa Noua où S. Thomas d'Aquin mourut.*

*Via Appia.*

te ruinee, sinon depuis Terracine, iusques au fleuue de Guarigliano où y a enuiron quarante mille de chemin, faisant lequel se void grād nōbre de sepulchres, les vns entiers, les autres ruynez. En l'vn desquels s'est trouué du tēps du Pape Alexandre vj. le corps d'vne ieune fille tout en son entier, sans aucune corruption, s'estant conseruee par le moyen des baumes & oignemens, de maniere qu'elle sembloit ne faire que dormir sur vne table de marbre, où elle fut trouuee couchee, ayant encore ses blonds cheueux liez auec vn cercle d'or, & à ses pieds estoit vne lanterne ardante, laquelle aussi tost que le sepulchre fut ouuert perdit sa lumiere & splendeur: & comme on pouuoit cognoistre par les lettres qui y estoient grauees, y auoit treize cens ans, qu'elle y auoit esté mise, dōt plusieurs de Rome coniecturerent, que c'estoit le corps de Tulliola fille de Ciceron, lequel corps estant presenté tout en son entier aux Conseruateurs de Rome, fut mis au capitole pour estre gardé comme vne relique: Ce qu'ayāt entendu le Pape Alexādre, le feist ietter dās le Tybre, disant n'estre raisonnable garder si soigneusement le corps d'vne infidelle. Sur la Via Appia, est la cité de Terracine d'assez petite estenduë, ioignant la mer Tyrene, en laquelle anciennement le temple de Iupiter estoit, qui sert maintenant d'eglise cathedrale. Ceste cité est la derniere de la Romagne, & a son territoire tresbō & abondāt en bleds, vins, orāges & autres fruits, trouuāt à sa sortie vne grāde porte qui a la mer d'vn costé, & vne tour de

*Corps de Tulliola fille de Ciceron.*

*Cité de Terracine.*

F iiij

*Admirable tour faite d'vn Rocher.*

l'autre, laquelle on s'esmerueille comme il a esté possible à homme de pouuoir tailler si dextrement auec des ferremens: par ce qu'elle est faite toute d'vn rocher, qui est separé d'vn autre roc d'enuiron soixante pas. Ie pense que ceste tour a esté ainsi bastie pour la garde & forteresse de la mer, ainsi qu'on peut iuger la voyant auiourd'huy si soigneusement gardee & bien munie d'artillerie. A quelques cent pas de là est vne

*Tour du Pape Gregoire.*

tour carree, que le deffunct Pape Gregoire feist faire pour la deffence de la mer contre les courses des Turcs, & de là tournant la veuë sur vne montagnette qui est à la senestre, se veoit portió

*Collizee carré.*

d'vn amphitheatre ou collizee carré, & non en la forme que sont bastis les Amphiteatres en rond. De là continuant dix mille de chemin on

*Entree du Royaume de Naples.*

entre au Royaume de Naples par vn petit Portino nommé Sportelle, bordé d'vn costé d'vn marescage & de l'autre d'vne mótagne, se voyát entre deux vne tresbelle plaine, au milieu de la-

*Cité de Fondy belle habitatió*

quelle est situee la cité de Fódy sur la Via Appia. Ce pays est tresplaisant & agreable, à raison qu'il est voisin de la mer, qui luy peut apporter toute commodité: d'autre part s'y voyent les montagnes chargees d'Oliuiers, & la fertile planure où les Orangiers, Citronniers & autres fruicts ny manquent nullement. De sorte qu'à proprement parler, voyant tant d'arbres verdoyants & portans fruits, il nous sembloit estre en esté, cóbien que feussions à l'hyuer, l'Orangier & Citronnier ayant ceste proprieté d'auoir tousiours des fruits en l'arbre.

*Continuation du voyage de Rome à Naples, auec la description de plusieurs choses belles & antiques.*

## Chap. XIX.

PArtant de Fondy on laisse Villa Castello, à la senestre, de laquelle print origine l'Empereur Galba, & montant le mont d'Olibano par vn chemin taillé dãs le roc, que feist faire l'Empereur Calligula, comme recite Suetonius, on voit de tous costez les montagnes chargees d'oliuiers, carobiers, figuiers & autres sortes de fruictiers qui sont verdoyans en tout temps, & sur l'vne d'icelles est bastie vne forte ville nommee Itro, qui est enuironnee de profondes valees, & passant outre deux mille, on void à la main dextre la forteresse inexpugnable de Gayette, assise sur vne montagne dans la mer, qui fut fortifiee de Ferdinand Roy d'Aragon & de Naples, apres en auoir chassé honteusement les François. Vn peu auant que d'arriuer à Molle, se voyent les ruynes de la ville de Formya aupres desquelles est le sepulchre de Ciceron encore en son entier, basty en forme ronde à la semblance d'vne tour. Ie croy que fut au mesme lieu que Marc Antoine le feist tuer, au temps de son Triumuirat, ainsi que Ciceron cerchoit à s'embarquer sur mer pour euiter sa tyrannie: Tout le long des chemins ne se voyent que ruines & vestiges d'edifices & de sepulchres somptueux auec plusieurs pierres de marbre, entre

*Origine de l'Empereur Galba.*
*Mont d'Olibano.*
*Ville d'Itro.*
*Forteresse de Gayette.*
*Cité de Formia.*
*Sepulchre de Ciceron.*

*Voyages du Seigneur*

lesquelles i'en ay veu vne longue de six pieds, & vn d: large qui est enfermé en vne nouuelle muraille, où ces paroles sont escrites, *ex testamento M. Vitruuij Mempilic hoc monumentum. Her. E. N. S.* & autres epitaphes. Mais aussi tost qu'on s'aproche de la belle & plaisante côtree de Mole, incontinent les esprits des passans sont espris d'vne incroyable delectation, contemplans deçà les beaux iardins remplis de Citronniers, & Orangiers esquels pendent les pômes dorees qui rauissent les hommes en grâde admiration, sans vne infinité d'autres arbres qui sont ioignâs le bord de la mer qui dône aussi vn merueilleux côtentement par leur plaisant aspect: De l'autre costé on void les fertiles môtagnes verdoyâtes, embellies & ornees de beaux Oliuiers, desquels descend vne eau pour la commodité des habitans: & aux ruines qui sont aupres, se voyêt plusieurs epitaphes escrits sur pierre de marbre, dôt en vne large d'vn pied & demy, i'ay leu ces mots. *Impera. Cæsari Diui Adriani filio. Diui Traiani filio. Diui Traiani Parthici nepo. Diui Neruæ Pronepoti, Tito Ælio Adriano: Antonino Augusto. Pio pontif. maxi. Trib. potest. XI. Con. IIII. P P. Formiani publice.* Et en vne autre pierre de marbre est escript. *L. Brutio. L. F. Pal. celeri equo public. præf. con. III Lucius Brutius primitiuo. pater & fusteia mater filio optimo P. S. L. D. D. D.* Et en la tierce est pareillement escrit. *Litarco Nico. L. F. Pal. Capitoni scribæ edidit accenso, vel ato ij. viro quinquem curatori aquarum patrono coloniæ ordo regalium quorum honore contentus sua pecun. posuit L. D. D. D.* Tellement que

*Belle contree de Mole.*

*Anciês vestiges & epitaphes des Romains.*

facilement se peut iuger à raison de tant d'epitaphes & monuments de l'antiquité que le lieu
a autresfois esté habité de grands personnages,
pour sa beauté & plaisance. Car à la verité
Mole à la prendre iusques aupres de Cascaigne
(où y a enuiron vingt mille) est vne tres-riche
campagne où passe le fleuue de Garigliano, ioi- *Fleuue de Ga-*
gnant lequel est le mont de Cecubo, fort re- *rigliano.*
nommé pour les bons vins qui en viennent, & *Mont de Ce-*
les palus où Marius, qui fut sept fois Consul *cubo.*
se cacha euitant la furie de Sylla son ennemy, *Palus de*
qui fut depuis Dictateur Romain. Aupres de la *Marius.*
se veoit le Castel Traietto, basty au mesme lieu
où l'antique cité de Miturne estoit, de laquel- *Cité de Mi-*
le descendoit l'eau d'vne fonteine par sur vn *turne.*
canal ou Aqueduc esleué sur arcades, pour ve- *Conduit d'eau.*
nir entrer dans vn Amphitheatre qui est qua-
si du tout ruiné : mais les arcades sont encores en leur entier, aupres desquelles faut passer par batteau le fleuue de Garigliano. Ce
faict on laisse à la main dextre le mont Ga- *Mont Garo.*
ro, auquel croissent de bons vins, & vne
fonteine fort propre & salubre à plusieurs
maladies : & trauersant la plaine de Faler- *Campagne de*
ne, on void la tour de Francolise ou Fabius *Falerne.*
Maximus demeura auec son armee, quand *Tour de Fra-*
Hannibal voulant passer à Cassino auec la *colise.*
sienne, fut conduict à Cassilino, où Fabius Maximus l'enferma. Ce que voyant
Hannibal, s'aduisa d'vn tresbeau stratageme, *Stratageme*
qui fut de prendre du serment de vigne, *de Hannibal.*

*Voyages du Seigneur*

& l'attacher aux cornes de deux mille bœufs, puis y mettre le feu & les laisser aller, & où ils voudroyent: se doutant Hannibal qu'aussi tost que les bœufs sentiroient la chaleur du feu ils se ietteroient dans le camp de Fabius & le mettroient en desordre, & ne feut trompé de son attente: car les Romains voyás venir ces bœufs à eux, & ne sçachás que c'estoit pour l'obscurité de la nuict prindrent l'alarme & l'espouuante, & donnerent moyen à Hannibal de se retirer auec son armee, du lieu où il estoit enfermé: & entra dans le territoire d'Alife, comme dit Tite Liue en son xxij. liure, & Plutarque en la vie d'Annibal. Mais retournans à nostre premier propos, de Francolise nous arriuasmes à cité de Capouë surnommee L'amoureuse, apres auoir passé vn pont de pierre, sous lequel court le fleuue de Vulturne, à deux mille duquel est l'antique Capouë, prochaine de l'eglise de Saincte Marie de la grace, où ne se voyent maintenant autres choses que ruines & marques de temples, portes & portails anciens, auecques vn theatre, colonnes & cisternes d'eau, toutes lesquelles choses donnent assez à cognoistre que ceste ville a esté autrefois bien noble & excellente. Ceste ville fut la ruine d'Annibal, & ses delices & voluptez abastardirent les forces non de ce Capitaine seul, ains de sa gendarmerie, de sorte que bien tost apres Hannibal commença à decliner & se perdre, & auecques luy perdit encore Capouë, qui fut prise par Fuluius ainsi que dit Tite Liue en son xxvj. liure. De là entrant en la belle

*Cité de Capoue.*

*Fleuue de Vulturne. Antique Capoue & sa description.*

Campagne de Lebory qui contient seize mille de légueur, on suit vn grand chemin, qui côduit droit à Naples, aux costez duquel, comme aussi en la pleine sont plantez des ormeaux & des ceps de vignes qui entortillent leurs rameaux & brâches autour des ormeaux, la terre de dessous estant labouree, & semee de froments & autres sortes de bleds: de sorte qu'elle produit ensemble, pain, vin & bois. En ceste campagne est la cité d'Auersa qui a esté bastie nouuellement sur les ruines de celle d'Atella, & y a le fleuue de Vulturne qui passe par le milieu. Et de là on vient à Naples ville fameuse & renommee.

*Campagne de Lebory.*

*Cité d'Auersa*

*Descriptions de la cité de Naples, de ses chasteaux, & autres choses remarquables qui sont dedans, ensemble du sepulchre de Virgile, de la Grotte admirable de Naples, de la Grote du Chien, & de plusieurs bains.*

## CHAP. XX.

Naples est edifiee sur le bord de la mer Mediterranee, portant le surnom de gentillo sur toutes celles d'Italie, ayant huict portes du costé de la terre, & autant vers celuy de la mer: en laquelle est vn Mole tres-superbe, qui à vne fonteine de marbre iettant l'eau en abondance, voisine d'vne tour ou Phare qui porte vne lanterne, allumee de nuict pour donner aduertissement à ceux qui nauiguét sur mer. L'arçenal est là aupres duquel on mist en mer (pendant que

*Cité de Naples & sa description: Petronius Arbiter l'appelle ville Grecque.*
*Mole de Naples.*
*Fonteine dans le mole.*
*Tour du mole.*
*Arçenal de Naples.*

*Voyages du Seigneur*

i'y seiournois) deux grandes galeaces qu'on laissa dans le Mole auec vingt & deux galeres qui y estoient. Quand à la ville elle est assez bien bastie & embellie de grandes & larges ruës, & de maisons, sur lesquelles ny a aucunes couuertures de charpente, non plus qu'aux bastiments Turquesques, bien est vray qu'elles sont mieux accommodees & plus gentiment faictes à cause des parapets qui sont autour des couuertures.

*Demeurance des Princes & seigneurs à Naples.*

Mais ce qui la rend beaucoup plus agreable, est la demeure ordinaire des Princes, Ducs, Marquis, Comtes, Barons, & Seigneurs du royaume, tant de la Pouille, Calabre, Abbruzze, Basilique, qu'autres prouinces qui en dependent, tous lesquels y ont presque leurs palais. Quand ils se pourmenent par la ville, ils sont montez sur cheuaux Neapolitains, qu'ils maniét à balzes

*Fonteines de Naples.*

en presence de la courtisane qui les regarde à la ialousie de sa fenestre. Vous y voyez plusieurs belles fonteines de marbre, enrichies de diuerses statués, l'on y void toute sorte de marchandise qu'on y vend à bon marché, outre la delicatesse des vins qui s'y boiuent, & l'abondance de toutes sortes de fruits exceléts qui s'y mangent en tout temps & principalemét l'esté. Ceste vil-

*Trois Chasteaux à Naples.*
*Castel del Vouo.*
*Castel Nouo.*

le a trois fors chasteaux, le premier est sur vn rocher enuironné de la mer, dit Castel del Vouo, pource que le roc est fait en forme d'vn œuf. Le second est edifié sur le bord de la mer, appellé Castel Nouo, lequel Charles d'Anjou feist faire du temps qu'il estoit Roy de Naples, & depuis l'Empereur Charles v. le feist enuirôner de bastions. Le troisiéme est le Castel S. Erme, situé sur vne haute môtagne qui cômande entieremêt a la cité, en laquelle y a cinq sieges où les Princes & seigneurs du Royaume s'assemblent ordinairement pour traicter des affaires publiques. Et de là allant à l'eglise de Saincte Claire (où sont cordeliers & cordelieres separez les vns des autres) vous y verrez esleué aupres du grand autel les sepulchres de marbre de Robert Roy de Naples, descendu de la maison de Frâce, d'Agnes sa femme, & de partie de leurs enfans, auec celuy du Roy Charles frere du Roy Sainct Loys, & de plusieurs autres de l'illustre maison de Durasso. En l'eglise du mont d'Oliuet (où sont pareillemêt religieux cordeliers) se voyent les effigies de Ferrâd & d'Alphonse Rois de Naples, & grâd nombre de riches sepultures. En celle de S. Iean en Carbônare est celle du Roy Ladislaus ou Lâcelot yssu de la noble race de Frâce. De là môtât par certains escaliers dâs l'eglise de S. Dominique, se presente l'image du Crucifix, laquelle par vn miracle diuin parlât, dist ces propos à S. Thomas d'Aquin, *Bene scripsisti de me Thoma, quâ mercedê postulas.* A laquelle S. Thomas respôdit, *Nullâ aliâ præter te, Domine.* Se trouuent d'auantage plusieurs autres beaux sepulchres, entre lesquels y en a deux où ie veis ces mots escrits, *Abiit, nô obiit, & Discessit non decessit.* Vous voyez aussi en l'eglise des cordeliers les sepultures de Môsieur de Lautrec, & de Dom Pietro de Nauarre qui mourûret au siege de Naples. Ayant seiourné à Naples ie prins vn guide pour me mener voir les antiquitez de Poussolle. Et prenant encre & papier

*Castel S. Erme.*

*Eglise saincte Claire.*

*Sepulchres du Roy Robert, de la Royne, de ses enfans & Roy Charles frere de S. Loys.*

*Eglise du môt d'Oliuet.*

*Eglise de S. Iean en carbonnare.*

*Sepulchre du Roy Ladislaus.*

*Eglise de S. Dominique.*

*Image du Crucifix qui parla à S. Thomas d'Aquin.*

*Sepulchre du sieur de Lautrec & de Dô Pietre de Nauarre.*

ie party de Naples, auecques mon guide & vn Prouençal & Alleman qui voulurent estre de compagnie, & arriuez à la montaigne de Pausilippo qui est fertile & abondante en vins exquis, qu'on charroye iusques à Rome, nous aperceusmes vne Abbaye nommee Margouline, en laquelle est le sepulchre de Sanazar, Poëte celebre, & deux belles statuës de Dauid & Iudith de marbre blanc, aux deux costez du sepulchre sont ces mots escrits, Actius Sincerus. Sur ceste montagne encore est le sepulchre de Virgile, fait en forme ronde par le dehors & carré par le dedans, où vous voyez plusieurs vers latins que ie ne peus retenir par cœur ny escrire pour me sembler les vers assez mal faicts & à la compagnie qui estoit auecques moy. Ce sepulchre est iustement situé sur l'entree de la grotte de Naples, laquelle est taillee & voutee dedans le roc, & passe vn mille sous la montagne, ayāt treize pieds de largeur, & vingt cinq de haut, fors en vn endroit où il ny en a que douze, la lumiere y entrant aux deux costez de son ouuerture, de sorte qu'en plain iour on y peut passer sans flambeau, mais au soir & matin il en faut porter vn de peur de rencontrer des cheuaux ou charrettes. Apres l'auoir passee nous descendismes à Fumerolles, autrement bains d'Agnagno, à raison du lac ainsi nommé qui en est tout ioignant: & en ces bains sont plusieurs petites chambrettes, ausquelles y auoit grand nombre de malades lors que nous y feusmes, l'vn desquels l'interrogeant de sa disposition, me

*Mont de Pausilippo dont estoit ce braue Sanazar Poete Italien.*

*Abbaye nommee Margouline.*

*Sepulchre de Sanazar.*

*Sepulchre de Virgile.*

*Admirable grotte de Naples.*

*Bains de Fumerolles & leur proprieté.*

me respondit y auoir esté apporté sur des brancarts, & que (graces à Dieu) il commençoit à cheminer. En ces bains y a lieux destinez aux hommes, & les autres aux femmes, esquels entrát on sue incontinent, à cause des chaudes vapeurs qui continuellement en sortent : & à ce que i'ay peu apprendre lesdits bains sont fort excellents pour chasser les mauuaises humeurs du corps, conforter les gouteux, secher les fistulles, vlceres & playes que l'homme aura receuës en son corps, sans qu'il soit besoin y appliquer autres medicaments, & guerir ceux qui ont quelque chancre ou verolle. Enuiron cent pas de là est la grotte du Chien, ainsi nommee à raison des chiens qu'on y faict mourir : mais quant à moy ie l'appelle bouche mortelle, où comme Pline la nomme cauerne de Charon, pour ce que tout ce qui entre au dedans d'icelle est exposé au peril de la mort. Elle est au pied de la montagne qui enuironne le lac d'Agnano, ayant trois pieds de large à son entree & enuiron huict de longueur, sa hauteur s'estendant fort peu, signamment à son extremité : en laquelle nous fut monstré vn lieu que nul ne doit passer s'il ne veut mourir promptement, comme i'en vey l'experience sur vn chien, lequel aussi tost qu'il fut poussé dedans (estant attaché au bout d'vn baston) commença à rouiller les yeux en la teste tombant par terre, en escumant horriblement. Ce que voyant celuy qui nous monstroit la grote, le tira incontinent pour le porter baigner dans le lac qui en est fort peu esloigné : ce qu'ayant fait le laissa

*Description de la grotte du Chien & du lac d'Agnano.*

sur la terre encore comme mort, mais tout incōtinent apres il se leua aussi gaillard cōme il estoit auparauant. Quant à celuy que i'auois fait porter, pour estre plus asseuré de la chose, estant poussé dedans & mesmement tombé par terre, ie le feis laisser autant de temps qu'on mettroit a dire, bon Dieu, puis le tirant dehors & l'ayant porté baigner audit lac, l'eau ne fut suffisante pour le faire reuiure. Il y a quinze ou vingt ans que monsieur de Tournon riche Seigneur de France, entreprint d'y prendre seulement vne petite pierre, mais il tomba incontinent dedās, dont il fut promptement tiré dehors & porté mesmement baigner dans le lac, l'eau duquel le feist retourner quelque peu en ses esprits: toutesfois il mourut bien tost apres, ie croy qu'ils auoient trop tardé à luy donner secours, ou biē que ce fut par vne punition diuine pour sa trop grāde temerité. Ie ne sçaurois dire d'où procede cela, si ce n'est des vapeurs violētes & mortelles qui sortent subtilement des lieux sous-terrains, ou sōt enfermees les mines de soulfre & d'alun, lesquelles si promptement saisissent la respiration, qu'elle demeure suffoquee à l'instant, si on n'est retiré de là promptement & baigné dans le lac qui fait reuenir les esprits, & sert de contrepoison à ceste exhalation infernalle & Charonienne. Au surplus si vous considerez de prez l'eau de ce lac, vous la verrez bouillonner en quelques endroits, mais à l'attouchement elle est froide.

*Histoire notable.*

de Villamont Livre 1. 50

situation de la ville de Pouffole, & la description des forges de Vulcan: Ensemble la structure de plusieurs beaux Temples, Bains merueilleux, amphitheatres & autres singularitez remarquables.

### CHAP. XXI.

PAssant outre par vne montaigne taillee, que Lucius Lucullus feist faire, nous vismes certains vestiges d'vne ville ou chasteau de plaisance à luy appartenant, & non loin de là veismes aussi la ville de Ciceron, ainsi appellee encore du iourd'huy, & où fut dedié vn temple à l'Empereur Antonin. De là passant par les bains d'Astruuo, descendismes au lieu vulgairement appellé les forges de Vulcan, lequel est tout enclos de fort hautes montagnes, qui fument & ardent continuellement, desquelles procedent grands souffles & exhalations, qui estonnent souuentesfois ceux qui ne sont accoustumez à voir choses si rares : & mesmement quand ils regardent la campagne qui dure quasi vn mille a trauerser, couuerte en plusieurs endroits de soulfre : mais ainsi qu'on approche des montagnes sulfurees, se voit vne grande fosse, presque en forme ronde, laquelle est plaine d'vne eau tresnoire & fort espoisse, qui bouillonne incessammēt auecques grand bruit : & si vous y mettez quelque chose dedans, il deuient cuit incontinent, ainsi que nous en feismes l'experience d'vn œuf que nous y iettames. Nostre guide nous dist, qu'il y auoit bien dix mois qu'il conduisoit

*Ville de Ciceron.*
*Temple d'Antonin.*
*Bains d'Astruuo*
*Description des Forges de Vulcan.*
*Montagnes Sulfurees.*
*Grande fosse bouillante.*
*Histoire d'vn Alleman.*

G ij

*Voyages du Seigneur*

vn Alleman au mesme lieu, lequel estant troublé de son entendement, ou enyuré, poussa son cheual à l'entree de cette fosse, où le pauure cheual se sentant brusler és extremitez, cherchoit tous les moyens de sortir dudit lieu, toutesfois ce fut en vain, car luy & l'Alleman à la parfin y demeurerent tous deux suffoquez. Autour de cette fosse sont plusieurs lieux d'où sort fumee & soulfre & tres-grande chaleur, faisant fort dagereux y passer à cheual, signamment dudit lieu iusques aux montagnes sulfurees: au pied desquelles sont cinq petites fosses semblables à chaudieres, toutes plaines d'eau noire bouillâte horriblemēt, ce qui me feist pēser à lors aux peines infernales, & encore biē plus estāt mōté sur ladite mōtagne. Car la voyāt brusler, & enuoyer en l'air vne fumee puāte, ie demeuray quelque peu à cōsiderer ceste chose prodigieuse, iusqu'à ce que suruint vn vent de tramōtane, qui m'enuoya au nez ceste odeur infernale, m'enuelopant si bien de sa fumee espoisse, qu'estant presque estoufé ne sçauois où aller: toutesfois peu apres le vent estant cessé, descendy promptement la montagne, fuyant ces lieux horribles, que i'estime plustost estre infernaux que terrestres. Ainsi que suyuions nostre chemin, rencontrasmes trois hommes qui emportoient de l'escume de soulfre, lesquels interrogez de la cause de ce, me feirent responce que c'estoit pour faire iaunir les cheueux des dames, ce que ie creu incontinent, d'autant qu'à Rome & à Naples les femmes les portent quasi de mesme couleur.

*Cinq fosses bouillantes.*

*Proprieté d'eau bouillāte.*

Ils me dirent bien plus, que l'eau bouillante estoit fort propre pour oster le mal d'estomach, chasser les fieures, guarir de la rongne, & aider aux femmes à conceuoir s'en lauant par quelques iours : & cheminant par la campagne on trouue les fournaises où se fait l'alun de roche, & où se purge le soulfre, puis trauersât les bains de Calatura, dv Pietra bagno, & ceux de l'Aide de l'hôme qui sont tres-excelléts pour plusieurs maladies, arriuasmes aupres du pont de pierre, que l'Empereur Calligula feist faire sur la mer, qui auoit de longueur trois mille & demie, sçauoir depuis Poussolle iusques à Baye, afin de n'auoir l'incômodité d'aller par mer, ny moins de faire le tour par terre. Maintenant le pont est du tout ruiné, fors treize arches qu'on void encore en la mer du costé de Poussole, & de l'autre costé de la cité de Baye on n'en void autre chose que les ruynes à fleur d'eau. C'estoit vn acte digne d'vn Empereur Romain, & chose quasi incroyable à ceux qui ne l'ont veu. Tout aupres des treize arches cy dessus, est vn petit mont, où la cité de Poussole est assise, au milieu de laquelle est le temple de Iupiter, basty sur colonnes de marbre, lequel est à present dedié a l'honneur de Sainct Pierre. Aucun homme n'oseroit entrer à Poussolle portant l'espee au costé, & ce sur peine de six escus d'amende & confiscation de son espee. Ce lieu est tres-plaisant & delectable, tant pour raison de sa fertilité & belle situation, que pour l'aspect de la mer qu'il a: & pour sa decoration s'y voyent de beaux iardins

*Lieu où se fait l'alun & le soulfre.*
*Bains de Calatura, di Pietra bagno & Aiuto del homo.*
*Admirable pont de Calligula Empereur.*

*Cité de Poussolle & sa belle situation. Temple de Iupiter.*

arrousez de claires fonteines, remplis d'orangers & citronniers chargez de fruits en tout temps: En ce pays croist vn arbre, qui porte fruit semblable à vn citron, mais bien plus gros & long, qu'ils nomment pomme d'Adam, lequel rend vne odeur si excellente, qu'il en parfume toute vne chambre. S'y trouuent pareillement des pois verds en toutes saisons, ainsi que i'en eus cognoissance y estant au mois de Ianuier. Poursuiuans nostre chemin nous arriuames à vn amphitheatre, faict de pierres carrees, quasi encore en son entier, contenant enuiron quatre vingts dix pas de long, & cinquante de large, lequel alors que nous le vismes, estoit labouré & semé de fromēt. Les habitans de Poussole tiēnent pour certain, que c'estoit le mesme lieu, où se faisoient les ieux en l'honneur de Vulcan. Ioignant iceluy on entre au laberinthe, ainsi nommé du grand nombre de chambres qui sont dedans, pour entrer dans lesquelles faut porter vn flambeau, & passer de l'vne à l'autre, par petits huissets qui y sont, d'autant que l'edifice est fabriqué sous la terre, lequel s'est conserué iusques auiourd'huy en sa beauté & blancheur. Si quelqu'vn estoit si temeraire d'y entrer sās porter lumiere, ou vne corde pour luy enseigner le chemin à retourner, il seroit bien en danger de n'en sortir iamais. Ie pense que tel laberinthe a esté edifié pour conseruer l'eau douce. De là cheminant vn peu plus auant veismes le lieu appelé l'Interno, auquel Scipion l'Affricain demeura, lors qu'il se retira de Rome, fuyant l'en-

*Pomme d'Adam.*

*Pois verds en tout temps.*

*Amphiteatre & sa description.*

*Où se faisoiēt les ieux en l'honneur de Vulcan.*

*Laberinthe de Poussolle.*

*L'interno où habita Scipion l'Africain.*

uie de ses malueillans, & y finit ses iours, ne voulant que sa patrie ingratte, apres sa mort iouist de ses reliques & cendres. Aux ruines de l'Interno se voit vne fonteine nommee Acetosa, laquelle a si grande vertu ( selon la commune opinion des habitans du pays ) que si aucun en boit ayant mal à la teste, il est guary incontinent, pourueu qu'il vse de ladite eau moderément, car prinse goulüement & outre mesure, elle a la vertu d'enyurer. De là trauersant valees & montagnes, nous vinsmes aux ruines de la cité de Cume, iadis edifiee pres la mer de Tyrene, & qui semble auoir esté belle & magnifique comme les ruines le demonstrent. Sur le sommet de la montagne de Cume, se voyent les ruines du temple d'Appollo, comme aucuns tiennent, les autres disent que c'est de Hercole baulo. Et de là descendant vers le lac d'Auerno, apperceusmes la grotte de la Sybille Cumane, laquelle prophetisa la venuë de Iesus-Christ, qui deuoit naistre de la vierge, & faire retourner le siecle d'or.

*Fonteine Acetosa & sa vertu.*

*Cité de Cume.*

*Temple de Hercole baulo.*

*Descriptions de la grotte de la Sybille Cumane, & du lac d'Auerno, auec celle de la cité de Baye, & autres choses remarquables.*

## CHAP. XXII.

EStants paruenus à l'entree de ladite grotte, nous feismes allumer le flambeau, & entrasmes dedans par vn certain endroit, qui ressembloit à quelque sepulchre ruiné, où ayant

*Grotte de la Sybille Cumane & sa description.*

cheminé huit ou dix pas, nous descouurismes vne tresbelle allee toute taillee, & voutee dans le roc côtenant de longueur, deux cēts quarāte pas & cinq de largeur & hauteur: & tournāt à main dextre entrasmes en vne autre allee de moindre largeur que la precedente & beaucoup plus estroicte, au milieu de laquelle est vne belle chābre, qui a huict pieds de large & quatorze de long, toute voutee, mesmement dans le roc, ayāt esté autresfois enrichie de peintures faites à la Mosaïque, dont les vestiges se voyent en quelques lieux: & tournant par vne grande porte qui est à la senestre de l'entree, cheminasmes par vne estroite allee large de quatre pieds & autāt de hauteur, sa longueur contenant enuiron quinze pas, & finissant à vne chambre de six pieds de largeur, & vingt & cinq de long, sortāt de laquelle on entre en vne fort estroite allee qui n'a que quatre pieds de haut, puis passant en vne autre qui a huict pieds de large, dix de haut, & vingt & deux de long, trouuasmes presqu'au milieu vne tres-haute chambre, large de six pieds & longue de quarante, & à l'entree d'icelle est vne petite chappelle cauee dans le roc, laquelle a dix pieds de large, six de long & autant de hauteur. D'icelle tournant à main droite, s'en trouue vne autre large de neuf pieds, & autant de haut & longue comme la premiere, dans le milieu de laquelle, y a vn petit lac de deux pieds de profondeur, auquel chacun de nous entra auec ses bottes: mais sentans son eau tiéde, nous ne nous y arrestames longuement. Nous eus-

mes opinion que c'eſtoient les bains de la Sy- *Bains de la*
bille : & parce qu'il y fait grand chaud (comme *Sybille.*
auſſi en toutes les autres grottes) nous en ſortiſ-
mes incontinent par les meſmes endroicts par
leſquels auions entré. Les habitans du pays ont
fait vne muraille au milieu de ladite grotte, à fin
que s'il aduenoit que le flambeau s'eſtaigniſt,
l'on ne feuſt en peine de la ſortie : mais ordinairement chacun y porte vn fuzil, pour euiter
ceſt inconuenient. Eſtans ſortis nous conſide-
raſmes la ſituation du lac d'Auerno, qui eſt qua- *Deſcription*
ſi en forme ronde & enuironné de hautes mon- *du Lac d'A-*
tagnes, fors par vn endroit du coſté de la mer, *uerno.*
qui contient enuiron de cinquante pas de large.
Anciennement tous les oyſeaux qui voloient
par deſſus y tomboient morts dedans, pour la
grande puanteur de ſon eau ſulfurée qui les em-
poiſonnoit : ce qu'à preſent ne ſe void pas, pource qu'en l'an mil cinq cents trente & huict, au
iour & feſte de monſieur Sainct Michel, ſuruint *Hiſtoire nota-*
aux bains de Tripergola vn ſi grand tremble- *ble.*
ment de terre, iettant feu, flamme & ſoulfre, &
bruſlant & gaſtant tout le pays à l'enuiron (le
temps eſtant ſerain & calme) que tous les habitans du pays eſtimoient eſtre la fin du monde, &
cela continua ſix iours entiers, & au ſeptieſme
ceſſa, & lors on apperceut aupres du lac, vne
montagne toute faicte de cendre, à coſté de la- *Montagne de*
quelle on paſſe pour aller à ce lac d'Auerno, *cendre.*
l'eau duquel eſt profonde & noire à cauſe des
hautes montagnes qui l'enuironnent preſque
de toutes parts, de ſorte qu'à toute peine le So-

leil y peut d'arder ses rayons sur le midy. Ce lieu est fort espouuantable & croy que non sans cause les poëtes le tenoient estre l'entree des enfers par laquelle Æneas descendit, & dont le Prince des poëtes Latins parle au sixiesme des Æneides,

*Le lieu d'où Æneas descendit pour aller aux enfers.*

> ---*La descente d'Auerne*
> *Est bien facile, et si est la cauerne*
> *Du noir Pluton beante nuit et iour:*
> *Mais resortir de cest obscur seiour,*
> *Et voir encor la clarté souueraine*
> *De nostre Ciel, c'est labeur de grand peine.*
> *Ceux qui iadis vn tel pouuoir ont eu,*
> *Ce sont ceux-la, que l'ardente vertu*
> *Ou le bon Dieu a esleuez aux cieux*
> *Mais ils sont peu, et de race des Dieux.*

Au bout de ce lac, se voyent deux temples l'vn de Mercure & l'autre d'Apollo: celuy de Mercure est presque tout ruiné, & l'autre est demeuré quasi en son entier, basty fort superbement en forme ronde. A trois mille de là sont les vestiges de la ville de Baulos, & auprès le sepulchre d'Agrippina mere de Neron sur le bord de la mer, vouté & entaillé de belles figures. Ie ne parleray point des bains qui se voyent là autour, comme ceux de Culma, de Fatis, de Bracula, de Gimboroso, de Saincte Luce, de Tripergola, de Larcolo, de Sancta Maria, de Scofra, autrement appelé de Sainct Nicolas, celuy de monte Christo ainsi nommé du vulgaire, par ce qu'ils disent que nostre Seigneur Iesus-Christ passa par là auec tous les saints peres retournant des

*Temple de Mercure.*
*Temple d'Apollo.*

*Ville de Baulo où Neron feist mourir sa mere.*
*Sepulchre d'Agrippine mere de Nerō.*
*Plusieurs bains.*

*Bains de mōte Christo.*

enfers, qui est vne chose fabuleuse & aussi vraye comme ce qu'ils disent de celuy de Saincte croix auquel ils croient qu'apparurent les enseignes de la passion de nostre redempteur. Ie ne diray rien non plus des bains du Soleil & de la Lune, qui ont plusieurs belles vertus. Mais ie ne puys oublier vne chose admirable du sablō de la mer, qui est si chaud en cest endroit qu'il brusle la main de l'homme en le touchant, & mesmemēt quand on en veut prendre demy pied auant en terre, combien que l'eau de la mer soit fort froide. Cela prouient à mō aduis des mōtagnes sulfurees, qui n'en sont pas esloignees de cinq mille. De là on peut aller aux bains de la Spelōque, ainsi nommez pour la Spelonque ou cauerne où ils sont situez, l'eau desquels a la vertu de guarir plusieurs maladies & de conforter le cerueau. Mais que diray-ie de l'antique cité de Baye, de l'excellence de laquelle font encore foy ces ruines, qui monstrent que non sans cause, le poëte lyricque Horace en ses epistres disoit que la cité de Baye estoit le paradis du monde, en ce vers,

*Nullus in orbe locus Baijs prælucet amœnis.*

Car le lieu où elle estoit situee est fort plaisant & delectable, tāt pour la fertilité de la terre, que pour le bel aspect de la mer, ce qui occasionnoit les Empereurs & autres anciēs Romains d'y faire souuent leur demeure: & y bastir des maisons de plaisance, dont aucunes se monstrent presque en leur entier, autres sont ruinees de vetusté & en apparoissēt encore quelques vestiges. Ce qui est encore debout, sōt deux tēples bastis en forme rōde, & enrichis de pieces de marbres aposees

*Bains de saincte Croix.*

*Bains du Soleil & de la Lune.*

*Admirable chose du sable de la mer.*

*Bains de la Spelonque & leur vertus.*

*Cité de Baye & sa description.*

*Voyages du Seigneur*

*Temple de Diane.*
*Temple de Venus.*

contre les murailles, dont l'vn estoit consacré à Diane, & l'autre à Venus. Considerant ces edifices, la situation plaisante du lieu & la beauté du pays, ie demeurois esmerueillé, le voyant ainsi reduit en desert sans habitatiõ aucune d'hommes, sinon de quelques païsans qui cultiuent & labourent les terres.

*Descriptions de plusieurs bains chauds qui ont grandes proprietez de guarir les maladies. Ensemble plusieurs autres choses signalees, comme la mer morte & sa description, auec celle de l'admirable Piscine que feist bastir Lucullus.*

## Chap. XXIII.

OR le desir qu'auions de voir tousiours choses nouuelles, nous feist de là acheminer iusques à vne caue, de tres-grande grandeur, voutee dans vn rocher, & appellee des païsans,

*Bains de Ciceron dits à present Tritoli.*

bains de Ciceron, toutesfois les anciens les nõment les bains de Tritoly, & se voyent encore au dedans plusieurs licts faits de pierre où les malades se couchoient. De là montans certains degrez pour paruenir aux bains appellez Sudatoires, ou grotte chaude, entrasmes premierement en vne chãbre bastie dans le rocher, qu'on

*Bains Sudatoires ou grotte chaude & sa description.*

nous dist estre celle dediee pour les hommes, quand ils vont aux bains, de laquelle passant aupres de l'emboucheure de la grotte, arriuasmes à vne autre chambre dediee pour les femmes, & à raison que ceste chambre estoit plus commode que l'autre, nous y demeurasmes dedans, faisans allumer le flambeau, qui fut alors que le guide nous dist qu'il failloit nous despouiller tous nuds si voulions entrer en la grotte. Ce que chacun feist (excepté des souliers) & suiuismes le guide qui portoit le flambeau iusqu'à ce qu'entrant en la grotte qui a six pieds de haut, & deux & demy de large, commençasmes à sentir grande chaleur & suër, de sorte qu'vn chacun vouloit retourner en arriere, sinon que nous veismes nostre guide marcher asseurément, & à ceste cause changeames d'opinion le suyuant pas à pas, iusqu'à ce qu'arriuant iustement au milieu de la grotte il nous feist reposer & coucher côtre terre pour prendre vn peu d'aleine, d'autant qu'en ce lieu la chaleur ny est pas du tout si vehemente. Puis nous leuans de là, tous baignez de suëur, passames à main droite prez vne fort grosse pierre, nommee le Cauallo, où nous reprismes haleine, continuans apres la descente d'vne valee qui nous mena droit au bord d'vne fonteine, de laquelle sortoit vne fumee si chaude & vehemente, que ne la pouuans endurer, rendions quasi les abois. Nostre guide qui estoit malicieux, nous vouloit persuader, que l'eau de la fonteine n'estoit aucunement chaude, & l'vn de nous autres croyant trop de leger, en voulut faire preuue, mais le guide se prenant à sousrire l'en empescha, ce qui nous feist presumer qu'elle estoit chaude & bouillante. De là ne pouuans plus supporter ceste chaleur nous rebroussames chemin & retournasmes en arriere plus fort que nous n'estions entrez, sentans l'eau couler de nos corps en grande abondance; & au lieu où nous auions prins haleine, y demeurasmes vn peu, pour nous rafreschir; puis tournant à main droite, vismes vne large fosse, où est vn grand abysme, duquel sortoit si grande chaleur & flamme, qu'elle estaignoit presque nostre flambeau. Mais nostre guide ne nous y retint lóguement nous aduertissant que si ceste flamme ou chaleur eust esteinct nostre flambeau, qu'eussiós esté en peril de tomber en cest abysme, de maniere qu'euitans ce danger, nous sortismes de ladite grotte, apres auoir fait vn peu de demeure à son entree pour essuyer nos corps, & prendre chemises blanches, craignans que prenans l'air trop tost apres tant de sueurs, nous ne tombassions en quelque maladie. Ces bains sont soueurains à ce qu'on dit pour beaucoup de maladies, purgeans les mauuaises humeurs du corps, bons au mal de teste & d'estomach, guarissans les caterres, desseichant les flegmes, & soulageant les gouteux, & hydropiques. Et pour cest effect plusieurs personnes de diuers & lointains pays y vont au printemps & à l'esté pour y receuoir guarison, ou pour le moins quelque allegement à leur douleur, ainsi que le guide & ceux de la contree nous reciterent. Assez pres de là, sont les bains de Ciceron, & les ruynes de sa maison de plaisance dicte Academia, de laquelle on se peut embarquer sur mer pour aller à la montagne de Missene: mais nous aymasmes mieux aller par terre,

*Bains soueurains pour la guarison des maladies.*

*Autres bains de Ciceron. Ville de Ciceron nommee Academia.*

paſſant au pied d'vn fort chaſteau tenu par les Eſpagnols, leſquels nous laiſſerent continuer noſtre chemin, ſans nous interroger aucunement. Eſtans donc arriuez à la montagne de Miſſene, appellee du nom d'vn Troyen trompette d'Æneas, montaſmes au haut d'icelle pour voir la plaine mer & l'iſle de Ponce qui eſt dedans, où y a force pierre de Ponce, comme i'apperceu, & croy pour ceſte cauſe que la pierre de Ponce que nous appellons en France, a prins ſon etymologie de ceſte Iſle. Ce mont de Miſſene eſt preſque tout remply de grottes, entre leſquelles y en a vne fort belle nommee Dragonara, demy ruynee, & n'a plus qu'vne allee au milieu, qui a quarante pas de largeur, & quatre de large, où ſe voyent quatre chambres à coſté, les vnes larges de douze pieds, & les autres de dix-huict. Et ſortans d'icelle par de grandes portes qui y ſont, vous vous trouuez és ruynes du palais de Marcus Lucullus, où mourut l'Empereur Tybere Cæſar. Aucuns croyent que Marcus Lucullus feiſt faire ladicte grotte de Dragonara pour la conſeruation d'eau douce. D'autres que ce fut Marc Anthoine qui auoit grande portion en la montagne. Les laiſſans diſputer ſur ce different nous continuaſmes noſtre chemin vers la mer morte, qui eſt vne portion ſeparee de la grande mer, par vne grande chauſſee de terre, qui contient bien

*Montagne de Miſſene.*
*Trompette d'Æneas.*
*L'iſle de Pōce.*

*Grotte Dragonara & ſa deſcription.*

*Lieu où mourut Tybere Cæſar.*

*Mer morte & ſa deſcription.*

enuiron cinquante pas de large, aux deux bouts de laquelle sont deux petites Collines, qui la rédent presque en forme rõde, & ceste mer a deux mille de large & cinq mille de tour, me resouuenant auoir leu en Plutarque que Lucius Lucullus grand personnage Romain, delicieux en son manger, signamment de poisson de cocque, auoit esté tãt curieux d'enclorre ceste mer pour contenter son appetit, qui estoit certainement vne entreprise graue & digne de Lucullus & de sa magnificence, & de laquelle il vint à son honneur, comme se voit encore maintenant. A demy quart de lieuë de là Lucullus auoit vn beau palais qui est auiourd'huy du tout ruiné : mais bien se voit encore en son entier la Piscine admirable (ainsi nommee pour sa tres-grande architecture) où il reseruoit ses murenes & autres poissons delicieux. Elle a quarante degrez pour y descendre, & quarante & huict gros pilliers pour soustenir la voute. Et à propos de ce beau palais ruiné, Plutarque dit que Põpee le grand & Ciceron auec plusieurs Seigneurs Romains, allerent voir Lucullus en ce palais; & ainsi qu'ils souppoient Pompee luy dist qu'il auoit vn tresbeau palais, bien ouuert de fenestres, & orné de porches à l'entour pour la saison de l'esté; mais qu'aduenant l'hyuer, le lieu luy sembloit bien froid & nuisible à la santé. Sur quoy Lucullus luy feist responce qu'il n'estoit moins prudent que les gruës, lesquelles enseignees de la nature, ont bien la preuoyance d'habiter en diuers lieux selon les saisons : & que celuy qui auoit fait bastir ce palais

*Piscine admirable de Lucius Lucullus.*

*Belle responce que feist Lucullus à Pompee le grand.*

ce Palais, pour s'y accommoder l'esté, en auoit fait edifier vn plus superbe en la cité de Baye, pour y demeurer l'hyuer. Tout aupres de là est vn lieu basty sous terre appellé cent chambrettes, ou *Centum cellæ*, auquel on entre à toute peine par vn certain endroit qui est au bout d'vne sale, estant necessaire y porter vn flambeau, si on y desire voir plusieurs châbrettes qui y sont; & mesmement la beauté de l'edifice, qui a l'apparence d'auoir esté fait presque de nos iours. Ie reciterois volontiers les antiquitez des palais ou villes de Iulle Cæsar, de Pompee le grand, de Caius Marius & autres, mais ce ne seroit qu'vne prolixité, me contentant de dire que retournás à Naples par vn autre chemin que celuy qu'auions faict en venant, nous nous trouuames au bord de la mer qui est ioignant vne montagne par où l'on descend en la grotte qu'on appelle du Roy Salao, qui va à ce qu'on dit sous mer, iusques en l'isle d'Ægypte prochaine à vn mille de là: dedans ceste grotte nous entrames faisans allumer nostre flambeau, & cheminasmes iusqu'à l'entree d'vne certaine fosse, où nostre guide s'arresta ne voulant passer outre. Nous luy demandames la cause pourquoy il diferoit, il nous respondit que c'estoit à raison que l'entree d'icelle estoit fort perilleuse, d'autant que tous ceux qui entroient dedans n'en retournoient iamais dire nouuelles aux autres: ainsi qu'arriua dit il, y a enuiron six ans au prieur de l'Abbaye de Margoulline, à vn François, & à vn Alleman, lesquels estans arriuez à ceste fosse, furent ad-

*Cent châbrettus & que c'est.*

*Grotte du Roy Salao.*

*Histoire d'vn Fráçois, Neapolitain & Alleman.*

H

uertis par moy de n'entrer dedans. Mais se moquant de mes admonitions, prindrent chacun son flambeau pour y descendre. Ce que voyant ie les y laissay entrer sans vouloir aller en leur compagnie, les attendant toutesfois à l'entree d'icelle: mais voyant qu'ils ne retournoient point, ie me doutay incontinent qu'ils estoient morts, de sorte qu'estant retourné à Naples ie le recitay à plusieurs, tant qu'à la fin cela vint à la cognoissance des parents dudit prieur, ils me feirent constituer prisonnier, alleguans contre moy que ie l'auois faict entrer dedans, ou pour le moins ne l'auois aduerty de l'inconuenient: mais sur le châp, ie prouuay le contraire & feus absous à pur & à plain. Et peu de iours apres on descouurit que tous trois estoient magiciens, & qu'ils auoiet descédu en ceste fosse pour cercher vn tresor. De là nous retournasmes à Naples, où nous feismes quelque seiour pour nous reposer.

*Carnaual de Naples où se font plusieurs choses recreatiues. Item des grandes gabelles qu'il y a audit royaume de Naples, & la valeur de la monnoye qui s'y despend.* CHAP. XXIIII.

*Escurie du Roy d'Espagne à Naples.*

PEndant le seiour que nous feismes en ceste ville de Naples, nous veismes la grande escurie du Roy d'Espagne qui est hors la cité, en laquelle y auoit quatre vingts quinze beaux cheuaux, dont la moitié estoient dressez, & les autres non. D'icelle trauersans les tranchees que de-

*Tranchees de [...] de Lak*

funct monsieur de Lautrec feist faire, tenát Naples assiegee, entrasmes dans le beau chemin qui conduit droit en la Pouille, pareil à celuy qui va de Capouë à Naples, où ayans cheminé deux ou trois mille, arriuasmes à Pouſſoreo, qui eſt vne maiſon de plaiſir qu'à le Roy ſur le grand chemin, en laquelle voulans entrer, le chaſtelain en feiſt mille difficultez, diſant luy auoir eſté defendu de n'y laiſſer entrer perſonne, ſans la licēce du Viceroy: mais noſtre cocher, qui auoit accouſtumé d'y mener pluſieurs eſtrāgers feiſt tāt auec luy (par le moyen d'vn eſcu) qu'il nous ouurit la porte, & nous monſtra les ſingularitez du lieu, qui conſiſtēt en vn treſbeau iardin, tout réply d'orangiers, limonniers & autres fruits excellents, auec vn grand nombre de belles fonteines qui iettēt l'eau en des viuiers, enſemble pluſieurs autres choſes dignes d'eſtre contépleés & regardeés. Ce fut en ce lieu meſme q̄ le ſeigneur de Lautrec oſta l'eau à ceux de Naples, dōt par apres luy en aduint vn treſ-grād mal: car l'eau ne ſe pouuāt euacuer cōme elle auoit accouſtumé gaſta toute la cāpagne. Qui plus eſt ceux de Naples voyāt qu'elle leur auoit eſté oſtee, la feirēt empoiſonner, ce qui occaſionna la mort à grand nōbre de nos ſoldats, & meſmement au ſeigneur de Lautrec. De là retournans encore vn coup à Naples, veiſmes le cōmencemēt du Carnaual où ſe font pluſieurs gentilleſſes, maſcarades d'hommes habillez en diuerſes manieres: vous y verrez les vns faire voltiger & tourner a paſſades & à courbettes leurs cheuaux deuāt la courtiſane, & puis s'arreſter pour faire leur harāgue, les autres rompre la lance contre le faquin, les autres courir en chariots tous couuerts de verdure

*Maiſon royale de Pouſſoreo & ſon beau iardin.*

*Carnaual de Naples.*

H ij

*Voyages du Seigneur*

accompagnez de zanits, stratulles & pantalons, lesquels en passant leur chemin donnent tousiours quelque brocard, aux François principalement, qui ny sont pas trop bien venus entre les Espagnols qui y dominent. Car au regard des Neapolitains, ils honorent & respectent le François, se recordãs tousiours de la liberalité Françoise, mesmement à present qu'ils se voyent reduits entre les mains des Espagnols auares & superbes, nul desquels oseroit aller la nuit hors sa maison, qu'il ne soit massacré, sans qu'on puisse descouurir l'autheur de l'homicide, faute de tesmoins, tant celte nation est haye par entr'eux comme de la plus part du monde. Et cela nous donna vn iour occasion de demander à vn gentilhomme Neapolitain, ausquelles des deux natiõs Espagnolle ou Françoise il aymeroit mieux obeyr, lequel sans autre resolutiõ nous respõdit que l'Espagnol estoit trop superbe & auare, qui n'apportoit rien au Royaume & en emportoit tout, mais qu'au contraire le François n'emportoit rien & y despendoit tout, toutesfois que le François auoit vne coustume de baiser publiquement leurs femmes. Me laissant auec celte responce, il me donna à cognoistre qu'il ne desiroit aucune des deux nations, ny ayant rien en toute l'Italie plus odieux que de baiser les femmes en public. C'est pourquoy l'ordonnance est telle, que si vn homme baise vne femme mariee publiquement, il est faict mourir sans remission, & si elle est putain il est contraint de l'espouser, pourueu qu'elle s'y accorde, m'estant beaucoup

*Ordonnance seuere en Italie pour baiser vne femme en public.*

esmerueillé de voir les hommes se baiser l'vn l'autre en plusieurs lieux de l'Italie, & sur tout à Venise où cela est fort commun, ne voulant dire pour cela que leurs baisers soient deshonnestes; mais de prime face le François & l'Ailemã les trouueront estranges, abhorrant ceste coustume, qui leur fait soupçonner ie ne sçay quoy de mal qui ne se peut honnestement nommer. Mais retournans à nos mascarades, les plaisirs qu'on y reçoit, sont par fois aussi temperez de fascherie pour les insolences de ceux qui iettent des œufs cuits au nez des passans, & telles autres choses vilaines & immondes : les muguets toutesfois & plus honnestes emplissent leurs œufs d'eau de senteurs, & les font colorer de diuerses peintures, mais ils n'en fauorisent que ceux ausquels ils vouent leur seruice, ou qu'ils ayment. Laissant ce discours & autres particularitez de Naples, ie parleray de la valeur des monnoyes qui se despedent au royaume, où l'escu de France & d'Espagne estans de pois y valent treize carlins, & douze & demy de ceux d'Italie, le carlin vaut quarante quadrins, & le quadrin vn denier obolle de France, la pataque cinq carlins, lesquin dix quadrins, vn tournois trois quadrins & vn cauall demy quadrin qui est obole & pite de Fráce, & plusieurs autres pieces de deux, trois & quatre carlins. Quant à l'escu de monnoye il y vaut dix carlins, mais de toute ceste monnoye, il n'en faut point porter à Rome d'autant qu'on y perdroit beaucoup. Et partãt desirãt retourner à Rome ie feis le mesme marché auec le porcache

*Insolences du carnaual de Naples.*

*Valeur des monnoyes du royaume de Naples.*

H iij

*Voyages du Seigneur*

que i'auois faict pour venir à Naples: mais il se faut resoudre auant partir de Naples de ne porter que vingt cinq escus, & de payer gabelle de tout ce qu'on acheptera, fors de quelques aiguillettes & autres choses de peu de valeur: & si la chose qu'on aura achetee a esté portee vne fois, on n'en payera point gabelle: comme pareillement des ioyaux qu'on portera pour parade, pourueu qu'ils soient aux mains & au col. La premiere gabelle qui se paye, est à la sortie de la ville, où si on a quelque chose qui soit suiecte à gabelle, il le faut monstrer librement & en prendre vn recepisse des receueurs. Car quelquesfois ils laissent aller doucement les passans qui leur donnent vne honnesteté, mais c'est afin que leurs hardes soient confisquees passant à la Sportelle, pour auoir voulu frustrer les payemens des daces du Royaume: ce que souuent arriue à plusieurs, faute de scauoir les coustumes du pays. Comme l'on sort de Fondy, on trouue nouueaux gabeleurs, lesquels sont establis pour empescher la sortie des cheuaux hors le regne, si on ne leur en monstre la licence, & aussi pour receuoir le payement des gabelles. Ils nous contraignirent de leur monstrer nos bourses & ouurir nos valises, ausquelles ne trouuans rien selon leur volonté, ne laisserent pas par importunité d'auoir la courtoisie de nous autres: & passant vn peu plus auant, nous entendismes batre le tambour, au son duquel nous veismes descendre d'vne montagne, où est la ville de Sportelle, certains

*Grandes gabelles & exactions sur les marchandises au royaume de Naples.*

faquins portans des harquebuses, lesquels nous venans ioindre par le deuant, nous feirent arrester, nous demandant quel nombre d'argent nous portions, où estoit le passeport de nos mulets. Le voicturier le leur monstrant fallut neantmoins exhiber les bourses & valises, & pour sortir des mains de telles gens, leur iectasmes quatre carlins, pensans estre eschappez : mais la malice des larrons auoit fait mettre en embuscade, ioignant l'entree d'vn portinau, cinq de leurs compagnons, qui nous vserent plus de rigueur, que n'auoient faict les precedents : ce qui nous empescha de leur donner aucune chose, combien qu'à toute instance ils demandassent estre satisfaicts de leurs peines : de sorte qu'à leur tres-grand regret ils nous laisserent passer le portinau, & entrer aux terres du Pape, aux villes duquel se paye vn Iulle pour valise, sans regarder ny prendre cognoissance de ce qui est dedans. Quant aux portes de Rome on y paye gabelle de toutes sortes de marchandises neufues qu'on apporte de Naples, sinon de quelques petites marchandises de peu de valeur : & encores cela depend de la liberalité & franche volonté du receueur, de maniere que pour euiter ce que dessus, ne faut porter auec soy que ce qui est requis pour la course du voyage, faisant lequel on est tres-mal traicté du boire, du manger & du coucher, sans qu'il soit possible, pouuoir auoir des linceux blancs. Mais outre ce, les licts sont plus sales qu'en vn hospital,

*Gabelle sur les terres du Pape.*

*Mauuais traictement du manger & dormir qu'en reçoit au royaume de Naples.*

H iiij

*Voyages du Seigneur*

n'y ayant rien qu'vn matelas ietté sur quatre ou cinq planches de bois. Ce qui se void aussi en quelques autres endroits d'Italie, où l'on est mal couché, encore que de la bouche l'on y soit assez bien traicté.

*Description des courses tant d'hommes, que cheuaux & autres animaux qui se font au Carnaual de Rome. Ensemble les ceremonies Papalles qui se font le iour des cendres: La valeur des monnoyes de Rome. Licence du pape pour aller en Hierusalem.*

### CHAP. XXV.

ESTant arriué à Rome, huict iours auparauant le mardy gras, i'eu la cómodité de voir courir le paly des Iuifs qui couret tous nuds, le lundy deuant le ieudy gras, depuis nostre dame du Populo, iusqu'au palais sainct Marc, qui est vne grande & droite ruë, contenant pres d'vn mille de longueur. Ce iour là les Iuifs payent leur tribut au Pape, & fournissent les palis du Carnaual chacũ desquels vaut vingt cinq escus, & vne piece de velours ou damas de quelque quatre aunes de long. Aux iours dediez pour les courses, nul n'oseroit aller en chariots par le lieu où se faict la course, ny passer pendant que la course se fait: & ce sur peine de la corde, que ie veis donner à vn Romain pour y auoir passé le mardy gras. Aux autres iours on a permission d'y mener des carosses, lesquelles pour leur multitude destournent les plaisirs des masquarades, qui sont ca

*Course des Iuifs tous nuds.*

*Carnaual de Rome. Valeur des pallis qui se courent a Rome.*

grand nombre & les hommes habillez en diuerses manieres & façons, les vns se pourmenans
auec leurs pantalons, stratulles, & zanits, les autres rompans leurs lances contre le faquin, les
autres panadans & voltigeans leurs cheuaux, à
la veuë de la Corteggiana ou fille de ioye qu'on
peut voir aux fenestres, fardee & atifee à son aduantage pour donner plaisir & reueiller les esprits des plus froids, à laquelle les stratulles &
zanits disent mille brocards, où elle prend plaisir, comme d'vne harangue faicte à sa louange.
Mais ce que i'admire plus, cest que les plus
grãds de Rome, passant au deuant de la fenestre
de madame la Courtizane, ils la saluent en toute
humilité, luy baisent les mains & passent deuant
elle comme si c'estoit vne princesse ou quelque grande dame. Apres que les Iuifs ont couru
leur paly, se faict la course des vieillards, tous *Course des vieillards.*
nuds le iour du ieudy gras, comme aussi celles
des hommes portans barbes, & des ieunes gents *Course des hõmes portans barbe*
sans barbe. Mais auant qu'aucun commence à
courir, le conseruateur de Rome partant de la
place de nostre dame du Populo, vestu d'vne *Course des ieunes hõmes sans barbe.*
grande robbe de drap d'or, accompagné de plu-
sieurs seigneurs Romains tous à cheual, passe par
le lieu où se fait la course, faisant porter deuant
luy tous les palis, qui sont attachez au bout d'vn
long baston, & tout ioignant sont quatre trõ-
pettes qui se font ouyr souuent, & ainsi est conduict en ceste pompe iusques au palais de sainct
Marc, pour y voir les courses, & adiuger les palis
à ceux qui auront mieux couru, y ayant hom-

mes destinez à l'autre bout de la carriere, qui au signal d'vne trompette font desloger tous les coureurs. Quant aux iours du vendredy & du Dimâche gras, il ne se fait aucune chose en Rome, mais le lundy, courent les cheuaux Barbes sans estre sellez, sur lesquels sont montez des laquais qui les font courir impetueusement, & les cheuaux de moyenne taille courent apres & les iuments les dernieres, sur toutes lesquelles sont des laquais courans à qui mieux mieux: & celuy qui a le mieux couru, est ramené victorieux, criant à haute voix que viue la maison du Seigneur à qui le cheual & le lacquais appartient. Le mardy gras, courent les asnes sellees & bridees, sur lesquelles sôt des laquais, qui les talonnent de fort pres. Puis courent les bufles pareillement sellez, portans leurs cornes dorees, & vn anneau de fer au trauers de leurs mufles, ausquels est vne corde attachee, qu'vn hôme de cheual tient pour contraindre le Busle à cheminer plus fort: & d'autre costé celuy qui est dessus le Busle le pique auec des esperôs iusques au sang: & au derriere & costez sont plusieurs hommes à cheual, tenans chacun vn grâd baston qui a vn aiguillon de fer au bout, duquel sans cesse ils piquent le pauure Busle, iusqu'au palais de sainct Marc, le contraignans courir bô gré mal gré qu'il en ayt. Mais quant le Busle est pres du palais, ou luy iette de toutes parts des fusees de feu, lesquelles voulant euiter, il s'efforce reculer arriere, mais c'est le comble de son maleur, car il se void tant piqué par le der-

*Course des cheuaux barbes.*
*Course des moyens cheuaux.*
*Course des iumens.*
*Course des asnes.*
*Course des Busles.*

riere, & traisné par le deuant ; qu'il demeure quelquesfois à demy mort, & quelquefois aussi on l'irrite si bien, que souuent ceux qui sont derriere gaignent le deuant à la fuitte quand il se retourne contre eux. Le Busle est vn animal beaucoup plus fort que le bœuf, portant les cornes grosses & leuant tousiours le musle à mont, estant fort lent & paresseux : neantmoins malicieux quand il est courroucé. Il a le dos fort plain de rongne & galle & est laid à merueilles, & sa chair n'est bonne a manger, mais la peau est bonne pour faire habillements. Au reste il est fort propre pour labourer & cultiuer la terre, & y en a grand nombre au Royaume de Naples, la Romagne & Toscane : & quand est du laict qui prouient des Busles femelles, on en faict des fromages qu'on appelle prouature. Le lendemain qui estoit le mercredy des cendres le Pape feist chappelle en l'eglise Saincte Sabine qui est sur le mont Auentin, où les accoustumees ceremonies estant faictes, les Cardinaux feurent vestus de leurs habits pontificaux portans la mitre blanche sur la teste, puis chacun en son ordre receut les cendres de sa Saincteté, & apres eux allerent les Archeuesques, Euesques, Abbez, Protenotaires, Pœnitenciers, Officiers, Chambriers, Chantres, & autres grands personnages de qualité : à tous lesquels sa Saincteté donna pareillement les cendres. Cela faict chacun reprint ses premiers vestemens, & furent faites les mesmes ceremonies

*Descriptiõ du Busle.*

*Ceremonie papale du mercredy des cendres.*

*Voyages du Seigneur*

*Valeur des mōnoyes de Rome.*

que celles dont i'ay parlé cy deſſus. Quant à la valeur des monnoyes de Rome, l'or n'y a point de prix arreſté, car quelquesfois l'eſcu s'y met à douze Iulles & demy, autresfois à douze, & meſme à vnze & demy, le tout ſelon l'abondance de l'or qui eſt en la cité, où toutes ſortes d'eſcus s'y mettēt & tous à vn meſme prix. Il y a des teſtés qui valēt trois Iulles, le Iulle dix baioques, le baioque quatre quadrins, & le quadrin vn denier obole de Frāce, & chāgeant vn eſcu en quadrins ou baioques on y gaigne beaucoup. Quāt à l'eſcu d'argent qu'ils appellent ducat on les prend pour dix Iulles, & ſi on a beſoin de changer vn eſcu, il faut aller trouuer les changeurs qui ſont eſtablis pour ceſt effect par les villes. Voulant donc partir de Rome pour venir à Veniſe, ie fus aduerty de prendre licence du Pape pour viſiter

*Licence du pape pour aller en Hieruſalē.*

le ſainct ſepulchre de noſtre Seigneur Ieſus Chriſt, autrement i'euſſe encouru ſentēce d'excommunication ſuyuant la bulle faicte contre ceux qui partent de Rome ou de Veniſe, ſans cōgé expres de ſa Sainteté. Ce qui n'eſt pas ainſi à ceux qui partent de Marſeille, leſquels le patriarche de Hieruſalem a puiſſance d'abſoudre & leur permettre l'entree du ſainct ſepulchre. Cela fut cauſe que ie retarday vn peu mon voyage pour auoir licence de ſa Sainteté, laquelle il m'accorda & ſigna de ſa main mettant au bas, *Fiat vt petitur*, & pour l'abſolution de tous pechez, il eſcriuit plus bas *Fiat Felix*. Et comme ie penſois eſtre depeſché apres qu'il l'eut ſignee, ie feus eſbahy qu'elle paſſa par autant de mains comme faict l'expedition d'vn benefice, sçauoir par celle du sous-dataire, des visiteurs, reuisiteurs, Cardinal dataire, & au registre, tant qu'en icelle y auoit vnze signatures. Ceste depesche faicte, ie prins vn buletin de la santé pour entrer sur les terres des Venitiens, & priay mōsieur l'Ambassadeur du Roy d'escrire en ma faueur à celuy de Venise, aux Consuls de Tripoly, de Syrie & du grand Caire de Babilone en Ægypte, & mesmement à monsieur de Lancome aussi Ambassadeur pour sa Majesté en Constantinople.

*Discours des choses memorables que l'on rencontre faisant le chemin de Rome pour aller à nostre Dame de Lorette.*

### CHAP. XXVI.

IE party de Rome le vingt & deuxiesme iour de Feurier 1589. & auant que partir ie feis marché auec vn voicturier à deux escus d'or seulement pour me mener iusques à nostre dame de Lorette, à la charge qu'il me feroit passer par le mōt de Falco pour voir le corps de Saincte Claire qui y est, & feis mon voyage en la cōpagnie d'vn homme d'eglise nommé le sieur de Sainct Leonard, & d'vn gentil-homme François appellé le sieur de Brignan, tous deux de la prouince de Limoges, lesquels entreprenoient le mesme voyage de Hierusalem. Ainsi nous cheminasmes ensemble iusques à Venise, passans

*Marché pour aller à nostre dame de Lorette.*

*Via Flaminia.*

premierement par la Via Flaminia, que le Consul Flaminius feist faire si excellente & magnifique, qu'elle duroit depuis Rome iusques à Riuenne, où y a six iournees & demie, estant pauee de larges & grosses pierres, comme apparoist encore maintenant aux grandes ruynes qu'on y voit, lesquelles donnent à cognoistre la grandeur de son ouurage, & qu'elle estoit la grādeur & richesse des Romains. Suyuans la Via Flaminia, laissames à main droicte Castel nouo & Rignano, passans au pied de la montaigne de Sainct Siluestre Pape, ainsi nommee à raison que Sainct Siluestre à ce qu'on dit s'y retira, fuyant la persecution. Et allans outre entrasmes en l'ancien pays des Sabins, des filles desquels fut peuplee Rome & sont descendus tant de grands chefs de guerre. Cheminans tousiours par le pays des Sabins arriuasmes au chasteau de Bourguetto, aupres duquel passames le fleuue du Tybre par batteau, puis suyuant de rechef la Via Flaminia, veismes sur icelle plusieurs anciens sepulchres, bastis en forme ronde, & fort haut esleuez; & est vray semblable que les Romains choisirent ces lieux pour leur sepulture, non tant à cause qu'ils sont situez en vn plaisant & delectable pays, fertille & abondant d'oliuiers, qu'à raison du Tybre mary de Rhea Syluia qui passe par le milieu, autour duquel sont de petites colines, où croist vn certain bois taillable qu'ils appellent Legny, lequel iamais ne pert sa verdure. De là montans la petite montagne de Scipion, où est vn vieil cha-

*Mont S. Siluestre.*

*Ancien pays des Sabins.*

*Chasteau de Bourguette. Passage du Tybre. Vestiges de sepulcres des Romains.*

*Bois verdoyāt en tous temps.*

steau portant le mesme nom, qu'on dit auoir esté basty par Scipion l'Affricain, on voit la ville de Narny edifiee sur le pendant d'vne rude montagne qui porte vn chasteau sur sa cyme, duquel se veoit du costé du midy vn profond precipice, & vne riuiere nommee Negra qui va bruyant à trauers des rochers, par lesquels elle passe. Et comme on descend de ceste ville, on laisse à la main droite vne fonteine, pour marcher en vne fertile plaine, qui produict, bleds, vins, oliuiers, figues & autres sortes de fruicts, par le milieu de laquelle court ladicte riuiere de Negra. Et ce trouue en ce pays vne sorte de terre qui est mouillee & fangeuse quand le temps est sec, & lors qu'il se tourne à la pluye elle se reduit en pouldre: Pline en ayant escrit choses merueilleuses alleguant Ciceron en vn sien liure qu'auons perdu par l'iniure du temps. Au bout de ceste plaine, on entre en la cité de Terna qui est d'assez grande estendue & bien bastie, à costé de laquelle passe la riuiere de Negra qui l'embellist & enrichist grandement. Car par l'espace de six ou sept mille, on ne marche qu'entre des oliuiers & figuiers, sous lesquels verdoye la terre des bleds qui y sont semez. Autrefois ceste ville estoit l'vne des dixhuict colonies Romaines, ainsi que Tite Liue dit en son vingtseptiesme liure. Partant de ceste ville nous passames les valees de Stratura qui est vn chemin fort pierreux & mal plaisant, au bout duquel on monte la montagne de Somma, que le

*Chasteau de Scipion l'Africain.*
*Cité de Narny.*
*Riuiere de Negra.*

*Chose merueilleuse d'vne certaine terre.*

*Situation belle de la cité de Terna.*

*Mõtaigne de Somma.*

*Voyages du Seigneur*

*Le beau chemin que le pape Gregoire xiij. feist faire pour aller à nostre dame de Lorette.*

Pape Gregoire XIII. feilt tailler afin de rendre le chemin plus facile à ceux qui vont de Rome à nostre dame de Lorette, ce qu'il a fait aussi par les monts Appennins, & autres lieux de difficile accez, par lesquels maintenant on passe facilement, & mesmement les chariots qui n'y pouuoient passer au parauant. De là nous arriuasmes a Spolette, principale cité du Duché de Spolette, duquel le Pape iouist maintenant, comme pareillement de tout le territoire, depuis Rome iusques à Rauenne, fors du petit Duché d'Vrbin qui luy retournera au decez du Duc, come aussi le Duché de Ferrare, celuy de Parme, & le royaume de Naples, au cas que ceux qui les possedent meurent sans enfans. La cité est situee

*Cité de Spolette & sa description.*

moitié en plaine & moitié en montagne, & est assis le chasteau sur vne crouppe de montagne, ioignant la ville, & pour y entrer on passe de la ville par sur vn pont de pierre, qui est soustenu sur vingt & quatre gros piliers fort hauts esleuez, de l'autre costé du chasteau est vne moyenne valee qui se confine & aboutist en vne plaine,

*Ville de Foligni.*

qui va à Foligni, où estans arriuez, laissans le droit chemin de nostre dame de Lorette pour

*Ville d'Assizi de laquelle estoit natif S. François.*

aller voir la ville d'Assizi, de laquelle le glorieux Sainct François estoit natif, le corps duquel repose en vne belle eglise qui y est: & pour ce qu'il n'est permis à aucun de le voir, ie viendray à ce-

*Mont de Falcon.*

luy de Saincte Claire qui est sur le mont de Falcon en vne eglise dediee à son nom, en laquelle

*Le corps de Saincte Claire.*

son corps repose en chair & en oz qu'on voit à trauers d'vne vitre, qui est sous le grand autel.

De

De Falcon, nous reprinsmes le droit chemin de noſtre dame de Lorette, paſſant par la cité de Tolétine, qui eſt la premiere de la marque d'Ancone, puis continuans noſtre chemin par vne belle campagne, montaſmes à la cité de Macherata qui eſt fort peuplee & de grande eſtenduë, en laquelle ſe tient ordinairement le legat de ſa Sainēteté. Finalement deſcendant en vne autre plaine, où ſont les riuieres de Potenza, d'Aſino, & Aſpidoz: montaſmes auſſi en l'ancienne cité de Ricanati, laquelle eſt beaucoup plus longue que large, & enuironnee de fertiles colines, leſquelles on deſcend par vn chemin paué de brique qui conduiſt droict à noſtre dame de Lorette.

*Cité de Tolentine.*
*Cité de Macherata.*
*Riuieres de Potenſa, Aſino & Aſpidos.*
*Cité de Ricanati.*

*Ample deſcription de la chappelle de noſtre dame de Lorette. Comme elle a eſté tranſportee miraculeuſement par les Anges. Enſemble des ſignes & miracles qui y ont eſté faits: des apparitions de la Vierge à pluſieurs perſonnes religieuſes & deuotes.*

## Chap. XXVII.

La chappelle quel'on nomme noſtre dame de Lorette, eſt la propre maiſon que la Royne des vierges auoit en la cité de Nazareth, prouince de Galilee, en laquelle elle fut nee, engendree & nourrie, & depuis ſaluee de l'Ange Gabriel, luy annonçant l'incarnation du fils de Dieu, qu'elle conceut au meſme lieu, par l'operation du Sainēt Eſprit. Depuis le iour de l'Aſ-

*Deſcription de noſtre dame de Lorette.*

I

cension de son fils nostre Seigneur Iesus-Christ, elle y feist sa principale demeure, estant assistee des saincts Apostres, & de Sainct Iean l'Euangeliste, auquel nostre Sauueur mourant, l'auoit recommandee. Les Apostres (apres sa mort) considerans les grands mysteres qui auoiét esté faits en ceste maison, la consacrerent & dedieret à Dieu pour luy presenter & offrir iournellement le sacrifice de la saincte Eucharistie qui est l'agneau sans tache, lequel est en ce sacré mystere offert à Dieu son pere, pour l'expiation de nos pechez, & pour fortifier só eglise à l'encótre des assauts de Satá capital ennemy du gére humain. Les Apostres, comme on dit, bastirent de leurs propres mains la gráde croix de bois qui se voit sur la fenestre de la chappelle, & l'image de bois de cedre qui est au haut d'icelle, fut faicte de la main de Sainct Luc Euangeliste. Quãt au bastiment de la maison, il est tout faict de grosse bricque & vouté par le dedans, à la semblance d'vne chappelle, ayant de longueur trete pieds, & douze & demy de largeur, & à l'vn de ses pignons y a vne fenestre, qui peut auoir deux pieds de large & autant de hauteur, & à l'autre pignon est vne cheminee de deux pieds & demy de large, où y a encore des cendres, que nul n'oseroit prendre pour emporter: outre plus sur la cheminee se voit l'image de cedre cy dessus, si richement ornee & embellie de pierres precieuses, que la voyant elle reluist comme vn beau Soleil auec ses crains dorez; ayant à son as-

*Consecration que firent les Apostres de la maison de nostre dame.*

*La croix de bois que firet les Apostres.*

*Image de Cedre que fist S. Luc.*

*Longueur & Largeur de la maison de nostre dame.*

*Largeur & hauteur de la fenestre.*

pe‑ct grand nombre de lampes d'argent, & autres infinies richesses. Ce lieu est separé du corps de la chappelle, par vne grille de fer qui a deux portes à ses deux bouts, entre lesquelles est vn autel que feirent les Apostres, sur lequel maintenant on celebre la Sainctte Lyturgie que les latins appellent messe. A la senestre d'iceluy l'on veoit vne petite armoire, où l'immaculee Vierge mettoit le liure de ses prieres auec ses menuës hardes. Nulle personne ose entrer au lieu où est la cheminee sans la permission du gouuerneur, sur peine d'encourir les censures ecclesiastiques, bien vray est que aussi tost que l'on demande congé, il le donne fort librement. Et parce que c'est vn lieu sainct & admirable ie m'enquis fort curieusement (y employant tous mes esprits) pour sçauoir le moyen comme elle auoit esté là transportee, & en quel temps cela estoit aduenu, encore que i'en peusse sçauoir la verité par les diuers tableaux escrits en François, Italien, Espagnol, Grec, Latin, Arrabe, Hebrieu, Alleman, Anglois, & Flamen, attachez en l'eglise sur le banc des pœnitenciers de chacune desdites nations. Ce neantmoins ie m'enquis d'abondant à plusieurs, tant qu'à la fin, ie trouuay que ceste eglise ou chappelle, auoit esté grandement reueree des Chrestiens de la primitiue eglise, mais par laps de temps, estans les deuotions refroidies, & la terre saincte occupee sous Heraclius, & aussi par Cusruï ou Cosroës Roy

*L'autel que feirent les Apostres en la maison de nostre Dame.*

des Perses, puis par les Sarrazins à la conduicte de Mahommet & ses successeurs Califfes, & apres par les Turcs & ceux d'Egypte sous Harancone & le Saladin son fils. Aduint qu'en l'an mil deux cents nonante & vn, au temps du Pape Nicolas IIII. & de la prise de Tripoly (car c'est ainsi que ie l'ay apprins de ceux qui me l'ont recité) Aduint, dis-ie, que ceste sainte maison arrachee de ses fondemēts fut miraculeusemēt portee de nuict par les Anges, depuis la cité de Nazaret, iusques en Sclauonie en vn lieu nommé Tersalto ioignant la mer Adriatique. Le matin estant venu & les habitans du pays voyans ceste chose nouuelle, en furent fort esmerueillez & principalemēt quād ils entrerent dedās & qu'ils veirent l'image de la Saincte Vierge Marie resplendissante & lumineuse, comme aussi la croix cy dessus mentionnee: & creurent incontinent que c'estoit vn lieu sainct, dont de toutes parts y accoururent hommes & femmes pour voir ce temple & oratoire, & mesme les malades pour y receuoir santé. Entre lesquels fut le prieur de S. George de Tersalto Alexandre, lequel estant agité d'vne forte maladie se feist porter à ceste saincte chappelle, où faisant sa priere s'endormit, mais ainsi qu'il se resueilloit la Saincte Vierge s'apparut à luy, disant en ceste maniere: Voicy celle que tant de fois tu as appellee à ton secours, i'y suis venuë, pour te donner aduertissement que tu ayes bonne esperance & que tu ne doutes point. Ceste maison de la venuë de laquelle vous estes tant esmerueillez, est Sain-

*Premier trāsport de ladicte maison de la Vierge Marie.*

*Apparitiō de la Vierge Marie au prieur Alexandre.*

ȩte, à raiſon que moy heureuſe Vierge immaculee, ordonnee dés l'eternité pour eſtre mere du reparateur du gére humain, fus en icelle heureuſement conceuë d'Anne ma mere, puis y ay eſté nee & nourrie, chanté pſalmes, hymnes, & cantiques au vray & eternel Dieu, & par apres eſpouſee à Ioſeph homme iuſte, qui rendit les preſtres fort eſmerueillez par le miracle ſainȩt & diuin, qui apparut lors que tenant en ſa main vne verge ſeiche, promptement elle vint à florir. Moy feconde vierge promiſe par tát de Prophetes à nos peres, fus obombree du Sainȩt Eſprit ſans faire leſion aucune à ma virginité perpetuelle:& plaine d'ardante charité, ie receu húblement & auec toute ſainȩte reuerence le fils de Dieu eternel dans mon ventre virginal, afin que moy eſtant ceſte Arche ſainȩte de l'aliance figuree en l'ancien teſtament par les oracles des diuins Prophetes, i'apportaſſe au genre humain vne manne diuine & celeſte, laquelle ne donne pas ſeulemét nourriture au corps mortel & paſſible, comme celle des Iſraëlites, mais qui nourriſt & entretient l'ame en vne vie eternelle. I'ay conſerué en ceſte chambre le doux enfant Ieſus, vray Dieu & homme, lequel ayant enfanté ſans nulle douleur, luy ay donné la nourriture & alimenté auec ces miennes mammelles : iuſqu'à ce que fuyant la cruauté d'Herode par l'aduertiſſement de l'Ange ie l'ay porté en Ægypte, eſtant accompagnee de mó eſpoux Ioſeph, qui ne toucha iamais ma chaſte virginité:puis eſtás retournez d'Ægypte y demeuraſmes iuſques au dou-

I iiij

ziesme an de son aage ; & peu de temps apres
sa mort & passion iceluy estant monté au ciel,
duquel il estoit descendu, pour reparer la nature humaine & reconcilier auec la court celeste, ie demeuray en ceste chambre auec Iean &
les autres disciples, lesquels considerans apres
ma mort les grands mysteres qui y auoient e-
sté faicts pour le salut des humains, la consacrerent & conuertirent en vn temple, auquel pour
auoir souuenance à toute heure de la mort &
passion de leur seigneur chef des martyrs, qui
endura en la croix ; ( laquelle me transperça le
cœur ) feirent de leurs propres mains vne croix
de bois qui est icy dedans : & l'image de bois
que vous voyez resplendissante, fut faicte par
les mains de Luc ( mon familier ) lequel pendant que nous estions viuans, s'efforça pour
eterniser ma memoire, de me pourtraire au naturel. Maintenant par le commandement de
celuy qui peut toutes choses, ceste maison a
esté leuee de la cité de Nazareth ( y laissant les
fondemens ) & portee par les Anges en ce lieu,
ce que ie dy, afin que tu le recites aux autres:
Fils ie te donne santé. Ainsi la Royne des cieux
mist fin à son parler, laquelle laissant vne o-
deur diuine en la chappelle, & rendant la santé au prieur Alexandre, se disparut de luy, lequel esmerueillé de ceste vision, s'en alla sur
l'heure le reciter aux habitans du pays, mesme
à Nicolas Frangipane sieur d'icelle contree,
qui enuoya incontinent ce prieur auec quatre
personnes notables en la cité de Nazareth, afin

de cognoistre la verité du faict, en prenant la mesure des fondemens de la maison. Ce que ayans faict retournerent de leur voyage, & confrontans toutes leurs mesures, les trouuerent semblables à la chappelle saincte, qui leur feist adiouster foy à la vision d'Alexandre. Mais ceste chappelle ne demeura gueres en ce lieu, ains peu de temps apres, elle fut reprise par les Anges, & portee par mer au territoire de Ricanaty, la laissant en vn bois ioignant la mer, le dixiesme iour de Decembre mil deux cents nonante & quatre, au temps du Pape Boniface huictiesme. Et combien que le bois fust fort obscur, neantmoins par la vertu de la maison il rendoit vne grande lumiere & splendeur. Ce qu'apperceuans les pasteurs du pays, coururent voir quel signe c'estoit, puis s'en allerent en diligence le dire aux citoyens de Ricanaty, lesquels y accourans & voyans la grande splendeur & clarté de l'image, estimerent que ceste maison estoit enuoyee de Dieu, & rendirent graces à la glorieuse Vierge Marie, dont l'image estoit en ceste chappelle: & d'autant que iournellement s'y faisoyent plusieurs grands miracles, ils luy imposerent incontinent le nom de nostre dame de Lorette, à raison du bois où elle estoit qui appartenoit à vne dame nommee Lorette. Mais par ce que plusieurs voleurs & brigans faisoient leur retraicte dedans le bois, volant, tuant & massacrant les pelerins qui y venoient,

*Second transport de la maison de la Vierge Marie.*

*Troisiesme transport de ladite maison.*

*Voyages du Seigneur*

les Anges reprenans pour la troisiesme fois la maison, la transporterent sur vne petite montagne que deux freres auoient euë par heritage, lesquels querellans vn iour ensemble, à qui auroit le profit de la maison, la nuict ensuyuant elle fust ostee de leur possession & portee par les Anges dans le grand chemin de la communauté de la cité de Ricanati, lequel n'estoit qu'enuiron deux cents pas loing de la maison des deux freres, & ce veoit encore appertement le lieu où elle auoit esté posee. Par ce moyen fut ostee toute la dispute qui estoit entre eux, & depuis ceste saincte maison est tousiours demeuree au lieu où elle est à present, qui peut estre distant de la mer enuiron deux mille seulement. Peu de iours apres q les Anges l'eurēt laissee en ce lieu là, courut vn bruit entre le peuple, qu'elle auoit esté en Sclauonie, auparauāt q d'auoir esté apportee dans le bois susdit, sans qu'on peut descouurir l'autheur de telles nouuelles, ausquelles les citoyens de Ricanati, adioustèrent foy aucunement, & enuoyerent seize hommes en Sclauonnie, distant de Lorette de quaráte lieuës, où ils feurent acertenez de la verité du faict; & de là monterent sur mer & allerent en Nazareth où ils trouuerent les fondemens de la maison, lesquels de retour qu'ils furent en leurs pays, ils trouuerent se rapporter à la maison transportee, laquelle craignans que par longueur du temps elle ne tombast, ils enuironnerent de fortes murailles faictes de brique.

*Quatriesme transport de la dite maison.*

*Poursuite de la description de nostre dame de Lorette: Ensemble des ornemens, joyaux & richesses d'icelle.*

### CHAP. XXVIII.

CE lieu estant de iour en iour plus celebre pour les miracles qui s'y faisoient iournellement, incontinent il deuint frequenté de pelerins d'estrange pays, pour lesquels receuoir & loger fut basty vn bourg qui fut depuis fermé de murailles par le commandement du Pape Leon X. & depuis fut encore bastie vne superbe Eglise par Paul II. sur laquelle y a vn haut dome qui couure la saincte chappelle, qu'on voit en entrant en l'eglise, iustement au milieu d'icelle, & la chappelle est toute environnee de marbre blanc, qu'on n'a iamais sceu faire ioindre à ses murailles, & de vingt colonnes cannelees à la Corinthiéne, sur lesquelles sont les dix Prophetes & dix Sybilles qui ont prophetisé de la venuë de Iesus-Christ. D'auantage le marbre est tres-richement graué à personnages, où sont representez les mysteres de la natiuité de la glorieuse Vierge Marie, ses espousailles, son annóciation, presentation, visitation & sa mort : puis la natiuité de nostre Seigneur Iesus-Christ, & l'adoration des trois Roys, finalement les transports admirables de la maison, tous faits & releuez à personnages de marbre blác tres-precieux. Vous y voyez les richesses qui s'ensuyuent, sçauoir és deux sacristies les citez de Milan, de Bou-

*Ornemens de la saincte maison de la vierge Marie faits de marbre precieux.*

*Voyages du Seigneur*

*Richesses d'argent de nostre dame de Lorette.*

longne, de Fermo, d'Ascoly & Ricanaty toutes faictes de grandes lames d'argent, auec le mont Sancto, celuy de Sarnano & le mont San Pietro: puis les douze Apostres & vne grande croix de la hauteur de demie brasse: & plusieurs choses comme chandeliers, bocals, vases, croix, images, calices, Anges & les Apostres S. Pierre & sainct Paul plus grands que les precedents.

*Richesses d'or à Lorette.*

Plus vous y voyez d'autres images, calices, croix & autres ioyaux d'or massif en grand nombre: & encore dans vne autre sacristie en quatre grandes quaisses de bois des parements & ornements de toile d'or & d'argent, les vns brochez d'orfeucrie d'or, les autres tous couuerts de perles & broderies, & particulierement les touailles, tauaiolles, corporaux, & mitres. Quant aux ioyaux principaux qui y sont, il y a deux grandes croix faictes de pierres precieuses, l'vne desquelles le Cardinal d'Austrie donna. Item vn grand cœur d'or enuironné de pierres precieuses & de grosses perles orientales que donna la Duchesse de Lorraine: Et le riche present qui feist le deffunct Roy Henry troisiesme, lequel ny pouuant aller en personne y enuoya vne grande couppe, faicte d'vn riche lapis, la couuerture de laquelle est d'vn tresbeau cristal, qui a sept gros rubis & quatre diamants autour, & a son pied faict d'vn diapre oriental, lequel est enrichy de trois Satyres d'or, de dix grosses perles, quatorze rubis, & huict tresbeaux diamans, que trois Seraines d'or suportent, tenāt chacune son enfant en leurs mains, qui sou-

*Richesse des ornements de Lorette.*

*Ioyaux principaux de nostre dame de Lorette.*

*Present du Roy de France Henry iiij. & sa description.*

stiennent ladite couppe, sur le haut de laquelle est vn Ange d'or releué qui tient en sa main vne fleur de Lys toute faicte de Diamans, & sous le pied est escript, *Vt quæ prole tua mundum Regina beasti, Et Regnum, & Regem prole beare velis, Henricum III. Franc. & Pol. Reg. Christianiss. M. D. LXXXIIII.* auec ses armes : Ce present est tenu le plus precieux & riche qui ait esté donné à nostre dame de Lorette, comme à la verité il est tresbeau & digne d'vn Roy Tres-chrestien. Les plus beaux que i'aye veu apres, sont ceux du Duc de Bauiere, lequel y a tant de deuotion, que quelquesfois luy quatriesme y vient en poste : le premier present qu'il y donna, ce fut vn chandelier d'argent, qui peut tenir vingt & quatre cierges : le second fut vne tresbelle croix d'esmeraudes enchassee en or: le tiers vne resurrection de nostre Seigneur elabouree en or, diamás, rubis, & autres pierres precieuses: le quatriesme fut vn liure d'or ayant enuiró de demy pied de grãdeur, la couuerture duquel est chargee de rubis, perles & diamans en pointe, & sa ligature de neuf turquoises & deux rubis, ses agraffes & fermail de quatre rubis & deux esmeraudes, & la chaisne qui est faite pour le porter de trois diamans & d'vn tresgros saphir, & ouurant le liuret on voit en la premiere carte vn crucifix d'or esleué sur vn mont de huict rubis, deux turquoises, deux esmeraudes, & deux diamans, & la croix toute faicte d'esmeraudes. A la seconde carte est l'image de la Vierge Marie esleuee en or, & ornee de

*Presents du Duc de Bauiere faits à nostre dame de Lorette & leurs descriptions.*

*Voyages du Seigneur*

quatre tresbeaux diamans, & de quatre rubis taillez en pointe. A la troisiesme carte est vn S. Hierosme enuironné d'vn bris d'or composé de douze rubis, deux diamans, deux hyacinthes, & le reste d'esmeraudes, auec grand nombre d'autres ioyaux precieux, que ie serois long à particulariser, ils se monstrent fort librement à ceux qui les desirent veoir.

*Miracles de nostre Dame de Lorette.*

### CHAP. XXIX.

PArlons à ceste heure des miracles qui se sont faits en ceste saincte chappelle dõt i'ay memoire. Le premier fut en la personne du marquis de Bade cousin du Duc de Bauiere, lequel en l'an 1584. ayant receu vne harquebusade dãs le bras droit, estoit en dãger d'en mourir, n'eust esté que le Duc de Bauiere le voüa à nostre dame de Lorette, & incõtinét que le veu fut fait le Marquis se trouua mieux que de coustume: toutesfois il perdit le maniment du bras: mais desirant accomplir le veu fait en son nom, arriua à Lorette la vigile de Noel, au mesme an, auec six gentils-hommes seulement, & ayant fait son oraison en la saincte chappelle, il s'en alla coucher en l'hostellerie de l'ours, où i'ay pareillement logé. Enuiron la minuict s'apparut à luy la tressaincte Vierge Marie accoustree d'habillemens blancs, laquelle luy touchant le bras, le rendit aussi sain, comme s'il neust iamais esté

*Miracle faict en la personne du Marquis de Bade.*

blessé, ce qu'ayant fait ce disparut de luy, & le lendemain matin le Marquis de Bade raconta le miracle à tous ses gentils-hommes & à tous ceux qu'il rencontroit, en rendant graces à Dieu & à la Royne des cieux. C'est aussi vne maxime generalle qu'il faut aussi se donner garde, de prédre rien en ceste chappelle, si on ne veut tóber en grandes maladies. Et pour exemple ie diray ce qui arriua sur cela du temps que monsieur le Marquis de Vilars fils de madame la Duchesse de Mayne y estoit. Vne pauure religieuse de la cité de Pezaro, estant allee au voyage de nostre dame de Lorette prist par deuotion des cendres de la cheminee, lesquelles mettant en son mouchoir s'en retourna bien ioyeuse en son conuét, où si tost qu'elle y fut arriuee fut saisie d'vne maladie qui luy continua iusqu'à ce qu'elle eust faict restitution desdites cendres. Mais le miracle dont ie vois maintenant parler est bien plus admirable, qui est d'vn medecin de Lyon, nommé Pierre de l'Estain qui estant detenu d'vne grosse maladie, sans que sa science luy en peut apporter remede ou guarison, eut recours, comme à vn lieu de franchise, aux prieres de la benoiste vierge: à laquelle s'estant voué, auec promesses de n'entrer en sa saincte maison sinon apres auoir esté confessé, receut guarison de sa maladie. Ce qui l'occasionna s'acheminer à Lorette pour accomplir son vœu, de sorte qu'en faisant son oraison en vn moment deuint aueugle. qui causa qu'il se resouuint alors de sa promesse qu'il n'auoit accomplie, priant l'vn de sa

*Autre miracle en la personne d'vn Medecin de Lion.*

*Voyages du Seigneur*

compagnie de le mener dehors pour s'aller cõfesser: Ce qu'ayant fait auec contrition & repentance retourna faire son oraison en la chapelle, où il recouura la veuë. I'en dirois encore vne infinité d'autres qui ont esté faicts depuis peu de téps: mais pour euiter toute prolixité ie me contenteray d'en reciter vn seul, que i'ay veu imprimé en la chappelle de Lorette en langage Italié, lequel fait mentiõ qu'vn gentilhomme du pays de Grenoble nommé Pierre d'Argentrey, auoit sa femme demoniacle, laquelle n'ayant peu faire guarir en France, l'amena en Italie, passant premierement par Milan, où il la presenta à l'eglise S. Iulian, puis à S. Geminien de Modene: Finalement à Rome, où ayant esté vn mois, priãt Dieu chacun iour en l'eglise de S. Pierre ioignant la colonne de nostre Redempteur, ne fut aucunement exaucé, de maniere que comme desesperé s'en vouloit retourner en Fráce auec sa femme, sans vn certain cheualier de Malte, qui luy persuada de mener sa femme à nostre dame de Lorette, ce que feist le pauure mary: La femme fut coniuree en la chappelle d'vn chanoine nommé Estienne Francigena, qui estoit homme de bonne vie, lequel demanda premieremét au Diable s'il estoit seul, où s'il auoit auecques luy d'autres Demõs au corps de ladite femme, le Diable dist qu'il n'estoit seul, ains qu'ils estoient sept, & que le premier s'appelloit Sordo, le second Heroth, puis l'horrible Ventiloth, Brichet, Arcto & Serpens. Alors le chanoine coniura ces Diables & leur cõmanda de sortir, & le premier qui sortit

*Autre miracle en vne demoniacle.*

fut Sordo en esteignāt vne torche cōme il auoit promis. Le secōd fut Heroth, qui estaignit pareillemēt vne torche en sortant, se vantant que c'estoit luy qui auoit faict tuër le dernier Duc de Bourgongne, & criāt dist au prestre, que c'estoit Marie qui le chassoit & nō luy. Le troisiéme iour sortit Ventiloth, rōpant l'vne des lāpes de la chapelle, disant auoir solicité Herodiade à demāder la teste de S. Ieā Baptiste, & s'en allāt crioit horriblemēt, Marie, Marie, tu es trop cruelle contre nous. Le quatriesme iour sortit Arcto, qui dist auoir induit Herodes à tuer les innocēs, & criāt plus fort que les autres disoit, ô Marie, c'est par ta puissance q̄ tu nous chasses de ce lieu, ausquelles paroles le prestre le cōiura de dire quel lieu c'estoit, lequel respōdit estre la maisō de la Vierge mere de Dieu, auquel le prestre dist, tu as mēty, ce q̄ le prestre repeta par plusieurs fois, & l'esprit luy respōdit, Ie ne mēts point, mais ie dy la verité, d'autant que Marie my cōtraint: & ce disant mōstroit le lieu où elle estoit, quād l'Ange la vint saluër, qui est à la senestre partie de l'autel, aupres de l'armoire, & mesme le lieu où estoit l'Ange quād il la saluā, qui est au bas de la chapelle du costé droit en entrāt. Puis se departant, laissa aux pieds du prestre trois charbōs ardants, cōme il auoit promis, & les autres laisserēt chacun vn charbon ardant en la quatriesme lampe, qui est deuant la saincte image, laissant la femme demie morte, laquelle rendant graces à Dieu & à la misericordieuse Vierge, s'en retourna en France auec son mary toute saine.

*Voyages du Seigneur*

Description de la cité d'Ancone auec ses monts, ports, arcs triomphaux, & belles campagnes, où se sont donnees anciennement plusieurs signalees batailles, & de la valeur de la monnoye qui s'y despend.

### Chap. XXX.

QVe diray-ie plus de ce sainct & admirable lieu, sinon qu'il s'y faict chacun iour des miracles quasi incroyables, & principalement à ceux qui se deuoyans de l'eglise, ne croyent l'intercession des saincts & de la Vierge sacree: lesquels s'ils auoyent visité ce sainct lieu, à l'aduenture changeroient ils d'opinion; quelque cœur obstiné qu'ils ayent. Laissant ceste chappelle & lieu de deuotion non sans regret, ie feis marché auec vn carocher, pour me mener iusques à Rauenne, distant de là de trois iournees & demie, auquel ie baillay trois escus d'or & demy: mais auant partir de Lorette il me semble que ie ne dois oublier la valeur de la mônoye qui s'y despend, comme aussi en la marque d'Ancone, où l'escu d'or en or & de pois, ne se met qu'à vnze paulles & demy, & en prenant la monnoye en quadrins, on en aura iusques à douze iulles, lesquels y valent chacun quarante quadrins & le paulle quarante trois. Quant à l'escu d'argent, il s'y met pour dix paulles, & en prenant la monnoye en quadrins, on en aura dix iulles & sept baioques. Le principal est de parler tousiours de iulles & non de paulles, par ce que

*Marché pour aller de Lorette à Rauenne.*

*Valeur de mõnoye de la marque d'Ancone.*

le paulle

le paulle vaut trois quadrins d'auantage : & sur tout ne porter point à Venise d'aucunes mōnoyes, d'autant qu'on y perdroit beaucoup au change. Ayans doncques sejourné trois iours à Lorette, partismes le quatriesme, qui fut le vingt & huictiesme iour du mois de Feurier 1589. & descendans vne petite montaigne entrasmes en vn beau pays remply de petites colines & campagnes abondantes en bleds, vignes, oliuiers & autres fruicts, puis nous apperceusmes la montagne d'Ancone sur laquelle anciēnement estoit le temple de Venus, où à present est vne forte citadelle appellee Capo de monte, que feist faire le Pape Clement VII. enuiron l'an 1532. ainsi qu'on voit escrit en vne pierre de la muraille en laquelle son nō & armes sont grauees. Elle commande entierement au port & à la cité d'Ancone qui est bastie au bas sur le bord de la mer, & a du costé droit vne autre petite montaigne nommee Saincte Catherine, qui regarde le goulfe de Venise d'vne part, & de l'autre la citadelle & la cité, bien fortifiee de bonnes murailles contre les courses des Turcs: & à l'autre bout d'icelle, est le mōt Sainct Criaco, ainsi nommé du nom de l'eglise cathedralle qui est bastie dessus, en laquelle on voit sous vn autel le corps d'vn Euesque qu'ils appellent S. Antoine, lequel est tout entier, ayant encore sa mitre sur la teste & tous ses vestemens pontificaux. Ce Sainct Criaco est plus haut esleué que ne sont les deux autres, faisant vn des angles du port qui est composé en forme d'vn croissant, &

*Montagne d'Ancone.*
*Temple de Venus.*
*Forte citadelle en Ancone.*
*Cité d'Ancone & sa description.*
*Mō: de Saincte Catherine.*
*Mont Sainct Criaco.*
*Corps entier de S. Antoine Euesque.*
*Beau port d'Ancone.*

K

comme vn theatre entre les trois montagnes. Et au milieu se void la belle douanne qui regarde iustement aux deux pointes des montagnes: ce qui rend le port fort plaisant à voir, de sorte que non sans cause on luy a donné le nom de beau sur tous ceux d'Italie, par ce prouerbe commun, qui dit, vn Saint Pierre à Rome, vne tour en Cremone, & vn port en Ancone: Car outre sa beauté il est tres-grand & seur pour les nauires. L'em-

*Arc triomphal de l'Empereur Traian.*

pereur Traian y feist faire vn bel arc triomphal où sont encore escripts ces mots. *Imper. Cæs. Diui Neruæ F. Neruæ Traiano optimo Aug. Germanico. Dacico. Põtific. max. Tri.pot. XIX. Imp. XI. Conf. VII. P.P. prouidentissimo princi. S.P.Q.R. quod ad censum Italiæ, hoc etiam add. ex pecunia sua & portum tutiorē nauigātibus reddidit.* Et de l'autre costé est escrit. *Plotinæ Aug. coniugi. Aug. Diuæ Marcian. Augu. Sorori Augu.* Bref c'est vn tresbeau port, tāt de loin que de pres, & auquel abordent toutes sortes de marchandises, tant de Venise que de Sclauonie, qui n'en est qu'à cent mil loin. D'ancone

*Riuiere de Fiumiceno & son chasteau.*

laissans à la senestre les monts Appennins & costoyans la mer nous arriuasmes au fleuue de Fiumiceno qui separe le pays d'Ancone d'auec celuy des Gaulois Senois qui est vne colonie de nos Gaulois de Sens, tant renommez en vaillātise: passans ceste riuiere costoyasmes le chasteau, dit du nom d'elle Fiumiceno qui est basty en la campagne, ioignant quasi le bord de la mer, & est garny de bonne artillerie, pour resister aux courses des Turcs, qui en esté si viennent pourmener souuent, pour prendre au despourueu quelques Chrestiens pour les rendre esclaues: ce qu'ils feirent depuis peu de temps en vne grande hostelerie nommee Caza bruciata, qui vaut autant à dire, comme maison bruslee, ce nom luy estant demeuré depuis que les Turcs y meirent le feu, apres auoir emmené auec eux tous les Chrestiés qui estoiét dedans, mais maintenant elle est bastie de bonnes murailles suffisantes pour se deffendre. De là se peut voir, vers les montagnes, la ville & chasteau de Fabriano, qui est mis au nombre des quatre principaux de toute l'Italie, qui sont Crema en Lombardie, Prato en Toscane, Barlette en la Pouille, & Fabriano en la marque d'Ancone. En Fabriano se fait grand nombre de papier, lequel est transporté à Rome, & en plusieurs autres lieux. Ce chasteau estoit il y quelque temps de la maison de Chizuelli gētil-homme Romain, lequel ayāt inimitié contre vn autre seigneur nommé Baptiste, fut par luy massacré en trahison, auec tous ceux de sa famille, vn dimanche estant à la messe pendant qu'on chantoit le Credo, & qu'on disoit, *Et homo factus est*. Et apres ce massacre Baptiste se feist seigneur du chasteau & en iouyt paisiblement: iusques à ce que le Pape Leon dixiesme l'en deposseda. De ce lieu on arriue à Senegallia qui est vne petite ville appartenant au Duc d'Vrbin, qui la faicte flanquer & fortifier de quatre bons & forts boulleuerts bien remplis de terre, & tour le circuit de ses murailles, au bout desquelles est vn fort chasteau du costé de la mer, au pied

*Caza Bruciata.*

*Chasteau de Fabriano, l'vn des quatre principaux d'Italie.*

*Ville de Senegallia.*

K ij

*Voyages du Seigneur*

*Riuiere de Diennevola.* duquel paſſe vne riuiere, nommee Diennevola. Ceſte ville fut premierement edifiee par les Senons Gaullois la nommant de leur propre nom Senone, & par ſucceſſion de temps le mot s'eſt corrompu, en Senegallia. Et cōbien que le pays qui eſt à l'entour ſoit treſbeau & fertile, ce neātmoins l'eau douce y manque, i'entēds dire l'eau bonne à boire: car celle de la riuiere eſt trouble & mauuaiſe à boire & de mauuais gouſt cóme mareſcageuſe. De là ſuyuant le chemin par les belles cāpagnes l'on entre en vne barque pour paſſer la riuiere de Cezano, qui n'eſt pas de grāde eſtenduë, mais beaucoup renommee, à raiſon qu'entre elle & Sētino ſe dōna la cruelle bataille entre les Romains d'vne part, & les Gaullois, ceux d'Vmbrie, les Samnites, & Hetruſques d'autre, eſtans lors Conſuls Fabius, & Decius, lequel Decius mourut en la bataille, & Fabius demeura victorieux, apres auoir defaict vingt & quatre mil hommes ſur le champ & prins huict mille priſonniers, les Romains n'eſtans qu'enuiron neuf mille combatans, ainſi que Tite Liue recite en ſon dixieſme liure. De Cezano on viēt au fleuue Metro dont le meſme Tite Liue parle à propos d'Aſdrubal de Carthage qui fut tué par les Romains en vne bataille, donnee aupres du fleuue de Metro, eſtant lors Conſul Liuius Sainator. Le fleuue de Metro ſe paſſe ſur vn pont de bois, à vn mil duquel eſt la cité de Fanno.

*Riuiere de Cezano. Cruelle bataille des Romains cōtre les Gaullois, & où elle fut donnee.*

*Mort d'Aſdrudal de Carthage & où ce fut.*

*Fleuue de Metro.*

Briefue description des citez de Fanno & Pezaro, ensemble des riuieres qui la confinent & bornent. Des vestiges des antiquitez qui s'y retrouuent encore pour le present. Les lieux où ont esté donnés batailles remarquables, & la valeur des monnoyes de Pezaro, & d'Vrbin.

## CHAP. XXXI.

Fanno est vne belle ville assise sur le bord de la mer, & deppendante de l'estat ecclesiastique. Elle estoit appellee des anciens *Fanum fortunæ*, à raison d'vn temple de la Deesse Fortune, qui y estoit, & duquel auiourd'huy se veoit encore les vestiges, cóme aussi d'vn bel arc triomphal tout faict de marbre, dans lequel est escrit en grosses lettres. *Diuo Augusto, Pio Constantino patri Domino. Q. Imp. Cæsar diui F. Augustus Pontifex maximus. COS. XIII. Tribun potest. XXXII. Imp. pater patriæ murum dedit*. Puis au dessous est mis. *Lucio Turcio secundo Aproniani Præf. Vrb. Fil. Asterio V. C. Corr. Flam. & Piceni*. Et sous les figures où statuës qui sont entaillees dans l'arc triomphal, y a *Effigies arcus ab Augusto erecti postea tormentis ex parte dirupti bello Pauli contra Fanenses*. Voilà ce que i'ay peu remarquer d'antique en la cité de Fanno, laquelle est de moyenne grandeur, & situee en vne belle plaine qui confine à la mer, comme i'ay dit, ayant à sa sortie la riuiere d'Argila, qu'on passe souuent a gué. En ce lieu nostre carocher ayant trouué bóne voiture pour s'en

*Description de la cité de Fáno.*

*Arc triomphal à Fanno.*

*Riuiere d'Argilla.*

retourner à Rome, ne nous voulut mener plus outre, disant auoir fait son marché à condition: offrāt neātmains nous bailler des cheuaux pour parfaire nostre voyage, ou bien nous rendre le reste de nostre argēt. De maniere que contestās les vns auec les autres suruint vn honneste marchant de Pezaro nommé Bernardino Ricardo, lequel nous conseilla laisser aller le carocher & reprēdre nos deniers, & qu'il nous feroit recourer de bons cheuaux pour aller iusques à Rauēne, outre qu'il nous feroit compagnie à Pezaro par vn chemin où il nous monstreroit de belles antiquitez. Ce qu'ayans tous accordé nous suyuismes ioyeusement la Via Flaminia, passant par la vieille ville de Fosson-Bruno, bastie au milieu du grand chemin, de laquelle n'y a qu'vn mille iusques aux vestiges de l'antique cité de Foro Sempronio, où est encore vn Aqueduc, où canal de plomb, sous lequel se trouuent quelquefois des medalles d'or & d'argent & autres antiques. Mais ce qu'il nous feist voir d'anciē fut vne pierre qui est pres des ruines d'vn palais, en laquelle sont escrits grand nombre de noms & de mots, abregez, que ie ne peus lire ne aucun de nostre compagnie, & vne eglise au pied d'vne montagne en laquelle se veoit sur vn grand vase telle inscription, *C. Hedio C. clust. leg. II. Traian. f. præf. cō. II. III. vir. quinq. quæstori patrono municipi. flamin. itē piceno ij. Vir. quinq. iiij. Vir. Ædili patrono municipi. pontifici. quod cùm antea statua nomine publico ob eius merita decreta esset: & is honore contentus, sumptibus publicis pepercisset. Decuriones, ex suo posuerunt, quibus*

*Ville de Fosson-Bruno.*

*Ruinée cité de Foro Sempronio & ses antiquitéz.*

## de Villamont Livre 1. 76

ab dedicationem singulis LXX.II. sportulas dedit. Et puis plus bas II. viri Decuriones Foro Semproniēses. Vero salutem, Dignitatis tuæ tot tātiq. tituli sunt indices, & in rempublicam nostram notabiles tuæ municentiæ affectus, quos ciuibus ipse præstas, nūc ab eis percipis, & præcipue morum tuorum modestia singularis reuerentia insignis necessario nos compellit, ut tandem parem tibi gratiam, in quantum possumus dum ignoras referamus. Nam statuā tibi pedestrem de nostro ponēdam iampridem decreuimus. Sed idcirco Decurionē ad te comisimus neminem quot quot sumus sicut antea cū publice tibi statua decreta est, & fecisti ut honore tantummodo te contentū esse rescriberes, quæ res, tuam quidem modestiam illustraret, nobis vero velut segnitiem exprobraret. Igitur statua decreta ne quid negare possis iam comparata adhibitur, quod superest voluntati nostræ consule, & qualem inscriptionem dandā putas, petentibus facito notum. Optamus te bene valere. Il nous fist aussi voir par le moyen de l'vn de ses amis la forme du cachet de Titius Sēpronius où estoiēt grauees ces trois lettres C.T.S. De la cōtinuant encore la Via Flaminia l'on trouue là riuiere de Candiano qui se ioinct auec celle de Metro, qu'il faut passer par sur vn pont de pierre. Puis on veoit le rocher de Furlo que Octauius Cæsar feist tailler, pour rendre le chemin plus facile iusques à Rimini, & est ce rocher vn chef d'œuure merueilleux, attēdu sa lōgueur qui dure enuirō demy mille, & de largeur quatre pas & demy: mais à ce qu'on peut voir par certaine escriture, qui est grauee dans le rocher, Octauius

*Riuiere de Candiano.*
*Rocher de Furlo couppé auec grande despēce.*

K iiij

*Voyages du Seigneur*

Cæsar ne le feist pas parachever, ains fut Titus Vespasien Empereur: toutesfois on ne sçauroit qu'en dire de certain, par ce que difficilement on peut lire l'escriture. De ce rocher on passe entre les monts de Sflaldati qui sont assez espouuentables à cause du bruit impetueux que les eaux font descendant des montagnes en vn lieu fort estroit qu'on appelle lict de Candiano: Et ces chemins durét trois mille pour le moins, lesquels ayans passez vous entrez en vne plaine qui contient dix mille de longueur, en laquelle se feist la cruelle bataille entre Narces capitaine de Iustinien Empereur & Totilla, où Totilla perdant la bataille fut blessé d'vne fleche, qui le contraignit d'aller mourir à Caglio, qui est à dix mille loin. Se void au bout de la plaine vne petite ville qui s'appelle Aqualana, & vn fleuue nommé Boaso, qu'on passe par sur vn pont de pierre, puis descendant par vne fertile valee on entre en vne autre belle campagne, où la cité de Pezaro est situee ioignant le bord de la mer, comme aussi le chasteau qui est en icelle, au pied duquel passe le fleuue d'Isaurus, autremét nommé Pisaurum, apres auoir baigné les murailles de la cité qui sont tres-fortes & bien remparees de terre, comme celles de Senegalla. Le Duc d'Vrbin à qui elle appartient y faict sa demeure en hiuer pour la commodité de sa belle situatió, mais en l'esté que l'air y est mauuais, il se va tenir à Vrbin: les habitans me dirent qu'ils estoient aussi contraints aller passer les mois d'Aoust & de Iuillet en autre part qu'en leur cité, & qu'or-

*Mont de Sflaldati.*

*Où Totilla fut defait & mourut.*

*Ville d'Aqualana. Fleuue de Boaso. Cité de Pezaro & sa description. Fleuue d'Isaurus autrement Pisaurum. Mauuais air en esté à Pezaro.*

dinairemét le plus vieil d'eux tous n'attaignoit point cinquante ans, dont ie m'esmerueillay beaucoup, consideré la belle assiette du pays, & la cité plaisante & agreable, au milieu de laquelle est vne place où le Duc a son palais. Tite Liue en son quarante vniesme liure, & Iulle Cæsar au premier de ses commentaires traictás des guerres ciuiles de Pezaro, escriuent que Pezaro estoit l'vne des colonies de l'Empire Romain. Quand à la monnoye de Pezaro elle s'y met à tres-haut pris, l'escu d'or y valant douze paulles, & le paulle cinquáte & deux quadrins: & le faisant cháger en quadrins ou baioques on en a iusques à quinze iulles & demy, y gagnát le quart iustemét sur la mônoye, laquelle ne faut pas porter à Venise ou à Rome, d'autant qu'elle ne s'y met aucunement: mais bien toutes sortes d'escus, pourueu qu'ils soient de pois. Partans de Pezaro passames par sur vn pont de pierre la riuiere de Foglia, que les anciens nommoiét Isaurus ou Pisaurum; comme i'ay dit cy dessus, & ce pont fait separation de la marque d'Ancone, d'auec la Romagne, combien que maintenant elles soient toutes deux suiectes à l'estat ecclesiastique. Finallement acheuans nostre iournee par vne belle & large campagne, qui borde les monts Appennins d'vn costé, & les Alpes de l'autre arriuasmes à l'ancienne cité de Rimini.

*Valeur des monnoyes du Duché d'Vrbin.*

*Riuiere de Foglia.*

*Descriptions des citez de Rimini, de Rauenne & de Chioggia, auec les singularitez & antiquitez qui s'y trouuent, & aussi le lieu où les François & Espagnols se donnerent la bataille.*

## Voyages du Seigneur

### Chap. XXXII.

*Cité de Rimini & sa description.*
*Arc triõphal d'Octauius Cæsar.*

LA cité de Rimini est tres grande & antique, située en vne belle planure, qui se confine au goulfe de Venise, ayāt en son entree vne tresiõ-gue ruë, où est l'arc triomphal que l'Empereur Octauius Cæsar fist faire, auquel vous y trouuez premierement ces mots escrits. Cos. septimio designat. octauo in. v. celeberrimis Italiæ viris consi. Senat. pop. Et puis en vn autre endroit est escrit, Imp. Cæsar Diui Iul. fi. Augustus pontif. max. Cos. XIII.trib.pont.XXVII. P.P. murum dedit curante Lu. Turno Secundo Apronia.i præfe.urb.fil. Attero. v. C. correct.palam & piceni. Apres auoir passé sous cest arc, on vient à la place, où est vne grande pierre esleuee, sur laquelle Iules Cæsar monta pour haranguer le peuple de la cité, apres l'auoir prise sur l'estat de la republique Romaine. Ce fut la premiere qu'il print allant à Rome, pour de là faire la guerre à toute outrāce à Pompee le grād, apres auoir passé le Rubicon, dont nous parlerons tātost. Elle est tresbien bastie par le dedās, auec vn vieil chasteau à l'antique du costé des campagnes, d'où vient vne riuiere nommee Marequia qui court pres les murailles de la cité, laquelle Octauius Cæsar feist ioindre auec son faux-bourg par vn superbe pont de marbre, cõ-tenant six pas de large & quatre vingts trois de lōgueur, sur lequel ces mots sont escrits, en vne grosse pierre de marbre, Imp Cæsar Diui f. Augustus põtifex max.Cos.XXIIII.Imp.XX.tribunitia po-

*Pierre ou Iules Cæsar se mist pour haranguer le peuple.*

*Riuiere de Marequia. Longueur & largeur du põt de marbre de Rimini.*

*de Villamont Liure 1.* 78

XXXVII.P.P. Et en vn autre y a, *Tib. Cæsar diui Augusti f. Diui Iul. N. Augustus pontif.max.
C. IIII. Imp. VIII. trib.potest. XVII.* Passans ce pôt
& suiuant la Via Æmilia, arriuasmes au tant renommé fleuue de Rubicon, que Iules Cæsar côtre l'ordonnance du Senat passa, qui fut le commencement de la guerre ciuile entre les Romains, & mutation de l'estat. Et incontinent que
Cæsar l'eut passé il surprint Rimini & autres villes d'Italie, iusques en la ville de Rome, où il entra s'en estant fuy Pompee. Apres auoir passé par
bateau le fleuue de Rubicon, maintenant dit
Pisatello, cheminasmes par la sablonneuse campagne iusques au port de Cezenatico, & la ville de Seruia, où y a grãd nombre de salines qu'on
dit estre affermees par chacun an à soixante mil
escus d'or, lesquelles appartiennét à l'eglise Romaine, côme pareillement Rimini, Rauenne, &
tout le territoire iusques à Bólongne, & peu di-
stãt de là est la riuiere de Sauio, laquelle ayãt passee on entre dãs les grãds bois de pins, qui sont
aux enuirõs de Rauenne, dãs lesquels quelquesfois les ban dis se retirét pour voler les passans,
qui fut cause qu'ayãs esté aduertis que du costé
de Ferrare y en auoit six vingts en vne compagnie, laissames le chemin de terre, pour aller par
mer à Venise. Quãt à la cité de Rauenne, elle est
tres-grãde & ancienne, enuirõnee de bõnes murailles & de deux belles riuieres, l'vne desquelles
s'appelle Montone, & l'autre Bedeso, qui toutes
deux võt entrer en la mer qui en est distãte d'enuiron deux mille. En ceste ville y a si grãd nõbre

*Via Æmilia
Fleuue de Ru-
bicon dict à
present Pisa-
tello & sa des-
cription.*

*Port de Ceze-
natico.
Ville de Ser-
uia & ses sa-
lines affermees
lx. mil escus
d'or.
Riuiere de Sa
uio.*

*Pins de Ra-
uenne.*

*Cité de Rauen-
ne & sa des-
cription.
Fleuue de
Montone &
Bedeso.*

d'eglises pédāt que ie me laissay dire, q̃ i'y estois ven auoir autant comme il y a de iours en l'an. Ce qui pourroit bié estre, pour ce que les Archeuesques de ceste ville ont debatu de parité auec ques les Papes de Rome vn bien long temps, & Rauenne a esté l'exarchat des Empereurs de Cōstantinople: mais ie m'en rapporte à ce qui en est. Toutesfois ie diray en passant que l'eglise de l'Archeuesché, me sembla fort belle parce que elle est bastie sur quatre ordres & rang de coulonnes de marbre; outre lesquels sont autour du grand autel quatre riches colonnes, dont l'vne represente les minieres de diuerses sortes de pierres, comme de porphire, serpentines, granis, iaspes roux, verd & iaune, agathe, rubis & autres. A la sortie de l'eglise on entre en celle de Sainct Geruais & Protais que la Royne Galla Placidia sœur des Empereurs Honorius & Arcadius feit faire, le paué de laquelle est faict de marbre à pieces rapportees, ayāt à son entree les deux sepulchres de marbre blanc, où sont les corps du nourricier & nourrice de ses deux enfans, les sepulchres desquels sont au milieu de ladite Eglise, & le sien plus magnifique que les autres est sur le grand autel, tous faicts d'vn tresbeau marbre blanc. En l'Eglise de Sainct André y a neuf colonnes de marbre, deux desquelles sont ū bien meslees de blanc & de rouge, qu'on diroit propremēt que la main du peintre y auroit passé, combié que ce soit ouurage de nature qui s'esgaye & se plaist à choses diuerses. Aupres de Rauenne est le lieu, où les Frāçois & Espagnols

*Eglise de l'Archeuesché de Rauenne.*

*Riches colonnes en Rauenne.*

*Eglise de S. Geruais & Protais.*

*Sepulchres de la Royne Placida & de ses enfans.*

*Eglise de S. André.*
*Belles colonnes de marbre.*

se donnerent la bataille le iour de Pasques 1512. *Bataille donnée entre les François & Espagnols.* commendant pour le Roy Gaston de Foix, & pour les Espagnols Raimond Cardona, où moururent sur le champ, tant d'vn costé que d'autre dix-huict mille hommes, au nombre desquels fut Gaston de Foix, ce neantmoins les François eurent la victoire & prindrēt Rauenne, laquelle ils pillerēt entieremēt iusques à prendre la sainc- *Grand sacrilege commis par les François.* te custode où reposoit le precieux corps de Iesus-Christ, & non contans d'auoir commis ce sacrilege, ietterent par terre la saincte hostie, qui d'elle mesme s'alla miraculeusement mettre sur vne colonne, où elle fut apres prinse & auec grande reuerence adoree, mais la iustice diuine *Punition diuine sur les François.* qui ne laisse rien impuny, tōba sur les miserables sacrileges, de sorte que peu apres ils furent tous tuez en vne rencōtre. Apres auoir visité la ville trouuans vne barque à propos pour aller à Venise, nous nous embarquasmes dedans, payans demy escu pour homme, en laquelle ayant vogué heureusement abordasmes a Chioggia pre- *Description de la Ville de Chioggia.* miere ville des Venitiens, où nul ne peut entrer sans la bulette de la santé, ce qui fut cause que leur monstrant la nostre, ils nous donnerēt permission de mettre pied à terre & d'y loger, & pēdant qu'on accommodoit le souper passames le temps, à nous pourmener par la ville, où nous contemplions les filles & les femmes à la porte de leurs maisons trauailler à toutes sortes d'ouurages, de fil de soye, & d'or, dont elles font tresgrand trafficq, ce que de prime face ie trouuay fort estrange, parce qu'en toute l'Italie, elles

## Voyages du Seigneur

n'ont pas si grande liberté, mais c'est quelque particuliere vsance, qu'elles ont en ceste ville, laquelle n'est pas bastie en terre ferme, ains dans petites Isles qui sont en la mer. Elle a vne grande place qui contient pour le moins vn quart de lieuë de long, & enuiron cent pas de large, ornee de belles maisons des deux costez, & de canaux & ponts de pierre comme à Venise. Auparauant que partir de la ville, nous prismes vne bulette de la santé, & de rechef montasmes sur mer, ou ayant nauigué quinze où vingt mille, apperceusmes de loing la trespuissante & riche cité de Venise, où estans paruenus le quatriesme iour de Mars, l'an mil cinq cents quatre vingts neuf, feismes apparoistre de nos passe-ports tant de Rome que de Chioggia, lesquels ayant esté presentez aux seigneurs de la santé, nous donnerent licence de mettre pied à terre & de loger à l'hostellerie de la Lune, qui est bastie comme vn palais, & en laquelle on ne vit à table d'hoste, mais s'y despend ce que l'on veut, payant par iour pour la chambre quatre sols Venitiens, qui sont dixhuict deniers de France ou enuiron, la coustume estant telle par toute les autres hostelleries de Venise. Bien est vray qu'ils se recompensent du bon marché qu'ils font de la chambre, sur les viures qu'ils vendent. Au reste, nul hoste n'a la permission de loger vn homme plus d'vne nuit sans la licence des seigneurs du Bastiame, ausquels on est mené le lendemain pour leur demander la permission, laquelle ils octroyẽt pour

*Coustume des hostelleries de Venise.*

*Seigneurs du Bastiame & leur auctorité.*

de Villamont liure 1. 80

tant de temps qu'on veut, apres auoir demandé à ceux qui veulent auoir cette licence, à quelle fin ils viennent en la ville.

*Ample description de la cité de Venise auec toutes les singularitez & antiquitez remarquables. Ensemble le discours des plus signalees victoires qu'ils ont remportees de leurs ennemis. L'ordre & belle police de leur Republique.*

CHAP. XXXIII.

EN la ville de Venise l'on ne peut y entrer de part aucune que par barques ou gondolles, & y a pour cest effect de barques ou gondolles iusques au nombre de huict mille, selon l'opinió commune, y comprenant toutesfois celles des gétils-hommes, & autres que particulierement les bourgeois ont pour leur commodité, toutes lesquelles sont fort bien accómodees & ouuertes en forme de litiere, de sorte qu'on se peut pourmener par la cité & autres lieux sans estre cogneu de personne, ny qu'aucun ose (cóme l'on dit en cómun prouerbe) tirer le rideau pour sçauoir ce qui est dedans. Or cóme i'ay peu descouurir & apprendre, le circuit de Venise contient neuf mille de tour, sans y cóprendre la Zudecca, qui a bié pres de deux mille de long, & nombre d'autres isles qui l'enuironnent, lesquelles sont réplies de fort belles eglises, maisons & iardins. A l'entree de la cité venant deuers Chioggia on voit premierement le superbe palais de S. Marc, & la forte Zecca, entre lesquels est vne belle

*Huict mille gondolles à Venise.*

*Venise contiét neuf mil de tour, sans la Zudecca.*

*Voyages du Seigneur*

*Longueur & largeur de la place du palais de S. Marc.*

*Deux colonnes de marbre qui sont en la place de S. Marc.*

*Histoire estrange d'vn malfaicteur qui fut faict mourir à Venise.*

place toute pauee de brique, de sept vingt pas de longueur, & de large cinquante cinq, laquelle à son entree du costé de la mer a deux hautes colonnes de marbre faictes chacune d'vne piece, & sur celle qui est proche du palais se void vn lion de bronze qui represente l'image de Sainct Marc, & sur l'autre est representé sainct Theodore en forme de gendarme. Entre ces deux colonnes sont faits mourir les malfaicteurs condemnez par iustice. Et pendant que i'y estois y fut fait mourir vn malfaicteur qui estoit accusé d'achepter pour dix ducats les ames des pauures forsats & autres gents desesperez, promettant aux forçats les deliurer en outre de seruitude: mais si tost que les pauures miserables auoient touché les deniers, & signé de leur sang la vendition de leurs ames à luy & au Diable, il les empoisonnoit incótinent sans qu'ils eussent moyé de dire, peccaui. Ce qui donna occasion à vn forçat d'en aller aduertir la Seigneurie, craignant à l'aduenture de tomber en pareil accident. La seigneurie esmerueillee d'vn si estrange fait, enuoya les Saffis pour prendre le meschant, lequel estant trouué saisi des venditions, fut condemné à estre decapité: & lors qu'on luy prononça sa sentence, il vouloit mourir obstiné, n'eust esté la compagnie de la Misericordia, qui assiste les criminels iusques à la mort, & autres religieux qui le conuertirent à la voye de salut: tellement que sans aprehender la mort, ny estre bandé aucunement, il mist( en inuoquant sans cesse le nó de Dieu ) assez courageusement sa teste entre

les

les fourchettes qui tiennent la dolouëre. Et cõbien que le bourreau du premier coup de mail qu'il frappa sur la dolouëre ne luy eust couppé que la moitié du col, ce neantmoins il perseuera tousiours à inuoquer le nom de Dieu & celuy de la Vierge Marie à son aide, iusques à la mort. Et parce que l'histoire est fort estrange, & l'accusation & crime fort nouueau, i'en ay bien voulu faire mention & mesmes de la repentance qu'eut ce miserable à la fin de ses iours. Pour retourner à Venise, on voit aux costez de ceste place le palais de Sainct Marc, & celuy de la libraire, tous deux d'vne mesme longueur & non de pareille hauteur: car celuy de la librairie n'a que deux estages de haut. Le premier desquels est composé de vingt arcades qui soustiennent le second où est la librairie. Le palais est basty de marbre blanc, couuert de plomb, & enrichy de tresbelles statuës qui sont autour de sa couuerture, lesquelles ont pour leur appuy la Zecca ou se bat la monnoye, & le Sequyn. De là tournant la veuë vers le palais de Sainct Marc, on le trouue de forme quarree entierement basti de marbre & de porphyre, dont les deux corps de logis qui sont vers la place & la mer, sont soustenus de trente six portiques à chacun desquels y a vne colonne de marbre, toutes lesquelles ensemble en soustiennent soixante & douze, qui seruent pour l'embellissement & decoration de deux belles galleries qui enuironnent par le dehors les deux corps de logis, & au haut d'icelles sont deux grandes salles, la premiere desquelles qui

*Description du palais de la librairie de Venise.*

*La Zecca où l'on bat la monnoye à Venise. Palais de S. Marc & sa description.*

est vers ladite place, contient soixante pas de longueur & vingt & vn de large, qu'on appelle vulgairement la salle du Scrutino & Pregadi, en laquelle n'entrent que les anciens Senateurs pour y determiner les affaires de la paix & de la guerre. Là se cree le capitaine general de l'armee, & s'y establissent les loix & ordonnances de la republique. Elle est enrichie par le dedans de belles peintures toutes dorees à l'arabesque, representant partie des victoires que les Princes ou capitaines generaux de la Seigneurie ont obtenuës. La premiere desquelles est, celle qu'ils eurent en l'an huit cents neuf contre Pepin Roy d'Italie & fils de Charlemagne, lequel pensant se retrancher de sa perte, & par mesme moyen conquerir Venise, fut encore de rechef vaincu en bataille naualle & perdit presque tous ses vaisseaux qui luy furent rendus apres la paix arrestee entre eux. Là pareillement sont depeintes les victoires que les Venitiés eurent contre le Califfe d'Ægypte, là vous voyez comme ils prindrent le port de Iafa & la cité de Thir, qui sont en la terre Saincte, comme ils defirent en vne bataille nauale pres Sicile, le Roy Roger Duc de Normādie, lequel par sa valeur & prouësse auoit conquis le royaume de Sicile, & vouloit conquerir l'empire de Constantinople, sans que les Venitiens à la requeste de l'Empereur l'empeschent: Là sont les victoires obtenuës contre le Roy de Hongrie, à cause de la cité de Sara qui est en Dalmatie, & contre les Genuois pour la cité d'Acre, qui est en la terre Sain-

*Descriptiō de la salle des Pregadis.*

*Victoire que les Venitiens eurent contre Pepin.*

*Seconde victoire contre ledit Pepin.*
*Victoire contre le Califfe d'Ægypte.*

*Victoire côtre Roger, Roy de Sicile.*

*Victoire côtre le Roy de Hōgrie, & les Genevois.*

ête, mais sur toutes, ils n'ont pas oublié à biē depeindre celle qu'ils obtindrent dernierement côtre le grand Turc, en l'an 1571. & 1572. De là vous entrez en la salle du grand conseil, qui est du costé de la mer, laquelle à soixante & dix pas de longueur & trente vn de large, dorée comme dessus à l'Arabesque & peinte de belles histoires, la premiere desquelles est, comme le Pape Alexandre troisiesme de ce nom fut contrainct s'en fuir de Rome pour les guerres de l'Empereur Federic dit Barberousse, & comme apres auoir esté longuement fugitif en France, il se vint à la fin rendre à Venise en habit de pauure prestre, se cachant en l'eglise de la Charita où il fut receu pour Chappelain & nourry pour l'amour de Dieu. Finalement y ayant seiourné quelque temps suruint vn François à Venise nommé Commode, lequel en attendant son embarquement pour aller en Hierusalem, visitoit chacun iour l'eglise de la Charita, où voyant le Pape vestu en chappellain le recogneut incontinent pour l'auoir veu souuent en France : toutesfois de prime face il n'osoit pas trop s'en asseurer, a raison de l'estat où il le voioit reduict, en fin vn iour il se resolut d'en aduertir la Seigneurie, laquelle entendant ses nouuelles feist preparer des vestemens pontificaux, & puis le Prince fist incontinent venir le Patriarche, & les autres gens d'eglise pour leur dire qu'ils se tinssent pres le lendemain matin pour faire vne procession generale à la Charita, où ils allerent tous

*Victoire côtre le grād Turc.*
*Description de la salle du grād Conseil.*

*Histoire du Pape Alexandre & de l'Empereur Federic.*

L ij

*Voyages du Seigneur*

en compagnie du François qui leur monstra sa saincteté priant Dieu en vn lieu retiré à part, ce que voyāt le prince s'alla iecter à ses pieds pour luy rendre le deu honneur, en luy disant, qu'il ne se celast point & qu'aussi bien il estoit cognu d'vn chacun, ce que sa Saincteté taschoit neantmoins faire, mais en fin le François luy fut presenté, au moyen dequoy il se laissa vaincre & conduire en triomphe en l'eglise de Sainct Marc, où le Prince qui se nommoit Sebastien Siani luy promist solennellement de le secourir contre l'Empereur. A ceste fin fut mis sus vne grāde armee laquelle auparauant que de mettre en campagne, fut resolu d'enuoyer des Ambassadeurs vers ledit Empereur qui estoit lors à Pauie, afin de le sommer de paix, & permettre que le Pape retournast à Rome. Le iour du partement des Ambassadeurs, le Pape dist la messe, & feist present au Prince du cierge blanc accoustumé d'allumer auant que de chanter l'Euangile, lors que le Pape celebre la messe, & est ce cierge appellé lumiere de l'eglise de Dieu. Et fut lors ordonné que le Prince de Venise & ses successeurs feroient porter ce cierge deuant eux lors qu'ils marcheroient par la ville, ce qu'ils obseruēt encore maintenant.

*Don du cierge blanc que le Pape donna au Duc de Venise.*

*Suitte des singularitez de la Republique des Venitiens, & des beaux presents que leur ont faist les souuerains Euesques de Rome.*

## Chap. xxx.

Les Ambassadeurs executans leurs charges s'acheminerent vers l'Empereur, duquel ils ne peurent tirer autre responce sinon que si les Venitiens ne luy mettoient le Pape entre ses mains il leur feroit la guerre, ce qu'ayant entendu le Prince & la Seigneurie concluerēt de preuenir les premiers, & fut arresté que le Prince iroit en personne, lequel auant toutes choses alla se presenter à genoux & baiser la pantoufle du Pape, qui luy donna l'espee beniste, ordōna que luy & tous ses successeurs la feroient porter aux iours solemnels, en la maniere que font les Empereurs. Le Prince ayant receu ce don monta sur mer auec ses gens & ne fut gueres loin qui ne rencontrast l'armee de l'Empereur, que son fils Othon conduisoit, qu'il assaillit viuemēt le iour de l'Ascension, & deffeist & print Othon qui fut mené prisonnier en grand Triomphe à Venise: sa Saincteté s'en alla au deuant de luy pour l'honorer, mais le Prince mettant le genouil en terre luy presenta le fils de son capital ennemy, & pour recompense sa Saincteté tira vn aneau de sō doigt & le luy presenta luy disant ces paroles, Par mon auctorité, auec cest aneau tu te rendras la mer suiecte, laquelle, toy & tes successeurs espouserez chacun an, à pareil iour de la belle victoire qu'as euë, à ce que la posterité sçache que la seigneurie de la mer vous est donnee pour auoir secouru le sainct siege Apostolique, & que

*Present que feist le Pape audit Prince de l'espee beniste.*

*Victoire des Venitiens cōtre ledit Empereur.*

*Aneau que le Pape dōna au Prince de Venise duquel il espouse la mer & pourquoy.*

ce vous soit vne benediction & bon heur pour le temps aduenir. Voilà la raison qu'on me dit pourquoy le Prince va tous les ans au iour de l'Ascension benir la mer. Ayant Othon esté quelques mois prisonnier, il s'offrit volontairement de negocier la paix entre l'Empereur son pere & sa Saincteté, pourueu que sur sa foy on le laissast aller, ce que luy ayant esté accordé, feist tant apres auoir vaincu par ses sages remonstrances le cruel courage de son pere, qu'il le reduisit à faire la paix, & qui plus est à venir luy mesme en personne à Venise pour la conclurre, & apres auoir eu sauf-conduit des Venitiens & du Pape, il y vint auec son fils & sa court, où il fut receu en grande magnificence, puis allant trouuer sa Saincteté qui estoit vestuë pontificalement en l'eglise de Sainct Marc, se mist à genoux pour luy baiser les pieds, qui fut alors que sa Saincteté tenant sa grandeur luy mist vn de ses pieds sur le col, pendant qu'il baisoit l'autre, luy disant ce verset, *Super aspidem & basiliscum ambulabis, & conculcabis leonem & draconem*. Auquel l'Empereur respondit, *Non tibi, sed Petro*, & le Pape repliquant luy dist, *Et mihi & Petro*, à laquelle parole l'Empereur ne voulut repartir, ains se leuant s'en allerent tous à l'autel pour iurer les capitulations de la paix. Vous y voyez aussi depeinte l'arriuee que feirent sa Saincteté, l'Empereur, & le Duc de Venise en la cité d'Ancone, & comme en la presence dudit Empereur le Pape donna son poëlle ou ombelle au Duc de Venise apres en auoir faict apporter vn autre pour luy, ordonnant qu'à l'aduenir luy & tous ses successeurs feroient porter ce poëlle deuant eux, ce qu'ils obseruent encore du iourd'huy quand ils cheminent par la cité aux grāds iours solemnels. Ce poëlle ou ombelle est faict de toile d'or en forme ronde, y ayant vn long baston attaché au milieu pour le porter. Les Italiens pour la plus part en portent tous à cheual du iourd'huy. L'Empereur estant de retour à Pauie, le Pape & le Prince prindrent le chemin de Rome. Ce que sçachans les Romains vindrent au deuant de luy portans estendars de diuers couleurs, sçauoir, blanc, rouge, violet & turquin, & y en auoit deux de chacune couleur, auec huict manieres de trompettes d'argēt qui estoient fort longues. Toutes lesquelles choses sa Saincteté donna au Prince Siani, à condition de les faire porter deuant luy és iours solemnels de l'annee, & ce que ie vy faire le iour de Pasques en la maniere qui s'ensuit.

*Dons des enseignes & trōpettes que fist le Pape au Duc de Venise.*

*Discours contenant l'ordre que le Duc & la Seigneurie de Venise tiennent marchants par la cité auec le nombre des gentils-hommes qui entrent au conseil, & multitude des officiers qui sont à Venise & sur quoy s'estend leur iurisdiction.*

### CHAP. XXXV.

QVād le Prince & la Seigneurie marchēt aux iours solēnels par la cité, où qu'ils vōt à S. Marc, ils tiennent c'est ordre. Premier marchēt

*L'ordre que le Prince tient allant par Venise.*

L iiij

*Voyages du Seigneur*

les huict enseignes, sçauoir les blanches les premieres, en temps de paix, & les rouges en temp[s] de guerre, puis apres les huict trompettes d'a[r]gent qui ont pour le moins sept pieds & dem[y] de hauteur. Les Saffis anciennement appelle[z] sergens, l'office desquels ne s'estend qu'aux ma[-]tieres criminelles, & les Commendatoris (qui es[t] vne office semblable à celle d'vn huissier de l[a] court de Parlement) tous vestus de robes Tur[-]quines, portans la barrette rouge sur la teste, [à] laquelle est attaché vne petite enseigne d'or o[u] de cuyure de la grandeur d'vn demy escu. E[t] apres marchent les ecclesiastiques, suyuis d[es] ioueurs de cornets à bouquin, & des hautsboi[s] qui sont vestus de robes rouges, portans la bar[-]rette noire sur la teste: Puis les Secretaires vie[n]nent habillez de robes violettes : ces secretair[es] ne peuuent estre gentils-hommes, aussi les gen[-]tils-hommes n'aspirêt iamais à ces estats. Apre[s] suyuent ceux qui portent le Gauchial d'or, qu[e] le Pape donna pareillement au Dogge de Veni[-]se, & les capitaines vestus de longues robes d[e] damas & satin cramoisy portans le coustelas a[u] costé, la robe de velours & vn saye de satin d[e] mesme couleur. Apres eux marche le grand ca[-]pitaine, & puis l'escuyer du Prince vestu d[e] noir, & son chambrier qui porte le cierge de ci[-]re blanche, mentionné cy dessus, vestu de viole[t]. Le Chancelier vient apres tout seul habillé d'v[-]ne grande robe de velours cramoisy : puis celu[y] qui porte le poële, duquel i'ay parlé cy dessus, & vn autre qui porte la barrette d'or couuerte

*Que c'est que vn Saffi.*
*Que c'est que vn commendatori.*

de pierres precieuses, apres lesquels marchent le Prince vestu de longue robe de drap d'or, & du manteau ducal dessus, qui est attaché par le haut auec des boutons d'or, portant le bonnet ou calotte sur sa teste qui a vne corne esleuee au derriere de la hauteur de demy pied. Aupres de luy est le Legat du Pape, & au derriere sont certains hommes accoustrez en robes rouges & d'vn saye de velours cramoisi qui portent la queuë de la robe du Duc, cheminant apres le Connestable portant la riche espee que le Pape Alexandre donna au Prince Siani. Puis toute la Seigneurie vient apres marchant deux à deux & vestus de longues robes de satin & damas cramoisi, les manches desquelles sont longues iusques en terre, & lesdites robes toutes fourrees de riches pannes semees d'hermines, ne portans autre chose sur leurs testes que chacun sa barrette de drap noir qui semblent presque à vne calote, sinon qu'elle est vn peu plus grande, & la cornette de velours cramoisi sur leurs espaules gauches, qui a pres d'vn pied de large, & enuiron huict de longueur. Le procureur & l'aduocat de la Seigneurie portent leurs robes de satin violet & la cornette à broderie d'or, & en ceste ceremonie conduisent le Prince le iour de Pasques pour ouyr vespres à Sainct Zacharie, & le iour de Noel, en l'isle de Sainct Georges, lesquelles dites il est ramené en son palais par mer ou par terre selon sa volonté. Mais pour retourner aux peintures qui sont en la salle du grand conseil, il y en a entre autres vne que ie ne veux oublier

*Voyages du Seigneur*

*Conqueste de Constantinople faite par les Venitiens.*

par ce qu'elle fait à la loüange des François qui est la conqueste de Constantinople aduenuë en l'an mil deux cents, sous Dandolo Dogge de Venise, à l'aide & secours de Henry Conte de S. Paul, Bauldouyn Côte de Flandres, Louys Conte de Bloys, Boniface Marquis de Mont-ferat & autres seigneurs, lesquels apres auoir prins Constātinople sur Mur-Zuphle esleurent d'vn commun accord le Prince Dādolo pour Empereur, mais le bon vieillard les remercia humblement, & leur dist qu'il aimoit mieux le gouuernement de sa republique, que la couronne de l'Empire:

*Voyez l'histoire de Villardouyn & Nicetas sur la fin de ses histoires.*

aussi qu'il estoit aueugle & desormais incapable pour gouuerner vn Empire: tellement qu'en sa faueur Baudouin Conte de Flandres fut esleu Empereur, & Mauroceno Venitien fut esleu Patriarche. Ce fut alors que les Venitiens gouuernans les eglises de Constantinople, apporterent si grand nombre de sainctes reliques qui s'y voyent & qu'on monstre aux gens de deuotion. Et pour retourner à la salle du conseil, tous les dimanches il y entre quatorze ou quinze cēts gentilshómes qui ont tous passé l'aage de vingt cinq ans, car les autres de moindre aage n'ont la permission d'y entrer. Les estrangers y peuuent aller sans armes pour voir la belle ceremonie qui s'y faict à la creation de tous les officiers concernant l'estat de la chose publique. Au regard du troisiesme logis où Palais de S. Marc qui est du costé de l'arcenac, il est fait tout de marbre blanc & sans aucune arcade, par le dehors, à cause du canal qui passe au pied, par lequel

*1400. Gentils-hommes Venitiens entrent au cōseil au Dimanche à Venise.*

*Troisiesme logis du Palais de S. Marc.*

on peut entrer au dedans du palais par six grandes portes qui y sont, non sans admirer la beauté dudit logis qui a trois estages de haut de quarante croisées chacune, sans conter les prisons qui sont au dessous de tout le palais, au dedans duquel y a vne court carree où sont deux puits, enrichis par le dehors de bronze faict à figures, & tout autour des logis sont trois belles galleries enrichies & embellies de cinquante & sept colonnes de marbre, à chacune desquelles y en a cinq, qui sont toutes ensemble (comprenant celles de dehors) iusques à trois cens quatre vingts dix huict colonnes, sans que ie vueille mettre au nombre les colonnes qui sont aux portes & aux chambres du palais, ne mesme les petites qui soustiennent les relais des galeries, car ce seroit vne chose trop prolixe. Bref on ne veoit au dedans que l'esclat de l'or, la lueur & splendeur du marbre, & l'excellence des belles peintures qui rauissent les esprits humains, & sur le haut la couuerture de plomb enuironnee de petites pyramides. Reste maintenant de dire comme ceste Republique se gouuerne par ses officiers diuers, au moyen desquels elle s'est longuement maintenuë en sa splédeur, considéré qu'elle a plus duré que la monarchie des Romains, d'autãt qu'il y a vnze cents quatre vingts ans qu'elle cómence à regner, sans auoir esté iamais prise encore qu'elle eust bien des enuieux, c'est l'vnion qui y est, & l'obseruation inuiolable des loix, qui sont comme le ciment qui entretient ce beau bastiment & le faict durer si longuement. Car les

*40. croisées de longueur en vn corps de logis.*

*Deux puits enrichis de brõze à personnages à Venise.*

*398. Colonnes de marbre au palais de sainct Marc à Venise.*

*Couuerture de plomb du palais de Venise.*

*Ce qui maintient vn royaume ou republique.*

*Voyages du Seigneur*

loix des hommes sages & prudents sont l'ame de la republique, en laquelle pendant qu'elles sont estroictement gardees, elles maintiennent vn chacun en son deuoir & conseruent la tranquilité de la chose publique, comme la preuue en sera verifiee en plusieurs autres monarchies, esquelles durant que la police bien ordonnee a eu lieu, elles ont tousiours esté florissantes sans auoir esté inquietees & troublees de guerres ciuiles. Mais incontinent que les grands par vne ambition de regner, ont voulu secoüer l'obeissance qu'ils deuoient aux loix, de là, comme d'vne fourmilliere sont sorties les furies cruelles des dissentions ciuiles, qui ont renuersé de fond en comble le lien de l'vnion & concorde qui les retenoit en leur splendeur. Ioinct le dire de Saluste historien qui a tresbien dit, *Concordia paruæ res crescunt, discordia verò, maximè dilabuntur.* Par l'vnion & concorde, les petites choses prenent accroissement. Mais par le discord, les plus grandes tombent en ruine & decadence. Ie nommeray donques aucuns des officiers principaux de ceste republique, & premier les quarante criminels qui iugent les causes criminelles. Le conseil des dix qui iugent les trahistres, les sodomites, les faux monnoyeurs & autres crimes de consequence. Et est à noter que quand quelqu'vn est accusé de l'vn des susdits crimes, il ne peut estre defendu par aduocat ny par autre, ains il est besoin qu'il compare deuãt le chef des dix pour se iustifier par sa bouche & estre interrogé, & faut qu'il ait bonne memoire des paroles qu'il

*40. Iuges criminels à Venise.*
*Conseil de dix & leur auctoritez.*

dira, de peur qu'il ne soit conuaincu pour estre trouué variable. Apres y a les six conseillers, qui sont assis les premiers aupres du Duc qui ont auctorité de proposer au grand conseil les choses d'importance qui suruiennent, & aussi d'accorder plusieurs priuileges & libertez lesquelles ne peuuét estre empeschez par l'auctorité du Prince, & sont ces six grandement honorez à raison de leurs estats. Apres eux sont les six sages grāds qui sont des principaux de la cité, lesquels procurent les choses de la paix & de la guerre, escriuent & respondent aux Rois & Princes. Plus les cinq sages de terre ferme qui ont pareille auctorité que les precedans pour le regard de la gendarmerie. Quant au conseil de la vieille quarentaine il iuge les causes priuilegiees comme entre le pere & le fils & la mere, & ainsi consecutiuement des autres parens, & mesme ont à voir sur les salaires des seruiteurs & seruantes & sur pareilles choses domestiques. Aussi y est le conseil de la Neufue quaranteine qui iuge des procez qui suruiennent sur les testaments & les appellations interiectees des auditeurs nouueaux, & puis le colege des Vingt qui iuge definitiuement iusques à trois cens ducats. Item les conseillers di Notte ciuili, qui ont cognoissance des choses qui ne sont du tout crimineles, ny du tout ciuiles. Ils sont executeurs de plusieurs sentences, font iustice à l'estrāger qui a receu quelque tort en vne maison, & ont plusieurs autres pouuoirs. Les seigneurs di Notte criminali sont establis pour empescher les homicides, forces &

*Auctorité des six principaux Conseillers.*

*Conseil des six Sages grands.*

*Les cinq sages de terre ferme.*

*Quarenteine vieille & leurs auctoritez.*

*College des vingt.*

*Iuges di notte ciuili & leur auctorité.*

*Iuges di notte criminali & leur iurisdiction.*

*Voyages du Seigneur*

violences qui se pourroient commettre de nuiſt par la ville, ont auctorité de iuger l'homme qui a eſpouſé deux femmes, & la femme qui a eſpouſé deux hommes, puniſſent le rapt, & les receptateurs & recceurs de larons, & ceux qui achetent les choſes deſrobees quand ils ſçauent que elles ont eſté deſrobees; & auſſi iugent, les queſtions qui viennent entre les Iuifs & les Chreſtiens. Item y ſont les vieils Auditeurs, qui iugent les premieres appellations interiettees, des Comtes de Sainct Marc & de Rialto, decident ſi vn teſmoing ſe doit admettre ou nom, & congnoiſſent de tous les compromis & arbitrages faicts entre marchants, & pluſieurs autres choſes que ie ſerois long à reciter: Et puis y ſont les Auditeurs nouueaux, l'auctorité deſquels s'eſtend à iuger les appellations interiectees des priſons de Veniſe, & s'ils ne les iugent en trois mois, ils n'en peuuent plus cognoiſtre, ains les renuoient au Conſeil. Iugent auſſi les appellations pour les biens d'Egliſe, & eſt en leur volonté d'accepter ou refuſer de iuger vne appellation, & autres pouuoirs qu'ils ont, mais les Auditeurs tres-nouueaux les ſoulagent, pour ce que les petites cauſes qui ne paſſent point cinquante ducats, ils les iugent deffinitiuement. Item y eſt le grand College, compoſé du Prince, des ſix Conſeillers, des ſix Sages grands, des cinq Sages de terre ferme, des cinq Sages des ordres, & des trois principaux des Quarante criminels, de-

*Vieils auditeurs.*

*Auditeurs nouueaux.*

*Auditeurs tres-nouueaux de Veniſe.*

*Grand college de Veniſe & de quels hommes il est composé.*

uant lesquels se lisent toutes lettres, & donnent audience aux Ambassadeurs, Agens & Orateurs: Bref celuy duquel dependent tous les autres Conseils & Magistrats. Il y a le Procureur & l'Aduocat general qui a pareille auctorité que ceux des Courts de Parlement de France, & vn Censeur qui a pareille puissance qu'auoient anciennemét ceux des Romains. Plus les Iuges De peritione qui ont pouuoir de iuger diffinitiuement, iusques à cent liures, les procez qui suruiénent entre les estrangers & les Venitiens, les iuges des Meubles, dont l'auctorité s'estend iusques à cinquante ducats sur les biens meubles laissez en testament. Les Iuges du Propre qui ont cognoissance du payement des deniers dotaux, des diuisions & partages qui se font entre freres, des successions collateralles, des seruitudes & matieres concernant les doleances des edifices, & autres pareilles choses. Les examinateurs, qui cognoissent si les venditions sont bien ou mal-faictes, selon l'ordónance des loix, interuiennent aux alienations qui se font, signét les donations, affin que par ce moyen le donataire en soit plustost nanty. Les Iuges de Cathaueri qui succedent aux biens du mort qui n'a point d'heritiers, & ont à veoir sur les comites & patrons des barques & galeres, sont iuges sur les choses trouuees en la mer, & sur les thresors trouuez en terre, escoutét les differéts des pelerins qui vont en Hierusalem contre les patrons des naues, & iugent quelques petites appellations de peu de valleur qui viennent de

*Iuges de Petitione.*

*Iuges de Mobile.*

*Iuges du Propre.*

*Examinateurs de Venise.*

*Iuges de Cathaueri & leur auctorité.*

*Voyages du Seigneur*

*Iuges appellez Pionego.*

la vieille iustice. Les iuges appellez Pionego cognoissent de tous les contracts vsuraires, ont le soin que les ruës & les canaux ne soient occupez d'aucun edifice, & iugent en dernier ressort iusques à vingt liures. Les iuges nommez Sopra-

*Iuges Sopra castaldi.*
*Syndics de Venise.*

castaldi, deuant lesquels se vendent les biens à l'encam. Les Syndics qui ont auctorité sur les aduocats qui prennent plus d'argent qu'il ne leur appartient pour leur salaire, & autres choses concernant cest effect. Mais outre les iuges cy dessus, il y en a encore quarante six qui ont diuerses

*Grand nōbre d'officiers à Venise.*

offices, comme sur les bleds, sur la santé, sur la douane de la mer sur toutes les marchandises & sur tant d'autres choses, que ie m'esmerueille comme ils ont peu inuenter tant d'offices.

*Description du temple magnifique & superbe de Sainct Marc de Venise, & du riche tresor qui y est, auec les grandes places qui l'enuironnent, & les beaux bastimens & ingenieuse horloge qui les ornent & embellissent.*

### Chap. XXXVI.

*Descriptiō de l'eglise de S. Marc à Venise.*

Maintenant reprenant mes erres ie retourneray au palais de Sainct Marc, la description duquel i'auois laissé manque & imparfaicte, n'ayant parlé de l'eglise de Sainct Marc qui le suit de fort pres. Doncques l'eglise de Sainct Marc est vn bastiment somptueux & superbe, & entrant en iceluy par vne des portes du palais, vous demeurez rauy en admiration voyant son

paué

Vrbin, Florence, Genes, Ferrare, & autres ne s'y mettent qu'à sept liures quinze ou seize marquettes, & ceux de Milan & Sauoye qu'à sept liures quatorze ou quinze marquettes, tellement que l'on y perd cinq ou six marquettes sur chacun escu, qui reuiennent à enuiron deux sols trois deniers de France: l'occasion de cela est que le pois de Venise est de trois grains plus pesant que ne sont les autres pois d'Italie. Les ducats y valent six liures quatre sols, & l'escu d'argent sept liures, tellement que quand on parle de l'escu il s'entend de sept liures, & de l'escu d'or en or, huict liures, car le ducat & l'escu d'argent n'est qu'vne mesme chose. Or pour sçauoir que c'est qu'vne liure, elle vaut vingt marquettes, qui reuiennent iustement à sept sols & demy de France, & le monseniguo à vingt & quatre marquettes: il y a aussi des Iustines qui valent deux liures, & d'autres qui en valent quatre, & mesme des ducats d'argent en vne piece. Quant à la menuë monnoye, la cognoissance de laquelle est fort requise, il y a des pieces de huict sols, & d'autres qui en valent six, & d'autres qui s'appellent gazettes, qui en valét deux: vn betso qui vaut demie marquette, le quatrain qui vaut le tiers d'vn sol, & quatre bagatines valét vn quatrain, & le quatrain reuient à vn denier obole de France & quelque chose de plus, & le sol autrement appellé marquette, reuient à quatre deniers obole. Voilà les principales monnoyes qui se despendent en la Seigneurie de Venise, & cóbien que ie n'aye pas entré en la cité de Gen-

N

*Valeur des monnoyes de Gennes.*

nes, ce neantmoins pour la commodité de ceux qui y voudroient aller, ie diray que chacun escu d'or en or des cinq sicques, sçauoir, France, Espagne, Venise, Florence, & Gennes, valét quatre liures cinq sols de Gennes. L'escu d'or en or d'Italie, quatre liures trois sols, celuy qui n'est pas d'or en or, ains d'argent quatre liures, & la liure vingt sols, le sol douze deniers, desquels il en faut dix sept & quelque petite chose plus, pour faire le sol de France. Les realles de huiſt tant vieilles que neufues s'y mettent à soixante & vn sols, & les autres au prorata. Les Chanfrons de Naples trente & vn sols, & le cauallot quatre. Au reste toutes autres sortes de monnoyes d'Espagne, Florence, Milan & Naples s'y mettent sans y perdre aucune chose.

*Fin du premier liure.*

# SECOND LIVRE OV EST TRAITÉ DV VOYAGE DE Hierusalem, & de tous les lieux de la terre Saincte, & des Royaumes, Isles & Prouinces qu'on voit en faisant le voyage.

*Aduertissement à ceux qui veulent faire le voyage de Hierusalem, du temps qu'ils doiuent s'embarquer, & du marché qu'ils doiuent faire auec le Patron de la naue : Ensemble qu'elles prouisions ils doiuent porter pour leur necessité, & quels habillements.*

## CHAPITRE PREMIER.

AYANT seiourné à la noble & fameuse ville de Venise, pour remarquer ses singularitez, depuis le quatriesme de Mars 1589. iusques au dixneufiesme d'Auril, ensuyuant, ie m'embarquay en vne naue, pour faire le voyage de Hierusalem, me pouruoyant de toutes choses necessaires pour accomplir vn si long pelerinage, que ie m'estois de long temps proposé de faire, non par obligation de vœu, ou appetit de vaine gloire, ains seulement pour le singulier desir & affection que i'auois de visiter ce sainct lieu, où le Saulueur de nos ames a espanché son sang precieux pour la rançó de tous les humains: me preparant d'endurer & supporter patiemment toutes les aduersitez & incommoditez, qui se presenteroient en ce voyage. Et en cette deliberation ie m'acheminay de ma patrie au mois de Iuin 1588. & feis les voyages & peregrinations par les villes lieux & endroits, dont i'ay parlé au premier liure, iusques à ce que i'abordaÿ à Venise pour suiure tousiours mon premier dessein, où comme i'ay dit, ie trouuay vne naue, que l'on disoit estre preste à faire voile en Tripoly de Syrie, & m'en allay parler au patron d'icelle, lequel m'ayant asseuré de son partement, ie feis marché auec luy pour ma nourriture à quarante & neuf liures par mois qui sont enuiró six escus & sept sols & demy de France, à condition qu'il ne seroit payé qu'au prorata du temps que nous serions sur mer, & pour le regard du passage nous accordasmes à quatre escus, de sept liures la piece, qui reuiennent à trois escus & demy de France. Mais voyant le temps de partir expiré & encore deux autres termes, par luy assignez, ie cogneu bien que luy mesme ne sçauoit pas le temps de son partemét. Ce qui m'occasionna ne me fier plus en ses promesses, & encore moins faire porter mes hardes en sa naue, de peur que en ce faisant ie perdisse la cómodité d'vn autre qui eust peu faire plustost voile. En ces entrefaictes, ie fus conseillé d'vn gentilhomme Venitien de prendre cognoissan-

*Marché auec le patron de la naue pour la nourriture.*
*Marché pour le passage en Tripoly.*

ce auec l'escriuain de la naue, pour le supplier me donner aduertissement du iour certain qu'il s'embarqueroit, d'autant que c'est vne maxime generale, que depuis que l'escriuain y est entré on fait voile incontinent sans attendre aucune personne. Avant donques suiuy ce conseil, & prins cognoissance, il me promit m'aduertir toussiours vn iour deuant son embarquement, de maniere que me voyant hors de soucy pour ce regard, ie commençay à me pouruoir des choses qui s'ensuyuët. Car encore que l'on soit assez hô-nestement traitté à la table du patron, c'est à dire de chairs & poissons sallez, auec certaines mene-stres de ris, biscuit, & vin composé de la moitié d'eau, ce neantmoins ceux qui ont le moyen de porter quelque chose auec eux outre l'ordinai-re, feront tres-sagement, d'autant que auparauant qu'ils soient accoustumez à manger des viädes & poissons si mal accoustrez, & mesme boire du vin plus que moitié d'eau, ie croy que leurs prouisions leur seruiront beaucoup, ne feust-ce seulement que pour en prendre vn peu au matin attendant l'heure de disner. Et d'autre part si vous tombez malade sur la mer à cause des vomissements que vous y faites quelques-fois iusques au sang, il est bon de porter sur soy quelque chose confortatiue, premierement vn peu de gingembre confit pour eschauffer l'estomach apres le vomissement, puis quelques douzaines de noix de muscades, du clou de girofle, deux ou trois onces de canelle, & autres espiceries batuës, de toutes lesquelles il n'en faut pas

*Temps asseuré d'entrer en la naue.*

*Traittement que l'on a en la naue.*

*Prouisions qu'il faut porter en la naue.*

N iij

vser ordinairement, d'autant qu'elles causeroiét vne grande alteration, mais seulement quád on sera debile. Il faut aussi porter quelque petite chose pour se rafraischir auenant que l'on tombast en quelque fiebure, ou que la chaleur fust trop vehemente, sur tout vne liure ou deux de sucre, quatre ou cinq liures de raisins de damas, cinq ou six liures de gros pruneaux, & autres fruicts que l'on aduisera, de tous lesquels s'en trouue grande quantité à Venise, afin que quád vous ne pourrez manger à la table du patron, à cause du desgoustement que le vomissement vous aura apporté, vous puissiez vous substanter de ces petites choses delicates, en attendant que l'appetit soit retourné. Il ne faut aussi oublier de porter vn bon baril de vin qui seruira pour en prendre vne ou deux drames au matin, auec vn peu de biscuit ou bosselay que l'on portera pour cest effect. Il y en eut plusieurs qui me conseillerent porter vn baril d'eau, des iambons, saulcisses & autres viandes salees, mais ie consideray que toutes ces choses là ne manquoient en la naue, & qu'estans en pension auec le Patron elles ne m'eussent point esté deniees, ce que ie trouuay veritable faisant ledit voyage. Toutesfois il est tres-necessaire de porter vn baril d'eau en retournant, car il aduient souuent qu'au retour l'eau est distribuee par mesure. En la naue y a la table du Scalque qui est a quatre escus par mois, où l'on est fort mal traité, de maniere que pour peu de chose il vaut mieux se mettre à celle du Patron duquel on est plus respecté & mieux

*Table du Scalque.*
*Meilleur lieu de la naue.*

accommodé. Car si on veut loger sa casse sur la poupe (qui est le lieu le plus beau de la naue) le patron le permetra facilement, pourueu qu'on luy demande de bonne heure, bien est vray que le vent y entre de tous costez, mais la pluye ny peut pas beaucoup nuire, si elle ne vient du costé de la prouë, pour le moins on est esloigné des puanteurs de la naue, & de la compagnie de ceux qui vous donnent les poulx. Toutesfois arriuant vne tempeste qui prouocast à vomir par le branslement de la naue, il sera bon alors de vous retirer au milieu, pource que l'on n'y est pas tant tourmenté, ioinct que souuent on y est constipé pour le changement d'air, & du mal que l'on y endure. A ceste cause pour obuier à cela, sera bien faict, de porter auec soy quelques drogues laxatiues. M'estant donc ainsi pourueu de toutes ces choses, i'acheptay vne quesse de Sapin pour les enfermer dedans afin qu'aucun de la naue, ne me les peust desrober, & la quesse auoit cinq pieds de long, & quasi deux de large, que ie feis faire expres pour reposer dessus, car il faut faire estat de quitter toutes ses aises, bons traictements, & plaisirs, & se resoudre d'endurer toutes fatigues, peines & incommoditez, soit du dormir, boire, manger, soit de froid, chaud, pluyes, vents, tempestes & maladies qui suruiennent voyageât par mer. Ie feis aussi faire vn matelats & trauers-lict vn peu plus long & large que n'estoit la quaisse dans lesquels ie feis mettre vingt & cinq liures de laine de Chypre qui a la proprieté de ne s'a-

*Autres prouisions pour porter en la naue.*

monceler iamais enfemble, ainfi que font les autres laines, puis vne couuerture contrepoinctee
qui ne me coufta auec le matelats que trois ef-
cus d'or feulement, en apres i'acheptay deux linceux, feis prouifion de fix chemifes & deux paires de calfons, de quatre paires de petites chofes
de toile, d'vne douzaine de chauffons, de demie
douzaine de coueffes, vne douzaine de mou-
chouërs & de fauon pour les blanchir. Eftant
chofe tref-neceffaire de porter du linge auec foy
pour euiter l'incommodité de la vermine, qui
n'abonde que trop és nauires, & le moyen de la
fuir eft de prendre fouuent du linge blanc, & ne
hâter que le moins que l'on pourra auec les mariniers & autres paures paffagers qui n'ont pas
le moyen de fe tenir nettement. Et combien
qu'en la naue on puiffe porter toutes fortes d'a-
billements qu'on voudra, ce neantmoins con-

*Quels vefte-*
*ments il faut*
*porter au voya-*
*ge de Hieru-*
*falem.*

fiderant qu'en icelle y auroit plufieurs nations
eftrangeres qui ont en horreur les vetements
courts, i'acheptay vne longue robe legere faicte
à la Turque de peu de valeur. Car c'eft bien le
meilleur d'y aller modeftement habillé, & ne
porter chofe fur foy qui foit riche ou defirable,
par ce que les Turcs, Mores & Arabes s'en feroient feigneurs incontinent, voire mefme iufques aux chappelets, coufteaux & efguillettes
s'ils les apperçoiuēt, tāt ils font amateurs de ces
petites gētilleffes. Il faut auffi eftre aduifé de n'y
porter point de verd, d'autant que par entr'eux
nul n'a puiffance d'en porter, finō ceux qui font
defcēdus de la lignee de leur faux prophete Ma-

hommet, & sur tout garder soigneusement son argent, & ne le communiquer à personne, estant requis de porter auec soy cent ou six vingts sequins d'or de la merque de Venise, pour aller de Venise en Hierusalem, toutesfois ce sera bien fait d'en porter vn peu d'auantage, tant pour se suruenir aux maladies qui pourroient aduenir, que aussi pour aller en Damas, & en Ægypte pour voir le grand Caire de Babylone, où bien s'en retourner par Constantinople, le tout selon la volonté du voyageur & le temps qu'on voudra demeurer au voyage, & en ce cas il faudroit porter pour le moins trois cēts sequins, qui sont plus de trois cents cinquante escus de France. Mais ceux qui ne seront desireux sinon de faire le voyage de Venise en Hierusalem seulement, cent ou six vingts sequins d'or leur suffiront honestement pour aller & retourner. Ne faut point qu'ils esperent de trouuer la cōmodité de s'embarquer dans la naue, qui auoit accoustumé faire voile tous les ans au iour de l'Ascēsion où de la feste Dieu, par ce que ceste naue ne va plus maintenant, mais s'ils veulent faire commodément leur voyage, il faut qu'ils soient à Venise enuirō le mois d'Auril, May & Iuin, & s'embarquer à la premiere naue, qui fera voile, pourueu qu'elle soit bōne. Ce faisant on aura la commodité de faire tout son voyage au parauant que l'hyuer soit venu.

*Nōbre d'argēt qu'il faut porter pour faire le voyage de Venise en Hierusalem.*

*Temps qu'il faut estre à Venise pour aller en Hierusalem.*

## Voyages du Seigneur

*Les ceremonies que font les mariniers orientaux au partement de leurs vaisseaux. Le nombre des estrangers qui estoient en nostre naue: Les traictements que les pelerins y reçoiuent. La valeur, longueur, & largeur de la naue, auec les descriptions de plusieurs Isles & villes des prouinces d'Aquilee & d'Istrie.*

### Chap. II.

*Partement de Venise pour s'embarquer en la naue pour aller en Hierusalem.*

APres auoir longuement attendu le partement de la naue, finalement le mercredy dixneufiesme iour d'Auril 1589. ie m'embarquay à Venise en la compagnie de ceux qui s'ensuyuent. Sçauoir vn gentil-homme d'auprés de Limoges nommé François de Rouyeres sieur de Brignac, Messire Leonard de Corbiat prestre demeurant auec luy, messire Denis Iacquemin curé Densonuille en Lorraine, Reuerend pere Christofore Saradello da Castione de l'ordre de Sancta Maria da Seruy en Lombardie, lequel nous dist auoir faict le voyage par deux autres diuerses fois. Le Seigneur Hieronymo Bosquecti gentil-homme de Bresse en Italie, le Seigneur Iouan Maria da Ponticy gentil-homme Geneuois, & moy. Ainsi tous sept accompagnez d'vn sainct desir paruinsmes au port de Mallemocque distant de Venise de cinq mil & plus. Là enuiron le commencement de la nuict, entrasmes en la grande naue appellee Nana Ferra, où nous fusmes mal accommodez pour la premiere nuict à cause du grand nombre de personnes qui y arriuoient auec leurs marchandises, & des bruits, clameurs & hurlements que faisoient à toute heure les mariniers auec leurs Celeumes leuant les ancres & chargeant les marchandises. Mais le iour ensuyuant le Patron ordonna le lieu à vn chacun, & fist tirer la naue du port par trente & six barques qu'il auoit faict venir de Venise exprés pour cest effect, d'autant que le temps estoit calme, & à chacune de ces barques y auoit six hommes qui de toute leur force la tirerent en plaine mer, & les faisoit tresbeau voir voguer & tirer apres eux vn si grand corps de bois. La naue poussée, & nous estans en plaine mer, le vent se tourna de la Tramontane qui est appellé Nort selon les mariniers de l'Occean, lequel combien qu'il ne feust pas selon nostre desir, on ne laissa toutesfois à faire voile, & le nocher à dire les prieres accoustumees, lesquelles finies, tous les mariniers se tournerent de Venise vers Tripoly, crians à haute voix, bon voyage, bon voyage. Mais si tost que le nocher eut sifflé de son sifflet, ils cesserent incontinent leurs cris, lesquels ils recommancerent par trois diuerses fois au mesme son du sifflet, & nous de nostre part commençames aussi à prier Dieu nous vouloir par sa sainte grace assister en nostre saint voyage. Il y auoit plusieurs personnes de diuerses natiós en la naue, sçauoir gentils-hommes & marchans Venitiens (qui auoient faict apporter espinettes, luts, cistres & autres instruments au son desquels nous passions souuent le temps) Florentins,

*Trente & six barques pour tirer vne naue du port de Malemoque.*

*Prieres & ceremonies que les mariniers font au partement de leur vaisseau.*

*Nombre des nations estrágeres qui alloient en Orient.*

## Voyages du Seigneur

Lombards, Armeniens, Leuantins, Cipriens, Cidiots, Maronnites, Soriens, Georgiens, Grecs, Mores, Perses & Turcs. & deux religieux, d'ont l'vn estoit Caldean de l'ordre sainct Antoine, & l'autre Perse, de sorte qu'estions beaucoup de nations estranges assemblez en ceste naue, de laquelle estoit patron vn gentilhomme Venitien appellé Candido de Barbary, duquel nous receusmes toutes courtoisies & bon traictement. Ie veux maintenant d'escrire en quelle sorte les passans y sont traictez. Sur la table on leur met le cousteau, la cuillier, la fourchette, & le verre, dãs lequel on verse le vin d'vn boccal qui est aussi sur la table. Est bien vray que le vin est mixtionné de la moitié d'eau, laquelle venãt à putrefier, n'y a pas beaucoup de plaisir d'en boire, mais l'on a recours lors au vin q̃ l'on a de prouision. L'on mange les deux ou trois premiers iours du pain frais, lequel finy, on sert du biscuit sur la table. Ce que l'on trouue fort estrange au commencement, mais l'on peut tremper le biscuit dans du vin ou de l'eau pour le molifier attendant que l'on y soit accoustumé. Pour le regard des viandes, on en mange aussi de fraiches au cõmencement, puis la salee est seruie sur la table, mais aux iours prohibez de l'eglise se mãget des œufs & sardines salees auec febues pelees, menestres de letille, & de ris, accoustrez auec vn peu d'eau & d'huile, & au dessert l'on a des noix & du fromage quelquefois bon, & quelquefois mauuais. Et pour le lieu, nous y estions assez hõnestement traictez, & pouuions aller par la naue

*Traictements qui se font en la naue.*

du tout à nostre volonté, n'en desplaise à ceux qui en ont escrit autrement, que les mariniers font mille brauades, indignitez & iniures aux pelerins & passagers iusques à les poinçonner par le derriere. Ce que ie n'ay point esprouué pour mon regard, & croy qu'ils l'ont inuenté du leur. Ie ne veux pas dire que les mariniers ne vous desrobent s'ils peuuent, & qu'ils ne dient, à la volee quelque parole fascheuse & qu'on endure beaucoup de peines & incómoditez pour le regard de la mer, & de la mutatió de vie, mais du reste ie proteste auec verité que c'est le plus grand plaisir que vous puissiez auoir, pour la multitude des pays que vous voyez singlāt vers la terre Saincte, desquels pays ie feray mention & cotteray le temps, & le iour que ie les auray veus, & de tout ce qui me sera arriué faisant mó voyage, sans y adiouster ou diminuer aucune chose, ains du tout suyuray la verité. Desirant doncq sçauoir cóbien le vaisseau où nous estiós auoit cousté à faire, ie le demanday au Patron, lequel me respondit qu'il auoit cousté cinquante mil escus, y comprins son equipage, & que sa charge commune estoit de dix huict cents pippes de vin, qui sont neuf cents tonneaux, selon le compte & supputatió des mariniers de l'Occean, qui comptent deux pippes pour tonneau. Ce que ie creu facilement, par ce que la naue auoit par le bas cent cinquante pieds de longueur & par le haut de la prouë à la poupe, cent quatre vingts & huict, & par les flancs, cinquāte & neuf de largeur, & auoit trois estages au dessous du

*Valeur, longueur & largeur de la naue qui alloit en Tripoly de Sirie.*

tillac, le premier desquels auoit douze pieds de haut, le second dix, & le tiers sept & demy, & au costé du tillac sous la pouppe estoit la grande salle où nous mangions ordinairement trente neuf personnes, presque tous à vne table, à laquelle le patron ne prend en pension aucune nation estrangere qui soit du pays d'Orient, se faisant tellemēt respecter de ceux qui sont en sa naue, que nul n'oseroit s'estre mis à table, iusques à ce qu'il soit assis le premier & le nocher & escriuain apres. Au dessus de la sale y auoit encore trois estages, au premier desquels estoit la chambre de l'escriuain & celle où nous estions, auec vne autre grande place qui estoit au deuāt d'icelles, laquelle seruoit pour le maniment des voiles & cordages de la mesane. Au second estoit celle du Patron, & pareillement vne place au deuant où estoit la boussolle & le Pilote pour gouuerner la naue: Au tiers estoit la chambre du Pilote auec vne autre place au deuant: au dessus de laquelle y auoit moyen (en cas de necessité) d'y faire encore vne autre chambre, tellement q̃ depuis le bas iusques aut haut de la naue, estoient plus tost sept estages que six, & du costé de la prouë six plustost que cinq, & pour la defence d'vn si grād chasteau y auoit vingt & quatre grosses pieces d'artillerie, & quatre Canonniers pour les gouuerner. Quant au reste de la naue, ce seroit vne chose par trop longue à d'escrire: me contentant de dire, que la grande voile auoit quatre vingts huict pieds de largeur, & septante de longueur, & que sur le haut de la hune pouuoient estre trente hommes à leur aise. Bref, c'estoit vn vaisseau d'admirable grandeur qui meriteroit plustost estre veu, que redigé par escrit. Estans partis du port de Mallemocque le Ieudy au poinct du iour, nous costoyasmes Chioggia, entrant dans le goulfe de Venise, anciennement appellé Adriatique, de la grandeur & largeur duquel ie parleray cy apres. Le Vendredy ensuyuant, se feist vne tresbelle cerimonie en la naue, qui fut telle que le patron & l'escriuain estans au haut de la pouppe, & le nocher auec ses mariniers au bas, le patron leur demanda à tous leurs noms, puis les diuisa en quatre gardes, les honorant d'offices selon leurs merites: ce qu'ayant faict, leur feist vne remonstrance, contenant entre autres choses qu'ils fussent prompts & obeissans à faire leur deuoir, leur deffendant expressement ne desrober ne faire aucun ennuy à ceux de la naue, sur peine de cent bastonnades, & signamment de ne blasphemer point le nom de Dieu, ny commettre le crime detestable de sodomie, les aduisans que le premier qui seroit conuaincu de tel vice seroit attaché a la cadene, de laquelle il n'en sortiroit iusques à ce qu'il fust retourné de sõ voyage à Venise: où estãt il luy feroit faire son proces. La remõstrance faite, cõmanda de leur dõner à tous à boire, & se tournant vers nous, nous admõnesta de nous comporter sagemẽt en sa naue; en laquelle il faisoit ordinairement châter tous les soirs, *l'Aue Maria*, & au Samedy les letanies & *Salue Regina*, mesmement tous les matins à la

*Entrée du goulfe de Venise.*

*Belles remõstrances d'vn capitaine de naue à ses mariniers & autres gens y estans.*

*Voyages du Seigneur*

diane, les Mouſſis du vaiſſeau, chantoient leurs prieres à haute voix, leſquelles finies donnent le bon-iour au Patron & à toute la compagnie, laiſſans ſous ſilence, mille autres cerimonies & ieux qui ſe font en ladite naue, qui donnét beaucoup de plaiſir & de recreation. Le vendredy au ſoir nous deſcouuriſmes les citez de Caorle & Grao, qui ont apparence d'eſtre belles & grandes, leur ſituation eſtant ſur le bord de la mer, en la prouince d'Aquilee, qui ſe reſent encore des ruynes & ſanglantes cruautez de ceſt inhumain & barbare Tyran Attilla appellé fleau de Dieu, ne s'eſtant peu remettre, depuis ſa deſolee deſtructiō, toutesfois le patriarche s'y eſt touſiours maintenu en ſon auctorité iuſques à preſent, qui denote l'antiquité de ceſte prouince en la foy chreſtiéne, pour auoir eſté en la primitiue egliſe celuy d'Aquilee l'vn des quatre Patriarches de la chreſtienté. Le lendemain qui eſtoit le vingt & deuxieſme d'Auril entraſmes enuiron le poinct du iour dans le goulfe de Trieſte, où le vent cómença peu à peu à s'eſueiller, d'autant qu'il s'y faict ordinairement vn temps aſſez rude, à cauſe des mótagnes de la prouince d'Iſtrie qui le voiſinét de pres, laquelle appartient en partie aux Venitiens, principalement le long de la marine, & l'autre canton qui eſt en terre ferme, tient de l'Empereur & de l'Archiduc d'Auſtrie. Se voyét auſſi le long de la marine les villes de Trieſtes, Pyram, & celle Dorſerra qui eſt aſſiſe ſur vne petite montagne, au bas de laquelle y'a vn tresbeau port, ou peuuent encrer toutes ſortes de vaiſſeaux,

*Citez de Caorle & Grao en la prouince d'Aquilee.*

*Goulfe de Trieſte.*

*Villes de Trieſte, Piram, Orſerra.*

seaux, peu distant duquel, sont situees les villes de Cita noua & Paranso, d'où l'on compte cent mil iusques à Venise, villes assez gentilles & où l'on trouue bons rafraischissemens, quand les vaisseaux retournans d'orient mouillent l'encre au port de Quieto, qui est entre deux. De là continuans nostre route, nous approchasmes pres Rouigno & les Isles de Brioni, estimees & prisees pour les belles pierres qu'elles produisent, que les Italiens nomment Istriennes, dont ils se seruent ordinairement pour la decoration & embellissement de leurs palais. A costé desdictes Isles se voit en terre ferme le haut mont de Caldaro & l'antique cité de Paula qui est esleuee sur vne petite coline, qui se confine au bord de la mer, en laquelle y a vn tresbeau port, suffisant pour receuoir toutes sortes de vaisseaux, bien est vray qu'il est fort peu frequenté à raison que la ville n'est pas beaucoup habitee, d'autant que l'eau d'vn lac, qui en est tout ioignant infecte l'air de son exhalation, pour ne pouuoir aucunement s'esuacuer: ce neantmoins l'on dit qu'en cest endroit habita iadis vn Empereur Romain que l'on estime auoir esté Diocletien, à raison qu'il estoit natif de la ville de Salone en Dalmatie qui en est voisine de demie iournee, & pour tesmoignage de ce, s'y voyent encore les ruynes du chasteau d'Orlande, d'vn arc triomphal, d'vn amphiteatre & de certaines conserues d'eau qui sont demeurees apres les rauages & destructions d'Attilla. Continuans nostre nauigation passasmes le perilleux goulfe de Carnero

*Cita noua & Paranso en la prouince d'Istrie.*

*Möt de Caldaro.*

*Cité de Paula & ses antiquitez.*

*Goulfe de Carnero.*

*Voyages du Seigneur*

qui dure trente mille de largeur, faisant la separation de la prouince d'Istrie, d'auec celle de Dalmatie, & arriuasmes le Dimanche matin vingt & troisiesme du mois d'Auril prez les *Isles de Medoly, Sansego, & Veggia.* isles de Medoly, Sansego & Veggia, laquelle se nommoit anciennement Ilyride, & encores à present y a vne ville portant le mesme nom, les habitans de laquelle viuent honnestement des bleds & vins qu'ils cueillent en l'isle, sans autrement employer leurs voisins à les ayder & secourir, & selon l'opinion des mariniers, elle contient enuiron trente mi. de *Isle d'Arbe.* long, & octante de circuit. Celle d'Arbe qui est ensuyuant, n'est pas du tout si grande, ne si fertille comme la precedente, mais elle abonde en figues & autres fruicts en grande quantité. Sa forme est plustost longue que large, & dure bien prez de quarante mille à passer, ayant deux ports pour son embellissement, qui regardent vers l'Orient & Occident. Quant *Isles & salines de Pago.* à l'isle de Pago qui la suit de fort pres, elle s'aproche plus de terre que ne font les autres, n'en estant separee que d'vn large canal, sur lequel on nauigue pour y aller faire le sel, en quoy elle abonde grandement.

*Continuation de nostre voyage, auec la description de plusieurs villes de Dalmatie, Sclauonie, Vallonne, & de plusieurs Isles qui sont en la mer.*

## Chap. II.

LEs isles de Querzo & Oscero se voisinent de si pres que les habitans d'icelles les ont ioinctes ensemble par vn pont de bois afin d'auoir le moyen de se visiter les vns les autres sans passer par bateau. Lesdites isles furent appellees des anciens Crespa, Asphorus & Absirtides, ainsi dites du nom d'Absirtus frere de Medee par ceux de Colchos, esquels estans venus chercher Medee pour la remener à son pere Acete, apres l'auoir en vain cerchee demeurerent en ce lieu, comme dit le Scoliaste d'Apollonius Rhodius en ses Argonautes liu. 4. Les autres disent que le patrõ ou cõducteur de ceux de Colchos, qu'on appelle auiourd'huy Mengrelites, se nommoit Absirtus comme le frere de Medee, & du nom de cest homme furent appellees les Absirtides à present Querso & Oscero, ausquelles y a vne montagne sur laquelle y a vn chasteau, où les Venitiens font faire bonne garde, à cause des courses que les Turcs y font souuent. A quinze mil plus loin est vn port nommé, Val da gosta, qui est bon port & seur pour naues & galleres, & d'iceluy iusques au port d'Ancone on ne cõpte que septante mil, tellement que le goulfe est fort estroict en ce lieu. De là passans les pointes Zigala & Pharnoli, courusmes les isles de Nieni, la Grua, Scorda, Zanpotello & Millada, lesquelles sont abitees excepté celle de Grua, ainsi nõmee pour la multitude des gruës qui y font

*Isles de Querso & Oscero, auec leur description.*

*Port du Val da gosta.*

*Isles de Nieni, Grua, Scorda, Zanpottello & Millada.*

O ij

## Voyages du Seigneur

leur repaire & demeure. Bien est vray que quelques vns la nomment Muraya, mais le cōmun nom est Grua. Le lundy matin vingt & quatriesme dudit mois nous descouurismes à main dextre vers l'Italie, vne Galliotte Turquesque qui n'approcha aucunement de nous, & enuiron midy vn nauire Anglois qui venoit à l'Isle de Zanté pour se charger de marchandise, & aduisames par mesme moyen à main senestre en la Dalmatie les monts de Morlaca, au bas desquels est la cité de Zara, la principale des quatres prouinces appellees, Arbe, Senebico, Spallato, & Tragurio qui sont en la Dalmatie, partie desquelles appartiennent aux Venitiens, l'Archiduc d'Austrie & au Turc. La cité de Zara est deux cents mil esloignee de Venise & situee sur le bord de la mer, embellie d'vn fort beau port & d'vn fort chasteau, ainsi qu'on peut iuger facilement quand le temps est serain. Les Venitiēs y ont vn Podestat & Camarlingo qui y commande pour eux. En ceste ville y a vn Archeues̄que, & en l'eglise cathedralle plusieurs sainctes reliques comme le corps du Prophete Ioel, & celuy de Sainct Simeon le prophete, qui eut le dernier (ainsi que tiennent les Thalmudistes mesmes) en sa possession, la fille de la voix, c'est à dire la prophetie, & feist le cantique *Nunc dimitis seruum tuum Domine*, tenant nostre Seigneur Iesus-Christ entre ses bras, le iour qu'il fut presenté au temple. Entre Zara, Sebenico & Trau sont plusieurs Isles presque toutes habitees, cōme celles de San Stephano, la Coronata, Liguri,

*Mōt de Morlaca.*
*Cité de Zara capitale de Dalmatie & sa description.*

*Corps de S. Simeon & Ioel prophete en Zara.*

*Isles Sā Stephano, la Coronata, Ligurisi & Soisz.*

Solta & autres. De là ayant passé le Cap de Costa, nous apperceusmes vne heure auant Soleil couchant, la montagne de Pomo, qui est iustement assise au milieu du goulfe de Venise, d'autant que d'icelle en Sclauonie ny a non plus que en Italie, & combien que la nuict fust fort prochaine, neantmoins nous la pouuions voir assez clairement à raison qu'elle est tres-haute, & faicte en forme de pyramide, qui est vne chose certes, assez plaisante à voir, & digne d'estre regardee, consideré sa situatiõ & qu'elle est esloignee de terre ferme plus de cent mil de tous costez. En ceste montagne n'habite personne que des Faulcons, qu'on y va prendre au teps d'Automne. Le mardy matin qui estoit le iour Sainct Marc, le vent se tourna maistral, soufflant plus fort que de coustume, sans toutesfois faire aucune tourmente. C'est le vent le plus fauorable que l'on puisse auoir pour aller de Venise en Orient, & selon les mariniers de l'Occean, il s'appelle Nort ouest, qui est celuy qui participe de l'Occident & Septentrion. Ainsi branlant sur ces ondes marines, nous approchasmes des Isles de Sant Andrea, Buzo, & Lissa, en laquelle se pesche grand nombre de sardines qui sont en reputation d'estre les meilleures du monde, toutesfois il me semble (selon que i'ay peu experimẽter mangeant de celles qui nous furent apportees en nostre naue) qu'elles ne sont pas si excellentes, que celles qui se pechent en la coste de Bretaigne en vn endroict qui s'appelle Diernelez, ou bien c'estoit la faute du cuisinier qui ne

*Mont de Pomo & sa description.*

*Vent propre pour aller d'Occident en Orient.*

*Isles de Sant Andrea, Buzo & Lissa.*

O iij

*Voyages du Seigneur*

*Isle de Brazza & sa description.*

les sçauoit pas accommoder. Peu distant de ceste isle apparut celle de Brazza qui est à l'embocheure du goulfe de Narente, laquelle est gouuernee par vn gentil-homme Venitien, & a plusieurs villages qui produisent bleds, fruicts & bois suffisamment pour l'entretenement des habitans, son circuit contenant enuiron trente mil§.

*Goulfe de Narente & sa description.*

Quant au goulfe de Narente il est de fort grande estenduë, & se dilate iusques aux limites de la Macedone qui sont esloignees de son embocheure de deux bonnes iournees. Et combien que plusieurs à present soient d'opinion que la Dalmatie, & Sclauonie n'est que vne mesme chose, toutesfois à ce que i'ay peu apprendre par effect & par la lecture, ie trouue que ce goulfe faict la separation de la Dalmatie d'auec la Sclauonie, ou de la Sclauonie à la Dalmatie, ainsi qu'on le voudra prendre. Bref le passage de ce goulfe est perilleux, pource que la tempeste y est presque continuelle, à raison des montagnes qui sont à l'entour.

*Bourasque sur le goulfe de Narente.*

Lors que nous le passames suruint vne borasque d'vn vent nommé Grego qui contraignit caller du tout la voile de Cueba, & presque toutes les autres par l'espace de sept ou huict heures, de sorte qu'elle causa le mal de la mer à quelques vns de nostre compagnie, qui feirent restitution du bon biscuit qu'ils auoient pris à leur disner: mais le goulfe estant passé, le vent s'appaisa, & pareillement leur douleur, ayant meilleur appetit qu'ils n'auoient auparauant. Le vray moyen de s'empescher d'estre malade sur la mer, c'est d'estre sobre, pour le regard du boire, d'autant qu'il prouoque fort le vomissement à cause du branlement qu'il faict en l'estomach par le moyen de celuy que la naue faict, tellement que le meilleur est ( selon le conseil des mariniers ) d'estre vn peu sobre pour le commencement, d'autre part ledit goulfe & mesmement tous les autres sont quelquefois dangereux à passer, pour les rencontres qu'on y faict des galleres & galliotes Turquesques, lesquelles se cachans à l'abry de leurs emboucheures espient ceux qui passent au large sans qu'ils puissent estre descouuerts, & ainsi viennent charger à l'impourueu & piller les passans, ausquels ayant osté tous leurs moyens les mettent à la cadene pour en auoir rançon, sans autrement les faire mourir, si ce n'est en combatant. Car tout leur desir ne tend qu'à la rapine & à l'auarice, mais estans descouuerts des galleres Venitiennes au dedans du goulfe de Venise, sans remission ils sont tous faicts mourir, parce que le grand Turc leur en a donné permission, disant n'auoir pour agreable telles pilleries & larcins. Continuans nostre chemin, nous veismes l'isle montueuse de Liezena qui est beaucoup plus longue que large, de laquelle les Venitiens sont seigneurs, & y ont faict fortifier vn chasteau qu'on y voit sur la cime d'vne montagne ioignant le bord de la mer, au bas duquel y a vn port pour les naues & galleres, qui est faict quasi en forme de croissant: Ceste isle est tresbelle & fertile

*Isle de Liezena & sa description.*

en bleds, bestiaux & fruicts, & habitee de noblesse plus qu'autre isle qui soit dans le goulfe de Venise, en ceste isle nasquit le Roy Demetrius. A cinq mil de là nous costoyasmes l'isle de Coursola, en laquelle y a Euesché & vne forte cité où se faict grand trafic de marchandise, tant pour ce qu'elle est voisine de terre ferme qu'à raison de la commodité qu'ils ont de faire les naues, galleres & galliottes & toutes autres sortes de vaisseaux propres à la nauigation du bois mesme qui croist en l'isle. Les Venitiens y enuoyent de seize mois en seize mois deux gentils-hommes pour la gouuerner. Non gueres loing d'icelle sont les isles de Sabionzello, Torcolla, Cazza Augousta, laquelle appartient à la Republique de Ragouze, & est de fort grande estenduë, & assez peuplee de villages, mais il y faict dangereux aborder à cause de certains petits rochers qui sont en la mer, lesquels se nomment Augustini, où grand nombre de vaisseaux se perdent souuent, par ce que les pilotes qui les conduisent ne sont pas aduisez du perilleux passage qui y est. A l'opposite de laquelle quarante mil auāt en la mer, est vne autre petite isle nommee Pelegoza, qui ne contient que six mil de tour, laquelle est aussi dangereuse à passer, pour estre enuironnee de bancs de sable. Et partant pour euiter ces dangers, nous passasmes iustement par le milieu, d'escouurant peu apres l'isle de Melena qui depend de la Seigneurie des Ragousins, contenant trente mil de longueur a passer, & enuiron le soir, nous apperceusmes la cité

*Isle de Coursola & sa description.*

*Isles de Sabionzello Torcola, Cazza, Augousta.*

*Perilleux passage sur mer entre les Isles d'Augousta & Pelegoza. Isle de Pelegoza.*

*Isle de Melena.*

de Ragouze anciennement appellee Epidaure, qui est distante quatre cent mille de Venise. Ceste ville est situee sur le bord de la mer au pied d'vne haute montagne, & a bien l'apparence d'estre belle & grande, aussi qu'elle est la capitale de Sclauonie, & grandement renommee de tous les estrangers à cause du grand trafic & cómerce qui s'y faict du Leuant & du Ponant, & combien qu'elle soit libre & gouuernee par estat populaire, neantmoins elle paye grand tribut au Turc & aux Venitiens. Le mercredy ensuyuant nous courusmes les isles de Mezo, Callamata, Zupana, Calaphata, & Creuma, toutes plaines de petites montagnes habitees, lesquelles appartiennent aussi à la seigneurie de Ragouze, & non loin de la derniere est vne grande forteresse edifiee en terre ferme sur vne montagne que l'on appelle Cataro, laquelle appartient aux Venitiens qui y ont ordinairement grande garnison, pour empescher la course des Turcs, leurs voisins, lesquels en contre eschange ont faict bastir vne autre forteresse peu distante de là, que l'on nomme Castel nouo entre lesquelles passe le goulfe de Ludrino, qui n'est pas de si grãde longueur que l'on ne puisse bien aller par terre en vne petite iournee d'vn chasteau à l'autre. Trauersant ce goulfe, le vêt se tourna de garbin, qui est appellé sud-ou-est selon la nauigation de l'Occean, lequel soufflant gaillardement nous passa à la veuë des citez de Bondona, Dulcino, Antiuari & Bethsi, distantes les vnes des autres de dixhuict mille seulement, toutes lesquelles

*Cité de Ragouse capitale de Sclauonie.*

*Isles de Mezo, Callamata, Zupana Calaphata & Creuma.*

*Forteresse de Cataro.*

*Forteresse de Castel nouo.*

*Goulfe de Ludrino.*

*Citez de Bondona, Dulcino, Antiuari & Betsi en la*

*Voyages du Seigneur*

sont sous l'obeissance des Venitiens situees sur le bord de la mer, en la prouince de Durasso, qui est aux confins de la Sclauonie, & d'Albanie. Ayans passé tous ces lieux veismes les citez de Lecchio & Durasso qui estoit anciennement vne prouince dependante du royaume de Macedoine appellee Epidaure. Mais apres qu'elle fut subiuguee des Romains, ils la nommerent Dyrachium selon que dit Plutarque, disant qu'en icelle Cæsar endura beaucoup combatant contre le grand Pompee. A present elles sont reduictes sous l'obeissance du grand Seigneur comme semblablement la terre de la Vallonne qui en est peu distante, en laquelle autresfois les Romains y enuoyoient la ieunesse pour y apprendre l'art militaire, & comme dit Appian Alexandrin, Octauius Cæsar y estoit, lors que son pere adoptif Iullius Cæsar fut miserablement massacré dans le Senat de Rome par Brutus & ses complices. La terre est fort fertille & abondante de toutes choses necessaires à la vie, ainsi qu'il se peut voir, & n'est esloignee de l'isle de Corfou que de cent mil seulement. Apres nous veismes les hautes & desertes montagnes de la Chimere, dictes anciennement d'Epire, lesquelles sont habitees de Chrestiens Albanois, que le Turc n'a peu subiuguer, à raison des aspres montagnes qui luy empeschent le passage, ce qui a esté occasion qu'il n'y a pas beaucoup employé ses forces, consideré l'infertilité du pays, auquel toutesfois les Albanois se conseruent en liberté, ne viuant presque d'au-

*Citez de Lecchio & Durasso.*

*Terre de la Vallonne.*

*Montagnes de la Chimere habitees d'Albanois.*

tre chofe, que de ce qu'ils defrobent fur les chreftiens & fur les Turcs, n'ayans acception de perfonnes pour ce regard. Ie ne dy pas que en toute l'Albanie, ils foient de mefme, mais feulement aux montagnes de la Chimere. Ce vice qu'ils ont ordinaire, leur a apporté la reputation d'eftre les plus endurcis aux peines & trauaux de la guerre, qu'autre natiõ qui fe trouue. Ce qui a donné occafion à plufieurs Rois & Princes chreftiens, fe feruir d'eux en guerre contre leurs ennemis.

*Defcriptions de la grandeur & largeur du goulfe de Venife, de l'ifle de Corfou, celle de la Cephalonie, celle de Zante, auec plufieurs autres ifles. Enfemble les limites de la Moree ou Peloponefe, & les termes de la mer Adriatique.*

### CHAP. IIII.

LE ieudy vingt & feptiefme d'Auril, paffafmes l'emboucheure du goulfe de Venife, laquelle ne contient que foixante mille de largeur, fçauoir depuis le cap d'Otrante qui eft en la Pouille, iufques au cap de la Polone, qui eft entre la Vallonne & la Chimere, ce qui occafionna Pyrrhus Roy des Epirotes, & autres Romains apres luy, d'entreprendre de faire vn pont pour paffer d'Italie en Grece, confiderant le peu d'efpace qu'il y auoit de l'vn à l'autre. Mais iamais nul n'en a faict prendre

*Defcription de la grãdeur & largeur du goulfe de Venife auec fes confins.*

les fondemens,& s'ils eussent executé leurs desseins, s'eust bien esté vn autre chef d'œuure, que le pont de pierre que feist faire l'Empereur Caligula sur la mer, depuis Poussolle iusques à Baye. Quant à moy i'ay opinion que le pouuoir humain ne sçauroit paruenir à vne si haute entreprinse, tant pour la distace des lieux que pour la profondité de la mer, sans vne autre infinité de raisons que l'on pourroit alleguer. Mais pour parler de la longueur du goulfe, faut sçauoir qu'il s'estend depuis Venise, iusques aux lieux cy dessus mentionnez, où y a six cents quarate mil, & regarde Venise de la part d'Occident, & l'isle de Corfou de l'Orient, & du costé de Septentrion, il baigne l'Istrie, Dalmatie, Sclauonie, Durasso, la Vallonne & partie de l'Albanie, & vers le midy il y a la florissante Italie & plusieurs belles citez qui le decorent : à toutes lesquelles ny a aucun port, pour gallere ne gros vaisseaux, sinó à Ancone, Brundes, & Ottente. C'est pourquoy le Consul Romain Appius feist faire vne si belle voye, depuis Rome iusques à Brundes qui est en la Pouille, afin que par icelle les armees Romaines peussent en tout temps cheminer & s'embarquer pour passer en la Grece. La longueur dudit goulfe contient en quelques endroits deux cents mil, & en autres lieux moins. Voila à ce que i'ay peu comprendre des limites, longueurs & largeurs du goulfe de Venise, lequel ayāt passé nous ioignismes de pres les mótagnes de Fanno & Merlera, qui sont en plaine mer, & peu esloignees de l'isle de Corfou an-

*Montagne de Fanno & Merlera.*

ciennemét nommee Cysipha, Ephira, Corintho & Melena, laquelle isle nous descouurismes le vendredy vingt & huictiesme du mois d'Auril, enuiron l'heure du disner, ne faisant que passer tout le long d'icelle: Mais il semble qu'en la costoyant, elle soit plus longue que large. Ceste Isle est l'vne des clefs de toute la chrestienté, en laquelle sont deux chasteaux imprenables bastis sur de hautes mótaignes, l'vn desquels est nommé Fortezza Vechia, & l'autre Fortezza noua, que l'on dit auoir deux mil de circuit bastie de la roche mesme sur laquelle elle est esleuee. J'eusse bien desiré les voir de plus pres s'il eust esté possible, d'autát q les Venitiés qui estoiét en la naue m'en disoient merueilles, & mesmement de la beauté & fertilité de ceste isle, qui abonde en bleds, fromens, vins, huilles, cedres, oranges, & toutes autres sortes de fruicts excellents, & est habitee de crestiens Grecs, ausquels les Venitiens commandét. Ceste isle est en la mer Adriatique esloignee du cap d'Otrante d'enuiron soixante mil, & du Royaume d'Epire de deux ou trois mil seulement, de cap en cap. A dix mil de Corfou est vne petite isle appellee des anciens Ericusa & des modernes Pascau, qui est sans aucune montagne, & est abódante en fruits, qu'on tient pour certain auoir esté ioincte autresfois auec celle de Corfou, & que par succession de temps la mer & les tempestes les ont ainsi separees. L'aurore du samedy ensuyuant estant venuë nous feist apperceuoir le cap de Ducato, autrement dit isle de Sancta Maura, & des an-

*Description de l'isle de Corfou qui est en Grece & l'vne des 3. clefs de la chrestiēté.*

*Isle de Pascau.*

*Isle de Sancta Maura & sa description.*

*Voyages du Seigneur*

ciens appellee Scopulus, en laquelle se voit sur la cime d'vne montagne les ruynes d'vne belle ville & du temple d'Apollo, auquel Æneas apres la mort de son cher amy Achattes offrit les armes d'iceluy. L'Empereur Octauius Cæsar ayant obtenu la signalee victoire contre Marc Antoine & Cleopatra sur le goulfe d'Ambrasio à present nommé Larta, qui est tout ioignant ladite isle, voulut en memoire d'icelle, qu'elle feust appellee Nicopoli. La plus grande fertilité qu'elle a, est en bois & eaux doulces, ce qui conuie plusieurs nauiguans a y aborder pour s'en fournir, & aussi pour prendre autres rafraichissements au Royaume d'Epire, lequel est si pres de ceste isle qu'ils sont ioincts ensemble par vn pont de bois, à l'entree duquel y a vn fort chasteau pour sa deffense, où le Turc a mis bonne garnison, pource qu'elle est sous son obeissance, aussi bien que le Royaume d'Epire. Et l'isle d'Itacha pareillement que les mariniers appellent Compare, laquelle est fort montueuse & de peu de valeur, mais grandement renommee pour auoir esté autresfois le Royaume d'Vlysses. A quatre mille de Compare, est la fructueuse & abondante isle de Cephalonie; ioignant laquelle nous passames enuiron le midy dudit iour, & fus bien desplaisant que ie ne pouuois mettre pied à terre pour contempler sa beauté & fertilité : toutesfois nous approchasmes de si pres, que ie pouuois iuger quelque chose de ce qui en estoit, outre ce que m'en disoient plusieurs Venitiens, qui

*Goulfe de Larta où Octauius Cæsar defit Marc Antoine & Cleopatra.*

*Isle d'Itacho ou Compare siege d'Vlysses.*

estoient en la naue, lesquels me monstrerent le goulfe de Largostoly, qui passe en l'isle, entre deux petites montagnes, sur l'vne desquelles est la principale forteresse d'icelle, où tous les habitans se retirent lors qu'il suruient guerre entre les Venitiens & le grand Turc, d'autant que toutes les autres villes bourgades ou villages ne sont d'aucunes deffences, & que derriere la forteresse est vne haute montagne vers le Septentrion, qui rend le lieu inaccessible de ce costé là, comme faict pareillement de l'autre part, la mer & le goulfe qui luy sert de port, & auquel l'armee Venitienne, Papalle & Espagnolle s'assemblerent l'an mille cinq cents septante & vn, pour resister à la puissance du grand Seigneur, qui auoit ja conquis sur les Venitiens le Royaume de Cypre. Et le iour de la bataille naualle, ayant esté assignee par entr'eux pres des isles de Corsolari, qui sont distantes de la Cephalonie, d'enuiron douze mille, les chrestiens vainquirent leurs ennemis sous la conduite de ce grand capitaine Dom Iean d'Autriche. Ceste isle fut autrement appellee Melena, puis Cephalonica de Cephalus, auquel elle fut donnee par Amphitrion, apres l'auoir conquise à force d'armes, sur les Atheniens, en despit de ce qu'ils l'auoient banny & exillé de leur cité d'Athenes. Et combien qu'elle soit vn peu montueuse, neantmoins elle est tres-fertile en froment, vins de maluoisie

*Isle de Cephalonie & sa description. Goulfe de Largostoly.*

*Victoire obtenue par les Venitiens sur le grand Turc pres les isles de Corsolari en l'an 1571.*

*Voyages du Seigneur*

& muscadets, raisins de Corinthe, oliuiers, lins, chairs, fromages, miel, fruicts, bois de pins, & eau douce, de toutes lesquelles choses les habitans d'icelle, qui sont tous Grecs, font grand traficq, mesmes de vins, raisins & mantes de catalone, que les marchans Venitiens disent estre des meilleures du monde. Sur la montagne que i'ay nommee cy dessus, estoit anciennement le temple de Iupiter, & sur icelle plus bas on nous monstra vne eglise, où y a des cordeliers de l'ordre de Sainct François, ioignant laquelle est vn iardin où tous les fruicts qui y croissent deuiennent doux, iaçoit qu'on les ait plantez d'autres manieres. Ceste fructueuse isle est situee en la mer Adriatique, contenant selon la commune opinion deux mil de circuit, & n'y a que dixhuit mil d'interualle entre elle & celle de Zante, & du cap Sainct Sydro, iusques au cap de Sancta Maria qui est en la Pouille on ne compte que cent quarante mille. Le Dimanche dernier iour d'Auril nous commençasmes a descouurir l'isle de Zante, en laquelle nostre patrō auoit deliberé mouiller les ancres, mais comme nous estiōs a vn traict d'arquebuze pres du port de Sainct Nicolo, suruint vn vent de ponant magistral qui fist changer d'opinion à nostre patron à mon tres-grand regret. Car ie voyois premierement le port tresbeau, & faict en forme de croissant, autour duquel est vne longue ville, que l'on dit porter le mesme nom de l'isle, la longueur de laquelle si ie ne me trompe s'estend bien pres de deux mille, mais les maisons d'icelle sont tresmal

*Isle de Zante & sa description.*

mal basties, & non seulement qu'vne estage de haut. La raison de ce est que le tremblement de terre y est si frequent qu'ils n'oseroient esleuer plus haut leurs maisons. Ceste isle appartient aussi à la Seigneurie de Venise, en laquelle ils enuoyent leurs Potestats & Prouidadours de deux ans en deux ans, lesquels font leur demeure ordinaire en vn fort chasteau, qui est edifié sur le haut d'vne petite montagne, qui commande entierement à la ville & au port, les habitans y sont tous Grecs chrestiés, schismatiques, toutesfois il y a des religieux de l'ordre Saint François qui obeissent à l'eglise Romaine. Et combien que l'isle soit de petite estenduë, n'ayant que soixante mil de tour, & soit quasi reduicte toute en planure, ce neatmoins elle est de beaucoup plus marchande que la Cephalonie, car de toutes les parts du monde les nations y abordent pour traffiquer & charger leurs nauires, tant de vins de maluoisie & muscadets que raisins de Corinthe & autres marchandises, & ceux qui n'y font que passer y iectent ordinairement leur ancre pour y prendre des rafraichissements: d'autant que le lieu est fort commode pour cest effect, estant distant du cap de Sancta Maria, qui est en la Pouille de cent soixante mil, & de Venise neuf cents, & de la Moree dix huict. Ainsi la laissant derriere, nous suiuismes la coste de la Moree ou Peninsula dictes des anciens Peloponese: Et pour ce que cest vne isle fort renommee pour les hommes illustres & vaillans capitaines qui en sont sortis, outre la grande ferti-

*Chasteau de Zante.*

*Limites de la Moree ou Peloponese.*

*Voyages du Seigneur*

lité de toutes choses, en quoy elle abonde, ie diray qu'en icelle sont plusieurs prouinces, comme la Lycaonie, la Messouie, Argo, Cicronie, Napoly de Romanie, Elide, Arcadie, Maluoisie, & Corinthe, aux habitās de laquelle Sainct Paul a escrit ses epistres. Et toutes ses prouinces ensemble font quasi vn rõd qui est circuy de goulfes & mers presque tout autour, sinõ en vn seul petit destroict ou Isthme de deux mille de large, qui ioinct l'Achaye & Athenes à la Moree ou Peloponeze. Et d'autant qu'il donne grand empeschement à la nauigation, plusieurs Roys & Empereurs l'ont voulu faire tailler, afin d'auoir moyen de nauiguer d'vne mer à autre par tout le pays de Grece. Le premier desquels fut le Roy Demetrius, puis Iulle Cæsar & Neron, finallement le grand Turc d'àpresent, auquel l'on a remonstré que si le destroict estoit couppé, cela seroit occasion de noyer tout le pays, à cause que le goulfe de Corinthe qui en baigne vne partie est beaucoup plus haut que celuy de Legina qui arrouse l'autre, & par ceste remonstrance il a esté diuerty de son entreprise. Ceste isle est des plus belles & fort peuplee de Moriers dont elle a prins le nom, & d'autres fruicts en abondance, & ay regret qu'vn barbare & infidelle occupe vn si beau pays, lequel en fertilité & bonté ne cedde à nul autre. Du costé d'Occident elle a la

*Termes de la mer Adriatique.*
*Goulfe de Lepante.*

mer Adriatique qui se termine à l'entree du goulfe de Lepante ou Patras ainsi nommé de deux citez, sçauoir de Lepante en Achaye, & de Patras en la Moree ou Peloponeze, où le glorieux Apostre Sainct André fut martyrisé en la croix. Ce goulfe auoit anciennement pris son nom de la cité de Corinthe, qui est située sur le destroit au haut d'vne petite montagne, qui regarde à la main d'extre le goulfe de Legina qui enuironne Athenes d'vne part, & le Negre-pont de l'autre, vers le midy elle a la mer Ionie, au leuant celle de Candie, & au Septentrion celle d'Ægee appellee Archipelago autrement Helesponte.

*Lieu où S. André fut martyrisé.*

*Goulfe de Legina.*

*Description de la Moree, & des isles & monts qui l'embellissent. Du royaume de Candie auec les villes & citez qui le decorent: sa grandeur, largeur & sa fertilité. Plus partie de la description de l'isle de Rhodes & du Royaume de Cypre.*

### CHAP. V.

PAssant le long de la Moree, nous veismes premierement le Chasteau de Torneze, puis les deux isles nõmees des anciens Plote & Strophades, & des modernes Straually, où les enfans de Boree & d'Orithie chasserent les harpies qui infectoient la table de Phineus, dont parle Apollonius Rhodius en ses Argonautes. Et en ceste isle ces Harpies y demeurerent long temps, voire iusques au temps d'Enee qui apprint d'elles sa destinee & ce qu'il auroit à souffrir en Italie sa demeure fatalle: Au lieu où estoient ces bestes rauissantes, y a maintenant des pauures

*Chasteau de Torneze en la Moree.*

*Isles de Straually.*

P ij

*Voyages du Seigneur*

Caloyers religieux Grecs, qui viuent de pain d'orge & de poisson, ne beuuant autre chose que de l'eau, & lors qu'ils apperçoiuent quelques vaisseaux Turquesques, ils se retirent en vne tour moitié ruinee, & au contraire quand ils voyent les naues chrestiennes, ils viennent en de petites barquettes leur demander l'aumosne. Au costé des isles de Striually est celle de Prodono toute deshabitee, laquelle est aupres du cap de Conello nommé des anciens Ciparisso, qui est le premier de la Moree ou Peloponese vers Occident. Le lundy premier iour de May aborda vne Pelouque à nostre naue, les gens de laquelle dirent au patron comme la naue Roussine, qui estoit Venitienne auoit esté prise par les Turcs à l'entree du goulfe de Ludrino, & que le patró d'icelle auec sept autres, auoient esté tuez de coups de canon, & les autres faicts esclaues. Cela arriua par ce que quelques mariniers auoient mis pied à terre pour faire du bois, lesquels y furent tuez, & de là les Turcs vindrent surprendre ceste naue au despourueu, qu'ils traicterent en ceste façon, & apres nous auoir dit ceste nouuelle s'en allerēt en faire de mesme à Candie. Quád à nous autres apres que la Pelouque fut partie, nous continuasmes nostre chemin, & le iour S. Iaques & S. Philippes Apostres, descouurismes la montueuse isle de Sapientia à trois mil de laquelle, est la cité de Modon situee en la Moree sur vne petite montagne, & a la monstre d'estre assez belle & grande. Apres nous veismes deux forteresses appellees Nauarin, dont l'vne est ba-

*Isle de Prodono.*
*Cap de Conello.*

*Isle de Sapientia.*
*Cité de Modon.*

de Villamont liure 2.

stie sur le bord de la mer, & a vn port suffisant pour loger quatre vingts ou cent galleres, qui fut l'occasion pourquoy les Venitiens se trauaillerent tant à le gagner sur le Turc. Vn an apres auoir obtenu la victoire contre luy, & la paix estant faicte par entr'eux, le Turc feist incontinent faire sur vne petite montagne, vne autre forteresse, qui est à vn mil pres, pour la deffence du port. Enuiron trois heures apres midy nous costoyasmes plusieurs isles, sçauoir Caprera, Caogalon & Venetico, ioignát lesquelles à main senestre est la cité de Coron esleuee sur vne petite mótagne en la Moree, qui a aussi belle apparence d'estre forte, & l'ayant passee nous vismes clairemét la mótagne de Santelya, couuerte encores de son chappeau blác. Le lendemain qui estoit mardy deuxiesme de May passames le cap de Matapan, au derriere duquel est la prouince de Maluoisie tant renommee pour les bós vins qui en prouiennent: & vn peu auparauant midy apperceusmes l'isle de Cerigo qui fut anciennement dicte Scotera & Porphiris, selon que dit Aristote, & ce à cause des pierres de marbre de porphire qui s'y trouuoient; elle fut aussi dicte Citherea de Cythero, fils de Phœnise. Mais à present on l'appelle Cerigo, & tient le lieu de la premiere isle de la mer Ægee, où d'Archipelago, estant distante de la cité ruinee de Maluoisie, qui est en la Moree, d'enuiron cinq mille seulement, ayant du costé du midy, vn petit chasteau nommé Capsally, auquel les Venitiens y tiennent garnison, combien que l'isle soit fort

*Isle de Caprera, Caogalon, Venetico.*
*Cité de Corō.*

*Mont de Sātelia.*

*Cap de Matapan.*

*Isle de Cerigo.*

*Chasteau de Capsally.*

P iiij

*Voyages du Seigneur*

*Asnes sauuages & la vertu d'vne pierre qui se trouue en leur teste.*

peu habitee. On tient certain qu'en icelle se trouuent des asnes sauuages qui ont vne pierre en la teste qui est souueraine pour guarir le mal caducq, la douleur du costé, & faire enfanter vne femme qui est en mal d'enfant. Et comme i'ay leu en diuers autheurs ceste isle fut la premiere que Venus habita, apres auoir esté nee de l'escume de la mer. C'est pourquoy l'on luy edifia vn temple en ce lieu, les ruynes duquel se voyent aupres de la mer, & aussi celles du chasteau de Cithara. Aupres de là est l'isle de Cicerigo, au deuant de laquelle il me souuient qu'vn marinier de nostre naue voulant prendre vn oyseau qui s'estoit perché sur vne ancre, tomba fortuitement en la mer, où il beut plus que son saoul, toutesfois à cause que le temps estoit calme, on eut moyen de le sauuer. Le mercredy 3. dudit mois nous trouuasmes qu'auiós passé le Cap de Spada, qui est le premier du royaume de Cãdie vers le Ponãt & Septentrion, & qu'estions aupres du port & de la cité de Cania qui tient le secód lieu des 4. citez principales de Candie, sçauoir celle de Cãdie, qui est la metropolitaine du royaume, & ceste Cania apres, puis celle de Sitta & de Rethimo, le reste n'estant que villes & villages. Bien est vray que vous auez le beau port & forteresse de Souda, que l'on void incontinét apres auoir passé la cité de Cania & le cap de Melecha, lequel port peut certainemét receuoir mille galleres, tant il est de grande estenduë. De là apperceuans de loin la cité de Rhethymo, arriuasmes à la veuë du port de la ville de Candie, où le

*Temple de Venus.*

*Isle de Cicerigo.*

*Vn marinier tóbé en la mer par sa faute.*

*Cap de Spada.*

*Cité de Cania. 4. Principales citez en Candie.*

*Port & forteresse de Souda.*

*Cap de Melecha.*

*Cité de Rethymo.*

*Port & cité de Cãdie auec leur descriptiõ*

patron commanda donner fonds pour mettre à terre les Candiots qui estoient en nostre naue, par le moyen desquels ie descendy aussi en terre, où ie demeuray pendant que les mariniers prenoient quelques rafraichissemens pour porter en la naue, laquelle estoit demeuree hors l'entree du port, par ce que les grāds vaisseaux tels cōme elle estoit ny mouillent point l'ancre. Mais toutes les galleres & autres naues de cinq cents tōneaux y peuuent entrer & sortir facilement. La cité de Candie est belle & grande, & a pour sa defence vn fort chasteau, situé pres vne belle planure sur le bord de la mer, laquelle planure s'estend iusques à la grotte du Roy Minos, où y a pour le moins trois lieuës, & est voisine du mōt Ida fameux & celebre, où Iupiter fut nourry de la cheure Amalthee comme recitent les poëtes tant Grecs que Latins. Ce môt (à ce que l'on dit) *Mont Ida.* est iustement au milieu du Royaume, & semble en le voyant qu'il soit soustenu sur quatre autres montaignes. Et me fut dit de certain que le *Cité de Candie au milieu* temple que Saturne y feist faire en son viuant y *du Royaume.* est encore tout entier, & que sur la porte de ce- *Tēple de Saturne.* luy de Mattelia se trouue escrit en lettres Grecques en ce sens. Nettoye les pieds, laue le chef, *Temple de Mettelia.* & entre. Ce mont est le plus haut de toute l'isle, sur lequel croist ( comme aussi en tout le Royaume ) du bois de Cipres qui se taille & rebourgeonne apres. Ce qui est contre la nature des autres Cypres qui croissent és autres pays. *Bois de Cypres qui vient apres estre taillé.* Ie feus fort fasché de demeurer si peu en l'isle, pour vne chose, qui estoit l'ardāt desir de voir le

P iiij

*Laberinthe de Candie.* laberinthe de Dedalus, duquel on me dist merueilles & qu'il estoit entaillé sur vne montagne, & enuironné de plusieurs destours, dans lesquels nul ne peut entrer sans lumiere, s'il n'a enuie d'y finir ses iours. Aucuns de nos Venitiens auoient bien volonté d'y aller, mais on leur dit que c'estoit trop loing, ce qui les retint & moy aussi, parce qu'auions peur que le patron commandast faire voile. De l'antiquité de ceste isle, il n'est besoin d'en parler dauantage. Elle fut appellee anciennement Crete: & Saturne, à ce qu'on tient, en fut le premier Roy, & chassé par son fils Iupiter, qui espousa Europe fille du Roy Agenor, de laquelle il eut trois fils, sçauoir Radamante, Minos & Sarpedon. Et les deux premiers estás paruenus à la successió du royaume l'administrerent si bien & y establirent de si iustes & equitables loix, que les poëtes les ont faits iuges des enfers. La grotte de Minos est encore en son entier, que les Venitiens & Cádiots appellent auiourd'huy sepulcre de Iupiter, ceste grotte a quatre vingts pas de longueur & huit de largeur. Quand à la grandeur de l'isle, elle contient selon le compas de tous les mariniers 250. mil de longueur sçauoir depuis le cap de Spada qui est vers Occident & Tramontane, iusques à celuy de Salomone qui est de la part de Leuant, & de circuit elle a enuiró sept cents mil. Combien que plusieurs ayent escrit le contraire, toutesfois ie croy que les modernes sont autant croyables que peuuent estre les anciens, & tant y a qu'elle est situee en la mer Mediterra-

*Grotte de Minos ou le sepulcre de Iupiter.*

*Grandeur & longueur du royaume de Candie.*

née & cõfine à la mer Adriatique de deuers Ponant, à celle d'Ægee ou d'Archipelago vers le Septentrion, à la Punicque du cofté du midy, & de la part d'Oriét au goulfe de Satellia ou Siriaque, eftant efloignee du cap d'Otrente premier port d'Italie de cinq cents trente mille, d'Alexandrie d'Ægypte, cinq cents, de l'Affrique deux cents cinquante, de Iaffa qui eft en la terre fainéte, fix cents quarante, de Tripoly de Sirie fept cents, de Chipre quatre céts, de Venife mil cinq cents, de Conftantinople fept cents vingt. Quát à la fertilité de l'ifle, elle confifte en toutes les chofes qui font neceffaires pour la vie, & premierement en vins de maluoifie & mufcadets, qui pour leur excellence & bonté font tranfportez en diuerfes parties du monde, & mefmes en Italie, France, Angleterre, & fur tout en Ægypte. D'auantage elle abonde en fromens, bleds, huiles, chairs, fucres nommez de Candie, miel, bois de cedres, & graine à teindre en plufieurs couleurs, outre qu'en icelle ne fe trouue aucune befte veneneufe, mais grand nombre d'herbes medicinales y croiffent, entre autres vne, fur le mont Ida, de laquelle les beftiaux en ayant mangé, femble qu'ils ayent les dents dorees. En Candie y en a vne nommee Allimos qui a la vertu d'ofter la faim à vn homme apres en auoir mangé. Et pour la deffence d'vn fi riche royaume, les Venitiens y ont ordinairement vingt mil hommes qui font diuifez par toutes les fortereffes d'iceluy, le refte des habitans font tous Grecs. Le vendredy enfuyuant leuant les ancres,

*Fertilité de Candie.*

*Nul animal veneneux fe trouue en Candie.*

feismes voile auec vent si prospere, que le samedy matin passames le Cap de Salomone qui est le dernier de Candie, vers l'Orient, mais sur la minuict du samedy se leua vn vent de Cirocco, lequel croissant peu à peu nous tourmenta de telle sorte que le patron commanda caller toutes les voiles, sinon celle du trinquet, resistant au reste à la fortune & impetuosité du vent le mieux qu'il pouuoit, toutesfois il ne sceut empescher que ne fussions iectez à la veuë de l'isle de Rhodes, le lundy enuiron trois heures apres midy, où graces à Dieu la tempeste commença à cesser, & le tēps à s'esclarcir, de maniere que le soir nous reprismes la route de Chipre d'vn vēt de garbin ponāte. L'isle de Rhodes est celle de laquelle les cheualiers de Malte portoient le nom auparauant que le grād Turc Soliman, l'eust prise sur eux, qui fut le iour S. Iean Baptiste 1522. apres l'auoir tenuë assiegee par six mois auec vne armee de deux cents mil hommes & de trois cents galleres, où les cheualiers n'estoient qu'enuiron six cents seulement, & quelque cinq mille Rhodiens pour la deffendre. Finallement les Cheualiers l'ayant perduë furent longuement sans aucune demeure, iusques à ce que le Roy d'Espagne leur donna la deserte isle de Malte pour habiter, de laquelle maintenant ils portent le nom de Cheualiers de Malte. Ceste isle de Rhodes à l'apparence d'estre belle & fertile, mais elle est de peu d'estendue, mais de grande consequence pour l'admirable forteresse qui y est dedans. Et ceste forteresse auec celle de

*Tempeste qui nous poussa en l'Isle de Rhodes.*

*Isle de Rhodes.*

Famagouste de Chipre sont les deux boule-
uerts & fors par maniere de dire de l'Empire
Turquesque. Continuans nostre nauigation,
laissames à la senestre l'isle de Scarpanto, en la- *Isles de Scar-*
quelle est vn chasteau, qui porte le mesme *panto.*
nom, & plusieurs hautes montagnes, où se
trouue le marbre, & quelques minieres de fer.
De là entrant sur le goulfe de Satellia, qui du-
re trois cents mille à trauerser, & qui autres- *Goulfe de Sa-*
fois estoit appellee Attalico, & Pamphilico, *tellia.*
à raison qu'il baigne la coste de Pamphilie,
nous le passames sans aucune tourmente, combien que anciennement nul n'osoit y nauiguer
sans le peril de la vie, pour les continuelles
tempestes qui s'y faisoient, & aussi que le bruit
estoit qu'il y auoit iadis vn certain monstre dedans qui faisoit perir tous les vaisseaux. Ce
qu'estant venu à ce qu'on dit à la cognoissance
de la Royne Saincte Helene (lors qu'elle re- *Histoire de*
tournoit de Hierusalem) elle y ietta vn des *Saincte He-*
clous qui auoit attaché nostre Seigneur Iesus- *lene.*
Christ en la croix, priant Dieu que par la vertu d'iceluy le monstre mourust, & que le goulfe fust doresnauant paisible aux nauigans, tellement que depuis ce temps il n'a pas esté si ter-
rible qu'il estoit auparauant. Toutesfois il ne
laisse pas d'y arriuer souuent des tourmentes
à cause du cours de l'Elespont, & autres mers
qui se rencontrent s'allans engoulfer en la
Mediterranee. Le mardy nous descouurismes
la terre ferme de Cilicie dicte à present

*Cité dite Ca-*
*ramanie ou*
*croist l'encens.*

Caramanie. Et la laissant à la senestre, rentrasmes en plaine mer voguant auec temps prospere, iusques au ieudy vnziesme May qui estoit le iour de l'ascension, auquel enuiron midy nous arriuasmes à la premiere pointe du royaume de Chipre que les mariniers nomment cap de S. Piphany. Puis costoyans le long de la terre, nous ioignismes de pres la cité de Bafo qui est situee en vne belle plaine, sur le bord de la mer, & à vers la terre ferme de petites colines qui l'embellissent beaucoup, mais elle est a moitié ruinee, qui est grand dommage pour la beauté du lieu & fertilité de la terre, en laquelle se trouue vn nombre infiny de tresbelles pierres que l'on nomme diamants de Baffo, lesquelles sont si belles qu'elles seroient suffisantes pour tromper plusieurs lapidaires, les paysans les serrent & les vendent à vil pris. La cité de Baffo s'appelloit anciennement Paphos comme tesmoigne l'escriture Sainte, parlant des liens desquels Sainct Paul y fut lié, auant monter en Hierusalem. En ceste ville, la Deesse Venus tenoit au temps passé son siege royal, pour ce qu'elle estoit Roine de l'isle de Chipre, qui fut occasion qu'on la nomma Deesse Cypris, & le premier temple qui fut faict en son nom, fut en ceste cité, où les hommes & femmes y sacrifioiẽt estans nuds : mais à la priere de Sainct Barnabé Apostre, natif de Chipre l'idole de Venus, & son temple tresbucherent par terre. A vn mil de Baffa, nous fut monstré le lieu où sont les grottes où les sept dormans dormirent trois cents

*Cap de S. Pi-*
*phany.*
*Cité de Baffo*
*& sa descri-*
*ption.*

*Diamants de*
*Baffo.*

*Où Venus te-*
*noit son siege*
*royal.*

*Temple de*
*Venus en*
*Chipre.*

*Lieu où les 7.*
*dormans dor-*
*mirent.*

tant d'annees sans se resueiller, & plusieurs autres choses tresbelles. Mais quoy, tout y est presque deshabité à present pour le mauuais air qui y regne, tant la mutation & vicissitude des choses est grande. Car c'estoit anciennement le lieu le plus delicieux de l'isle, & auquel les Rois faisoient leur residence & demeure d'ordinaire. Suyuāt le long de la coste passames le cap Bianco, ainsi nommé, d'autant qu'il est de couleur blanche, & celuy de Lagatte qui est à la pointe d'vne tresbelle & riche planure fort auancee en la mer, laquelle a prins le nom des chats qui estoient en l'Abbaye Sainct Nicolas, desquels ie parleray cy apres. Et pource que la nuict estoit suruenue le patrō ne voulut pas pousser iusques à Limisso, ains feist iecter les ancres en attendant le matin ensuyuant, lequel estant venu enuoya sa petite fregatte à Limisso pour demander licence au Cady de mettre pied à terre, neātmoins commanda à partie des mariniers entrer en la barque pour aller coupper du bois. Ce que l'vn & l'autre executerent, & retournerent quasi en mesme temps, apportans rafraichissemens de viures, & plusieurs roses & fleurs de diuerses couleurs, auec rameaux d'oliuiers, orangers & capriers qui nous donnerent vn grand plaisir. Le soir precedent nous auions descouuert vn nauire derriere nous, qui auoit mesme baigné les ancres, & le matin faisant voile, nous approcha de demie lieuë, & enuoya en toute diligence le nocher & certains mariniers en vne fregatte pour sçauoir en quel pays ils estoient, lesquels

*Cap Bianco.*

*Cap de Lagatte & que c'est.*

*Voyages du Seigneur*

interrogez de leur nation & pourquoy ils le demandoient, respondirent en langage Espagnol & François estre Anglois, & qu'il y auoit douze semaines qu'ils estoiēt partis de Londres exprés pour venir charger des raisins de Corinthe, & autres marchandises en l'isle de Zante, estimans que l'isle de Chipre fust celle de Cephalonie. Ausquelles parolles tous ceux de la naue les iugerent estre corsaires, ne pouuans croire qu'ils se fussent esgarez de leur droite routte de mille milles: car de Chipre à Zante il y a bien pres d'onze cents mil. Bref s'en estans retournez à leur nauire, nous les veismes incontinent approcher peu a peu de nous donnant fons & callant les voiles. Mais aussi tost que nous eusmes disné & qu'ils veirent que le patron & nous autres descendions en terre, apres l'auoir saluee de trois coups de canon, ils leuerent l'ancre & meirent la mezane au vent en tirant droit vers nostre naue. Ce que voyant nostre patron & nous autres chacun pour son interest, retournasmes tous en nostre naue, où le patron estant commanda aux canonniers, mettre le nauire Anglois à fond, lesquels obeissans à la volonté de leur chef feirent iouër deux couleurines contre l'Anglois sans qu'aucune d'elles portast dedans, mais apres plusieurs coups de canon tirez d'vne part & d'autre, la prouë du nauire Anglois, & la moitié de l'arbre de son trinquet furēt emportez, sans toutesfois tuer aucun, qui fut cause qu'ils mirent incontinent la bannie-

*Cōbat de mer entre vn nauire Venitien & vn Anglois.*

de Villamont Livre 2.    120

re bas & l'enuoyerent à nostre patron, le suppliant ne leur faire aucun ennuy, & qu'ils estoient marchands & gens de bien, & que ce auoit esté la tempeste & la mort de leur pilote qui les auoit esloignez de leur chemin. Nostre patron ne voulant adiouster foy à leurs paroles, enuoya son pilote & autres gens en leur nauire, pour sçauoir ce qui estoit dedans, lesquels y trouuerent soixante hommes & quelques marchandises. La paix estant faite par entre nous, le patron nous enuoya a Limisso qui est vn village situé en vne tresbelle plaine, ioignant le bord de la mer, les maisons duquel sont faictes la plus part de terre couuerte de ioncs & fascines, & n'y a seulement qu'vn petit estage, & pour entrer dedans il faut se baisser pour monter deux ou trois degrez, & sont les portes ainsi basses pour empescher que les Turcs n'y entrent auec leurs cheuaux, ou à la foule quand ils sont en fureur. Ayant mis pied à terre nous veismes sur le bord de la marine, grand nombre de Turcs qui estoient venus pour nous voir, tous lesquels auoient à leur turban des roses, violettes, & autres fleurs, & apres nous auoir bien regardez, ils monterent à cheual auec leur Cadv, portans tous le cimeterre au costé, & vn long dard ou iaueline en la main, quelques autres portoient l'arc & le carquois, auec la massuë de fer penduë à l'arçon de la selle, & en ceste equipage se pourmenerent toute l'apresdinee, maniant leurs cheuaux

*Limisso Village & sa description.*

*Turcs à cheual.*

*Voyages du Seigneur*

d'vne gentille façon, qui est le plus grand exercice que les Turcs font ordinairement. De là nous allasmes promener par le village, auquel n'y a chose de memoire, sinon que depuis cinq ans la terre trembla si fort, qu'elle abatit toutes les maisons, lesquelles ont esté refaictes par les Turcs quasi à la semblance de sou à pourceaux, & les pauures Chrestiens n'y sont pas mieux logez que les Turcs, & encores pirement. Il est bien vray qu'ils ont basty vne petite eglise de quinze pieds de haut, où ils disent la messe à la Grecque. Vous y voyés aussi les bains artificiels, où les Turcs se baignent tous les iours, & les sepulchres où ils sont mis apres qu'ils sont descendus au paradis que leur a preparé leur faux prophete Mahomet. Le Soleil estant sur les limites Occidentales, nous admonnesta retourner souper & coucher en la naue.

*Pauures bastiments de maisons en Chipre.*

*Bains & sepulchres des Turcs en Chipre.*

*Continuation de la description du Royaume de Chipre, de sa grande fertilité en vins excellens, sucres & autres sortes de fruicts, auec diuerses histoires & coustumes que les Turcs obseruent à la prinse de quelque prouince.*

### CHAP. VI.

LE iour precedent ayant disné auec vn religieux Grec natif de Chipre, auec lequel ie conferois souuent en la naue, pour ce qu'il parloit fort bon Italien, & que ie cognoissois d'ailleurs me porter bonne affection, ie le priay me mener

mener voir les choses remarquables de l'isle de Chypre, ce qu'il me promist faire, & dont pour cest effect nous louasmes chacun vn asne pour y aller le iour ensuyuant à la diane. Estans donques descendus en terre, nous montasmes tous deux sur nos asnes, menans vn ianissaire de cheual auecques nous. Et apres auoir beu chacun vne fois du bon vin Chyprien, qui en grandeur force & bôté surpasse la maluoisie & autres vins de l'Oriēt, mais il est si brulant & corosif, que la boite n'en est bonne qu'au matin, encore en faut prendre peu, & si peu qu'on en préd eschaufe l'estomach tout le long du iour, au demeurant ce vin y est quasi vendu à vil pris. Estás partis de Limisso, nous trauersames la belle plaine qui est toute remplie d'oliuiers, figuiers & signamment de Carobiers, qui est vn arbre tousiours verdoyant, comme l'oliuier, portant son fruict fort long & delicieux à son manger. S'y voyent aussi plusieurs palmiers, orangiers, citrōniers, & certain bois qu'on appelle cypres, duquel on se chauffe par faute d'autre, car le pays ne produit point de bois propre pour le chaufage, ains tous bois aromatiques, la fumee desquels est fort odorante: & lors que i'y passois ils auoient jà cueilly tous leurs bleds & fromens, ce qui me feist demāder au religieux en quelle saison ils les semoient, lequel me dist, que cestoit à la fin du mois d'Octobre, & qu'ordinairement ils les cueilloient au mois d'Auril ensuiuant. Parlans ainsi l'vn à l'autre arriuasmes à l'abbaye Sainct Nicolas cy dessus nommee, laquelle est

*Vins excellēs en Chipre.*

*Fertilité de Chipre.*

*Saison prime en Chipre.*

*Abbaye S. Nicolas.*

edifiee ioignant la mer, & est restee quasi en son entier, sans que les Turcs y ayent faict domma-ge, lors qu'ils vsurperent Chypre sur les Veni-tiens en l'annee mille cinq cents septante. Bien vray est qu'ils tuerent & chasserent les religieux de l'ordre de Sainct Basile qui estoient dedans sans auoir du depuis permis qu'aucun y feist sa demeure, tát ils sont ennemis de la religió chre-stienne. D'auantage il me recita que lesdits re-ligieux y nourrissoient grand nombre de chats expressement pour prédre les serpents qui sont aux enuirons de la plaine, laquelle en produit plus en cest endroict qu'en nul autre endroit de l'Isle, & les serpents sont de couleur blanche & noire, & ont pour le moins sept pieds de longueur, & gros comme la iambe d'vn hom-me, de maniere que difficilement ie pouuois croire qu'vn chat fust victorieux d'vne si gran-de beste, & qu'ils eussent industrie d'aller à la chasse apres eux, & de n'en retourner ius-ques à ce que la cloche eust sonné le midy, & que si tost qu'ils auoient disné ils continuassent leur chasse iusques au soir, sinon que le reli-gieux me iura l'auoir veu, ce que m'a depuis esté confirmé de plusieurs autres gens d'honneur, qui l'ont veu de mesme. Depuis que l'Abbaye est demeuree deserte, les chats sont morts par fau-te de nourriture, mais pour memoire d'eux ils ont laissé le nom au Cap Delle-gatte, qui vaut autant à dire comme le cap des chats. Tout au-pres de l'Abbaye & de ce cap est vne grande pescherie faicte en forme ronde contenant en-

*Chats qui pre-noient les ser-pens en Chipre*

*Pescherie de Limisso & sa valeur.*

uiron deux lieuës de circuit, qui sont six mille d'Italie, n'ayant qu'vne seule petite entree par ou l'eau de la mer & le poisson entre, & lors que l'on y veut pescher on ferme la porte d'icelle entree, puis on prend le poisson qui est dedans, on ouure la porte par apres, à fin qu'il y en entre d'autres. Le grand Seigneur en tire six mille ducats de ferme chacun an, & ceux qui la tiennent à ferme, sont obligez, selon l'ancienne coustume, de donner à ladicte Abbaye tout le poisson qu'ils prendront le iour & la nuict de Sainct Nicolas, autrement ils n'en prendroient pas vn seul tout le long de l'annee. Et à cause que ceste eglise est des-habitee, les fermiers payent ce deuoir à l'eglise des Grecs. Ie ne veux pas oublier à dire que au Cap Delle-gatte se prend grand nombre de Faulcons au mois d'Aoust, par les habitans du lieu, qui sont tenus de ce faire à leurs propres cousts & despens, & pour cest effect nourrissent plusieurs tourterelles par le moyen desquelles se viennent prendre les Faulcons en leurs filets, & si tost qu'ils en ont prins quelqu'vn, ils sont obligez sur peine de la vie de le porter au Bacha, & le Bacha l'enuoyer à Constantinople au grand Seigneur. Bien est-il vray que le Bacha leur donne pour chasque Faulcon, vn ou deux ducats, outre qu'ils sont exempts de toutes daces & tributs, viuás paisiblemét en leur maison & territoire qu'ils possedent. Ce ne

*Où se prennēt les Faulcons en Chipre.*

Q ij

*Voyages du Seigneur*

*Coustume du Turc quand il a pris vne prouince.*

sera du tout hors de propos de dire vn peu l'ordre que tient le grand Turc apres auoir pris & subiugué vne prouince. La premiere chose qu'il fait est de faire escrire en vn liure le nombre de toutes les personnes qui sont en la prouince, auecques leurs noms & surnoms de chasque personne. Ce liure luy est porté a Constantinople, où il ordonne le tribut tel qu'il veut, qui est ordinairement de deux ducats par chasque teste, sans les autres daces & tributs qu'il leur impose, & ny a aucun exempt de les payer sinon les enfans qui sont sous l'aage de quinze ans : & s'obserue vne reigle par tout son empire, que quand la moitié de son peuple seroit mort son reuenu n'en diminue aucunement, d'autant que ceux qui sont demeurez viuans payét pour les morts, mais si le peuple croissoit aussi de la moitié, apres le nombre qu'il y aura trouué premierement, son reuenu n'en augmente point. Il y a des commissaires par luy deputez par toutes ses prouinces, lesquels de deux ans en deux ans font extraict de tous ceux qui sont morts pendant le temps, afin de rayer leurs noms du liure & le réplir de ceux de leurs enfans ou autres en leur lieu, & pour cest effect chasque côtree a son sous commissaire pour les Turcs, & le Curé de la parroisse y est commis pour les Chrestiens, tous lesquels sont obligez en faire declaration au grand commissaire, lors & quand ils en sont requis. Par ce moyen la rente du grand Seigneur ne manque iamais, & sçait le nombre & les nós de tous ses suiects: depuis peu de temps le Sultan des Turcs qui regne à present vouloit surcharger de gabelles & subsides ses suiects, de telle façon que les Ianissaires mesmes qui sont à sa porte le voulurent massacrer, comme i'apris de nostre Consul de Limisso qui l'auoit entendu de ceux qui estoient venus de Constantinople en vne galliote Turquesque le samedy matin treiziesme iour de May, qui estoit le mesme iour qu'il me le conta: Et ce Sultan (qu'homme n'estoit si hardy de regarder en face) ses Ianissaires neantmoins se hazarderent de le vouloir tuer, que dis-ie hazarderent, ains en vindrent presqu'à l'effect, si ce prince ne se feust humilié iusques à leur demander pardon, leur demandant qui les mouuoit ce faire, lesquels luy respondirent auec grande fureur que c'estoit sa meschanceté & tyrannie, desquelles paroles il fut fort effrayé, & lors iura sur sa foy qu'il estoit innocent & ne sçauoit rien de tout ce qu'ils l'accusoient, & afin qu'ils en cognussent la verité, leur promist de faire iustice à leur volonté, de ceux qui sous son nom commettoient les exactions & tyrannies enuers son peuple. Eux croyans le Prince, allerent de ce pas prendre les plus grãds Bachats & mignons qu'il eust autour de luy, l'vn desquels ils massacrerent en sa presence, le dehachant en pieces, sans que le Prince osast les empescher. Et ceste esmeute & reuolte de Ianissaires n'estoit pas encore du tout assoupie à ce que rapportoiẽt ceux qu'il auoit enuoyés par ses prouinces pour attester de son innocẽce. Mais pour rentrer en mon propos, laissans le cap de

*Côme les Ianissaires voulurent tuer le grand Turc.*

## Voyages du Seigneur

Lagatte nous continuasmes nostre chemin vers vne montagne qui produit des meilleurs vins de Chypre, & en icelle trouuasmes vn fort grand village, où les Turcs n'ont iamais mis le pied, par ce qu'il est situé en vn petit vallon couuert de diuerses sortes d'arbres, comme Oliuiers, Cypres, carobriers, & autres: & tout le long de la montagne se voit grand nombre de vignes, le vin desquelles se conserue iusques à trente ans, a ce que asseure le commun peuple, & si vous beuuez seulement deux doigts de ce vin au matin, vous passerez facilement le reste de la iournee sans boire ne manger, tant la force & bonté de ce vin est excellēte: mais à la longue le trop grād vsage d'en boire brusleroit la personne. Et descendant la montagne nous veismes vn tresbeau iardin d'vn Chrestien Grec, auquel passe par le milieu vn grand ruisseau bordé de palmiers, orangers, dattiers, citronniers & autres sortes d'excellens fruicts que l'on voit en l'arbre, les vns meurs & les autres en fleur, & les autres approchans de leur maturité, tout ainsi que sont ceux du Royaume de Naples: Mais les oranges de Chypre sont deux fois plus grosses que celle d'Italie: & si tost que nous eusmes disné en ce iardin à la mode Turquesque, nous descendismes au lieu où estoient les cannes de sucre, & à la maison où il se faisoit, ne voulant m'arrester à d'escrire la maniere comme il se faict, pource qu'vn chacun en a la cognoissance. Bien diray-ie, que l'eau qui descend du iardin sert pour faire tourner la rouë qui brise lesdites

*Notable montagne.*

*Vins excellēs en vne mōtagne de Chipre.*

cannes, lesquelles estant reduictes en eau, on la faict bouillir pour en tirer le sucre. De ce lieu nous rentrasmes en la campagne, ou nous endurasmes tres-grand soif, à raison du chaud qu'il faisoit, ce qui occasionna le religieux de nous mener en la maison d'vn prestre de Chipre exprez pour boire de l'eau d'vne fonteine qui y estoit: Ce que voyant le Cyprien nous offrit du vin tres-honnestement, en demandant au religieux mon guide si i'estois de ces Lutheriens Anglois, qui estoient nouuellement arriuez au port; Le religieux luy respondit que non, & que i'estois François: A ces mots de ioye le pauure homme me vint embrasser, disant en Italien plusieurs louanges à l'honneur des François, & comme depuis qu'ils auoient perdu le Royaume de Chipre ils n'auoient eu aucun bon traitemét, & que les Chipriens perdirent toute leur liberté: Puis nous pourmenans par son iardin, il me monstra deux grandes pierres que l'on met sur les sepulchres de gens notables, sur l'vne desquelles ces paroles estoient escrites en François, Cy gist Iean Carcar, Cheualier, qui trespassa de ce siecle le quinziesme iour d'Octobre, l'an de Iesus-Christ mille trois cents dix huict, Dieu aye mercy de l'ame d'iceluy. Sur ceste pierre-tombe n'y a effigie ny armoiries. Quand à l'autre pierre, il y a vne effigie d'vne dame, & ses armoiries, qui sont vne croix dentelee aux quatre bouts, & sont escripts à l'entour ces mots, Cy gist dame Floride d'Anzerel iadis femme de Messire Iean de la Molee Cheualier, qui

*Sepulchre des François en Chipre.*

*Epitaphes des François.*

*Autre epitaphe.*

*Voyages du Seigneur*

trespassa le vingt & vniesme Ianuier, l'an de Iesus-Christ 1301. Dieu en ait l'ame, Amen. Il me dist qu'il y en auoit d'autres en grand nombre en la cité de Famagouste, & que encore du iourd'huy les Chrestiens de Chipre se seruoient des priuileges que les François leur auoient donnez, & que le dernier Roy qu'ils auoient eu de ladite nation estoit de la maison de Lusignan. Et m'en furent monstrees les armes au pignon du vieil chasteau tout ruiné que l'on voit à Limisso, où il y a trois lions auec les armes de Hierusalem. Ce faict voyant la nuict s'aprocher, ie m'en retournay en la naue pour souper & coucher: car il ny a point d'hostellerie en la terre.

*Les François Rois de Chypre.*

*Comme les Turcs entrerent en nostre naue, & de leur reception, auec deux cas estranges qui suruindrent en Famagouste, ensemble l'opinion qu'ont les Grecs du sepulchre du Lazare, & plusieurs autres choses memorables.*

## CHAP. VII.

LE Dimanche matin quatorziesme May ie retournay en terre pour ouir la Saincte Liturgie (que les latins appellent messe) celebree par vn prestre Grec, à raison qu'il ne s'en trouuoit de Latins. Laquelle estant finie ie rencontray les Turcs qui alloient à leur mosquee, qui est deux fois aussi grande que l'eglise des Chrestiens & bastie d'vne mesme façon. Mais nul Chrestien est si hardy d'entrer dedās, s'il ne veut estre bruslé & renier Iesus-Christ. Entrans donc en la fregate, nous remontasmes en nostre naue, où à peine auions nous disné, que nous veismes venir le Cady & grand nombre de Turcs pour voir nostre naue, tous lesquels estoient brauement habillez & vestus de diuerses couleurs, portãs leurs turbans blancs comme neige, & qui est cause de leur blancheur, c'est qu'ils sont faits de toile de cotton de laquelle ils vsent plustost que de celle de lin. Nostre patron voyant leur arriuee feist toute diligence de leur faire preparer à disner, & iecter plusieurs tapis sur la planche de la Boussolle pour se seoir dessus. Car c'est vne maxime generalle que les Turcs ne mangẽt point sur tables esleuees, ains sont assis contre terre comme les cousturiers, s'appuyans les bras sur leurs genoux, & en ceste sorte mangẽt cõme pourceaux, & cõbien que leur loy leur deffende le vin, si est ce toutesfois qu'ils en boiuent outre mesure sans en faire aucune difficulté. Apres qu'ils eurent bien disné, ils se pourmenerent par toute la naue, acheptãs des mirouërs & quelques autres marchandises des mariniers, & apres rentrerent en leur barque pour s'en retourner, & le patrõ pour plus les honorer les salua à leur departie de trois coups de canon, & commanda leuer les ancres pour tirer vers les sallines, toutesfois nous ne partismes iusques au soir par ce qu'il nous restoit encore en terre deux bœufs & certains barils de vin pour apporter en nostre naue. Le lundy ensuyuant le vent se tourna conna contraire, de maniere que nous demeuras-

*Entree du Cady & des Turcs en la naue.*

*Comme les Turcs mangẽt.*

*Turcs boiuent vin encore que leur loy leur defende.*

*Voyages du Seigneur*

*Mont d'Olympe.*

*Cité ruinee de Olympia.*

*Mont Saincte Croix.*

*Histoire de Saincte Helene touchant la Sainte Croix.*

mes iusques à deux heures apres midy, pres le mont d'Olympe où estoit anciennemét le temple de Venus Accree, où il n'estoit loisible aux femmes d'entrer & moins le voir, & au bas duquel est la ville ruinee d'Olympia. Ce mont s'appelle auiourd'huy Saincte Croix, parce que Saincte Helene retournant de Hierusalem fut contrainéte par le mauuais temps de prendre terre à vne petite riuiere qui est aupres de ce mont, laquelle se nomme la riuiere de Saincte Helene pour ce qu'elle s'endormit sur le bord d'icelle, ayant mis sous sa teste la saincte croix de nostre Seigneur Iesus-Christ qu'elle auoit apportee de Hierusalem. Mais comme elle dormoit aduint que la croix luy fut ostee miraculeusement de dessous la teste, & portee sur le haut du mót Olympe, & à só resueil seuoyát frustree de la chose qu'elle aimoit tant, & qu'elle auoit eu tant de peine a chercher, fut grandement contristee ne sçachant qui en accuser du larcin. Ce que voyans tous ceux de sa compagnie se mirent à chercher par tout, de sorte que à la fin elle fut trouuee sur le haut de la montaigne: à lors la bonne Saincte Helene cognoissant que Dieu y vouloit estre adoré y feist bastir vne eglise, que l'on y voit encore pour le iourd'huy, en laquelle elle laissa vne portion de ladicte croix, & pour ceste raison le mont fut ainsi nommé, & auparauant que les Turcs eussent pris Chipre il y auoit des religieux Grecs & Italiens, mais à present ladicte eglise est deserte. Nauiguant le long de la marine on voit vne grande de Villamont. Liure 2. 126

& belle plaine où est situee la ville de Chity, de laquelle, a ce qu'on dit fut Euesque le Lazare resuscité de nostre Seigneur. Mais en cecy ie trouue vne grande contrarieté entre les Grecs & nous, car nous tenons pour certain que le Lazare fut Euesque de Marseille, & qu'il y mourut : & les Grecs disent qu'il fut Euesque de Chity, & de tout le territoire de Saline, nous monstrans lors que nous estions en terre vne fort antique eglise, qu'ils afferment auoir esté edifiee par Sainct Lazare, portant son nom encore iusques auiourd'huy. Pour dire la verité, elle est bastie à l'antique, & y entre fort peu de lumiere, sinon par les portes quand elles sont ouuertes. Du costé droict en y entrant vous y voyez vn vieil sepulchre, auquel pour y entrer vous passez par vn petit pertuis & descendez quatre marches, & prenant de la chandelle vous allez au sepulchre gentillement faict & orné de marbre, en quelques endroicts, ayant deux pieds de large & trois de hauteur, & me fut asseuré pour certain que c'estoit le sepulchre de Sainct Lazare, & que l'Empereur Leon surnommé le Philosophe feist porter son corps à Constantinople. Zonare historien tome troisiesme en dit autant, en ces mots,

*Ville de Chity.*

*Opinion des Grecs touchãt S. Lazare.*

*Eglise de S. Lazare en Chipre.*

*Sepulchre de S. Lazare selon les Grecs.*

καὶ ἐπ' ὄνομα τι τῶ ἁγίω λαζάρω γάορ ἐδειματο ἕτερον εἰς ὃν καὶ τὸ ἱερὸν ἐκείνω σῶμα ἀπεθησάυρισεν ἐκ τῆς κυπρω μετενεχθὲν καὶ τὸ τῆς μαγδαληνῆς μαρίας.

*Voyages du Seigneur*

De ma part ie croirois qu'il y auroit eu deux Lazares, l'vn desquels pourroit auoir esté Euesque de Chity, & apres sa mort ensepulturé en ceste eglise dediee en son nom, mais de dire que ce soit celuy que nostre Seigneur ressuscita, c'est à mon aduis vne erreur euidente. Car nous auons son corps comme celuy de la Magdelaine en nostre France, n'en desplaise à Zonare & autres Grecs. Ayant passé le cap dudit Chity, nous arriuasmes enuiron Soleil couchāt au port de Saluie, distant de cinquante mille de Limisso, & apres auoir salué la terre de trois coups de canō, nostre patron feist descédre l'escriuain en la fregatte pour aller aduertir le Cady de nostre venue. En ces entrefaictes vne naue Venitiéne vint aborder aupres du lieu où nous estions arrestez, laquelle venoit de Tripoly de Syrie distant desdictes salines de cent cinquante mille, & pour allegresse & bien venuë, les deux naues s'entrefeirent de loin mille carresses, puis apres se visiterent l'vne l'autre en leur naue. Bien est vray que nostre patron feist au commencement quelque difficulté de les receuoir en la sienne à cause de la contagion qui estoit lors en Tripoly, ce qu'il auoit entendu desià dire à ceux d'vne autre naue qu'auions rencontree sur la mer Adriatique. Toutesfois apres qu'ils nous eurent asseurez estre nets de l'air pestiferé, entrerent en nostre naue, nous disans que la peste estoit si grande en Tripoly, que chacū iour il en mouroit plus de six vingts, & quant aux estrangers, mesmes de ceux de Marseille qui y trafiquent, qu'il en estoit

*Cap de Chity.*

*Naue Venitienne venue en Chipre.*

*Contagion en Tripoly de Sirie.*

bié mort, voire presque en tous leurs vaisseaux. Car c'est vne chose presque ordinaire que la peste est tous les ans en Tripoly, aussi bien qu'au grand Caire & à Constantinople. Toutes ces nouelles nous effrayerent & entre autres à nous pelerins, d'autant que les vns vouloient aller à Tripoly, esperant y trouuer la voye plus seure pour passer en Iaffa, les autres desiroient pour euiter la fatigue de la mer, aller par la Carauane de Tripoly en Hierusalem. Quant à moy, qui estois le moindre de la compagnie, mais bien informé de la commodité des chemins, ie fus d'aduis de prendre vne barque à Saluie pour aller droict à Iaffa, tãt pour fuyr la mort, qu'aussi pour le chemin qui est plus court, & pour espargner la bourse, par ce que de Saluie à Tripoly il y a cẽt cinquante mille, & de Tripoly à Iaffa deux cẽts. Et faut malgré soy, reuenir costoyer l'isle de Chypre, sçauoir le cap Sainct André, Famagoutte, Saluie, Limisso, & le cap de Lagatte, qui sont plus de deux cents mille de chemin, pour faire lesquels vous serez quelquesfois dix ou douze iours, d'autãt que le vẽt est ordinairemẽt cõtraire, & par ce qu'en ce pays là les vents de Garbin ponante, & magistral regnent tousiours esdites saisons. Tellement que pour venir chercher le vent & sa faueur, il faut necessairement retourner de Tripoly en Chypre, qui sont de grandes despéces, & perte de temps. D'autre part, ce n'est pas le droict chemin de mouiller l'ancre à Tripoly. Car il y a difference de deux cens mille, entre l'vn & l'autre, pour ce que Tripoly, est vers

*Diuerses opinions entre nous autres pelerins.*

*Voyages du Seigneur*

le Soleil leuant, & Iaffa ou Ioppe vers Sirico qui est nommé Suest, de sorte qu'en toutes manieres le meilleur estoit de prendre vne barque, pourueu qu'elle fust bonne & commandee de Chrestiens pour passer en Iaffa. Mon opinion estant dicte, se leua vne si grande huee entre les autres, & mesme entre les marchands Italiens qui estoient en la naue, que ie feus contrainct m'absenter de leur compagnie, attendant qu'ils eussent meurement consideré, ce que i'auois proposé. Le patron entendant ceste contrarieté les asseura en auoir enuoyé plusieurs autres de ceste façon, ausquels n'estoit aduenu aucun ennuy, leur conseillant suyure mon aduis en ce regard: mais les Italiens se confians en deux lettres qu'ils auoiét addressantes à Tripoly, ne vouloient aucunement consentir à ce cóseil. Mais de bonne fortune le iour & la nuict estans passez arriua à nostre nauire le mardy matin seiziesme May vne petite fregatte gouuernee par Chrestiens Grecs, en laquelle y auoit vn Turc & deux Ianissaires, où nous entrasmes, & voyans les gens de dedás preparez de faire le voyage de Hierusalem par Iaffa, nous prinsmes resolution de marchander auec le patron d'icelle en la manicre qui s'ensuit. Premierement qu'il nous meneroit seurement iusques à Iaffa, & nous bailleroit de sa fregatte vn Dragoman ou truchemét pour nous conduire, par ce qu'il s'en trouuoit en ceste fregatte qui parloient Italien, Grec, Moresque, Arrabesque & Turquesque. Aussi qu'il se trouue peu de Chrestiés en leuant

*Conclusion du marché de Chipre en Iaffa.*

de Villamont Liure 2. 128

qui ne parlent pour le moins, Grec, Moresque, Turquesque & vn peu Italien, & par ce moyen nous espargniõs la course d'vn Ianissaire ou dragoman, qu'il eust fallu prendre à Iaffa. Et outre cela le Patron estoit tenu nous attendre quinze iours entiers à Iaffa, à compter du premier iour auquel eussions mis pied en la terre saincte pour aller en Hierusalẽ. Et au cas qu'eussions demeurez d'auantage en Hierusalem, estoit le Patron obligé nous attendre, luy dõnant vn sequin par iour pour son seiour, & outre estoit tenu nous ramener de Iaffa en Tripoly, moyennãt la somme de 25. sequins, de laquelle luy fut payee la quatriesme partie contãt, l'autre luy deuoit estre payee à Iaffa, & le reste en Tripoly. Voilà cõme nous accordasmes nostre marché: Ce qu'ayãt fait descẽdismes en terre pour voir l'eglise de S. Lazare, & mesmes les belles salines qui sont en la plaine, lesquelles produisent grand nõbre de sel tant gros que menu & blanc cõme albastre, outre les fromens & autres sortes de bleds qu'on y voit de tous costez en grande abondãce, & quelques villages, le principal desquels est celuy de Larnaca, où y a vne assez belle eglise q̃ les Turcs ont changee en Mosquee. Ceste plaine continuë & s'aduãce presque tout le long de la marine, & ny manque rien que du bois, & encore les petites montagnes qui sont voisines satisfont à ce defaut. Ce fut en ce lieu que l'armee des Turcs qui prindrent Chypre meist pied à terre. Comme nostre patron acheptoit du sel esdictes salines, pour saller dix huict ou vingt bœufs

*Marché pour aller de Chipre en Iaffa.*

*Salines de Chipre.*

*Voyages du Seigneur*

& vaches qu'il auoit acheptees pour sa prouisió, il y eut deux hónestes hommes de Cypre Chrestiens commis à la vente du sel qui parloient bó Italien, & nous dirét qu'il ny auoit que six iours que deux casassez estranges estoient arriuez en Famagouste, en laquelle auoit assez longuement regné la peste, & les habitans & ceux des enuirons estoient presque tous morts de contagion. Et le premier fut qu'vn iour enuiron midy vn Turc commença à crier, que chacun se trouuast en la place commune, & qu'il leur diroit de bónes nouuelles pour les empescher de mourir; Ce que voyant le reste de ceux qui auoient esté preseruez du mal, y coururent comme au feu, à lors le Turc leur dist ces mots, dansant & sautant en la place de la ville, resiouissez vous tous & dansez auec moy, car ie vous annonce que dans demie heure ie mourray en ce lieu, & qu'incontinent apres ma mort la peste cessera. Les assistans esmerueillez de telles parolles demeurerent là pour en attendre l'issuë, mais comme l'heure approcha que le Turc deuoit aller visiter la maison de Pluton, son corps tóba tout roide mort en la place, non sans vne grande frayeur & esbahissement d'vn chacun, qui accreut bien encore d'auantage lors que la peste cessa, dont en furent portees incótinét les nouuelles au Bassa, lequel rédant graces à Mahommet, ordóna que feust erigé vn beau sepulchre au mort, & que feust faicte vne procession autour de son corps auát que de l'enterrer, à laquelle procession luy mesme assista en grande deuotion. L'autre cas fut que le lendemain

*Choses notables d'vn Turc de Famagouste.*

lendemain vn autre homme inspiré de l'esprit des Tenebres s'aduisa de faire vne chose diabolique & desesperee, qui fut de s'aller mettre au milieu de la place de Famagouste & se despouiller tout nud, puis prenant vn cousteau se fendre le ventre deuant tous ceux qui estoient presens, & tirant ses boyaux l'vn apres l'autre, dire ces paroles, Ie meurs pour l'amour que ie porte à nostre grand prophete Mahommet, auquel i'offre maintenant mes entrailles. Et ce disant le pauure miserable mourut. Nostre religieux Grec qui m'auoit conduict par l'isle de Chipre entendant que la peste estoit cessee à Famagouste, louë incontinent vn asne, & sans nous dire à Dieu s'en alla en sa maison.

*Autre histoire d'vn Turc de Famageuste.*

*opinions qu'ont les Turcs de la destinee d'vn chacun & d'vn herbe qu'ils appellent haffion. La situation confrontatiō, longueur, largeur & circuit du Royaume de Chipre & de l'abondance de toutes sortes de biens qui y croissent, auec la description du mont de Cinerez. des Cauallettes qui mangent le froment audit Chypre, & des oyseaux Mahumetans qui les chassent, ensemble la valeur des monnoyes.*

## CHAP. VIII.

CE seroit pour neant si ie m'arrestois à present à discourir des actions Turquesques & de leurs erreurs & superstitions, seulement ie toucheray, ce qu'en Chipre ie remarquay de stu-

R

*Voyages du Seigneur*

*Herbe que les Turcs mangét nommee haffion.*

pide & de grossier en ces barbares: C'est qu'en l'isle de Chipre croist vne certaine herbe nommee Amphiam ou Haffion, laquelle ils accommodent en diuerses manieres pour la manger, disans que quand ils en ont mangé ils voyent en dormant les plus delicieux iardins du monde, & mille autres fadeses & brouilleries forgees dans leur cerueau. Mais ces paures hebetez, n'ont pas la cognoissance que ceste herbe a la vertu de rendre l'homme yure, comme s'il auoit beu du vin. Ayans esté en terre toute la matinee, retournasmes en nostre grande naue pour disner, a fin de donner ordre à nos affaires, pour nous embarquer le soir, & ainsi que nous estions à table, plusieurs nous conseilloient de 

*Diuersité d'opinions sur le faict des passe ports des Turcs*

prendre vn passe-port du Cady de Salines pour testifier qui nous estions, & aussi pour empescher les vanies accoustumees estre mises à sus par les Turcs contre les Chrestiens. Nostre patron estoit de contraire opinion, asseurant auoir enuoyé l'an precedát plusieurs au mesme voyage, qui n'en auoient iamais porté aucun, remonstrant d'autre part que les Turcs se mocquent de nous, de fuyr le mal, d'autant qu'ils croient fermement que si tost que l'homme est né, Dieu 

*Opinion des Turcs touchát les destincees.*

escrit en son front tout le mal & le bien qui luy doit aduenir, & de quelle mort il doit finir le dernier periode de sa vie, sás qu'il soit en la puissance de l'homme de la pouuoir cuiter. C'est pourquoy les Turcs croyans que tout est regy du destin, qui estoit l'opinion de Tybere Empereur cruel ( & croy que les meschans tyrans croyent de mesme) ne se gardent point de la contagion, ains au contraire si tost que quelqu'vn en est mort, l'autre prend ses habillemens & les porte, & ainsi les Turcs ne sont iamais exempts de peste. Ces diuersitez d'aduis & opinions ne laisserent pas à nous troubler, mais aussi tost nous feusmes releuez par la venuë du Raïs ou patron de nostre barque ou fregatte Turc renegat & qui parloit bon Italié, assez accort, pour vn Chrestien renié, qui nous offrit toute honnesteté & courtoisie, commendant à son nepueu (qui estoit Chrestien) venir de compagnie auec nous iusques en Hierusalem, & à ses mariniers de nous seruir bien. Puis nous dist que deuions prendre vn passe-port, de peur que ne feussions prins pour Espagnols, ou Italiens, ou quelques espies, & mesme pour testifier que la barque estoit à luy: A quoy obtemperans, deux de nous allerent auec luy en terre pour faire depescher le passe-port, mais ils ne le peurét auoir pour le iour. Ce pendant quelques vns de nostre compagnie brulant de desir d'entrer en la barque, vouloient contraindre aucuns des nostres de sortir de la naue enuiró minuict par ce qu'ils esperoient que nous deussions partir le lendemain au point du iour, suiuant la resolution prise auec les mariniers: Mais on leur dit, que deux Ianissaires auoient deffendu aux mariniers de partir iusques à ce qu'ils eussent eu le marché de nous, qui vaut autant à dire, iusqu'à ce qu'on leur eust dóné de l'argét. Et lors eux qui auoiét esté si bouillans de partir, se refroidirét sur le tillac à la

*Raïs de la barque de Chypre.*
*Conseil d'vn Raïs.*

*Voyages du Seigneur*

couuerture du ferain, car le deffous de la petite barque n'eftoit point encore accommodé, & le pis eftoit, que nous n'auions point de chandelle. Auant que partir de la grande naue, nous priafmes le patron de nous garder nos caffes iufques à ce que feuffions retournez en Tripoly, ce que volontairement il nous accorda, de manière que nous ne portafmes auec nous que chacun fon matelats & trois ou quatre chemifes, du refte nous nous veftimes le plus mallement que nous peufmes : Car c'eft vne maxime qu'il ne faut point aller braue en Hierufalem. Le lendemain qui eftoit mercredy dixfeptiefme de May, defcendifmes tous en terre pour ouyr la meffe en l'eglife de Sainct Lazare, laquelle depuis deux mois auoit efté acheptee des Turcs par les Chreftiens pour la fomme de trois. mille afpres, qui font enuiron trente & vn efcu d'or, & en icelle fe dit la meffe à la Grecque, & à la Romaine. En c'eft endroit, ie ne me puis empefcher de dire que les Turcs ne font pas fi mefchans qu'eftoiét iadis les heretiques, parce que les Turcs ne prennent plaifir à ruiner les eglifes, ains au contraire les retiennent pour leur feruir de Mofquee, ou pour les védre aux Chreftiens: mais les heretiques ne fe contentoient pas de fe baigner au fang de leur prochain, ains par mefme moyen deftruifoient les lieux confacrez & dediez à l'honneur & feruice de Dieu. Les Mahometans leur apprennent en cela leur leçon, & les ont en grand horreur, tant leurs actes plus que barbares ont efté diuulguez par tout le

*Achapt de l'eglife de Saint Lazare par les Chreftiens.*

monde, comme heretiques & sacrileges, & aduenant qu'ils tombent entre les mains des Turcs & Sarrazins, ils sont cent fois plus mal traictez que ne sont les Chrestiens, ainsi que le Cady de Limisso nous donna a cognoistre, en nous offrāt secours des Ianissaires contre le nauire Anglois que nous combatismes, sur lesquels apres que fusmes partis mirēt à sus vne Vanie, disans qu'ils estoient espies & corsaires, & de faict en retindrent quelques vns prisonniers. Ce que voyans les autres du nauire feirent voile abandonnans leurs compagnons, & au lieu de procurer leur deliurance par le moyen de deniers, prindrent vne petite barque turquesque qui reuenoit de la pesche. Qui fut occasion que le Cady creut fermement qu'ils estoient voleurs, commādant incontinent qu'on feist venir les galleres de Famagouste pour les prendre, & les Ianissaires qui alloient apres en donnerent aduis à nostre patron lors qu'estions prests de nous embarquer en la fregatte pour aller en Hierusalem. Enuiron vne heure apres suruint au port vne barque qui auoit le grād mats à moitié rompu, laquelle ayāt ieté l'ancre, tous les Turcs qui estoiēt dedās vindrent incontinēt en terre hurlās cōme chiēs enragez disans que les galeres Chrestiennes auoient pris trois galliottes turquesques entre Tripoly & Chipre. Ces nouuelles nous espouuāterent merueilleusement, par ce que nous courions vn grād dāger entre les Chrestiens, Turcs & Anglois, de maniere que plusieurs de nous autres vouloient retourner en la naue pour estre

*Anglois declarez voleurs.*

*Prinse de deux galiottes Turquesque par les Maltois. Espouuantement de plusieurs pelerins*

*Voyages du Seigneur*

en plus grande seureté. Les autres auoiét regret de perdre leur argent & la commodité : quant à moy ie leur remonstrois que nous voulions euiter vn petit peril, pour nous plonger en vn plus grand, qui estoit suyuant le commun prouerbe latin que, *Cupiendo vitare Charibdim incidebamus in Scyllam.* D'autant que nous estions en danger de rencontrer aussi bien tous ces corsaires allant à Tripoly, comme en Baruth & Iaffa, outre que nous courions la fortune de l'air pestiferé, & le peril de retourner de Trypoly à Iaffa. Encore y auoit il vne autre chose fort considerable, c'est que les vns ny les autres ne nous eussent fait aucun ennuy sinon l'Anglois, par ce qu'il ny auoit rien en nostre petite barquette que du sable sur lequel nous couchions, qui n'est pas ce que les corsaires demandent, ioinct que nous auions le passe-port du Cady ( qui ne cousta rien par le moyé d'vn Chiprien qui le nous feist depescher) par le moyen duquel nous estiõs en seurté pour le regard des Turcs. Quant aux Maltois nous esperions qu'ils nous laisseroient aller sans nous faire dommage pour l'amour de la nation Françoise : & sur ce, ie leur disois que nostre intention estant tresbonne & saincte, nous aurions Iesus-Christ pour nostre guide, conducteur & deffenseur. A ces dernieres paroles chacun retourna en sa premiere resolution prians Dieu nous estre fauorable. Et à fin que nous n'eussiõs pas la peine de mettre tous la main à la bourse, nous eslumes l'vn de nous pour faire toutes les prouisions, luy mettant entre les mains chacú vn

*Remonstrances faites ausdits pelerins.*

*Conclusion des pelerins.*

*Vn d'entre nous esleu pour faire les prouisions.*

sequin d'or, à condition d'en tenir compte, continuans de mesme iusques en Hierusalem & Tripoly. Mais auparauant que faire voile nous exhibasmes tous les bourses les vns aux autres, afin de sçauoir si tous estoient garnis de deniers suffisans pour faire ledit voyage & payer l'entree de Hierusalem & du Sainct sepulchre. La raison de ce est, que si quelqu'vn, n'auoit assez d'argent pour payer toutes les Caffares il faudroit que les autres payassent pour luy, qui est espece de cruauté, pour laquelle euiter il est bon de s'entre-monstrer pour le moins trente cinq ou quarante sequins: Et si quelqu'vn en a moins le prier honnestement de chercher autre compagnie. Pour parler en general de la situation, grandeur & bonté du Royaume de Chipre, ie diray qu'il est montueux en quelques endroits, & beaucoup plus long que large, contenant d'Occident en Orient de longueur deux cents quarante mille, & de largeur quatre vingts, de circuit six cents, selon la iuste mesure du compas, & ayant presque au milieu d'icelle la cité de Nicosia, qui est la principale du royaume, & non pas Famagouste comme quelques vns estiment, laquelle est aupres de l'vne des deux extremitez de l'isle vers Soleil leuant. Mais à cause du beau port & de la belle & inestimable forteresse qui y est, le Bacha demeure ordinairement à Famagouste pour la seureté de sa personne & de ses galleres: ceux qui vont ordinairement en Tripoly la voyent à la main gauche sur le bord de la mer, &

*Exhibition de bourse auant qu'aller en Hierusalem.*

*Situation de Chipre, sa longueur, largeur & circuit.*

*Cité de Nicosia.*
*Cité de Famagouste.*

R iiij

*Voyages du Seigneur*

*Prison de Saincte Catherine.*
*L'anciēne cité de Salamine où S. Barnabé fut martyrisé.*

la prison où Saincte Catherine fut mise, auant que d'estre decapitee par son pere, & autres de la vieille cité de Salamine, en laquelle y a encore vne eglise edifiee au lieu mesme ou l'Apostre S. Barnabé fut martyrisé. Nous feusmes marrys infiniment d'estre priuez du bien de la voir, consideré que nous n'en estions que à neuf lieuës de terre. L'affection que nous auions de voir chose plus grande, nous en feist perdre l'occasion & nõ la volonté, toutesfois depuis retournāt en Chipre pour aller en Damiette & en Ægipte, ie cōtentay ma veuë. Pour le regard de la situation de ceste isle elle est confine au goulfe de Satellia &

*Confrontatiō du royaume de Chipre.*

de la mer de Caramanie d'vne part, & de la Siriacque & Palestine de l'autre, & est distante de Venise enuiron de deux mille deux cents vingts mille qui sont vnze cents dix lieuës Françoises. Et est loing d'Alexandrie en Ægypte de quatre cents cinquante mille, du port de Caramanie autremēt appellé Alexandrette quatre vingts mille, de Tripoly quatre vingts dix, de Candie quatre cents, d'Antioche cent dix, de Iaffa deux cēts cinquāte, le tout de cap en cap. Car si on prenoit le chemin au contraire, l'on en trouueroit bien d'auantage. En ceste façon ceste tres-noble & fructueuse isle est située, laquelle de bonté &

*Fertilité de Chipre.*

beauté ne cede à nulle autre du monde, ayant en icelle toutes choses que l'homme sçauroit souhaiter pour la vie. Premieremēt elle a les minieres d'or que les Chipriens n'ont point encore voulu declarer au Turc, ny pareillement plusieurs autres minieres, fors le vitriol, duquel on vie aux medecines. En apres elle est abondante en vins tres-excellens, bleds, froments, orges, bestail, sel, huile, sucre, fromages, lins, laines tresfines, grands moutós qui ont la queuë large & pesante plus de vingts cinq liures, capres, grenades, & oranges douces & aigres, palmiers, coucombres, melons & toutes sortes de fruicts en abondáce, & sur tout du Cotton, lequel ils semoient, pendant que nous y estions pour le cueillir au mois de septébre ensuyuant. L'arbre est petit & n'a pas plus de trois pieds & demy de haut, portant de petites pommes, dás lesquelles on trouue le cotton, & la graine qu'ils conseruent pour semer l'an ensuiuant. Mais à tant de biens que Dieu a prodigallement departy a ceste isle, il y à aussi vne incommodité : car au temps que sont prests leurs frométs d'estre cueillis la terre produist si grand nombre de Cauallettes autremét dictes locustes ou sauterelles qu'elles obscurcissent quelquefois la lueur & splédeur du Soleil, & par tout où elles passent, elles bruslent & gastent tout, sans que les Chypriens y puissent remedier. Car plus ils en tuent, & plus la terre en produist l'an ensuiuant, & pour remedier à cela, Dieu leur auoit suscité vn moyen pour les faire mourir, qui estoit tel, qu'au pays de Perse, ioignant la cité de Cuerch est vne fontaine l'eau de laquelle a la proprieté de faire mourir ces cauallettes pourueu qu'elle soit apportee en vn flaccon sans passer sous aucune maison en voute, & qu'elle soit mise sur vn haut lieu eminent à l'aspect & veuë d'aucuns oyseaux qui la suyuent &

*Mines du Vitriol & d'or en Chipre.*

*Cotton de Chipre.*

*Cauallettes qui mangét le froment en Chipre.*

*Cité de Cuerch en Perse. Fonteine l'eau de laquelle faict mourir lesdites cauallettes.*

*Voyages du Seigneur*

volent apres les hommes qui l'emportent de la fonteine & crient sans cesse. Ces oyseaux sont de couleur rousse & noire, & vont en bande comme les estourneaux: Les Turcs & Perses les appellent Mahometans: Et n'estoyent si tost venus ces oyseaux au pays de Chypre où estoient ces cauallettes, qu'ils ne les feissent subitemēt mourir de leur chant & de leur vol. Mais aduenant que l'eau fust perduë ou gastee, on ne sçauoit que deuenoiēt ces oyseaux, ainsi qu'il aduint lors que les Turcs prindrent Chipre, l'vn desquels montāt au haut du clocher de l'eglise cathedrale de Famagouste trouua le flaccon où l'eau estoit, & pensant qu'il fust plain de quelque tresor, le cassa & respendit toute l'eau, & depuis les Chypriens ont esté tousiours affligez de ces cauallettes, sans pouuoir trouuer aucun qui ait voulu entreprendre passer en Perse pour apporter de ceste eau, à raison qu'il faut trauerser les deserts de l'Arrabie, toutesfois le religieux grec qui estoit de Famagouste, me dist qu'vn Turc auoit entreprins d'y aller moyennant la somme de six cents ducats: Voilà comme nulle chose de ce monde tāt douce & plaisante puisse elle estre qui ne soit accompagnee de quelque amertume & incommodité. Ceste isle fut anciennement gouuernee par Roys & Tyrans, iusques au tēps du Roy Ptolomee, auquel elle fut ostee par les Romains à la suasion de Publius Clodius Bellus, lequel ayant esté pris des corsaires sur la mer, fut mis à grande rançon qu'il enuoya demander en prest au Roy Ptolomee, par ce qu'il

*Oyseaux Mahometains.*

*Par qui le royaume de Chipre a esté gouuerné.*

estoit confederé amy de la republique Romaine, mais Ptolomee voyant la somme estre excessiue luy en enuoya seulement vne partie qui fut refusee par les corsaires, lesquels laisserent aller Publius Clodius sur sa parole. Depuis Clodius estant Tribun du peuple à Rome feist que Marcus Cato fut enuoyé par le Senat, pour conquerir le Royaume de Chipre, ce qu'entendant le Roy Ptolomee ayma mieux se faire mourir que de tôber vif entre les mains des Romains. Et le Royaume fut changé en prouince, où l'on enuoyoit tous les ans vn Preteur pour la gouuerner. A ceste heure parlons de la monnoye qui se depéd au Royaume de Chipre. Les Sultans d'or y valent autât côme les sequins Venitiens, & sont presque d'vne mesme grandeur, & se mettent pour six vingts aspres, qui est vne petite monnoye toute d'argent, moindre en grandeur que la moitié d'vn denier, & huit desdits aspres font vn seya, & quinze seyas valent vn sequin, l'escu de France & d'Espagne y valent douze seya, & le tollero dix, qui sont les realles de huict d'Espagne. Ils n'ont point d'autres sortes de monnoyes, sinon certains maugouris faits de cuiure, desquels il faut seize pour faire vne aspre, l'aspre reuient à six deniers obole de France, la seya quatre sols quatre deniers, de toutes lesquelles il n'en faut point porter ny en Tripoly ny en Hierusalem, d'autant qu'il ne s'y en met point, & quasi de mois en mois la monnoye croist ou diminué de pris.

*Valeur de la monnoye de Chipre.*

## Voyages du Seigneur

*Voyage de Chipre en Iaffa & des orages & tourmentes que nous endurasmes sur mer, auec autres choses contenues en ce discours.*

### CHAP. IX.

Le iour de mercredy enuiron midy, arriueret deux Ianissaires en nostre barque feignant voir si nous portions quelque chose qui deust gabelle, & n'ayant trouué que nos matelats estédus sur du sable, ne voulurent iamais s'en aller sans emporter la courtoisie, qui fut de chacun vn saya. Nous auions prié les mariniers, & celuy de nous autres qui estoit esleu pour faire les prouisiós, d'achepter vn peu de paille pour mettre sur le sable, d'autant que la nuict precedante, nous n'y auions peu dormir. Mais au lieu de ce faire ils passerent le temps à autres choses, ne se souuenans pas mesmement de faire les prouisions, comme la conclusion auoit esté prise par entre nous, de sorte que le soir estant venu que chacun vouloit soupper, nous ne trouuasmes rien que du vin. Qui fut occasion que celuy qui auoit mãqué de son deuoir, fut enuoyé sur l'heure mesme en la grande naue pour prier le patron de nous vẽdre du biscuit, mais il s'en aquita fort mal, d'autãt qu'au lieu d'en achepter pour vn sequin, il en achepta pour deux ducats d'auantage, & à la requeste d'vn marinier en print encore pour vn sequin. Ce que le Rays ou patron de nostre fregatte ou barque entendant, ne le voulut accepter, disant qu'il estoit trop cher, & entrant en colere le voulut ietter en la mer, sans que nous dismes au patron que nous retenions le biscuit pour nous, toutesfois le lendemain nous le luy donnasmes tout. Nous eusmes ceste opinion qu'il auoit ioué ceste tragedie expres, & eusmes peur qu'il nous en iouast d'vne autre, ce qui nous incita à le recercher plus que deuāt, le faisant boire & manger auec nous de ce que nous auions, & quatre fois le iour donnions du vin à ses mariniers, à ce qu'il ne leur prît aucune volonté de nous malfaire. Au souper nous feusmes festoyez d'vn cheureau qu'auions acheté vn seya & demy, car le couple ne cousté q̃ trois seva, qui sont treise sols de Frāce, & estoit le cheureau grand comme pere & mere. Apres souper voyās q̃ nous n'auiōs point de paille pour mettre entre le sablō & nous, & d'autre part que le bas de la barque puoit si fort que nul n'y pouuoit quasi durer, ie prins mō matelats & aymé mieux dormir sur le tillac au vent & au serain, q̃ de demeurer en vn lieu si puant. Et fut lors que nous cōmēçasmes vn peu à estre autremēt menés que nous n'auiōs pas esté en la grāde naue: Car dés la nuict du mercredy tournant vers Limisso & le cap Delle-gatte, suruint le ieudy dixhuictiesme iour de May enuiron midy ioignāt le cap de Linacy vn vent de Sirocco, qui nous fut si cōtraire qu'il nous contraignit de donner fonds, nonobstant lequel nous feusmes tant esbranlez & tourmentez, que combien que feussions pres de terre, ce neantmoins tous ceux qui estoient sous

*Grand marché de viures en Chypre.*

*Tourmente à la coste de Chypre.*

*Voyages du Seigneur*

le tillac furêt malades excepté Ioan Maria Genevois & moy qui eſtions au deſſus, & croy que ſi fuſſions demeurez au couuert, nous n'euſſiõs eſté exempts du vomiſſement non plus que les autres: Mais en recompẽſe ie gagnay vne morfonture qui me dura fort peu (graces à Dieu) & ce faſcheux temps continua iuſques au vendredy au ſoir, & chacun deſirant de mettre pied à terre pour ſe rafraiſchir feuſmes aduertis du patron de ne nous eſloigner pas en terre ferme, de peur d'eſtre pris des Turcs, d'autant que nous n'auions pas licence d'y deſcendre. Ce qui fut cauſe que nous laiſſames deux des noſtres à la garde du batteau & deux autres en ſentinelle, pendant que le reſte ſe pourmenoit vn peu, & que les mariniers prendroient rafraichiſſement de bois & d'eau, obſeruans ſi bien chacun ſa charge, que tous eurent le moyen de recouurir en terre l'appetit qu'ils auoyent perdu ſur la mer, outre le contentement que nous euſmes de veoir vne belle plaine toute remplie de petits capriers, oliuiers, carobiers, & d'vn bois fort odorant, qu'ils appellent en Grec Squina, de la graine duquel l'on faict de l'huille: mais ſur tout ie fus eſmerueillé voyant la campagne plaine de Tims, que les mariniers couppoient pour en faire du feu, au lieu qu'en noſtre pays nous le gardons pour decorer & embellir les bords & Dedalus de nos iardins. Certainement c'eſt vne choſe eſmerueillable de l'excellence & bonté de ce pays là, & encore d'auantage de ce qu'il eſt ſi peu habité, car à pei-

*Belle planure en Chypre.*
*Capriers, oliuiers.*
*Bois de Squina.*
*Campagne de thims.*
*Chauffemens de bois de thims en Chypre.*

s'arreste, & reçoyt, l'aspirant à l'ordre de prestrise, s'il est bien informé qu'il en soit digne. Aucun prebstre ne peut espouser en sa vie qu'vne fille qui soit vierge. Car au surplus la bigamie ou mariage en seconde nopces, leur est estroictement prohibee & deffendue. Les religieux & moines ne peuuent iamais se marier, ny manger chair. Les Euesques & Patriarches Grecs, sont la plus-part religieux de l'ordre de Sainct Basile, & n'ont autre reuenu, que ce qui leur est donné. Le prestre ou religieux accusé d'adultere ou fornication, il est degradé, & condamné aux gallees. Les hommes laiz entre-eux, ne peuuent estre mariez trois fois, & y a bien d'auantage, c'est que si l'homme a quarante ans accomplis quand sa premiere femme meurt, il luy est prohibé d'en espouser vn autre, iaçoit que de son mariage ne soit yssu lignee, toutesfois le Patriarche l'en peut dispēser, pour auoir lignee, à la charge que par deux ans il sera priué de la communion du corps de nostre Seigneur Iesus-Christ, & ieusnera au pain & à l'eau le Mercredy & Vendredy, pendant les deux années, & à y faire grand nombre d'aumosnes. Et est la loy semblable pour les femmes. Les putains ne sont point receues à la saincte communiō, mais leur est permis seulement d'entrer en l'Eglise en vn lieu separé des autres. Les Grecs obseruent quatre Caresmes par chacun an, leur premier Caresme est celuy que nous ieusnons, mais ils le commencent le dimanche ensuyuant le Mercredy des cendres. Et en ce Caresme ils ne s'abstiē-

*Vn prestre Grec ne peut auoir qu'vne femme.*

*Adultere puni entre les Grecs.*

*Seuere coustume des Grecs entre les hommes laiz.*

*Grecs obseruēt quatre Caresmes.*
*1. Caresme des Grecs.*

nent pas feullement de chair, ains de tout poiſſon: Et quelques vns d'entre-eux qui ſeront plus
deuots ieuſneront au pain & à l'eau, ou ne mã-
geront qu'vn morceau de pain à midy, exceptez
les Samedy & Dimanche, auſquels iours ils tié-
nent eſtre vn peché de ieuſner. Les moins deuots ne ieuſnét pas vn ieuſne ſi eſtroiƈt, & principalement aux iours de Dimanche, Mardy, Ieudy & Samedy: mais le Lundy, Mercredy, & le
Vendredy, ils les ieuſneront quelquefois au
pain & à leau, & entre autres le Vendredy, comme les Catholiques Romains font pour la pluſ-
part, au moins les deuotieux. Leur ſecond Ca-
*2. Careſme des Grecs.* reſme, commence à l'octaue de la Pentecoſte, &
dure iuſques au iour de ſainƈt Pierre & ſainƈt
Paul, croiſſant & diminuant ſelon que Paſque
monte & baiſſe. Le troiſieſme Careſme qu'ils
*3. Careſme des Grecs.* nomment de la vierge Marie, comméce le premier iour d'Aouſt, & finiſt le iour de ſon Aſ-
ſumption. Le quatrieſme, eſt celuy de l'Aduent,
*4. De l'Ad-uent.* qu'ils font durer ſept ſepmaines, eſquelles ils
ne mangent point de chair au Mercredy & Vé-
dredy. Quand aux quatre temps & vigilles, ils
ne les obſeruent comme nous. La conſecration
du corps de noſtre Seigneur Ieſus-Chriſt, ils la
*Grecs conſa-crent en pain leué.* font en ceſte maniere: Ils prennent vn pain leué,
de la valeur de deux ou trois ſols, le beniſſent &
en couppent vn petit morceau du milieu, que le
preſtre conſacre, le reſte du pain eſt taillé par
morceaux, & diſtribué au peuple, comme nous
faiſons le pain beniſt. Lors que les laiz veulent

communier qui est soubs les especes de pain & de vin, ils ont ceste coustume que peu ou point ils se mettent à genoux, & si font le signe de la croix d'une autre façõ que nous ne faisõs en l'eglise Romaine: car au lieu de cõmécer au front ils le commencent à la poictrine: chose fort ridicule, & contre la tradition de leurs peres anciens. Quand une femme est accouchee, l'entree de l'Eglise ne luy est seulement prohibee, ains à tous ceux de sa maison, iusques à ce que le prestre ayt esté appellé en icelle, pour faire certaines prieres, & leur dõner permission d'entrer en l'Eglise. Et l'enfant sans grãde necessité, ne peut estre baptisé q̃ iusques au quaratiesme iour, auquel la mere va à l'Eglise, pour estre purifiee. Quand à leur baptesme, leurs ceremonies repugnent beaucoup aux nostres, car d'autant d'enfans qu'ils baptisent, autant de fois ils benissent l'eau, & le plongeant par trois fois dedans, disent, soit baptisé le serf de Dieu, au nom du Pere & du Fils & du S. Esprit, ne voulant pas dire ce mot, ie te baptise, pour ce qu'ils ont opinion d'en estre indignes, & puis apres ils oignẽt l'enfant du sainct cresme qu'ils sacrent toutes les sepmaines pour cest effect, & le prestre prenant des ciseaux couppe un peu des cheueux de l'enfant, les mixtionnant auec de la cire, laquelle il met en un lieu de l'Eglise à ce deputé: & l'eau où l'enfant aura esté baptisé, ils la iettent en une fosse, à cest effect preparée. Leurs erreurs sont, qu'ils nient les Sacremens de confirmatiõ, & d'extreme onction, & n'admettent le purga-

*Grecs communient soubs les deux especes.*

*Grands erreurs où les Grecs sont plongez.*

Z ij

toire, suyuant l'erreur d'Arius. Ils ne consentent pas auecques nous que le Sainct Esprit procede du Pere & du Fils, ne receuans Sainct Athanase & son Symbole en cest endroict. Leur opinion est qu'il n'y a aucun qui soit en paradis que la glorieuse Vierge Marie, & à l'aduenture le bon larron. Quant aux Patriarches, Prophetes, Apostres, & tout le reste des saincts, ils disent qu'ils n'y entreront iusques au iour du iugemét, Et n'ont autre raison pour soustenir leur folle opinion, sinon qu'ils disent qu'il n'est pas raisonnable que l'ame qui n'a pas faict tout le mal ny tout le bien, soit remuneree ou punie auant le corps, qui a esté l'organe des actions & operations de l'ame, de façon qu'il n'est seant, disent-ils, que l'ame entre en paradis ou en enfer, qu'en la compagnie du corps, afin que tous deux ensemble, ayent le guerdon de leur merite, ou demerite. Quand on leur demande, en quel lieu peuuent donques estre les ames des bons & des mauuais: ils vous respondent que celles des confesseurs & des martyrs sont dans de belles chambres claires, où les Anges les viennent visiter souuent, & que les autres qui auoient moins merité, sont en certains lieux selon leurs merites, les vnés en lieux ou y a quelque clarté sombre, les autres en chartre, mais que celles qui ont merité l'enfer, sont en lieux obscurs & tenebreux, sans auoir autre vision que de malings esprits. Mais vous les estonnez leur faisant vne question, puisque ils ne croyét pas le purgatoire, pourquoy est-ce qu'ils

*Folle opinion des Grecs.*

prient pour les trespassez, comme ils font : là dessus ils vous respondent que c'est afin que par le moyen de leurs prieres, Dieu les mette en vn lieu plus clair. Ainsi tacitement ils confessent vn tiers lieu, & vn purgatoire. L'on remarque encore en eux vne absurdité de doctrine, où ils sont bien en peine de respondre, leur demandant pourquoy ils prient les Saincts d'interceder pour eux puis qu'ils ne les croyent estre en Paradis : A quoy ils n'ont autre responce que la distance d'eux & de Paradis n'empesche que Dieu ne les exauce. Ces Grecs ont en opinion les Latins d'estre schismatiques & excommuniez pour ce qu'ils auoient adiousté beaucoup de choses à vn Concile general faict sous le Pape Adrian premier de ce nom, par lequel fut arresté qu'on garderoit à l'aduenir irreuocablement ce qui auroit esté ordonné en ce sacré & oecumenique Concile, & que tous ceux qui adiousteroient & diminueroient quelque chose de ce qui y auroit esté ordonné, seroient Anatheme & excommuniez. Leurs prestres portent les cheueux longs *Habits des* comme vne femme, fors sur le sommet de la te- *prestres Grecs.* ste, où ils ont vne couronne qu'ils couurent d'vne calotte noire qui a quatre cornieres, & est cousuë en croix. Au reste ils portent la barbe longue, & vne grande soutanne qui leur va iusques à demy pied de terre, & qui n'est pas du tout si belle comme celle que portent les prestres de Rome. Le nom de soutanne est peut estre deriué *D'où est venu* de Sultan, qui vaut autant à dire que Seigneur *ce mot de sou-* ou Potestat en nostre langue. Et par ce que c'est *tanne.*

Z iij

l'habit que portent ordinairement les Turcs, & le grand Sultan de Turquie, on leur a donné ce nom de sultanne. C'est en somme ce que i'ay appris frequentant auec la nation Gregeoise, qui est vn peuple multiplié, tant en la Grece, que l'Asie & Affrique, & peu en ay trouué qui n'ait entendu ou parlé Italien quelque peu, mais ils nous ont en telle haine & horreur, que ie croy qu'ils ne hayssent pas plus les Turcs qui les tiennent en seruitude, & bien heureux est celuy des Latins, qui se fiant en eux, n'a point esté trompé, ou ne s'est trouué marry.

*Des Syriens & Iacobites qui sont au sainct Sepulchre, & en la ville de Hierusalem, & de leurs erreurs.*

### CHAP. XXII.

Apres les Grecs vous voyez aussi en l'eglise du sainct Sepulchre, & ailleurs en la cité de Hierusalem, des Syriens autát schismatiques que les Grecs. Ils sont de la Syrie proche de la Palestine, & region autant belle opulente & fertile qu'autre circonuoisine, & sont denommez de Sur ou Tyr ville des Sydoniens. Car quand à ceux qui lés font Assiriens ie reprouue leur dire pour la distance de l'vn à l'autre. Ils ont esté de tout temps opprimez sous le ioug de seruitude de diuers Roys & Princes Sarrazins & barbares, pour estre vne nation entierement inepte à la guerre, timide & craintiue le possible. En recompése ils sont ingenieux, nais au labeur des mains,

& propres à l'agriculture & labourage de la terre. Ils sont au reste hommes trompeurs, amis de fortune, & faciles à receuoir des dōs & des presents. Ce n'est qu'vn petit pecadille entr'eux, que du larcin & rapine, infidelles iusques au bout, & qui rapportent aux Mores & Turcs les secrets des Chrestiens quand ils les peuuent descouurir, par ce qu'ils sont meslez parmy eux, & les frequentent d'ordinaire. Ils gardēt soigneusement leurs femmes qui sont enfermees comme celles des Turcs & Sarrazins, & ne leur permettent & à leurs filles de sortir en public, si elles ne sont couuertes d'vn voile delié, depuis la teste iusques aux pieds, & si leur visage n'est caché d'vne estamine ou crespe. Il y a plus, que les fiancez ne peuuuent voir leurs fiancees, qu'ils n'ayēt couché auecques elles la premiere nuict, ce qui estoit obserué du temps du patriarche Iacob, lequel par ce moyen fut trompé : car estimant auoir couché auec Rachel la premiere nuictee de ses nopces, il trouua au matin qu'il auoit couché auecques Lia. Les Syriens se vantent estre les premiers Chrestiens du monde, pour ce que Sainct Pierre tint son siege sept ans en Antioche, auparauant que d'aller a Rome, qui est cause que iamais les Syriens n'ont voulu se sous-mettre à l'eglise Romaine. Ils ont leur patriarche en la cité de Melich, auquel ils obeissent comme nous faisons au Pape, & retiennent pour la plus part les ceremonies Gregeoises, mais leurs erreurs ne sont du tout si grands. Car ils croient que les iustes sont en paradis, & les

*Opiniōs, costumes et arts des Syriens.*

meschans en enfer, & que priant pour les trespassez, leurs peines en sont diminuees, sans toutesfois qu'ils croyent qu'il y ait vn lieu destiné pour purger les ames. Ils obseruent comme les Grecs quatre caresmes en l'an, & leurs prestres sont mariez, comme ceux des Grecs. Bref ils imitent de fort pres les vs, meurs & coustumes des Grecs. Ils ont ordinairement vn de leurs Euesques enfermé dans le temple du sainct Sepulchre de nostre Seigneur, lequel auec d'autres prestres Syriens qui y sont, celebre le seruice diuin, au lieu baillé aux Syriens pour le garder. Les autres Syriens qui sont parmy la saincte cité, ont vne eglise bastie au mesme lieu où estoit la maison de la mere de Sainct Iean l'Euãgeliste, à la porte de laquelle Sainct Pierre frappa, quand il fut deliuré des prisons d'Herodes. En leurs affaires & negoces temporels, ils vsent de la langue Arrabique, Moresque ou Sarrasine: mais en leurs prieres, Liturgie & office diuin ils vsent de la Grecque. Plusieurs d'entr'eux entendent & parlent aussi la langue Caldaïque, mais ce n'est qu'entre les doctes & par forme de discours. Apres les Syriens vous voyez encore, soit en la ville de Hierusalem, soit au sainct Sepulchre, d'autres Chrestiens schismatiques, differens de leurs opinions, & de celles des Grecs, qu'on appelle Iacobites, d'vn nómé Iacob, disciple d'vn patriarche d'Alexandrie, qui a auecques son maistre seduit à son heresie beaucoup de monde. Et à la verité les Iacobites habitent vne grande partie de l'Asie, viuans pesle mesle, parmy les Turcs Perses & Tartares, & outre aucuns d'eux demeurent en la Nubie qui confine l'Ægypte, & tiennent bonne partie de l'Ethiopie, & des Indes superieurs, de sorte qu'il me fut dit, qu'ils occupent bien iusques à quarante Royaumes. Ils se disent tous estre Chrestiens de la premiere cuuee, & qu'ils furent conuertis à la foy de Iesus-Christ, auparauant les autres peuples, par Sainct Matthieu l'Apostre, ils circoncisent leurs enfans à la maniere des Sarrazins. Et deuant la circoncision aucuns d'entr'eux brusloient leurs enfans d'vn fer chaud en les signāt & marquant au front d'vne maniere de croix, les autres leur imprimoient le signe de la croix, aux deux temples, & aux ioues, estimans par là deliurer leurs enfans du peché originel, se fondant sur ce que Sainct Iean Baptiste disoit de nostre Seigneur Iesus-Christ, *Ipse vos baptisabit in spiritu sancto & igne*. Ces Iacobites portent aussi ordinairement la croix au bras, imprimee auecques le fer chaud pour la reuerence qu'ils portent (come ils disent) à la sainte croix, & aussi pour auoir quelque distinction entr'eux, & les infideles, és lieux où ils habitent, & demeurent ensemblement. Ils ne confessent iamais leurs pechez à aucun homme, mais Dieu seul en secret, iamais ne prient qu'ils ne mettent de l'encens en vn encensoir, qui est pres deux auecques de la braize, & prians estiment, que leurs pechez montent deuant Dieu, auec la fumee, qui leur sert d'expiation. Ils tiennent & croyent seulement vne nature en Iesus-Christ, comme ce n'est qu'vne

*Confession des Iacobites.*

personne, combien que cest erreur ait est condemné au Concile de Calcedoine, & declarez excommuniez tous ceux qui le suyuent. Aussi pour faire distinctiõ d'eux auec les autres Chrestiens, ils font le signe de la croix auec vn doigt seulement, pour demonstrer à vn chacun qu'ils ne confessent qu'vne nature en Iesus-Christ. Quand ils communient les ieunes enfans, c'est sous les deux especes, estans en cela conformes aux Grecs & Syriens. Ils vsent de plusieurs langages, selon les diuerses prouinces, où ils habitent, ayans toutesfois vn particulier langage, duquel ils n'vsent qu'au seruice diuin : mais ce langage ie n'ay peu descouurir quel il estoit. Toutesfois i'estime qu'il est Hebrieu, aussi que l'Euangile Sainct Matthieu leur Apostre, fut mis en Hebrieu premierement, qui n'est à mon aduis celuy que Munster a mis en lumiere, ains vn autre qui seroit peut estre en la possession des Iacobites, autrement n'en voudroys-ie rien affermer.

*Des Nestoriens, & leurs erreurs, & des Armeniens & Georgiens, qui sont aussi au sainct Sepulchre & en Hierusalem, & leurs erreurs.*

### CHAP. XXIII.

*Opinions & erreurs des Nestoriens.*

Outre ces nations & sortes de peuples, demeurét encore en Hierusalem, & au sainct Sepulchre d'autres schismatiques nommez Nestoriens, d'vn Nestorius, qui de son heresie a infecté vne grande partie de l'Orient, & principalement les Chrestiens qui habitent en Perse, & la Tartarie, & Inde la maieur. Ce Nestorius iadis Euesque de Constantinople, a enseigné à ses sectateurs, de dire qu'il y auoit en Iesus-Christ deux natures, l'vne diuine, l'autre humaine, & de nier que la Vierge Marie fust mere de Dieu, ains d'vn homme seulement. Cette heresie fut condemnee au troisiesme Synode d'Ephese. Les Nestoriens consacrent auec pain leué à la maniere des Grecs, & cómunient aux petits & aux gráds indifferemment sous les deux especes: Ils vsent de la langue Caldaïque en leur Liturgie & seruice diuin, & en leurs escritures: mais en Hierusalem, & autres pays où ils habitent, ils vsent de la langue Arrabesque, Moresque ou Sarrazine. D'auantage les Armeniens qui habitent aussi en Hierusalem, & ont quelques lieux en l'eglise du Sainct Sepulchre, comme i'ay dit, ils sont de la grande & petite Armenie, qui se confine en la Sirie, du costé d'Antioche, & au pays Persien: leurs ceremonies ne sont pas beaucoup differétes des nostres. Ils ont leur chef & Primat, qu'ils nomment Catholique, & qu'ils reuerent comme leur Pape, gardans ses commandemens depuis le plus petit iusques au plus grand. Ils sont en perpetuelle dissentió auecques les Grecs, & à ceste fin s'accordét aueques nous, & nous aymét par ce qu'ils sçauét que les Grecs nous haïssent. Ce que i'ay remarqué de faute en eux, c'est qu'ils ne celebrent point la Natiuité de nostre Seigneur, au iour de Noël, ains ieusnent seulement

*Opinions & erreurs des Armeniens.*

à ce iour la: Mais en lieu ils chomment & celebrent le iour & feste des Roys qu'on dit autrement Epiphanie, disans qu'à ce iour ils celebrent la spirituelle natiuité de Iesus-Christ, par le baptesme, comme si Iesus-Christ eust eu besoin de regeneration, luy qui donne la vie aux autres, & qui n'a rien contracté du peché originel du premier pere. Leur Caresme ils le ieusnent en mesme temps que nous ieusnons le nostre: & le ieusnent plus austerement que nous ne faisons pas. Car non seulement ils s'abstiennent de chair, de fromage & d'œufs comme nous, ains ne mangent pas seulement du poisson, ne boiuét point de vin, & n'vsent d'huille n'y de graisse, se contentans de pain & eau, & de quelques herbes ou racines. Les prestres en leurs messes ne meslét point l'eau auec le vin, non plus que les Grecs. Au demeurant ils s'accordent fort auec nous en l'office de la saincte Messe: Ils ont des calices & des platines en nostre forme, & la consecration faicte, ils esleuent la saincte hostie qu'ils mettent sur la platine, puis ils esleuent le calice ainsi que nous faisons. Ils ont aussi d'autres coustumes & ceremonies qui ne ressentent rien celles de l'eglise Romaine, combien qu'ils se soient sous-mis à icelle de pieçà. Mais il est bien difficile de changer des coustumes de long temps receuës. Toutes-fois depuis voyageant auec certains Armeniens & vn religieux de l'ordre de Sainct Dominique, que leur grand Catholique auoit enuoyé à Rome pour rendre l'obeissance deuë au Pape ( laquelle se faict de sept ans en sept ans, sinon que le grád Catholique feust mort, & en eust esté creé vn autre en sa place, lequel pour son inuestiture doit vne nouuelle obeïssance. Le religieux me dist que les Armeniens estoient presque du tout reduicts à nos vsances & ceremonies. Ils sont en assez bó nombre en Hierusalem, & ont vn Euesque qui porte vne grande perruque fourchee qui luy pend iusques sur les espaules. Les prestres comme leur Euesque portent des couronnes larges & rondes, & d'autres entr'eux ne rasent aucunement leurs barbes, ny leurs cheueux. Et puis dire auecques verité, que i'ay veu par experience, qu'en leurs façons de faire, vie, meurs & actions, ils se portent plus prudemment & sagement, que ne font ceux des autres nations. Ils sont fort deuots & cerimonieux en leur messe & prieres, humbles, & fort simplement habillez. Au demeurant ils portent grand honneur & respect aux prestres Latins, & reuerent & prisent les belles ceremonies de l'eglise Latine & Romaine. Ils ont (comme i'ay dit cy dessus) l'eglise où Sainct Iaques fut decapité, & celle de la maison de Caïphe, où est la grosse pierre de l'entree du monument de nostre Seigneur Iesus-Christ, & outre ont quelque chappelle en l'eglise du Sainct Sepulchre. Ils sçauent parler diuers langages: mais au seruice diuin de la messe, prieres & ceremonies, ils vsent de leur langage Armenien qui est entendu des hommes & des femmes de leur pays. Outre plus y a aussi des Georgiens habitans en Hierusalem. Ceste sorte de gens est d'vn

*Opinions & coustumes des Georgiens.*

pays qui confine d'vn costé a la Medie, & aux montagnes Caspiennes : & d'autre costé à Colches ou la Mengredie, & les palus Meotides & Circassie. Leur pays se nommoit anciennement Iberie, comme i'ay desia dit cy deuant, maintenant on l'appelle la Georgianie, & eux sont dits Georgiés du nom de Sainct George, qu'ils inuoquent pour patron & ont en principal honneur & reuerence. Ils sont fort belliqueux & heureux en guerre, ont bon nóbre de soldats & sont redoutez des peuples circonuoisins, qui les attaquent le moins qu'ils peuuent. Toutesfois Asambey ou Vsuncassan Roy de Perse & de Tauris, leur feist la guerre assez cruelle, & tira & exigea tribut d'eux, mais si ne les peut il dompter. Le Turc Mutay, de nostre téps leur a donné force affaires, & croy qu'il les eust subiuguez, sans le Zagathay qui s'allia auecques Codabandé Roy de Perse, & Pancrace Roy de la Georgianie, pour se deffendre contre leur commun ennemy. Et cela soit dit en passant, il y a beaucoup de Georgiens demeurans en Hierusalem, qui occupent diuers lieux saincts, specialement le mót de Caluaire, & la chappelle du pertuis, où la croix de Iesus-Christ fut mise, auquel lieu ils ont vn autel, ou communement vn d'entre eux est enfermé pour le garder. Ils ont aussi pour leur vsage l'eglise des saincts Anges, qui estoit au temps passé la maison d'Anne Pontife dont auós parlé cy dessus. Ces Georgiens obseruent en tout & par tout les ceremonies & erreurs des Grecs en leurs sacrements, & sont aussi bien schismatiques qu'eux. Leurs prestres portent des couronnes rondes, & les lais ces carrees, & toutes les fois qu'ils viennent de leur pays en Hierusalem, pour visiter les lieux saints, ils entrent en la Saincte cité l'enseigne desployee, & sans payer aucun tribut. Car les Turcs & Sarrazins ne les osent aucunement molester, craignans qu'eux estans de retour chez eux, ils ne voulissent rendre la pareille à leurs voisins qui sont Mussulmans, & de loy Sarrazine. Les femmes des Georgiens pour la plus part ressemblent à des Amazones, pour bien tirer de l'arc, & aller à la guerre, & leur visage & façon de faire, monstre assez clairement qu'elles ont le courage viril & robuste. Les hommes nourrissent leurs cheueux & barbes longues, & vsent de bonnets en leurs testes de diuerses couleurs, ils parlent aussi la langue Arrabique, Caldaïque & Persique, & leurs prestres en leur Liturgie & seruice diuin vsent de la langue Grecque.

*Des Abyssins, Maronites & Goffites ou Coptites schismatiques, qui sont en Hierusalem & Sainct Sepulchre.*

## CHAP. XXIIII.

IL y a encore d'autres schismatiques que les precedans qui occupent le Sainct Sepulchre, comme les Abyssins, Maronites, Goffites ou Coptites, desquels ie parleray de rang. Les Abyssins ou Abassins sont d'Ethiopie, autrement dicte

*Opinions & erreurs des Abissins, & leurs coustumes.*

Abaſſia, & des anciens Chus, ainſi que dit Sainct Hieroſme: C'eſt vne partie de l'Affrique, qui fait la plus grande part d'icelle à cauſe de ſa longue eſtenduë. Leur Roy s'appelle Negus par eux, & en langue Perſique, ſe nomme, Prete-Ian ou Catholique, lequel Prete-Ian a donné autres-fois en la Totarie, & iuſques à ce qu'il en fut chaſſé par Cingis, Can & autres Roys Totares, comme vous voyez dans Nicolas Venitien. Il eſt encore neantmoins auiourd'huy l'vn des grands Roys de l'Orient, & des plus puiſſans de l'Affrique, & s'eſtend ſon Royaume depuis la fin d'Ægypte, iuſques aux Indes: Et tient ce Roy plus de quarante Royaumes ſous luy. Du temps de Clement ſeptieſme, le Roy des Abyſſins qui ſe nommoit Dauid, ſe rendit ſuiet au Sainct ſiege Apoſtolique, & depuis il eut vn ſucceſſeur nommé Claude, qui feiſt quelque temps du cheual eſchappé, & du retif, ne ſçachant quel party tenir, & toutes-fois craignant les Portugais: mais le Roy moderne Abyſſin (ſon nom ne m'eſt encore cogneu) Enuiron l'an de noſtre Seigneur, mil cinq cents quatre vings & deux, rendit l'obeiſſance au ſouuerain Pontife de Rome, Sixte IIII. par ſon Ambaſſade, & auec toute humilité, demanda eſtre informé des ceremonies, couſtumes & ordonnances de l'egliſe Romaine. Ces Abiſſins (qu'improprement nous appellós auſſi Indiens) ſont la plus part noirs, ou de couleur oliuaſtre. Ils ſont fort ardens à ouyr la meſſe & à viſiter les lieux ſaincts. Ils prient Dieu auec deuotion & prolixité, comme auſſi leurs preſtres

diſent

disent & celebrent le seruice diuin en grande reuerence, & auec de belles & longues ceremonies. Ils aiment la pauureté comme il semble, menant vne vie assez austere & necessiteuse, bien qu'ils ne manquent point de moyens. Ils vsent de vestemens de diuerses couleurs, & lient leurs testes tant les hommes que les femmes, de toile de couleurs diuerses, & tous marchent ordinairement ayans les pieds nuds. Au parsus ils obseruent la circoncision Iudaïque & Sarrazine: & aussi bien que les Iacobites (dont auons parlé) ils font circoncire leurs enfans, & leur impriment comme eux, par vn cautere ou fer chaut, le signe de la croix, tantost au front, tantost au nez, tantost aux ioües, tantost en autres endroits du corps, allegans les mesmes raisons que les Iacobites. Et quand on leur remõstre que ce qu'ils font est contraire aux ordonnances de l'eglise Romaine, à laquelle leur Roy & eux se sont sousmis, & iuré prester obeissance, ils confessent ingenuement qu'ils faillent, & qu'il n'y a que l'eglise Romaine veritable, & desirent que la circoncision soit mise à bas, & le baptesme receu par tout leur pays, comme il est parmy les Latins. D'auantage les prestres Abyssins consacrét auec pain leué à la mode des Grecs, & communient leur *corbon* ou sacrement, sous les deux especes, & le reçoiuét tãt les petits que les grãds. Les enfans prennent le sacrement de confirmation, non par la main des Euesques, ains par la main des simples prestres. C'est vne belle chose que de voir à la messe les Abyssins, le iour & so-

A a

lemnité de quelque grande feste. Car vous les verrez tous ensemble s'esiouir, & chanter à gorge desployee, sautans en l'air, & frappans des mains, se tournans en rond, qui sept ou huict deça, qui neuf ou dix de là, faisans si grand bruit qu'on n'oyroit pas Dieu tonner. Ils chanteront quelquesfois, danseront & s'esiouiront vne nuict entiere en ceste façon, mesmes la nuict de Pasques, ou resurrection de nostre Seigneur, où ils ne cessent de chanter, iusques à ce qu'il soit iour, & s'en trouue entr'eux de si actifs à ce chant, & danse nocturne, que le lendemain matin, ils en sont tous recreus & las, & aucuns d'eux en tombent malades. Les Abyssins entendent bien la langue Arrabique & Sarrazine & la Turque, mais au seruice diuin, Liturgie & prieres, ils vsent de la langue Abyssine ou Ethiopienne qui approche de l'Arrabique & Hebraïque. Ils escriuent comme nous, allant de la partie senestre à la dextre, non comme les Hebrieux, Arrabes, Syriens & Chaldeans, allant de la dextre à la senestre. Les Abyssins receurent la foy Catholique, par le moyen de l'Eunuque de la Royne Candace, & baptizé par Sainct Philippes, & la ville de Chaxumo en Ethiopie, fut la premiere qui receut le baptesme, & où la Royne Candace fut baptizee. C'est vne tradition qu'ils ont par escrit entr'eux, ainsi que rapporte Francesco Aluarez. Leur chef & premier Euesque auquel ils portent obeissance comme au Pape, s'appelle Abuna, comme qui diroit en nostre langue, nostre pere. Au surplus le Preste-Ian faict vn vray acte de Chrestien, car difficilement faict il la guerre contre les autres Rois Chrestiens ses voisins, mais ordinairemét on le trouue en cápagne côtre les Rois ses voisins qui sont de la religion de Mahomet, ausquels il meine dure guerre, & pour le continuel exercice que ses suiects font aux armes, ils sont reputez les plus belliqueux de l'Affrique. Au regard des Maronites, ainsi appellez de Maron Heresiarque, c'est vne nation belliqueuse & bien adroicte aux armes, & à tirer de l'arc, & hacquebute: Ils peuuent à point nommé fournir de douze mille hommes combatans: Leur principale demeure est en la montagne de Liban, en la Prouince de Phœnicee, pres de la ville de Biblis, & de Tripoly de Surie. Et bien qu'ils soient au milieu des Turcs & Arrabes, si est-ce qu'ils ne craignent les vns & les autres, & se deffendent vaillamment de leurs assauts. Ils ont esté heretiques fort long temps, inconstans au surplus & legers en leur croyance. Car du temps du Concile de Latran celebré à Rome, sous Innocent troiziesme, leur Patriarche iura obeissance au sainct Siege, & assista à ce Concile: mais ils durerent peu en leur saincte opinió, ains ils retournerét à leur premier vomissement: de sorte qu'ils furent condemnez & leur erreur au Concile de Constance. Depuis ils retournerent pour la secóde fois au giron de l'eglise Romaine, mais ils n'y durerent gueres, ains perseuererent assez longuement en leur erreur, iusques à nostre temps, qu'abiurás pour la troisiesme fois leur erreur, entre les mains de leur Pa-

Aa ij

*Voyages du Seigneur*

triarche nómé Emeris, ils se disent auiourd'huy Catholiques Romains. De tout temps ils vsoiét de cloches en leurs eglises, & leurs Euesques portoiét comme les nostres des mitres, aneaux, & crosses, contre la coustume de l'eglise Orientale, comme encore ils font à present qu'ils sont reduicts à nostre eglise, vsans de toutes nos ceremonies. Ces Maronites ne font d'ordinaire leur residance en Hierusalem & au sainct Sepulchre, ains y vont en pelerinage, le iour & solemnité de quelque grande feste, & s'en retournent aussi tost. Ils vsent tantost de la langue Arrabique, tantost de la Turquesque, tátost de la Syriaque, mais l'Arrabique leur est plus vulgaire, comme ie diray cy apres en la description du mont Liban. Quand au seruice diuin, leurs prestres vsent de la langue pure Syriaque. Aussi que leur Euangile est en Syriaque, & en caracteres Syriaques.

*Opinions & heresies des Goffites.* Les Coptites ou Goffites, c'est vn peuple de l'Ægypte, qui est espandu par la Numidie, & Affrique, & suit encore la vieille heresie d'Arius, & en ses ceremonies s'accorde en quelque chose aueques les Abyssins & Syriens & autres Chrestiens Orientaux. Ceste nation de gens est assez partiale, & croy qu'il y a fort peu des nostres qui cognoissent leurs vs & coustumes, pour ne se communiquer aux Chrestiens Occidentaux le moins qu'ils peuuent, non plus que les Samaritains, qui nous ont en horreur, desquels à peine pouuez vous tirer chose quelconque, comme si leur science estoit vne Caballe, qui deut estre secrette à toutes nations.

*sommaire & description de l'eglise du sainct Sepulchre de nostre Seigneur Iesus-Christ.*

## CHAP. XXV.

APres auoir traicté des nations estranges, qui seruent le temple, & l'eglise du sainct Sepulchre, ie parleray maintenant de l'architecture & grandeur de ce temple. A l'entree d'iceluy, vers la partie senestre, vous voyez vne grande tour carree, où estoient anciennement les cloches, quand les Chrestiens estoient les maistres. Car les Turcs n'endurent aucunes cloches en toute leur seigneurie, fors en vn seul lieu que ie diray cy apres. Ceste tour est bastie de belles pierres, auecques trois rangs, & ordres de fenestrages, depuis le milieu de la tour, iusques au haut. Le feste de ceste tour ou clocher est tôbé, ou bien a esté abbatu depuis peu de temps en çà, comme il me fut rapporté. Apres vous auez en veuë vn grand dome couuert de plomb, enuironnant le sainct Sepulchre, qui est suyui d'vn autre dome, moindre en grandeur, & plus petit, lequel couure le cœur de l'eglise, & est son toict de pierre, & de mesme que sa maçonnerie. Mais à l'entree de ce second dome, vous trouuez vne belle place, pauee de larges pierres de marbre, & des deux costez de la place, plusieurs beaux edifices, & mesmes à main droicte de l'entree qui va au lieu où Abraham voulut sacrifier son fils. Montant droit aux portes de l'eglise, vous

*Description de l'eglise du S. Sepulchre de nostre Seigneur.*

Aa iij

voyez d'vn costé vne chappelle edifiee sur le mont de Caluaire, qui a quatre colonnes qui la supportent. Ceste chappelle est au lieu où la glorieuse Vierge Marie, & Sainct Iean l'Euangeliste estoient: lors que nostre Seigneur estoit en croix. L'on y montoit par treize, ou quatorze marches, auant que les Turcs eussent faict murer la porte, & aussi y pouuoit-on bien entrer par le dedans de l'eglise, comme on feroit encore à present, si les Turcs n'enuioient ce bien aux pelerins. Ioignant ceste chappelle sont les deux portes de l'eglise, dont l'vne est muree, & l'autre s'ouure pour y donner entree aux Pelerins. En ceste porte se voyent certains pertuis, par lesquels l'on baille à boire & à manger aux religieux qui y sont enfermez, pour faire le seruice diuin. Le frontispice & deuant de l'eglise, est basty & orné magnifiquemét, de colónes de marbre & de porphyre, comme plusieurs eglises de Rome, & est l'edifice en forme d'vne croix, cóme aussi le dedans, à prendre tout l'edifice ensemble, & non par les parcelles. Le plus beau de ceste Eglise, c'est le sainct Sepulchre de nostre Seigneur, qui est iustement au milieu d'vn dome, auquel n'entre aucune clarté, que par le haut qui est ouuert, & respond droictement & descent a plomb sur le sainct Sepulchre, de sorte que la clarté du iour y donne continuellement, pluftost qu'en autre lieu de ce dome. Quant au sainct Sepulchre, il est releué sur le paué de l'eglise, & entaillé tant par le dedans que par le dehors, dans le roch ; cóme aussi est l'antichappelle, ou chappelle proche le Sepulchre, dõt auons parlé cy dessus. Et l'vne & l'autre sont enrichies de marbre blanc, dedans & dehors. Mais il y a d'auantage au sainct Sepulchre, qu'autour d'iceluy se voyent pour sa decoration, dix colonnes de marbre, sur lesquelles est vne plate-forme, qui soustient vn beau tabernacle, qui a autour douze colonnes, supportans les corniches d'vn petit dome, couuert de plomb qui reçoit toute l'eau qui tombe par l'ouuerture du principal dome, en des canaux & conduicts à ce preparez. Deuant qu'entrer au sainct Sepulchre, vous passez entre deux relais, ou entablemẽts de marbre blanc, où y a sieges propres pour s'asseoir, au bout desquels est la porte par laquelle on entre en la chappelle ou Antichappelle, où l'Ange apparut aux femmes, & s'y void la pierre carree, où l'Ange s'assist, laquelle est droictemẽt à l'aspect du petit huis, ou huisset du sacré monumẽt. Entrans par cest huisset, qui n'a que trois pieds de haut, & pres de deux de large, vous voyez le lieu où Iesus-Christ fut mis apres sa mort par sa mere, accompagnee des bonnes dames, & par Ioseph & Nicodeme, l'vn gentil-homme, & l'autre docteur de la loy. Et ce sainct lieu ou Sepulchre contient presque sept pieds de longueur, & enuiron de six de largeur, & sept de hauteur. Il est entierement couuert de marbre, subtilement enchassé, où il y a quelques ioinctures, par lesquelles l'on le peut voir & toucher. Autour de la vouste d'iceluy, sont cinquante lampes ardantes: Et tout ioignant y a vn endroit releué

Aa iiij

de deux pieds de terre, sur lequel les religieux &
prestres Catholiques Romains, celebrent la
messe, sans qu'il soit loisible à d'autres Chrestiens, à peine de cinq cents sequins d'or.
C'est endroit faict les deux tiers du sainct
Sepulchre, & laisse vne petite voye de la largeur
de son entree, en laquelle peuuent demeurer
cinq pelerins ensemble, mais ils n'y peuuent entrer que l'vn apres l'autre. Quand au dome qui
est enclos, & enuironne le sainct Sepulchre, à le
contempler par le dehors, & en son exterieur, il
est de forme ronde, & spherique comme la Rotonde de Rome, & a autour grand nombre de
colonnes de piliers de marbre, soustenus les vns
des autres à double rang & supportans deux autres rangs de colonnes moindres que les premiers en grandeur & grosseur, au dernier desquels se voyent les effigies de Saincte Helene &
son fils Constátin entre celles de plusieurs prophetes. Au regard de la voûte elle est toute enrichie de bois de Cedre, & couuerte de plomb:
A l'opposite de ces colonnes, piliers & murailles de ce dome, sont les chappelles où les Syriés,
Goffites, Armeniés, Iacobites, Abyssins & Georgiens, seruent à Dieu selon leur mode. Et pres
de la chappelle des Abyssins, vous y voyez le Sepulchre que Ioseph d'Arimathie, feist faire pour
y estre mis apres sa mort, s'estimant indigne d'e-
stre enterré en celuy de Iesus-Christ, qu'il auoit
neantmoins fait faire pour luy & sa famille. Ce
Sepulchre est pareillement entaillé dans le roc,
mais il n'y a place que pour y mettre vn corps

seulement. Pour finir, ie diray que la largeur de ce dome du sainct Sepulchre peut auoir soixante & dix pas de tous costez, commençant à compter d'vne muraille iusques à l'autre. Et toute l'eglise conduict pour le moins sept vingts pas de longueur, & soixante & dix de largeur, à mesurer par sa croisee seulement. Voilà ce que ie peux escrire de ce Sainct lieu, me desplaisant grandement que les schismatiques Chrestiens le profanent ainsi auec leurs mesnages de femmes & enfans qu'ils y tiennent ordinairement.

*Voyage de Bethlehem, auec la description de l'eglise qui y est, & de plusieurs lieux Saincts qu'on trouue faisant ledit voyage.*

### CHAP. XXVI.

LE mesme Ieudy deuxiesme Iuin, iour du S. Sacrement apres disner, nous montasmes chacun sur vn asne pour aller en Bethlehem, ayãs en nostre compagnie deux peres religieux du conuent, & sortans par la porte de Iaffa, laissames à la senestre la cité, & à la dextre costoyasmes la fonteine ou Piscine de Bersabee, & passames sur sa chaussee. Et puis montasmes vne petite coline plantee d'oliuiers & figuiers, & vignes, entre lesquelles on voit le casal, ou aldee de l'Euesque Caïphe, où le conseil des Iuifs fut asseblé pour faire mourir Iesus-Christ, Caïphe y presidant, lequel dist qu'il estoit necessaire qu'vn homme mourust pour tout le

*Ville de Caïphe où fut tenu le conseil pour faire mourir Iesus Christ.*

*Voyages du Seigneur*

peuple. Ce vilage est esloigné de Hierusalem d'vn quart de lieuë, comme des autres vilages circonuoisins, retraicte assez propre & secrette pour y dessigner vn si pernicieux conseil. Il n'est resté des ruines de ce cazal ou village, qu'vne tour caree, & certaines maisons qui l'enuironnent, où demeurent à present quelques laboureurs, contadins & vignerons. Entre Hierusalem & Bethlehem, nous trouuasmes l'arbre de Therebinte à main gauche du grand chemin, sous *Le Therebin-* lequel lon dit que la Vierge Marie se reposoit *te de la Vier-* allant & venant de Bethlehem en Hierusalem. *ge Marie.* Aussi que dans le chemin n'y à autre arbre propre pour se reposer dessous que cestuy-cy, lequel est verd en tout temps, & est demeuré iusques auiourd'huy en son essence, comme Iosephe dit que le Terebinthe d'Abraham, dont est fait métion au Genese, seroit demeuré iusques à son temps. Ceux d'alentour tiennent cest arbre en grande reuerence, comme les Turcs & Mores qui nous conduisoient, nous apprindrent. De là sur vne coline plantee de vignes, & d'arbres fruictiers, vous voyez la tour du chasteau de S. *Tour de S. Si-* Simeon le iuste, laquelle ie ne sçaurois mieux *meon le iuste.* comparer, qu'à la tour des Comtiz de Rome. Ce que ie dis à ceux qui ont esté à Rome, & veu les anciennes ruines d'icelles.. Allant vn quart de lieuë plus auant, trouuasmes au milieu du chemin vne grande cisterne bastie en forme ronde, *Fonteine des* que l'on appelle la fonteine des trois Roys, *3. Rois.* pour ce qu'au mesme lieu l'estoille qu'ils auoiét perduë entrát en la maison d'Herode, s'apparut derechef à eux. Nõ loin de là, sur le pẽdant d'vne petite montagne, sont les ruines de la maison du Prophete Abacuc. Et cheminant de my quart de lieuë plus outre, l'on trouue sur le chemin la fonteine du Prophete Elie, l'eau de laquelle n'est gueres bonne à boire, mais elle est reueree à cause que le Prophete se reposa auprés sur vne pierre, qui s'y void encore à present, où est si bien grauee l'impression d'vn corps, qu'on y recognoist le lieu de la teste, espaulles & autres parties du corps. Ioignant ceste fonteine est vn monastere bien fermé de muraille, & assez fort pour resister aux courses & violences des Arrabes. Continuans nostre chemin veismes les ruynes & la tour de la maison du Patriarche Iacob. Et à vn traict d'arc plus auant veismes aussi vn champ sterile, où se trouuent des pierres semblables à des poix, sans qu'il puisse produire autre chose, à cause de la malediction que luy donna la Vierge Marie, ainsi que l'on tient. Approchans de Bethlehem, nous passames auprés du sepulchre que le Patriarche Iacob fist faire à Rachel sa femme, qui mourut en ce lieu, accouchant de Benjamin son dernier fils. Le sepulchre est sur le grand chemin, & est encore tout en son entier, sinon qu'il a esté blanchy par les Turcs & Arrabes qui s'en seruent de Mosquee. La forme de son bastiment est carree, & à chasque angle de sa quadrature a vn pillier de pierre qui tous quatre ensemble soustiennent vn petit dome, sous lequel est vne tombe faicte de pierres cimentees à chaux & à sable, longue, mais estroi&

*Maison du Prophete Abacuc.*

*Fonteine du Prophete Elie & l'impressiõ de son corps en la pierre.*

*Maison de Iacob.*

*Champ des poix conuertis en pierres.*

*Descriptiõ de l'ancien sepulchre de Rachel femme de Iacob.*

*Voyages du Seigneur*

à l'aduenant, & haute de quatre pieds. Aux coſtez de ce ſepulchre y a deux autres petits ſepulchres qui n'approchent en rien de la beauté du precedant. Et ſont tous ces trois ſepulchres enuironnez d'vn petit mur carré. De là nous veiſmes à clair la cité de Bethlehem, laquelle nous coſtoyaſmes aſſez longuement. Elle eſt ſituee ſur vne lógue coline aſſez plaiſante. Quand aux maiſons de la ville, elles ne ſont autrement bié baſties, & n'y a rien de ſingulier en ceſte ville, que l'egliſe de la Natiuité de noſtre Seigneur, laquelle & de loin, & de pres, reſſemble vne forcereſſe. Eſtans pres de l'egliſe, la premiere choſe que nous veiſmes, fut vn portail ruiné, par lequel l'on entre en vne belle court, ou placitre, tout paué de large pierre, où y a vne ciſterne de bonne eau, & vn grand corps de logis, où nos Moucaris ou guides logerent leurs aſnes, comme font d'ordinaire tous les Moucaris, qui y conduiſent les pelerins. De là vous allez à l'egliſe, a laquelle auant qu'y parueniez, il vous conuient paſſer par vne eſtroicte & baſſe porte, ou guichet, qui eſt faict expres, afin d'empeſcher l'entree des Turcs & Arrabes, qui autrement y entreroient, & moleſteroient les religieux de leans. Apres auoir paſſé ce petit guichet, l'on entre au deuant de la grande porte de l'egliſe, en vn porche qui y eſt, & de là, en l'egliſe & en la nef, de laquelle vous voyez de premiere abordee, quatre rangs & ordres de colonnes de marbre, ou pluſtoſt porphyre, marqueté de rouge & de blanc, & autres couleurs, faictes toutes d'vne piece: chaque rang contient onze colonnes, distantes l'vne de l'autre, d'enuiron sept à huict pieds. Ces colonnes supportent la nef de l'eglise, laquelle au surplus est enrichie de force peintures à la Mosaïque, & de plusieurs belles images. Le paué d'icelle est tout de marbre, porphyre & iaspe, meslez ensemble de tel artifice, que c'est vne chose fort plaisante à l'œil. La voûte de la nef est doree & azuree, representant toutes les histoires du vieil & nouueau testament. De là entrant plus auant, commence le premier chœur & croisee de l'eglise, que l'on diroit proprement estre trois chœurs d'eglise, à cause qu'és trois extremitez du chœur, y a à chacun trois autels, qui sont en somme neuf autels, & trois portes à chaque extremité de ce chœur, par lesquelles l'on entre en ces autels. De ce chœur l'on monte au grand chœur principal, sous lequel est le lieu où nostre Seigneur nasquit entre le bœuf & l'asne. Et pour paruenir à ce lieu, faut descendre par deux escaliers, qui cõtiennent chacun dix degrez de porphyre, & puis l'on trouue deux portes de fer, faictes à cõpartimens ouuerts, par lesquelles on entre en ce sainct lieu de la natiuité, apres auoir encore descendu six degrez de marbre. Mais auiourd'huy les Chrestiens n'entrent par ces portes de fer, par ce que les Turcs s'en sont reserué l'entree, comme aussi se sont-ils reserué la grande eglise pour y loger, quand ils viennent faire leur deuotion. Car ils portent grande reuerence à ceste eglise, & au lieu où nasquit nostre Seigneur. Et

*Voyages du Seigneur*

est chose certaine que les Mores, Turcs & Arrabes, celebrent en aussi grande deuotion la natiuité de nostre Seigneur, qu'ils nomment Almilia, que feroient les Chrestiens, ainsi que rapporte Iean Baptiste More, qui auoit esté autresfois prestre Alfacqui entre les Mores. Lors qu'estions en l'eglise de Bethlehem le Cady de Hierusalem, y vint auec sa femme, enfans & famille visiter le lieu de la natiuité: par ce qu'il n'y auoit encore esté depuis qu'il auroit entré en sa charge, qui n'estoit que depuis vn mois & demy seulement. Et telle est la coustume, que quand vn Cady & sa famille viennent au sainct Sepulchre, les religieux sont tenus les nourrir le premier soir, & s'ils y veulent seiourner d'auantage, ceux de la ville de Bethlehé, sont tenus leur fournir & administrer viures. Ce Cady & sa suite entrans au conuent, allerent aux iardins des religieux, où ils ne feirent longue demeure, que de là ils ne vinssent en l'eglise. Et faisoit bõ voir les femmes marcher, couuertes tant le visage, que les mains, comme c'est aussi la coustume en toute la Turquie, ainsi que nous dirons en son lieu cy apres.

*Description du lieu de la natiuité de Iesus-Christ, de celuy de sa circoncision, & adoration des trois Rois. De la chambre de Sainct Hierosme, de sa figure, & de son sepulchre. Ensemble du lieu où l'Ange dist aux pastoureaux, gloria in excelsis Deo, & de la grotte où la Vierge Marie se cacha.*

## CHAP. XXVII.

Quand nous feusmes entre nous pelerins au monastere de Bethlehem, nous abordames le gardien, qui nous feist honneste accueil: & fut question apres d'aller en procession, où nous assistames, & donna le gardien à chacun de nous pelerins vn cierge ardant, comme c'est la coustume. Et commence la procession entrant en l'eglise de Saincte Catherine, (dont parlerons tantost plus à plain) où l'on n'arreste gueres, & de là l'on descéd vingt & deux marches, par vn escalier obscur, passant par la chapelle des Innocens, & puis l'on paruient à la porte de la chappelle de la Natiuité de nostre Sauueur. Ce lieu selon ma coniecture, estoit destiné anciennement à seruir d'estable pour y mettre le bestail, & a enuiron seize pas de longueur, cinq pas de largeur, & autant de hauteur, vouté & entaillé dans le roc, sans qu'il soit esclairé d'autre lumiere, que de certaines lampes qui y ardent nuict & iour. Et est son paué de marbre blanc, & la voute enrichie de peintures Mosaïques, que la fumee des lampes a beaucoup endommagees. Entrant en ceste chappelle, se void à l'opposite vn autel faict en forme d'hemisphere, ou hemicicle, ou demy rond. Sur cest autel n'est permis de dire & celebrer la messe, qu'aux Catholiques Romains seulemét, & non a d'autres Chrestiés, de quelque natió & sorte de gens qu'ils soient. Au dessous de l'autel, est vne ronde pierre ser-

pentine, foncee deux ou trois doigts plus bas que le marbre blanc qui l'enuironne, qui y a esté mise expres pour seruir de marque, que c'est le propre lieu où la Vierge Marie enfanta sans douleur, son fils Iesus-Christ. En ce lieu le gardien nous feist vne petite exhortation, laquelle finie, & apres que nous feut monstree l'histoire de la saincte Natiuité depeinte en vn tableau, nous tournasmes trois pas en arriere, & descendans trois degrez de marbre, entrames dans la creche ou san-Presepio, où fut mis nostre Seigneur Iesus-Christ apres sa natiuité. Ce lieu est pareillement petit & estroit, & basty dans le roch, où se presente à vos yeux la forme & figure d'vn berceau semblable à ceux où l'on couche les petits enfans. Le lieu de la creche, ou Presepio, est releué d'vn paué ou entablement d'vn pied de hauteur, & faict d'vne forme plustost carree que ronde, & a au deuant enuiron de demy pied de profondeur. Mais on diroit proprement que la nature y auoit voulu se mesler auecques l'artifice, tát le roc se trouua a propos, qui sert de couuerture, & lequel saincte Holene, ou bien Placidia & Eudoxia, sœur & femme de Theodose le Ieune, (car ces deux dames ont aussi faict bastir plusieurs lieux de la saincte terre) ont faict couurir de marbre blanc. Et diray cecy en passant, en l'honneur de ces sainctes & religieuses Princesses, que ce qu'il y a de beaux edifices en Hierusalem, & autres lieux deuotieux d'alentour, on le doit referer à elles. Mais parce que saincte Helene, est celle qui la
premiere

première trouua la croix, & bastit le sainct Sepulchre: l'on rapporte à ceste dame tous les saincts edifices de Hierusalem, de Bethlehem & ailleurs, combien que les autres dames y ayent bonne part, comme on peut apprendre de Zonare, Nicephore & autres. Estans en ce Presepio ou creche, si vous tournez vostre veuë à main dextre, vous verrez chose dont serez esmerueillé, qui est vn marbre qui represente naturellement sans aucun artifice l'effigie de Sainct Hierosme, tel qu'on le peint ordinairement, auecques sa robbe longue, & en penitent. Ie consideray de fort pres ceste effigie, mais plus ie la contemplay, moins me pensay-ie persuader que ce feust artifice, comme ie m'asseure que ceux qui la verront, seront de mesme opinion. Du mesme costé du San-Presepio, vn peu plus haut vers la porte de fer, qui conduist à l'vn des chœurs de la grande eglise sont deux petites colónes de marbre, qui souftiennét la voute du rocher, ioignát lesquelles nostre Seigneur commença à respandre son sang pour nous lors qu'il fut circoncis. A l'opposite est vne autre porte de fer qui conduit au second & principal chœur de l'eglise, & au bas de ceste porte, est vn autel esleué au mesme endroit où les trois Roys adorerent nostre Seigneur, luy offrans or, myrrhe & encens. Sortans par la porte par laquelle nous auions entré, nous fut monstré à la main dextre vn pertuis, où l'on tient que l'estoile qui auoit conduit les trois Roys, cheut & s'abysma en terre. De là suyuans tousiours nostre procession, nous re-

*Le lieu de la circoncision de nostre Seigneur.*

Bb

passames & entrames en la chappelle des Innocens, en laquelle sont les reliques des Innocens faicts mourir par Herodes, tant sous l'autel qui y est, qu'és autres endroicts de la chappelle. Au milieu de ceste chappelle, est vn gros pilier, qui soustient la vouste faite & bastie dans le rocher. Là se feist vne exhortation & quelque briefue oraison, & cela faict passames à main senestre, par vne petite porte, qui nous conduisit à vn autel couuert de marbre, sous lequel est enterré S. Eusebe, disciple de sainct Hierosme. Cheminant plus auant, l'on entre en vne grotte, où sont deux autels aussi couuerts de marbre, & celuy qui est à main gauche en entrant est le sepulchre de saincte Paule noble Romaine, & Eustochium sa fille. Ceste saincte Paule est celle qui feist bastir le monastere où les religieux se tiennent à present, & les chambres où les pelerins logent: L'autre autel qui est à la main dextre aussi en entrant, est le sepulchre de saint Hierosme, duquel les ossemens furent transportez à Rome, comme pareillement fut transporté le sacré berceau, qui se monstre le iour de Noël en l'eglise Sancta Maria Major de Rome. Aucuns toutesfois veulent dire que tous les ossemens de sainct Hierosme ne sont à Rome, & qu'il y en a encore partie dans vn petit relais de marbre, qui est sur l'autel ou sepulchre de ce Sainct. De là nous descendismes en la chambre obscure où sainct Hierosme, feist par l'espace de cinquante ans vne longue & austere penitence, & y traduisit la Bible d'Hebrieu en latin, & y feist force belles œuure qui sont en lumiere. Et puis apres nous remontames par les vingt & deux degrez & escaliers, qu'auions auparauant descendus, & reuismes en l'eglise sainéte Catherine, où l'on dit que nostre Seigneur apparut à elle, l'aduertissant de son prochain martire sous le tyran Maxence. Le reuerend pere gardien, en son exhortation, rapporta qu'en ceste eglise estoiét les mesmes pardons & indulgences qu'au mont Sinay, où le corps d'icelle sainéte repose. Au bas de l'eglise, ioignant la porte d'icelle, est vn puis de fort bonne eau, dont vsent les religieux de Bethlehem. La procession finie, nous feusmes conduiéts en nos chambres, & és iardins attendans le souper. Et cela faiét nous prinsmes nostre refection, & nous reposames quelque peu. Le lendemain qui estoit le Vendredy troiziesme iour de Iuin, nous allames deuant le iour leué en la chappelle de la Natiuité ouyr messe, & receuoir le corps de nostre Seigneur Iesus-Christ. Et apres cela, deux religieux nous menerent en la plaine ou campagne, où l'Ange annonça aux bergers veillans sur leur troupeau, la sainéte natiuité de Iesus-Christ: Ceste plaine est distante d'vne bonne lieuë Fraçoise de Bethlehem. Et en chemin vous voyez force beaux oliuiers, qu'on dit y auoir esté plantez & assiez du temps des Romains, & pour ceste cause le grand Turc n'en leue que la moitié du tribut, qu'il a de coustume de prendre sur les autres arbres. Et tout cest endroit de pays, depuis Bethlehem est fertile, & assez plaisant: mais il est habité des plus rustiques

Bb ij

## Voyages du Seigneur

Turcs & Arrabes, qui soient en tous les enuirons, qui verifie le prouerbe, Bonne terre mauuaises gens. Et de faict quand nous approchasmes de la plaine, & lieu de l'Apparition de l'Ange, telle sorte de gens, commencea à se separer en bandes, de çà & de là, és endroicts, par lesquels ils pensoient que deussions aller, & force nous fut, quelque resistance que nos archers qui nous guidoiét y voulsissent apporter, de tirer à la bourse, & leur donner de nos maidins, autremét ils nous eussét outragé & fait pis. Au lieu de l'apparitió de l'Ange aux pasteurs, y auoit anciennement vne grande eglise, de laquelle ne reste en son entier que la voute d'vne basse chappelle, où nous descendismes pour y faire nos deuotions & prieres. Là dedans sur des relais de pierre qui y sont, y a force pots de terre rompus, & du charbon dedans, dont les Mores vsent pour encenser & parfumer ce lieu, estans les Mores ou Mahumetains les plus grands ensenseurs du monde, ce qu'ils ont eu par tradition des anciés Arrabes & Assiriens, lesquels mesmement en leurs maisons vsoient d'encensemens & sufumigations: & quand est des Assiriens, Herodote en est tesmoin. Or les Mores & Arrabes, habitás autour de la plaine de l'apparitió de l'Ange, honorent grandement ceste chappelle, & craignent de la profaner, & tollir quelque chose qui soit en icelle, non tant pour la reuerence qu'ils portent à nostre Seigneur, & à sa mere, qu'enseignez par l'exemple & punition miraculeuse d'autruy: Car il aduint enuiron deux ans

## de Villamont Liure 2. 195

auparauant nostre arriuee en ce lieu, qu'vn More ou Arrabe seigneur d'vne terre proche de ceste chappelle ou eglise de l'apparition de l'Ange, voulut prendre & enleuer quelques pierres de ceste eglise, pour clorre & fermer son champ de murailles: Mais a peine eut il faict cela, qu'il mourut tout le premier, puis ses enfans, & ses femmes, apres le bestail, & en fin la muraille tôba, & encore la maison du More qui accabla ce qui estoit de reste iusques au chat. Ce qu'estant venu à la cognoissance des autres Mores & Arrabes, ils en ont eu grande frayeur, & n'ont cessé depuis d'honorer & reuerer l'eglise & sa chappelle. Et de ceste frayeur, ils sont tombez en vne telle superstition, qu'ils n'oseroient prendre d'vn genet, qui est là aupres, par ce qu'ils disent qu'à l'ombre d'iceluy, la Vierge Marie reposoit quelquesfois, & s'il aduenoit qu'ils en veissent prendre à nous autres, ils nous blasmoient & s'en scandalisoient, de sorte que prenant quelque bien de cest arbre, nous estions contraincts de le cacher sous nos robbes. Laissans ceste eglise, nous tournames visage pour nous en retourner en Bethlehem, mais ce fut par vn autre chemin. Et arriuames à vn pauure village à l'entree duquel est vn puis qui nous fut monstré, où la Vierge Marie voulut vne fois boire en passant, mais les paysans & vilains de ce village, ne luy en voulurent tirer, & elle pria Dieu, & à vn moment l'eau creut iusques au bord du puits, & la Vierge beut de l'eau à sa suffisance. Ceux de ce village quand y arriuasmes, nous furent vn peu

Bb iij

plus courtois: Car c'estoit à qui nous en tireroit auecques vn seau de cuir, & à qui nous inuiteroit à boire: Mais c'estoit, ce croy-ie afin d'auoir quelques maidins de nos bourses. Cheminans plus outre nous feurent monstrez sur le chemin à main gauche, vnze oliuiers, lesquels furent donnez en testament par vn More aux religieux de Bethlehem, afin de prier Dieu pour son ame apres sa mort. Et portoit le testament par expres qu'il vouloit & entendoit, qu'encore que les religieux ne voulussent iouyr & exploicter lesdits oliuiers, ce neantmoins qu'ils en disposassent, & les donnassent à qui bon leur sembleroit: Mais les religieux accepterent le legs, & iouissent paisiblement auiourd'huy de ces oliuiers. Ce que ie dy en passant, pour monstrer que nostre religion chrestienne est en reuerence mesmes entre les Mores. Tournans à dextre nous veismes les ruines de la maison de Ioseph espoux de la Vierge, où est vne chappelle presque toute mise par terre. En ceste maison l'Ange apparut de nuict à Ioseph, & luy commanda de mener en Egypte la Vierge & son enfant, pour fuyr la fureur d'Herode. Approchans à vn bon traict d'arbaleste pres de Bethlehem, nous rencontrames plusieurs Mores & Arrabes à l'entree d'vne grotte, où l'on dit que la Vierge & son enfant entrerent, auparauant que d'aller en Egypte: Ces Mores & Arrabes nous feirent signe d'y entrer, & qu'ils garderoient l'entree, pendant que nous y serions, de peur qu'autres Arrabes y suruinssent, & nous feissent de l'ennuy. Car les montagnes de l'Arrabie sont fort peu distantes de Bethlehem. Doncques faisans allumer des flambeaux, nous descendismes dans la grotte, par neuf degrez fort obscurs, au bout desquels, & presque au milieu de la grotte est vn autel qui ne sert maintenant qu'à receuoir grād nombre de pots de terre cassez, que les Mores y apportent auecques du feu & de l'encens pour parfumer & encenser l'autel. Ils prennent de la terre de la grotte, qu'ils meslent auecques de l'eau, & en donnēt à boire à leurs femmes, & bestiaux pour leur faire venir du laict. Ceste terre est grise-pasle, & tire & approche sur le blanc, mais quand elle est detrempee, elle ressemble à l'amidon, tant elle est blanche. Pres de ceste grotte y en a encore vne autre, dont la terre a pareille force & vertu que la premiere: & dict on que dans les deux grottes, tomba du laict de la Vierge en terre, qui a donné la force & vertu à ceste terre de faire venir du laict, tant aux femmes qu'és animaux mesmes. Chacun d'entre nous pelerins feit bonne prouision de ceste terre, pour en faire part à ses amis. Et sortans de la grotte, donnames quelques maidins aux Arrabes qui auoient gardé l'entree. Et de ce pas retournasmes disner au monastere de Bethlehem, ou derechef apres disner visitasmes les lieux, qu'auons cy dessus dechiffrez par le menu. Mais nos Moucaris ne permirent qu'y demeurassions plus longuement, nous menassans de bastonnades (qui sont fort familieres à tels galands sur les Chrestiens) si failliōs de retour-

Bb iiij

ner auecques eux en Hierusalem. A ceste cause nous prinsmes congé du gardien du conuent, que nous contentasmes de la despense qu'auiōs faicte leans, & de sa bonne chere. & retournasmes auecques nos Moucaris coucher en Hierusalem.

*Voyage de la montagne de Iudée, auec la description du lieu où Sainct Iean Baptiste fut nay, du lieu où la Vierge Marie visita Elizabeth, du desert de Sainct Iean. Du lieu où Sainct Philippe baptisa l'Eunuque, de l'origine du fleuue de Iourdain, & que c'est que la mer morte.*

### CHAP. XXVIII.

PEndant les Dimanches & lundy que ie feus assailly de fiebure en Hierusalem, comme i'ay dit cy dessus, mes compagnons estoient allez voir la montagne ou lieux montueux de Iudée, que l'Euangile appelle *Montana Iudeæ*, & le desert de sainct Iean Baptiste, & les lieux que ie diray tantost. Et quand nous feusmes de retour de Bethlehem en Hierusalem, aucuns de mes cōpagnōs me vouloient iouër vn tour de mauuaise compagnee, mesmes ceux de ma natiō, & s'en vouloient le lendemain aller à Iaffa, sans me vouloir donner le loisir de visiter comme eux ce que ma maladie auoit empesché de faire. Mais les Italiens se monstrerent plus courtois & honnestes en c'est endroict, qui persuaderent ceux qui estoient les plus retifs de m'attendre encores deux iours, pendant lesquels ie fournirois mon voyage, & au bout d'iceux me rendrois en Hierusalem. Alors ie priay vn religieux de nostre logis de venir auecques moy, & feis amener trois Asnes, l'vn pour luy, l'autre pour nostre truchement, & le troiziesme pour moy, & auions vn Moucharo ou archer pour nostre conduicte. Ainsi le lendemain samedy quatriesme de Iuin, nous sortismes nous quatre de la cité, & prinsmes nostre chemin ioignant les sepulchres des Turcs, & les ruines de la tour de Gion, passant par des chemins aspres & rudes, estant au demeurant la terre assez fertile, semée en bleds, & platée de vignes, oliuiers & figuiers. Et de là nous arriuasmes à la montagne de Iudee, qui est vne coline fertile, enuironnée d'assez hautes montagnes de tous costez. Sur le milieu de ceste coline est bastie vne belle eglise, au lieu mesme où estoit la maison du Prophete Zacharie, pere de sainct Iean Baptiste, lequel nasquit en vne chappelle, qui est à la main droicte du grand autel d'icelle, & que autresfois estoit vne chambre bastie en la roche. En ceste chambre ou chappelle Zacharie recouura la parolle, & plain du Sainct Esprit, chanta ce beau cantique, *Benedictus Dominus Deus Israel, &c.* De l'autre costé de l'eglise est vne petite place où l'on dit que Sainct Iean fut longuement caché par sa mere, lors qu'Herodes faisoit mourir les Innocens. L'eglise a autresfois esté belle, comme il se peut iuger par les reliques & ruines de l'edifice, & par les peintures qui y sont: Mais à present elle ne sert qu'à loger le bestail du vilage prochain. Allāt vn peu plus bas vous voyez la fonteine de la Vierge Marie, dont l'eau est bonne à boire, & dit on que la Vierge Marie en beut, lors qu'elle alla visiter sa cousine Elisabeth femme de Zacharie en vne autre maison que la premiere, mais qui en est peu esloignee, & n'y a point deux traicts d'arbaleste de distance de l'vne à l'autre. Et en ceste derniere maison de Zacharie, la Vierge salua sa cousine Elisabeth, & y prononça le cantique, *Magnificat anima mea Dominum*, &c. & y demeura l'espace de trois mois. Helaine mere de Constantin ou bien Placidia & Eudoxia y feirēt bastir vne eglise à deux estages, dont n'est rien resté en son entier que partie du chœur, où se voyēt les douze Apostres peints à l'entour. Quād nous y arriuames, nous y trouuames des femmes qui nous feirent visage de bois, & ne nous vouloient permettre y entrer, sans que ie m'aduisay de leur donner vn maidin, au moyen dequoy nous eusmes l'entree libre. Apres auoir veu l'eglise comme ie voulus passer outre pour aller au desert de Sainct Iean Baptiste, nostre Mucharo ou archer ne s'y voulut consentir, quelque priere que luy en feist le religieux que i'auois mené auecques moy, iusques à entrer en contestation auecques le Mucharo, qui cuida frapper le religieux: & d'vser de reuāche contre ces barbares Mahumetains, & se defrapper, il y faict dangereux, tellement qu'on est contrainct de tendre l'espaule à leurs bastonnades: A la fin ie payay vne courtoisie à ce Moucharo qui a ce moyen nous laissa les trois asnes: Mais c'estoit de fine malice, pensant en luy mesme que ne serions si hardis de passer outre sans guide & archer. Toutesfois à trompeur, trompeur & demy, comme dit le prouerbe: Le truchemét qu'auions mené auecques nous aduisa deux Arrabes hideux & espouuantables cachez entre deux pierres pour euiter la chaleur du Soleil, lesquels il appella & marchanda auecques eux de nous conduire en ce desert: Quand nostre Mucharo se veid deceu de son attente, force luy fut de venir aussi auecques nous : & cheminans par montagnes & valees rocheuses, aspres & raboteuses, trouuasmes vne grosse pierre sur le chemin faicte à la forme d'vn siege, sur laquelle nous fut dit que S. Iean se reposoit lors qu'il estoit lassé. De là nous arriuasmes à vn desert où n'y a aucune habitation d'hommes sinon de quelques Arrabes qui y meinent aucunesfois leurs cheures paistre: Ces cheures sont pour la plus part noires, & portent leurs oreilles pendantes & longues plus qu'aucun chien de chasse qui se puisse trouuer. Et à voir leurs cheureaux de loin courir par la campagne, l'on diroit proprement que c'est vne meulte de chiens courans apres le cerf : & en toute la terre Saincte y a grand nombre de tel bestail. Or en ce desert & habitation de cheures, vous trouuez vne grotte cauee dans le rocher, qui à l'vn de ces bouts a vn relief ou lict faict de la mesme roche, où reposoit & dormoit Sainct Iean: Et quand il vouloit boire il descendoit plus bas à vne fonteine qui y est, dont l'eau est bonne & savoureuse, & montant plus haut on trouue encore vne autre fontaine, dont l'eau seconde de fort pres la premiere en bonté. Sur ceste grotte auoit esté iadis bastie vne eglise, laquelle est à present presque toute ruinée, & y a peu de chose sur bout d'icelle. C'estoit mon intention de disner aupres de l'vne de ces fonteines: mais i'en feus empesché à cause d'vn bon nombre d'Arrabes qui se trouuerent en ce lieu. Et me fut dit que si nous nous mettions à disner en leur presence, que serions en hazard de disner par cœur, & de perdre nos prouisions: car les Arrabes pour ne voir & vser que fort rarement du pain par entr'eux, s'ils en voyent, ils n'auront garde de faillir de se ietter dessus, & le rauir de vos mains. A ceste cause ie me contentay comme aussi feirent mes guides, de boire de l'eau de la fonteine, & continuames nostre chemin par les deserts, iusques à ce que nous paruinsmes à vne montagne, du haut de laquelle nos Arrabes qu'auions prins sur le chemin, nous monstrerent au bas de la plaine le fleuue de Iourdain, où S. Iean preschoit le baptesme & la penitéce, & plus outre la mer morte, ou goulfe de Sodome & Gomorre, l'eau duquel est si puante, que rien n'y peut viure dedás, & si plaine de bitume, & si espoisse qu'elle supporte tout ce qui est ietté dessus, sans qu'il puisse aller au fonds. Aupres & és enuirons de ceste mer morte, croist vn fruict qui ressemble a des pommes rouges, & est assez beau à vostre aspect, mais quand vous mordez dedans, il vous semble que vous mangez de la cédre. Ie priay mon truchement de me faire auoir à quelque pris que ce feust, de l'eau du fleuue de Iourdain, ce qu'il feist, & m'en feist auoir vne fiolle toute plaine, par le moyen d'vn Maronite qui luy en donna. Cela me fut agreable autant que chose que l'on m'eust donnee, pour ce que de long temps i'auois desiré auoir de cest eau: Et ne feus ingrat vers le truchemēt, le recognoissant d'vne courtoisie que ie luy feis, outre celle que ie luy auois promise partant de Hierusalem: Et pour dire la verité, i'estimois & prisois cest eau au pois d'or, tant pour estre le fleuue Iourdain le premier du monde pour les miracles qui y ont esté faicts, & pour y auoir esté nostre Seigneur baptizé par S. Iean, que pour ce que l'eau ne se corrompt iamais, voire par tout le môde. Ce que i'ay esprouué pour en auoir porté, depuis Hierusalem iusques à Venise, distants plus de dixsept cēts lieuës l'vn de l'autre, selon les chemins que i'ay faits, sans neantmoins que l'eau fust gastee & corrōpuë. Le fleuue de Iourdain sort de deux fonteines, qui sont au pied du mont Liban: Et ay veu l'vne de ces fonteines allant de Damas à Tripoli, assez belle & claire, & estime que c'est celle qui s'appelle Dan, persuadé par les tables de Ptolomee: Mais ceste fonteine se mesle incontinent à vne autre qui descend de ce mont qui la rend trouble, & puis toutes deux ensemble se ioignent auec la fonteine que ie croy estre celle de Ior, & de Ior & de Dan le fleuue a prins son nom de Iordan, lequel auec vn cours assez lent va iufques au lac de Genezareth, ou mer de Galilee, autrement Tiberiade, & de là entre en la mer morte, qui eſt ſi ſallee, que prenant en ſa main de ſon eau, vous la verrez auſſi toſt conuertie en ſel. Auſſi non ſans cauſe par Moyſe elle a eſté appellee la mer ſalee, ou du ſel. Ayans contemplé longuement le Iourdain & la mer morte, nous reprinſmes noſtre chemin pour nous en aller en Hieruſalem & nous laiſſerent nos deux Arrabes, auſquels ie donnay à chacun ſix maidins pour leur peine de m'auoir conduit. Et prenant congé d'eux ie tiray auecque mon religieux, truchemã & archer, vers la fonteine de Sainct Philippe, qui eſt ſur le chemin de Bethlehem, en laquelle Sainct Philippe baptiza l'Eunuque de la Royne Cãdace d'Ethiopie. Ceſte fonteine ſe void encore à preſent, mais le monaſtere baſty aupres, & le torrent qui paſſoit au pied, nommé Botrys, du raiſin que les eſpions de Moyſe apporterent de la terre de promiſſion, ne ſont plus en eſſence. De là cheminã entre deux montagnes, nous paſſames par vn pays aſſez beau & fertile, & arriuaſmes en l'Abbaye de Saincte Croix, poſſedee par vn Eueſque & religieux Georgiens, qui nous y receurent & accueillirent aſſez ciuilement. L'entree de ce monaſtere ou Abbaye eſt par vne petite porte de fer, & de là on entre en vne belle egliſe qui ſon paué à la Moſaïque, & le haut & la muraille peints de figures & de pluſieurs Patriarches, Prophetes & Apoſtres. Deſſous le grand autel de l'egliſe eſt vn pertuis où l'on dit que fut taillee la palme pour seruir de pied à la croix de nostre Seigneur: car l'on tient communement que la Saincte croix estoit faicte de quatre sortes d'arbres, le pied de palme, le corps de cedre, le trauers de cypres, & le tiltre d'oliuier. Ce monastere ou Abbaye est basty en forme carree & son assiette est telle, qu'il seroit suffisant d'attendre le canon, sans deux montagnes qui luy commandent. Mais sans canon, il est assez fort pour resister aux courses des Turcs & Arrabes: Et croy que les Georgiens ne l'ont basty & fortifié qu'à c'est effect. De ce monastere nous vinsmes en Hierusalem: Et nous aduint que passant par deuant les sepulchres des Turcs, nous ne descendismes point de dessus nos asnes: mais nous feusmes esbahis que plusieurs Turcs qui se lauoient à vn grand lauatoire ioignant nostre chemin, nous iecterent force pierres, & nous contraignirent mettre pied à terre. Ie m'enquis au truchement de l'occasion de cela, qui me dit que c'estoit que les Turcs auoient en reuerence les sepulchres de leurs morts, & vouloient que chacun les respectast de mesme. Et puis que ie suis sur le propos de leurs sepultures, il me plaist bien par forme de digression d'en traicter quelque chose maintenant, & de la maniere qu'ils enseuelissent leurs morts, l'opinion qu'ils ont de la resurrection, & de la gloire des bons, & peine des mauuais, & quel est leur Paradis & leur enfer.

*Voyages du Seigneur*

*Discours des ceremonies des enterremens des Turcs, & des opinions qu'ils ont de la resurrection des morts, du iour du iugement, & de ceux qui iront en Paradis & en enfer.*

## CHAP. XXIX.

*Ceremonie Turquesque à l'enterrement de leurs morts*

Qvand vn Turc ou autre Muſſulman eſt malade à l'extremité, ſes parens s'approchent de luy, & l'aduertiſſent de faire penitence de ſa vie paſſee, & puis apres le Sainton dit ſur luy certaines prieres leſquelles finies, s'il voit que le patient ne meure, il faict apporter le Curaam, ou Alcoran & lict par ſept fois ſur le malade, le chapitre ou Azonra, qui s'intitule Chabereth Elozi, c'eſt a dire, compoſition ou traicté de Ieſus-Chriſt. Quand le Turc eſt mort, ils le mettent au milieu de la place ſur vn tapy pour l'enſeuelir à leur mode, & enuironnent le corps de force patenoſtres faictes de bois d'aloës, auecques leſquelles ils prient comme nous, & maniant chacune d'icelles diſent, Sub-ana-aila, Abon ou Anon, Alla, qui vaut autāt a dire, ô Dieu miſericorde, & ô pere Dieu, ce qu'ils repetēt par pluſieurs fois. Et puis ils remuent le corps de ce lieu, & le mettent ſur vne table, & le deſpouillent de ſes veſtemens, & luy lauent premieremēt ſes parties honteuſes auec de l'eau chaude & du ſauon, & puis tout ſon corps, l'eſſuyant par apres auec de beaux linges blancs, & cela faict l'arrouſent d'eau roſe, d'eau de Naphe, d'oignemens &
odeurs

odeurs precieuses, afin que rien ne sente que bō autour de luy. Et l'habillent de ses plus beaux habits, & luy mettent le turban en teste orné de diuerses sortes de fleurs. Ayant esté quelque temps sur ceste table en la sorte, on le porte sur des brancarts la teste descouuerte iusques à Lomeschit (qui est vn lieu hors la ville dedié pour enterrer les Turcs ou Mores.) Et autrement n'enseuelissent-ils les morts auecques draps & linceux, comme nous faisons entre nous Chrestiens. Les femmes & filles du trespassé n'assistēt point à ses funerailles, ains demeurent à la maison, & apprestent ce pendant à māger aux Saintons & prestres de leur loy, qui auront conduict le mort au tombeau. Et comme le corps est porté en terre, ces Saintons ne cesseront de chanter par les chemins incessamment en leur langue, Alla alla Mehemmet Rezul alla, Dieu est Dieu, Mahomet messager ou enuoyé de Dieu, & venus au lieu où doit estre enterré le corps, ils le font mettre bas, & sans longue demeure l'enterrent: & quand le corps est en terre, ses proches parens & amis font en memoire eriger vn sepulchre, selon la qualité du decedé, & le plus souuent au bout du sepulchre y a vne oualle, ou bien vne pyramide, en laquelle ils grauent vn epitaphe à la louange du trepassé, & enuironnent le sepulchre des plus belles fleurs qu'ils puissent trouuer. Et pour reuenir à nos Santons apres que les ceremonies des obseques & funerailles sont parfaictes, ils retournent en la maison du decedé, non tant pour y faire l'oraison,

Cc

selon la coustume ancienne, que pour faire bóne chere, & receuoir cinq aspres ou maidins pour leur salaire ordinaire. Or les Turcs, & generallement tous Arrabes infectez de l'erreur de Mahomet, croient que quand le corps d'vn homme mort a esté demie heure au sepulchre, que son ame rentre en son corps, & que Dieu luy enuoye premierement deux anges noirs, appellez en Arrabic, Munghir & Neghir, qui luy demandent s'il a obserué exactement la loy Mahumetaine, s'il a faict de bonnes œuures, s'il a ieusné le Ramadan ou ieusne des Turcs, s'il a faict souuent la zala ou priere: Et si le deffunct rend bon compte de soy, à l'heure les Anges noirs le laisseront, & viendront deux Anges blancs comme la neige, & l'vn mettra ses bras aupres de la teste, l'autre aupres des pieds du defunct, & en ceste sorte feront compagnie au defunct iusques au iour du iugement. Et si le defunct ne peut rendre que mauuais compte de sa vie passee, alors vn des Anges noirs qui aura vne massuë en main, luy en donnera vn si grand coup, qu'il le fera entrer sept brassees sous terre, & ne cessera auecques son compagnon de le tirer auecques hauets, & puis auecques la massuë le repousser en terre, iusques au iour du iugement: Et quand au iour du dernier iugement, les Turcs croyent qu'il est proche, & à l'aduenture c'est le leur particulier, comme ie croirois pluftost. Car i'ay appris d'eux que leur loy ne pouuoit plus gueres durer, que dix ou douze ans, par ce disoient-ils, qu'il se trouue vne prophetie de leur Mahomet, qui porte par expres que leur loy ne dureroit que mille ans. Et s'en faut peu que les mille ans de l'Hegire de Mahomet ne soiét accóplis, cóme les plus curieux pourrót facilemét cognoistre, lisát les doctes labeurs de ce grand Iosephe de l'Escalle, digne fils de Iules de l'Escalle. Ce sót les mille ans de l'Apocalypse, esquels Gog, & Magog, c'est a dire les Arrabes & Tartares & Turcs meslez ensemble doivent durer. Et a peu le Diable apprendre à Mahomet só disciple la ruine de sa secte, l'ayát premierement apprise des escrits des saincts Prophetes. Or la façon du iugement general & dernier, il est bon de rapporter comme ils le croyét entr'eux, & en quelle sorte ils disent qu'il se fera. Ils tiennent qu'il y a vn Ange au ciel, qui a vne trompette toute preste à sonner la fin du monde, & qu'au son de la trompette les hommes & Anges mourront, & sera vn tremblement de terre si espouuantable, meslé auec du feu du ciel, que la terre & les montagnes seront conuerties en cendres. Et en fin l'Ange qui aura fait mourir hommes & Anges auecques sa trompette, luy mesme mourra, s'estoufant des ses ailes. Et puis apres Dieu enuoyera sur la terre par l'espace de quarante iours, vne douce pluye, que les Turcs & Arrabes appellent Suy-rechemet, ou pluye de misericorde, qui fera resusciter les ames, & les Anges: Et alors l'Ange auec sa trópette, sonnera le dernier coup, & tous les morts resusciteront en corps. Qu'en la resurrection, sera entre les hommes grande diuersité de visa-

Cc ij

ges, les vnes l'ayant resplandissant comme le Soleil, ceux cy comme la Lune, & les autres comme les estoiles. Au contraire s'en presenteront à la veuë d'autres noirs, hideux & horribles de visage, les vns ayans les langues grosses, espoisses & tirees hors de la bouche, & crians sans cesse, Messy, Messy, rage, rage, qui sont les blasphemateurs: les autres salles & mal-otruz, qui sont les vsuriers, & les autres ayans les pieds passez par sur le dos, qui sont les superbes. Mais ils s'empeschent bien de mettre au rang des damnez & des noirs, les sodomites, par ce qu'ils sont fort suiects à ce vice. Ils disent d'auantage, que les Anges monstreront visage resplendissant & ioyeux, à ceux qui auront obserué les commandemens de Dieu, & que Dieu principalement se courroucera fort contre les Roys, Empereurs, Princes & Monarques, qui auront vsurpé le bié d'autruy, (ce qui sert à leur condemnation) & contre ceux qui auront meschamment vescu. Que Dieu commandera que les hommes resuscitez soient couppez & diuisez en septante parties, & interrogez du bien & du mal qu'ils aurót faict, & si la teste & le cœur ne veulent confesser librement leurs fautes, alors les autres membres les confesseront publiquement deuant tout le monde. Apres Sainct Michel pezera les corps, l'vn apres l'autre en sa balance, & les Anges feront plusieurs escadrons, & les Cherubins & Seraphins feront, les vns d'vn costé, les autres de l'autre, chantans & sonnans melodieusement de diuers instrumens, conduisans en Paradis les uront esté en Turquie, & qui verront qu'il n'y personne voire iusques au plus vil, & faquin, qui n'vse de ce mineral, qui est cause que son pris s'augmente de iour à autre, & la veine dont il est tiré, vaut mieux qu'vne bonne mine d'argent. Ce Rusma ressemble à l'excrement de fer, sinon qu'il est vn peu plus leger, mais au demeurant, il est noir, & de couleur bruslee & aduste. Les femmes Turques qui en vsent plus que les hommes, composent ce Rusma en onguent en ceste façon. Elles le battent premierement & le puluerisent en pouldre fort subtille, & ce faict, elles y meslent autant de chaux viue, & destrempent le tout auecques de l'eau en vn vaisseau ou mortier, & apres auoir incorporé l'vn & l'autre, en font vn onguent qu'elles gardent: Et quand elles entrent au baing, elles en oignent les parties qu'elles veulent estre sans poil, & laissent l'onguent faire son operation, autant de temps qu'on pourroit mettre à faire cuire vn œuf: Et puis font l'espreuue si le poil tombera, ce qui arriue lors que la sueur commence à penetrer la peau, car le poil commence à ne tenir plus à la racine, & de luy mesme tombe en se lauant d'eau chaude. C'est onguent à cela de singulier, qu'il ne brusle point, & qu'il laisse la partie polie, & sans marques de poil, qui autrement abbatu par le razouër demeure rude. En l'Europe quelques vns ont essayé de faire des depilatoires auecques de la chaux & Orpiment, mais cela n'approche point de nostre

## Voyages du Seigneur

Rufma, qui est en vsage en Turquie, & n'a point encore passé la mer pour venir en nostre France, & m'asseure que si ce mineral estoit parmy nous, il ne seroit en moindre pris & recommandation de nos dames & damoiselles, qu'il est des Egyptiens, Arrabes, Turcs, Syriens & Grecs, entre lesquels il a desia pris bonne place. Ie sçay que Iules Cesar de l'Escalle a faict mentió de ce mineral en ces doctes labeurs contre Cardan, mais il en parlé comme d'vne chose nouuelle, & à luy fort peu cogneuë. Mais ie puis dire auoir veu ce mineral, & apris l'vsage par la frequentation que i'ay faicte auecques les Turcs, Iuifs & Arrabes, de sorte que ie n'en parle point à veuë de pays, comme l'on dit, ains en estat bien informé & acertené.

*Description des admirables sepultures des Rois de Hierusalem, & de la valeur des monnoyes dudit Royaume.*

### CHAP. XXXI.

*Admirables sepultures des Rois de Hierusalem.*

LE Dimanche douziesme de Iuin, nostre truchement nous conduisit aux sepulchres & monumens des Rois de Hierusalem, distants de la ville, d'enuiron demie lieuë, où estans & voulans monter vne petite muraille pour sauter en vne piece de terre voisine & adiacente la muraille, le truchemét nous feist demeurer pour descouurir s'il verroit aupres & és enuirons, aucús Turcs, Mores & Arrabes, qui nous peussent donner quelque destourbier & empeschement. Et retournant à nous dist qu'il y faisoit seur, & nous feist passer file à file, & monter la muraille, & descendre la piece de terre. Entrans en ceste piece, nous vinsmes à vne grande arcade, qui seruoit anciennement de porte pour entrer en vne belle grande court carree, & sont les murailles de ceste arcade toutes d'vne seule pierre, espoisse de six à sept pieds, qui est vne chose aussi remarquable qui se puisse voir en la terre Saincte: A l'entour de l'arcade à la porte senestre, se void vn porche, sous lequel y a vne fente ou pertuis, tout presque remply de grosses pierres, & par où vne personne seule peut descendre à reculons s'appuyant de l'vne de ses mains, & tenāt la chandelle allumee dans l'autre, comme nous feismes. Et estans entrez en vn lieu obscur, aydez & conduits de nos lumieres, nous paruismes (apres auoir cheminé deux ou trois pas) en vne chambre carree & taillee dans le roc, en laquelle y a trois portes, deux desquelles sont proches l'vne de l'autre, & les void on en entrant aux extremitez des deux angles prochains, & l'autre est à la main dextre. De là nous entrames en vne autre chambre qui est de mesme forme, & presque de pareille grandeur que la premiere. En ceste chambre sont douze sepultures de Rois, & y a de l'espace vuide en icelle, où n'y a aucune chose. Ayant esté là assez longuement, nous retournames en la premiere chambre, & passames par la seconde porte, qui est encore en son entier, faicte toute d'vne piece du mesme rocher & espoisse de plus d'vn demy pied, sans aucun verrouil, fer n'y autre chose pour la fermer, & toutesfois elle se ferme aussi bien qu'vne porte qui seroit bien ferree. Et de là allames en la troisiesme chambre qui est pareillement carree, & a douze sepultures de Rois, comme la seconde. Et par l'vn des costez d'icelle à main droite l'on entre par vne porte de pierre en vne petite chambre, où y a trois ou quatre sepulchres, & tournant derriere par vne estroicte porte ou guischet, l'on descend par six ou sept degrez en vne belle petite châbre carree, où sont six beaux sepulchres, l'vn aupres de l'autre, dans lesquels sont encore les cendres, & partie des os des Rois qui y ont esté mis: Et les vases où estoient leurs ossemens & reliques, sont faicts tous d'vne pierre, si bien & parfaictement ouurez, & elabourees auecques leurs couuercles, que l'on diroit que l'ouurage seroit encore tout recent, & ne seroit si ancien, comme aussi la porte de la porte de la chambre, qu'on ne peut regarder sans l'admirer grandement, & remontât par les mesmes degrez, l'on entre encore en la premiere chambre, & par la troisiesme porte qui est tombee par terre, l'on entre en la sixiesme chambre qui est aussi carree, où il y a plusieurs sepultures, & tout aupres vn cabinet, où il y en a trois. Et tournant à la main dextre, l'on se baisse vn peu pour entrer en la septiesme, où se voyent cinq ou six sepulchres pareils à ceux qui sont en la chambre en laquelle on descend par les six degrez. Mais il me semble que ces derniers sepulchres

...hres auecques leurs vases sont encore mieux faicts & elabourez, bien que les autres soient faicts de semblable pierre, & que l'ouurage des vns & des autres se ressemblent fort bien. Certainement tous ces sepulchres sont autant de merueilles, & plus on les contemple, plus on les admire: Et y eusse esté plus longuement sans que nous feusmes aduertis par nostre truchement de sortir, & nous retirer en Hierusalem, ce que nous feismes. Mais ie ne veux oublier de dire qu'elles sortes de monnoye se mettent en Hierusalem. Ie diray doncques que les sequins d'or de la marque de Venise y tiennent les premiers rags, lesquels lors que i'y estois, valoient quatre vingts & dix maidins. Et sont les Turcs si amoureux du sequin, qu'ils l'aymét mieux que le sultanin de leur grand Seigneur, qui est d'or, & de pareille valeur que le sequin de Venise. Et s'y mettét aussi les realles d'Espagne d'huict & de quatre, qu'ils nomment piastres & demies piastres, faisans valoir la piastre, les deux tiers du sequin, qui sont soixante maidins, qui est y gaigner appertement huict sols & demy par chacune. Quand à leurs autres monnoyes, ce sont seva qui valent cinq maidins, & le maidin dix deniers de Frãce & quelquesfois plus ou moins. Et ne se trouuent tant de faux monnoyeurs en la terre Saincte, comme en la Sirie, Damas, Phenicie, Egypte, Tripoly, Chipre, & autres lieux de l'Orient, où à peine se peut trouuer vn seul maidin qui soit d'argent. Les escus de France & pistolets d'Espagne s'y mettent, mais on y perd

Dd

beaucoup, tellement que le meilleur est d'y porter des sequins de Venise, & des realles d'Espagne, ou ducats d'Italie.

*De la situation de la Saincte cité de Hierusalem, portes d'icelle, & de ses habitans, & des villes qui sont autour, & autres singularitez.*

### Chap. XXXII.

Ayant particulierement & par le menu descrit les saincts lieux de Hierusalem, tant ceux de dedans, que de dehors la ville, ie pense qu'il ne sera point mauuais de rapporter quelque chose par forme de recapitulation, de la situation de la ville, de son estenduë, de ses montagnes, de ses portes, des villes qui l'enuironnent, & d'autres choses, où le fil de mon discours pourra s'estendre sur le propos de la Saincte cité, laquelle comme i'ay dit cy dessus, les Iebuseans habiterent premierement, & puis le Roy Dauid la conquesta sur eux, & en feist son Royaume. Ceste cité ou ville, est situee en lieu fort haut & eminent, & au mesme lieu & endroit où elle estoit du temps de nostre Seigneur Iesus-Christ, sinon que le mót de Sion estoit presque tout enfermé dans la ville, & le mont de Caluaire, ou Golgotha en estoit du tout hors. Ie sçay que quelques vns me voudront contredire en cest endroit, & diront qu'apres la destruction de la ville par Tite Vespasian, la face de la ville auroit esté toute changee, ayant esté rebastie par Aelius Adrianus, qui de son nom l'auroit appellee Aelia. Mais ie leur diray que s'ils auoient veu de pres, & contemplé Hierusalem, comme i'ay faict, & conferé auecques les escritures sainctes, qu'ils confesseroient auecques moy, que hors mis le mont de Caluaire, qui est enclaué dans la ville, & enceint de fortes murailles, & le mont de Sion qui a vn petit esté relaissé & escarté des murs en quelques endroicts, La ville est telle qu'elle estoit du temps de nostre Seigneur, & de ses Apostres: & à ce propos ie diray ce que i'apprins d'vn religieux de l'ordre Sainct François, qui estoit Calabrois de nation, & qui auoit demeuré en Hierusalem l'espace de vingt ans, & auoit remarqué ce qui estoit de l'ancienne & nouuelle situation de la ville: Car conferant auecques luy, il me disoit que le commencement de la ville, se prenoit iadis à la porte des eaux ou de la fonteine de Siloë, deuers Orient, faisant vn demy cercle du costé de Midy, iusques à la partie Occidentale, en laquelle estoit la tour de Dauid situee à la pante d'vn rocher couppé, & d'vne hauteur assez eminente: & la descente, ou pante venoit de la partie meridionale du mont de Sion, & estoit courbee comme vn arc, se panchant du costé d'Occident vers Orient, & en ceste façon y enuironnant la tour de Dauid. Ceste pante ou descente auoit deux profondes valees, dont l'vne estoit vers Aquilon ou Septentrion, l'autre deuers Orient, qui faisoient vn coin ou angle opposite l'vn à l'autre, lequel regardoit la tour de

Dd ij

Dauid: Et ce coing estoit la basse ville: & se continuoit la valee, ou pante procedant du mont de Sion par la partie Septentrionalle, iusques à ce mont Moria, sur lequel estoit basty le temple de Salomon, & separant le mont Moria & toute la basse ville d'auecques le mont de Sion. Et ceste valee descendoit outre iusques au torrent de Cedron, par le lieu où est la porte des eaues à present, entre le mont de Sion, & le palais de Salomon edifié en la partie australe du mont Moria. Ceste valee s'appelloit anciennemét Ennon, & enuirónoit tout le mont de Sion, mais maintenant partie d'icelle est comblee des ruines de l'ancienne ville, desquelles les vestiges encore apparoissent. Il y auoit encore vne autre valee dicte Gehennó qui estoit au dessous de la tour de Dauid, & continuoit vers Aquilon, & faisoit le fossé de la cité du costé d'Occident. Au dessus de ceste valee, est vne roche que Iosephe appelle, Ater, ou Atra du nó Hebrieu, sur laquelle le mur de la ville estoit, qui se courboit vers Oriét, iusques à la porte du coing. Et sur ceste roche estoit encore anciennement edifiee la tour nebuleuse, de laquelle apparoissent encore les ruines & vestiges. De ceste tour se pouuoit voir partie de l'Arrabie, le fleuue de Iourdain, la mer morte, & autres lieux esloignez de la ville. A la partie Occidentalle de la tour, se comprenoit la largeur de la ville, laquelle s'enclinoit & abbaissoit peu à peu iusques au mur qui estoit vers la valee de Iosaphat: Et estoit cest endroit de ville plus bas que les autres. Voilà ce que me disoit ce bon religieux Calabrois de la situation ancienne de la ville, laquelle encore à present est situee, & assise entre des montagnes, & au pendant d'icelles, comme elle estoit anciennement, excepté seulement, comme i'ay dit, le mont de Caluaire. Quand au mont Moria, & partie du mont de Sion, ils sont encore enclos en la ville. Les mótagnes de Gion, & de l'Offensió sont hors la ville du costé du midy, & Occident, & celuy d'Oliuet du costé d'Orient separé de Hierusalem seulement de la valee de Iosaphat. Au demeurant partie de la ville, comme elle estoit iadis, est situee qui sur le mont de Sion, qui en sa descente & pante, la longueur descendant de ce mont vers le Septentrion: de sorte qu'il faut cóclurre que la ville rebastie par Adrian, qui y cóprint le mont de Caluaire, est plus grande & de plus longue estenduë qu'elle n'estoit anciennement. Et quand à la grandeur de la ville de Hierusalem, iadis & du temps de Iosephe elle estoit (sans y comprendre le mont de Sion) de trente & trois stades, dont les huict font demie lieuë. Et y comprenant le mont de Sion, & mesurant la ville, par la ceinture de ses murs (qui auoient neuf tours distinctes les vnes des autres) elle estoit de trois cents coudees: Et aussi appert que le tour & ceinture de la ville estoit de cinq mil trois stades, & vingt cinq pas, du temps qu'elle fut destruicte par Titus Vespasian, au temps duquel viuoit Iosephe. Ceste ville a esté par plusieurs fois prise par les ennemis: Et premierement par Nabuchodonosor, puis par les Grecs,

Dd iij

& Alexandre le grand, & merueilleusement affligee par Antiochus, l'vn des successeurs d'Alexandre. Depuis elle fut prise par Pompee, & finallement destruicte par Titus Vespatian: & apres auoir esté rebastie par Adrian Empereur, el fut prise par Cosdroes Roy des Perses, & puis par Homar Califfe & successeur de Mahomet, & puis des Turcs, & de rechef par le Caliphe d'Egypte, & apres de Godefroy de Billon, & en apres de Saladin Soltan d'Egypte & de Damas, qui laissa pour successeurs les Cumans & Circassiens Mammelus, qui la tindrent longuemét, & en fin elle leur fut rauie des poings par Selim Empereur des Turcs, pere de Soliman, & bisayeul de Murat à present regnant. Et les Turcs qui en sont maistres auiourd'huy, l'ont faict enuironner de murailles neufues bien fortes, excepté le long de la porte, & du temple de Salomon, & de la presentation de la Vierge Marie, où elles ne sont que reparees, mais de beaucoup plus fortes matieres, que celles des murailles neufues. Et me suis souuent esmerueillé de l'admirable grádeur, grosseur, & largeur des pierres, desquelles les anciennes murailles estoient basties. Quand aux portes il y en a six principalles, qui sont, ou la plus part toutes couuertes de grosses lames ou barres de fer, quatre desquelles sont au mesme lieu où elles estoient du temps de nostre Sauueur, sçauoir la porte doree, qui est massonnee du iourd'huy & condamnee, & puis la porte du Troupeau, ainsi dicte à raison des troupeaux de bestes que l'on amenoit vendre au marché.

pour faire sacrifice au temple, lesquelles entroiét par ceste porte. Et est maintenant ceste porte nommee du nom de S. Estienne, par ce que les Iuifs le menerent hors la ville par cest endroit pour le lapider. D'auantage il y a encore la porte d'Ephraim à present la porte de Damas, parce qu'on sort par icelle pour aller en Damas, & puis la porte dicte Sterquilina, par ce que sous icelle les ordures & immondices de la ville s'escouloient, & s'alloient rendre au torrent de Cedron. Il y a encore deux portes faictes depuis la seconde edification de la ville par l'Empereur Adrian, sçauoir la porte de Iaffa, & celle de Sion ou de Dauid, qui enferment le mont de Caluaire, & partie du mót de Sion. I'obmets quelques autres petites qui ne sont autrement bien frequentees: mais si ne puis-ie oublier qu'à pas vne des portes, vous ne voyez aucun pont-leuis, sinó au chasteau, qui est au dedans de la ville, gardé de bon nombre de Turcs deputez pour la garde d'iceluy. Et à l'entree de la porte du chasteau, vous voyez nombre de pieces de canon, les vnes de fonte, les autres de fer, qui sont braquees pour la deffense de la porte. Le chasteau est d'assez grande estenduë, & sans aucunes tours, fors vne bien haut esleuee, & en forme de Donjon, qui sert pour faire la sentinelle, & les murailles en sont fortes, & bonnes, enuironnees de larges fossez à fonds de cuue fors du costé du chemin, par où l'on descend à la fonteine de Bersabee, où la valee sert de fossez. L'on tient que de certain ce chasteau fut edifié par les Pisains, peuple

Dd iiij

d'Italie de la ville de Pize qui est entre Rome & Luques. Et à dire la verité la forme du bastiment & structure du chasteau ressemble fort aux chasteaux d'Italie. Quand à la ville de Hierusalem metropolitaine de la Iudee, & du temps de Dauid le chef des villes de la terre Saincte, elle est ceinte & enuironnee de beaucoup de belles villes. Du costé de Septentrion, elle a la ville de Sebaste ou Samarie, qui en est distante de seize lieuës. En ceste ville de Samarie sont les sepulchres de Sainct Iean Baptiste, Elisee & Abdias, Prophetes. C'estoit le Throsne & siege des Rois d'Israël y estably par Hieroboam, qui s'estoit reuolté des Rois de Iuda. Et pres de Samarie est Bethel, où erigea & consacra Hieroboam ses veaux d'or, & feist preuariquer les enfans d'Israël deuát la face du Seigneur: Est aussi là auprés Gabaon ville assez commune pour la signalee victoire de Iosué, qui feist arrester le cours du Soleil iusques à ce qu'il eut rapporté plaine & entiere victoire de ses ennemis. De ce costé est aussi Silo, où la saincte Arche de l'alliance demeura quelque temps, & Sichar où est le puis pres lequel nostre Sauueur parla à la Samaritaine, & outre Sichem à present dicte Neapoli esloignee de Hierusalem de douze lieuës, comme Nazareth de vingt sept lieuës. Du costé d'Occident, la ville de Hierusalem a la ville de Iaffa, dont auons parlé, la ville de Lida, dite Piospoli, celle de Rama, le chasteau d'Emaus, nommé Nicopoli, & celuy de Modin où sont enterrez les Machabees. Du costé de Midy elle a la cité de Bethlehem, celle d'Hebron dicte autrement Cariatharbe, le sepulchre des trois Patriarches Abraham, Isaac & Iacob, & distante de Hierusalem de huict lieuës seulement. Et du costé d'Orient elle a la ville de Hiericho, le fleuue de Iourdain, & a sept lieuës ou enuiron le desert des enfans des Prophetes, la vallee salee ou du sel dicte autrement la mer morte, ou lac Asphaltide & de Bitume, qui estoit vn paradis terrestre & lieu fort fertile auparauant que les villes de Sodome & Gomorre feussent destruictes. Et diray en passant, que toute la terre Saincte, en laquelle est comprinse Hierusalem, ne contient de largeur de tous costez, que dix huict lieuës. Et cómence la largeur au fleuue de Iourdain en Orient, & se termine à la grand mer, vers Occidét. en declinant vn peu vers Septentrion: mais la longueur, qui est de Septentrion à Midy, sçauoir de la ville de Dan, maintenant appellee Belenas ou Cesaree de Philippe, iusques à Bersabee, qui est à present nomme Giblim, contient quatre vingts dix lieuës, qui est vn trop petit pays, & de petite estenduë pour le grand peuple qui y habitoit, meslé auecques les enfans d'Israël. Les habitans de Hierusalem du iourd'huy sont Turcs, Arrabes, & Chrestiens de diuerses sortes de nations, dont auons parlé assez amplement. Et tous en general sont habillez de longues robbes de diuerses façons. Mais les femmes y vont couuertes d'vn grand voile de toile de cotton deliee, qui leur va iusques en terre, & leur donne fort bonne grace à cause de sa blancheur. Leur visage est couuert d'vn crespe noir ou d'vne sorte d'estamine noire, claire & transparante, au trauers de laquelle elles peuuét voir sans estre veuës. Elles portent de petites botines ferrees par le derriere, & le deuant: & au demeurant sous leur gand voile blanc de cotton, elles sont proprement habillees comme les hommes, fors autour de la teste, où elles ont des maidins, & autres pieces & placques d'argent, qu'elles mettent sur le front, & toutes en general portét des pendans d'oreille à la Moresque. En Hierusalem ne sont en vsage les clefs & claueures de fer comme nous auons en la Chrestienté, & sont les clefs toutes faictes de bois, auecques de petits clouds de fer qu'on met au bout. Ce que les pelerins rapportent de leur voyage de Hierusalem, & que les Maronites, Grecs & autres natiós leur vendent, c'est force patinostres & couronnes, faictes de la terre blanche & ardrilleuse, de laquelle on tient que Dieu forma nostre premier pere, & d'autres terres tirees des saincts lieux de la terre Saincte, & encore d'autres faictes du bois des oliuiers du mont Oliuet, & de l'arbre du Therebinthe de la Vierge Marie. Et outre, des croix de bois d'oliuier, où sont des reliques de quarante & quatre endroits de la terre Saincte, qui ont leur nom escript au dessous en langage latin. Et d'auantage force Agnus Dei, que les religieux font pour donner aux pelerins qui en sont curieux. Les Chrestiens de la ceinture y vendent aussi à fort bon marché, des pierres qui ont grande proprieté:& me contenteray d'en nommer deux dont la vertu a esté esprouuee de plusieurs en leurs maladies. La premiere se nomme la pierre des Iuifs ou *pietra* ou *lapis di Giudei*, laquelle a la proprieté de faire vriner broyee & mise en pouldre & prinse auecques du vin. Et la seconde est nommee Aquilina, de laquelle Albert le grand, & de nostre temps Ludouico Dolce, ont tát celebree par leurs escrits. Ceste pierre est de couleur tannee obscure: toutesfois il s'en trouue de blanches & de iaunes selon le terroir où elles naissent. Le nom de la pierre vient de l'Aigle qui la porte en son nid pour cóseruer ses petits des animaux veneneux. Il y en a de diuerses formes, ondees, longues, cylindrees, petites & grosses: mais toutes en general elles ont ceste proprieté, que de preseruer du venin, de chasser les bestes veneneuses, d'ayder à l'enfantement de la femme liees à sa cuisse senestre, de la faire deliurer promptement de son arriere-faix: d'empescher de tomber du mal caduc, ou Sainct Iean, la portant au col auec la semence, & racine de la piuoine, & beuuant de la terre qui est au dedans d'icelles pierres, auec le ius de ceste herbe: de faire venir le laict à vne femme qui l'auroit perdu, de guarir de la pluresie, pourueu qu'on en prenne deux dragmes auecques de l'eau, quelque temps apres qu'on se sentira saisi de ceste maladie, & qu'on ne laisse passer vingt & quatre heures, de chasser la fiebure, de restraindre le flux de sang en vsant de la terre, & en auallant trois ou quatre gorgees, de faire mourir les vers & lumbriques de l'enfant,

*Voyages du Seigneur*

en prenant de la mesme terre à ieun, de faire retenir le fruict d'vn arbre en liant l'vne de ces pierres à la cime de l'arbre, & au contraire faire tomber toutes les fleurs de l'arbre, la liant au pied de l'arbre : & finallement elle a beaucoup d'autres proprietez & vertus, qu'il n'est besoin de reciter à present, me contentant de ce que i'en ay dict, afin de mettre fin à ce second liure.

*Fin du second liure.*

# TROISIESME LIVRE DES VOYAGES DV SEIGNEVR DE Villamont, Cheualier de l'ordre du Sainct sepulchre de Hierusalem, où est amplement traicté des voyages de Damas, Surie, Chipre, Egypte, & de son retour en France.

*Partement de Hierusalem, & la description de Cæsarée de Philippe, & autres lieux.*

## CHAPITRE PREMIER.

TOVT ainsi que celuy qui voyage en quelque region lointaine, s'efforce par tous moyens à luy possibles de paruenir au lieu qu'il s'est proposé : où estant heureusemēt abordé, apres auoir enduré mille fatigues & trauaux, cōmēce à s'egayer & chanter d'allegresse, pour la ioye qu'il resent en luy mesme d'auoir veu ce que plus il desiroit : ayant par la diuine prouidēce euité vne infinité de precipices & dangers, desquels de tous costez il estoit enuironé. L'amour toutesfois que le lieu de sa naissance a naturellement graué au sacré cabinet de son ame, l'espoinçonne tellement,

*Voyages du Seigneur*

qu'il desire incessamment s'en retourner, encores qu'il fust plus chery & carressé en vn pays estrange qu'au sien propre. Ainsi nous autres pelerins apres auoir heureusement paracheué le voyage de la terre Saincte, ou le Sauueur du monde a espanché son sang precieux pour le salut de son eglise, & ayant visité les saincts lieux & remarqué les plus rares & singuliers qui y estoient, le desir toutesfois de reuoir nostre patrie, se representant tousiours deuant nostre pensee, comme vne idee, nous solicitoit de haster le pas pour nous en retourner, & en retournant voir la Surie, Egypte, & autres lieux, qui fut occasion que nostre Dragoman Attala, estant venu auec ses asnes & moucaris, pour nous remener en Iaffa, suyuant le marché qu'auions accordé auec luy, chacun se prepara de partir le lendemain qui estoit le lundy treiziesme de Iuing. Prenans dés le soir precedent nos patentes du sainct Sepulchre, & contentans les peres religieux de ce que chacun leur voulut donner, tant pour aumosnes, que pour la despence que nous y auions faicte (car cela despend du tout de la volonté du pelerin.) Nous partismes doncques de la *Partement de Hierusalem* tres-saincte cité de Hierusalem, le iour que dessus, apres auoir prins congé honnestement de tous ceux du conuent, ainsi que suyuions nostre chemin, nous rencontrasmes plusieurs Calloiers, Grecs & Georgiens, qui s'en alloient à Iaffa, auec lesquels nous continuasmes nostre voyage, mais quand nous feusmes arriuez en la valee de Therebinte, nous apperceusmes grand

de Villamont Liure 3. 216

nombre de Turcs, qui y manioient leurs cheuaux, de maniere que nul ne se voulut auancer de passer plus auant, iusques à ce que l'Attala eust esté parler à eux, ce que ayant faict ne pouuoit au commencement obtenir licence du passage, à cause du grand nombre d'argent que luy demandoit le Sous-Bacha de Therebinte qui estoit le chef de toute la compagnie, & lequel voyant que ledit Attalla, ne vouloit rien luy accorder, enuoya trois hommes à cheual vers nous pour nous mener parler à luy, ou n'y ayant pas presse à qui iroit le premier, l'vn d'eux accómoda le gentilhomme Bressien d'vn petit coup de massuë sur les espaules pour le faire cheminer auant: Mais en ces entrefaictes, l'Attalla auoit accordé à quatre sequins d'or, par le moyen desquels le passage nous fut ouuert, & ceste caffare estoit extraordinaire, d'autant qu'on n'a point accoustumé de payer aucune chose passant par la valee de Therebinte. Vn quart de lieuë auant que d'arriuer à la fonteine de Hieremie, nous trouuasmes cinq ou six Arrabes à pied armez de leurs arcs, & vestus des vestemens que nature leur auoit donnez. ausquels il fallut payer caffare, mais estans paruenus à la fonteine de Hieremie, nous en rencontrasmes vn autre, qui nous donna bien plus de peine qu'aucus qu'eussions encores trouuez: car le Dragoman ne vouloit rien leur bailler, disant auoir payé aux autres, & que tous ensemble ne deuoient auoir qu'vne seule caffarre, les Arrabes disoient n'auoir au-

*Premiere caffare en la valee de Therebinte.*

*Seconde caffare.*

cune association auec les autres, de sorte qu'
entrans en colere vouluret descocher leurs arc
vers ledit Atalla & ses Moucaris, mettans leur
mains à leurs malcus, en ioignirent deux ou
*Troisiesme ca-* trois qu'ils vouloient esgorger. Quant à nous
*fare.* autres ils ne nous demandoient rien, sinon nous
empescher de passer, par ce qu'ils sçauoient bien
que l'Attala auoit la commission de payer pour
tous. Finallement apres auoir longuement debatu, ils se contenterent de la moitié de l'ordinaire, ce que feirent pareillement deux autres
compagnies que nous rencontrasmes, & estans
quasi hors des montagnes, nous veismes venir
*Caps d'Arra-* vers nous trois caps d'Arrabes tresbien monté
*bes.* & armez à leur vsance, lesquels nous tindrent
compagnie iusques sous vn carobier, où ils demeurerent pour nous conter l'vn apres l'autre,
pendant que nous passions le chemin, retenans
pour gage nostre Dragoman. Nous en rencon-
*Second caps* trasmes encore trois autres sous les oliuiers du
*d'Arrabes.* chasteau du bon larron, qui nous laisserent passer sans aucun empeschement, mais nous fus-
mes bien estonnez quand nous les apperceusmes courir apres nous à bride abatuë pour nous
arrester: L'occasion de ce fut qu'ils n'auoient
peu accorder auec ledit Attala, pour la caffare,
& pensans estre eschappez de ces Arrabes, com-
mencions à rire de nos fortunes, & de ceux qui
pour s'estre trop auancez des premiers auoient
receu quelques petites bastonnades, quand nous
*Troisiesme* veismes de rechef passer vn ieune Arrabe à no-
*Caps d'Arra-* stre flanc qui couroit à toute bride, pour arre-
*bes.* ster

ster celuy qui marchoit le premier, lequel estoit encore le pauure gentil-homme Bressien, qui receut vne petite bastonnade dudit Arrabe, plus tost que de l'auoir apperceu, dont de frayeur qu'il en eut pensa tomber de dessus son asne à terre, ce qui nous donna par apres grand suiect de rire: Bref cest Arrabe fut fort difficile à contenter, & nous teint arrestez plus d'vn bon quart d'heure auparauant que nous laisser passer. Approchant de Rama, suruint ie ne sçay qu'elle dispute entre les Italiens, & les Moucaris, qui fut cause que les Italiens cheminerēt bien vne bōne lieuë à pied, & les Moucaris sur leurs asnes, mais ils euiterent le danger que nous encourusmes, vn demy quart de lieuë pres de Rama, qui fut que n'apperceuant point les sepulchres des Turcs, continuans tousiours nostre chemin sans descendre à terre, ce que voyās les Moucaris & estimans que nous le faisions par mespris, s'en vinrent apres nous le baston en la main pour s'en venger, sinon qu'en estans aduertis par vn des Grecs de la compagnie, nous mismes incontinent le pied à terre, donc par ce moyen ils appaiserent leur fureur. Estans arriuez à Rama, *Arriuee en Rama.* logeasmes au lieu accoustumé, où nous fut apporté, poulets, perdris & toutes autres choses necessaires à la vie, sinon du vin. Le lendemain le Sous-Bacha deuoit venir visiter nos hardes pour nous faire payer quelque chose, mais nous dismes à nostre Dragoman Attala, que ce n'estoit point la coustume, & qu'il ne permist point vne nouuelle vsance, & qu'il feist de telle

Ee

## Voyages du Seigneur

*Arriuee en Iaffa.*

sorte que le Sous-Bacha n'y vint point. Apres nostre disner allasmes à Iaffa, ou sans empeschement arriuasmes sur le soir, auquel lieu receusmes milles importunitez par les Turcs, Mores, & Arrabes qui y estoiēt, & aussi de nos Moucaris qui demandoient la courtoisie, & d'vn Cady qui vouloit visiter nos hardes, ou biē q luy dōnassiōs chacun six maidins, auquel accordasmes sa demande pour auoir licéce d'entrer en nostre fregate, & nous aller le soir embarquer, toutesfois nous ne laissames d'estre encore retardez par plusieurs Mores, qui estoient entrez en la fregate plustost pour desrober quelque chose que autrement, l'vn desquels iura de n'en sortir iamais s'il n'auoit de nous chacun vn maidin. Dōt pour ne le rendre pariure aymasmes mieux satisfaire à sa demande, mais lors que nous feusmes desmarez du bord, vint encore grand nombre de Turcs se iecter apres nous en la mer pour nous faire retourner en terre, & ainsi que nous voguions pour ce faire nous crierent tourner la prouë vers nostre barque, en laquelle estans entrez enuiron le Soleil couchant feismes leuer les ancres, & faire voile vers Tripoly. Le mercredy quatorziesme de Iuin passames enuiron

*Cité de Cesaree de Philippe.*

midy ioignant la cité de Cesaree, qui est situee pres le bord de la mer, mais à present elle est quasi toute ruinee, n'estant resté de son edifice ancien qu'vne haute tour, qui denotte qu'elle a esté autresfois belle. Ce fut en icelle que no-

*Où nostre Seigneur resuscita la fille du Prince Iairus.*

stre Seigneur Iesus-Christ resuscita la fille du Prince Iairus, & guarit par l'atouchement de la robbe la femme qui estoit tourmentee & trauaille du flux de sang y auoit douze ans, aussi S. Pierre y baptisa Corneille centenier & toute sa famille, le faisant par apres Euesque de ceste cité, S. Paul aussi y disputa contre Tertullus orateur, en la presence du gouuerneur Fœlix, & le prophete Agabus luy predit les maux qui luy deuoient arriuer en Hierusalem. Titus venant de destruire Hierusalem y feist sa demeure quelques iours pour celebrer le iour de la natiuité de son pere, en laquelle comme recite Iosephe en son premier liure, fist mourir grand nombre de Iuifs, les faisant combattre contre les bestes feroces, furieuses, sauuages & cruelles, & faisant les autres brusler & consommer par le feu. Sur le soir dudit iour apperceusmes certaines montagnes sur le bord de la mer, sur l'vne desquelles nous fut monstré vne ville ruinee, qui anciennement estoit appellee Assur, mais Herodes la faisant reedifier, la nomma Antipatrida, en laquelle les gens-darmes par le commandement de Lysias Tribun menerent S. Paul : là mesme nostre Seigneur y estant auec ses disciples entre autre chose leur demanda, *Quem dicunt homines esse filium hominis.* Entre la nuict & le iour ensuyuant feismes peu de chemin à raison que le temps estoit trop calme, toutesfois nous passames auāt midy le Chasteau des pelerins, qui est tout enuironné de mer, & quasi encore en son entier, il est basty en forme carree ayant à ses angles quatre tours, desquelles en a resté trois debout auec leurs pans de muraille,

*Où il guarit le flux de sang à vne femme. Où S. Pierre Baptisa le Centenier Corneille. Actes 10. & 24.*

Ee ij

## Voyages du Seigneur

il est maintenant habité de Mores & Arrabes qui l'ont appellee en leur langage Tortora, le territoire d'alentour est tresbeau & fertile, cóme aussi est tout celuy depuis Iaffa iusques en Tripoly, ne me resouuenant auoir iamais veu coste de marine plus belle & plaisante. Peu distant du chasteau des pelerins sont les ruines de la ville de Caiphas, aupres de laquelle s'engoulfe en la mer le torrent de Sizon, l'on voit aussi facilement en la planure vne ville qui s'appelle Cephorus, où fut nay Ioachim pere de la Vierge Marie. De là commençasmes à apperceuoir le cap du mont de Carmel, lequel s'auance fort en la mer, & a sur sa cyme vne eglise dediee à la Vierge Marie qui a la forme d'vn chasteau. L'on dit que sous icelle sont certaines grottes où le Prophete Helie pria Dieu enuoyer la pluye sur la terre, apres auoir esté trois ans & demy sans pleuuoir : sur le mesme mont le mesme Prophete, feist faire deux autels sur l'vn desquels il sacrifia à Dieu, & sur l'autre, les faux Prophetes sacrifierent à Baal, à leur grande confusion & perte de leur vie, leur nombre estans iusques à quatre cents cinquante, il se dit que l'ordre des Carmelitans a prins son origine du mont de Carmel.

*Descriptions des citez de Ptolemaide, Thyr, Sydon, Barut, & autres lieux.*

CHAP. II.

Ayant passé le cap du mont de Carmel l'on voit la mer se tourner fort à main droicte faisant vn demy rond qu'on appelle le goulfe d'Acre, pour ce que la cité d'Acre anciennemét dite Ptolemaide ou Accó, est situee sur le bord, & quasi enuironnee de mer, qui est cause qu'elle a vn port fort commode pour toutes sortes de vaisseaux. Ceste cité est plus longue que large & de fort grande estenduë, garnie de bonnes murailles, larges fossez, & fortes tours, estans restee sur toutes celles de la terre Saincte, & de la Phenicie la plus en son entier. Le Roy Baudouin s'en estant faict Seigneur l'an mil cent quatre par le moyen & l'aide que les Venitiens & Geneuois luy donnerent, la donna par apres aux Geneuois & Venitiens, en retenant seulement l'obeissance, mais l'an ensuyuant les Geneuois voulans auoir le monastere, & le corps de Sainct Saba qui y estoit, chasserét & tuerent partie des Venitiés, lesquels se voulans venger de cest outrage, dresserent vne armee naualle & assiegerent la cité, la prenant d'assaut, massacrant tous les Geneuois qui estoient dedans, se rendans Seigneurs d'icelle, & aussi du monastere. Quant au corps Sainct ils le porterent à Venise, & feirent edifier vne eglise en son nom, ou le corps repose, lequel i'ay veu estant à Venise deux ou trois fois. Le vendredy seiziesme iour passames à vne heure de Soleil, ioignant l'antique cité de Thyr, appellee à present Suro, laquelle fut edifiee par Tyrus fils de Iaphet, peu de temps apres le deluge, có-me Iosephe recite tresbien, elle estoit ancienne-

*Description de la cité de Ptolemaide.*

*Cité de Thyr & sa description.*

ment enuironnee de mer & fermee de tres-hautes & fortes murailles, signamment celles qui estoient du costé de la terre, lesquelles selon que disent les histoires, auoient pres de cent cinquante pieds de haut. Tellement que Alexandre le grand, auant que l'assieger l'estimoit quasi imprenable, qui fut cause qu'il demanda secours au Roy de Chipre, à ceux de Sydon & autres circonuoisins, qui y vinrent auec toutes leurs forces & puissances, sinon ceux de Hierusalem, qui n'y voulurent point venir, & combien qu'il eust grande armee par mer & par terre, neantmoins il se desesperoit quasi de la pouuoir prendre, iusques à ce qu'il s'aduisa (comme dit Quinte Curce en la vie dudit Alexandre) de faire des engins de bois, pierres, facines, & autres matieres à ce commodes, qui iroient depuis terre ferme, iusques sur la haute muraille de la cité, par le moyen desquels il la prist, apres auoir esté premierement iecté d'vn coup de pierre du haut en bas : du depuis la mer s'estant comblee de toutes ses matieres la ioincte auec vne tres-belle planure. Ceste cité estoit le siege royal du Royaume de Phenicie, & si forte & puissante, qu'elle resista par l'espace de cinq ans entiers à toutes les forces de Salmanazar, Empereur des Assiriens, sans qu'ils eussent aucun secours n'y faueur de personne, ains au contraire ceux de Sydon, Acre & autres villes de la Phenicie estoient contre eux. Encore à present elle est tres-forte, & enuironnee de bonnes & hautes murailles, qui ont leur forme ronde, comme aussi la cité à cause du lieu de sa situation qui est sphericque, & l'vne des belles du monde. Qui voudra plus amplement sçauoir combien ceste cité a esté puissante, riche & magnifique, lise le liure des Rois, & le Prophete Ezechiel, & d'abondant Appian Alexandrin, qui entre autres choses recite le grand nombre de galleres qu'elle enuoya à Pompee le grand, pour combatre Iulles Cæsar, & pareillement à Marc Antoine contre Octauius Cæsar. Ce fut auprés d'icelle ou nostre Seigneur iecta le Diable hors de celuy qui estoit sourd & muët, lequel commençant à parler, le peuple demeura fort esmerueillé, mais les Iuifs qui luy portoient enuie, disoient qu'il iectoit les Diables au nom de Belzebub. Outre ce, nostre Redempteur estant en ceste cité, suruint vne femme, que l'on tient estre Saincte Marcelle, laquelle s'escriant dist, *Beatus venter qui te portauit, & vbera quæ suxisti*, ce grand Docteur Origene y est mesmement ensepulturé. S'y voit encore vn beau port qui se ferme auec chaisnes de fer, & plusieurs tours, & autres vestiges qui denotent clairement qu'elle a esté autres fois telle que les histoires l'ont d'escrite, à present elle est habitee des Turcs, Mores, Iufs & Arrabes. Quasi à moitié chemin de Sydon & d'elle, est la ruinee Sarepta de Sydõ, assise sur vne petite mõtagnette, où le prophete Elie habita longuemét en la maison d'vne veufue qui le nourrit pendant la famine.

Ee iiij

*Voyages du Seigneur*

De là enuiron trois heures auant Soleil couchât passames au bord de la cité de Sydon, maintenant appellee Saëtta, laquelle autresfois a esté tresgrande, puissante & riche, mais à present elle est de moyenne grandeur, & habitee de Mores, Turcs & Iuifs, qui sont les plus grands larrons de tout le pays. Qui est certes vn grand dómage, d'autant qu'elle est en tresbelle & riche situation, ioignant le bord de la mer, & ayant vn beau port, commode pour toutes sortes de naues & galleres, à l'entree duquel y a vne petite forteresse, où sont dix ou douze pieces de vieille artillerie de fer, mais peu de vaisseaux y mouillent l'ancre, à raison de la malignité des habitans. Nostre Seigneur Iesus-Christ en icelle fut prié de la Cananee de guarir sa fille qui estoit demoniacle. Peu distant de Sydon, se voit le commencement de la riche montagne du mót de Liban, fertille en vins, & en plusieurs autres sortes de biens. Ce fut d'icelle que le Roy Hyram enuoya si grand nombre de cedres au Roy Salomon pour enrichir le temple qu'il auoit edifié en Hierusalem. Le samedy dixseptiesme de Iuin se leua vn vent du tout à nostre faueur, lequel nous poussant gayement vers Tripoly nous feist descouurir à la pointe du iour la ville & chasteau de Baruth anciennemét dit Berith, de l'idolle Berith, que les habitans d'icelle adoroient: sa situation est sur le bord de la mer comme les autres, ayant du costé de terre de belles petites collines tres-fertiles, & la continuation des montagnes de l'Anteliban, sur la

*Cité de Sydon & sa description.*

*Cité de Baruth & sa description.*

cime desquelles se voit reluire la blancheur de la neige glacee. Pour le regard de ceux qui y font leur demeure, ce sont Turcs, Mores, Chrestiens de diuerses nations & Iuifs, les religieux de l'ordre de Sainct François y auoient vn beau monastere qu'ils ont perdu par leur grãd faute, depuis quelques annees en çà, les Turcs l'ayant pris pour faire vne mosquee : S'ils eussent voulu donner quarante ou cinquante escus à celuy à qui le grand Turc auoit donné les eglises Chrestiennes qui estoient en son Empire, il leur fust demeuré à perpetuité. Il s'y voit encore vne petite chappelle edifiee au lieu où les Iuifs flagellerent & crucifierent vn image de nostre Seigneur Iesus-Christ, lequel en lieu de les punir de leur meschanceté, leur voulut donner à cognoistre l'erreur où ils estoient plongez, permettant que de l'image sortist grand abondance de sang, qui fut cause que les pauures Iuifs cognoissans leur erreur se conuertirent à la foy catholique, & le sang fut soigneusement recueilly, & enuoyé en diuerses parties de la Chrestienté, lequel auoit la vertu de guarir plusieurs sortes de maladies. Peu distant de Baruth est le lieu où sainct George tua le Dragon, qui vouloit deuorer la fille du Roy Baruth : s'y voyant aussi la cauerne où le Dragon faisoit sa demeure, & la fosse où il fut mis apres sa mort. Continuans nostre chemin auec vent prospere & fauorable passames les citez de Biblis & Botris, qui sont peu esloignees les vnes des autres, & à moitié ruinees. Finalement passant le cap de Posso, cõ-

*Miracle faict en Baruth.*

*Lieu où sainct George tua le Dragon.*

*Cap de Posso*

mençafmes à defcouurir les tours du port de Tripoly, auquel nous arriuafmes iedit iour enuiron quatre heures apres midy, mais à noſtre arriuee nous entendifmes que la peſte y eſtoit ſi grande que peu de gens s'en eſtoient ſauuez, & mefmes qu'en tous les vaiſſeaux François & Venitiens y en eſtoit mort de la mefme maladie. Nous voyans ainſi enuironnez en faict de peril, chacun regardoit ſon compagnon ſans luy pouuoir dire vne ſeule parole conſolatoire, d'autre part il n'y auoit vaiſſeau qui fuſt preſt à faire voile, n'y en France, Italie, Egypte, n'y autre part, tellement que malgré nous, nous eſtions contraincts de demeurer au danger, & nous remettre du tout à la volonté de Dieu. Sur ces entre-faictes veifmes venir vers nous l'eſquif d'vn vaiſſeau Marſilien, qui s'en alloit deſcendre en terre, les hommes duquel priafmes aborder à noſtre barque, afin de les interroger amplement de toutes choſes, leſquels au lieu de nous conſoler augmenterét noſtre peur, diſans qu'il eſtoit mort de ladite maladie depuis peu de iours iuſques à quarante François : au nombre defquels eſtoient deux gentils-hommes qui retournoient de Hieruſalem, & certains patrons de vaiſſeaux qui eſtoient morts en la maiſon du Conſul de noſtre natió, ce qui auoit eſté cauſe qu'il auoit fuy au monaſtere de S. Iacob, qui eſt ſur vne montagne diſtante d'vne bonne lieuë de Tripoly, & que ſi voulions y aller il nous receuroit. Outre ce ils nous dirent qu'vn vaiſſeau Marſilien auoit faict voile le matin

de Villamont Liure 3.   222

pour s'en aller en France, si Dieu eust permis que feussions arriuez vn iour auparauant, ce nous eust esté vne grande commodité, principalement pour fuir l'air pestiferé, mais aussi nous eussions esté priuez de voir beaucoup de choses, non seulement dignes de memoire, ains d'admiration. Tant y a que nul de nous ne sortit pour le soir de la barque. Toutesfois la necessité de viures que nous auions nous feist iecter l'esquif en mer, & enuoyer les mariniers en terre pour en achepter, lesquels retournez, chacun faisoit difficulté de manger de ce qu'ils auoient apporté, mais comme i'ay dit la faim, & la beauté des fruicts que nous voyons deuant nous, nous feirent mettre la main au pannier pour y gouster. Le lendemain qui estoit le iour de Dimanche, les Italiens se resolurent d'aller en la naue Ferra, où ils furent receus par le patron d'icelle, & nous autres allasmes à la montagne trouuer le sieur Consul, qui nous receut fort honnestement, nous interrogeant toutesfois amplement des lieux où nous auions esté, puis fist apporter le disner duquel auions bon besoing. Incontinent que nous eusmes disné, nous veismes vn More, qui touchoit vn asne chargé d'vn Chrestien Surien, qui estoit mort de ladite maladie, lequel estoit suiuy de sa dolète mere & de ses sœurs qui pleuroient, & se battoient la poictrine comme *Estranges* femmes desesperees, signamment la mere que *pleurs que fôt* l'on eust dit vouloir auancer ses iours pour ac- *les Syriens sur* compagner son fils au tombeau, nous autres qui *leurs morts.*

estions nouuellement venus eusmes vn peu de frayeur, voyans de la gallerie où nous estions logez le corps mort en la court du monastere, qui sert de cimetiere pour enterrer tous les Chrestiens qui meurent en Tripoly. Le iour en suyuant la mere & ses filles retournerent pour pleurer sur la fosse du trespassé, puis s'en allerent en l'eglise disner, & reuindrent par apres pleurer de rechef sur la sepulture, faisans des cerimonies plustost Arrabesques & Sarrazines que Chrestiennes. Car elles ne prient nullement pour l'ame du trespassé, ains ne font que se lamenter, se remettant deuant les yeux la beauté, gētillesse & vertu du mort, ainsi que le sieur Cōsul nous dist qui entendoit leur langue Arrabesque & Moresque. C'est vne coustume qu'ils ont en toute la terre de Sirie, que de pleurer ainsi sur les morts, & quand quelqu'vn ne peut pleurer, il louë hommes & femmes pour cest effect. Sainct Paul reprend bien telle sortes de gens en ses epistres aux Thessaloniciens, où il dit, *Nolite vos ignorare fratres, de dormientibus, vt non contristemini sicut hi qui spem non habent.* Mes freres ie desire que vous ne soyez point ignorans touchant les dormás (qui sont les trespassez) afin que vous ne vous contristiez comme les Payens & Gentils qui n'ont point d'esperance de la resurrection. Deux iours apres fut apporté vn François qui estoit mort de ladite maladie, & ceste iournee fut pernicieuse pour les malades.

*Cimetiere des Chrestiēs qui meurent en Tripoly.*

*Description du voyage de Damas, du lieu où Cain tua son frere Abel, des mariages des Turcs & plusieurs autres choses.*

### CHAP. III.

Voyant que la maladie continuoit, ie me resolus d'aller voir la cité de Damas, distāte de Tripoly trois grandes iournees de cheual, toutesfois mon entreprinse fut retardee pour quatre ou cinq iours, à cause d'vne certaine guerre qui estoit interuenuë entre le Sangiaco de Tripoly, & celuy des montagnes qui sont entre Damas & Tripoly, lesquels d'vn commun accord s'estoient assigné iour pour se donner bataille en vne plaine qui est de l'autre part du môt de Liban :(à ce que nous dirēt deux renegats Italiens, qui estoient venus parler au sieur Consul pour escrire à l'illustrissime Cardinal grand maistre de Malte, pour la deliurance de certains Turcs qui estoient dans les deux galleres & galliottes, que les cheualiers de Malte auoient prises entre Rhodes & Chipre y auoit enuiron sept iours, & aussi du tresorier qui estoit dans le Carmoussal, chargé à ce que l'on dit de quatre cents mille escus d'argent monnoyé :) Et que le Sangiaco de Tripoly auoit douze pieces de canon, cinq cents cheuaux, & quasi quatre mille harquebusiers. L'occasion de leur querelle estoit que l'oncle du Sangiaco des môtagnes auoit esté tué par le pere de celuy de

*Grāde guerre entre le Sangiaco de Tripoly & celuy des montagnes d'alentour.*

## Voyages du Seigneur

Tripoly, ayans vne couſtume entr'eux de chercher toutes les occaſiõs qu'ils pourront, pour ſe vãger de leurs ennemis: Tãt y aqu'ils ne vindrẽt point aux mains, par le moyẽ du Bacha de Damas. Ce Bacha eſt l'vn des plus grands de la Turquie, d'autant que ſon gouuernement contiẽt la plus grãde part de la Syrie, Phenicie, Galilee, Samarie, Iudee, & tout le reſte de la Paleſtine, iuſques aux fins d'Egypte. Ceſte treſue faite entr'eux me dõna la commodité de recouurer vn cheual pour moy, & vn autre pour le renegat Ianniſſaire que ie menois à Damas pour la ſeureté de ma perſonne: de ſorte que le lundy 9. Iuillet montaſmes à cheual tirant droit vers le mont de Liban que nous paſſames auant qu'il fuſt nuict, puis entrant en vne belle plaine, continuaſmes noſtre chemin iuſqu'à ce que nous rencontraſmes vn Cam ou carabaca, dans lequel nous logeames. Ce Cam ou carabaca eſt vne maiſon deſtinee pour loger à cquuert tous les paſſans, mais de trouuer dedãs aucune perſonne qui vous reçoiue, n'y cõmodité de lits, n'y autres choſes neceſſaires pour accommoder vn homme, il ne s'en trouue nullement, non ſeulement en ceſtuy-cy, ainſen tous ceux de la Turquie. La raiſon de ce eſt telle, qu'en tout l'empire du grand Turc, il n'y a aucune hoſtellerie, ainſi qu'il y a en France, Italie & Allemagne. Ceux qui voyagent portent ordinairement quelque mante ou tapis velus ſur leſquels ils dorment, & des munitions de bouche pour ſe nourrir, combiẽ que le plus ſouuent les habitans du pays tant Chreſtiens que Ma-

*Voyage de Damas.*

*Que c'eſt que vn Cam ou carabaca.*

*Nulle hoſtellerie en Turquie.*

hometans leur apportent du pain & plusieurs sortes de viandes, & quelquefois du vin qui leur vendent à assez bon pris. Deux heures auant iour nous montasmes à cheual, & ne veismes chose remarquable que la môtagne sur laquelle on nous dist que l'arche de Noé auoit esté bastie, ioignât laquelle nous logeames en vn Cam tres-bien basty, & accommodé de bonnes eaux. Ce Cam est faict de forme carree, & a de beaux iardins pour se pourmener, & s'appelle Mez-moly: il y a vne mosquee tout aupres auec son lauatoire. Le lendemain suiuans nostre route par montagnes & valees assez fertiles, arriuasmes enuiron dix heures à Aman, qui est vne ville d'assez grande estenduë, au costé de laquelle passe vne riuiere nommee Assen. Or pour ce que l'eau d'icelle est beaucoup plus basse que n'est la situation de la ville, on a fait certains engins semblables à des rouës, par le moyen desquels l'eau de la riuiere est esleuee à plus de dix brassees de haut, d'où par apres elle tombe en vn aqueduc ou canal, qui la conduist en la ville pour la commodité des habitans & de leurs iardins. En ceste ville y a trois montagnes de moyenne hauteur, deux desquelles sont couuertes de maisons, & sur l'autre n'y a que la ceinture des murailles d'vn chasteau ruiné. Il y a aussi de tresbeaux bains entre lesquels i'en ay remarqué vn fort enrichi de marbre de diuerses couleurs, auquel les personnes de qualité se vont baigner: & sur tout, il s'y faict des meilleures futaines qui se puisse voir, qui est occasion que

*Description de la ville d'Aman.*

*Voyages du Seigneur*

ceste ville est fort marchande, d'autant qu'elles sont transportees en diuerses prouinces. Nous demeurasmes à nous pourmener par ceste ville, iusques à trois heures apres midy, que nous retournasmes à nostre cã ou logis (qui estoit certainement tresbeau) duquel montant à cheual passames le pont de Rostein, pour nous en aller à Emps, qui est vne tres-grande & tres-belle ville, mais en plusieurs lieux des-habitee. Elle ressent fort son antiquité, laquelle me donna suiect de croire librement, ceux qui me disoient que Iob en estoit natif, & qu'il y auoit faict sa demeure: & de vray les Turcs croiẽt que la mosquee, qui est bastie entre plusieurs ruines, a esté edifiee sur les ruines de la maison de Iob, qui est la raison pourquoy ils l'ont en si grande reuerence. Ie ne diray autre chose de ceste ville pour ce que i'y seiourné fort peu, pour estre poussé d'vne curiosité tres-grande de voir Damas, de laquelle m'approchant peu à peu, passasmes par vn pays plat, assez mauuais, puis costoyames plusieurs chasteaux & villages: iusqu'à ce que nous rencontrasmes la montagne de Iubadin, laquelle on a taillee artificiellement, comme celle de Somma, qui est aux monts Appennins, pour faire vn chemin aisé aux passans, lequel ayant passé, nous veismes vne tresbelle plaine fertile de tous biens, & signammẽt de vignes, puis laissant Sardinale à costé de nous, nous arriuasmes finalement en Damas à heure de disner, qui fut le sixiesme iour de nostre chemin.

*Description de la ville d'Emps.*

*D'où estoit Iob.*

*Description*

*Description de la cité de Damas, & de plusieurs autres choses.*

### CHAP. LIIII.

Damas est vne tres-grande & tres-puissante cité, edifiée en vne tresbelle & riche planure, par laquelle courent deux riuieres, l'vne desquelles est appellé Albana, & l'autre Paphar, qui se diuisent en vne infinité de ruisseaux, pour aller arrouser les plaisans iardins de Damas, dans lesquels se trouue les meilleurs fruicts qu'on puisse souhaiter, & du meilleur goust. Les ruës de cette ville sont la plus part couuertes & voutees, de sorte que l'on s'y peut pourmener sans craindre l'ardeur du Soleil, ne l'incommodité des pluyes: c'est vne chose belle & remarquable, comme aussi la lumiere qui n'y manque point toutes les nuicts: Quant aux maisons, elles sont assez hautement esleuees, & peu belles par le dehors à cause que quelques vnes sont basties de terre, mais par le dedans elles sont magnifiques & superbes, & enrichies de peintures à la Mosaïque, qui est vne chose dorée & fort precieuse. Outre cela, il y a presque à toutes des fonteines, & des iardins extremement beaux & délicieux, où toutes sortes d'excellents fruicts se trouuent pour manger, comme micheniz, amazza franzhi, abricots, dattes, prunes, grosses grenades douces & aigres, gros limons, qu'ils appellent pommes d'Adam, orangers, raizins, carobiers;

*Descriptiō de de la cité de Damas. riuieres d'Albana & Paphar, passent par Damas.*

Ff

## Voyages du Seigneur

& plusieurs autres sortes de fruits qui nous sont rares, & autres communs. Certes ce peuple la delecte fort en la beauté de leurs iardins, l'eau desquels, & des fonteines coule par la plus part des ruës de Damas, qui sert pour nettoyer lesdites ruës, & emporter les immondices d'icelles. L'on tient que ceste ville fut premierement bastie par Eliezer seruiteur d'Abraham, au mesme lieu où Cain auoit tué son frere Abel, ce qui ne se peut croire, d'autant que le lieu où Cain tua Abel son frere, est sur l'vne des montagnes qui enuironnent Damas, laquelle se nomme le mont Salheyé, & Damas est en planure, il faudroit donc que la ville par succession de têps auroit changé de lieu pour la commodité des riuieres. Or soit que ce soit, il est aisé à croire que le meschant parricide fut commis sur ceste môtagne, pour ce qu'elle seule est sterile entre toutes les autres qui sont fort fertiles. Les anciens y auoient faict bastir vn temple que les Turcs ont retenu pour mosquee, & reuerét fort ce lieu. Mon Moucaro me dist vne chose que ie n'ay pas veuë, c'est qu'en l'adite mosquee y a vne grosse pierre, de laquelle tous les samedis il tombe cinq gouttes de sang. Retournât à nostre Damas, ie diray qu'il y a vn tresbeau Baza (qui est le lieu du marché, & où se vendent les toiles) lequel est tout couuert, ainsi que sont ordinairement tous ceux des villes d'Orient. Auprés ce Baza, est vne tres-belle mosquee nomme Gemma, en laquelle on tient pour certain que le sepulchre d'Ananias est, & la fonteine où il bapti-

*Où Cain tua son frere Abel*

*Lieu où sainct Paul fut baptisé.*

terre, & venant remettre le baston (qui leur sert de fleuret) entre les mains du maistre, s'en alloit victorieux. Les Turcs ont vne autre coustume, qui est de presenter à la nouuelle mariee le plus beau Eunuque qu'ils peuuent choisir, soit de la part de son mary, ou de son pere & mere, & ont ceste vsance & coustume par toute la Turquie, selon le commandement qu'en feist le dernier Empereur Sultan Soliman, de chastrer vn homme rez le ventre entierement de tout ce qu'il porte. Le Bacha auoit vn ieune homme esclaue Chrestien, qui estoit du Royaume de Russie, lequel il proposa faire chastrer, pour en faire vn present à sa fille, le pauure esclaue ayant entendu ceste piteuse nouuelle (car il aduient souuent que l'homme en meurt) se resolut plus tost de mourir que de l'endurer, voire mesme de tuër le Bacha, lequel estant lassé de l'exercice qu'il auoit faict le matin, & la pance plaine de son disner, se mist vn peu à dormir: Ce que voyant l'esclaue entra sans dire mot en sa chambre, & d'vn courage magnanime luy dóna plusieurs coups de couteau en la gorge, le Bacha s'esueillant appella ses gens au secours, mais ledict esclaue parfist si promptement son expedition, que le Bacha estoit mort auparauant que ses domestiques le feussent venu secourir, lesquels le voyant estendu mort sur la place, meirent la main au cimeterre & d'vne rage & fureur taillerent le genereux esclaue en plus de cent mille pieces. Mon Iannissaire qui estoit allé au logis du

*Coustume des Turcs de donner vn esclaue Eunuque à la nouuelle mariee.*

*Acte magnanime d'vn esclaue.*

*Voyages du Seigneur*

Bacha, vint incontinent me trouuer là où j'estois logé, pour reciter ceste nouuelle, me priant de demeurer encore, par ce qu'il vouloit assister à l'enterrement du corps dudit Bacha. Ie fus bien ioyeux de luy accorder sa demande, afin de voir quelle solemnité ils font en leurs funerailles, qui ne fut autre, outre ce que i'ay predict cy deuant, sinon que l'on menoit apres le decedé ses grands cheuaux, tres-richement caparaçonnez, ausquels l'on auoit attaché certaines drogues aux nazeaux qui les faisoit sans cesse esternuër, comme s'ils eussent porté quelque regret de la mort de leur maistre. Ils portoient aussi ses armes, le trançon de sa lance, & les enseignes pliées, marchant par apres vn grãd nombre de Turcs, qui l'accompagnerẽt iusques au tombeau: Auquel estant mis, planterent à l'entour toutes sortes de fleurs odorantes. Le Iannissaire vint frapper à la porte de mon logis enuiron quatre heures de nuict, me disant me preparer pour monter à cheual. Ce qu'ayant faict & payé mon hoste, suyuismes le mesme chemin par lequel nous estions venus, discourans tantost de la mort du Bacha, tantost de la coustume des Turcs, dont entre autre chose, ie luy demanday, pourquoy les Turcs apres auoir espousé vne femme la chassoient de la maison, pour en auoir vne autre, il me respondit que la loy le permettoit. Mais repliquant, ie luy dis que la loy ne permettoit pas d'espouser les trois sœurs l'vne apres l'autre, comme auoit faict vn certain Turc en Hierusalem, il me dist que cy, pourueu qu'il

espousast

espousast l'aisnee la premiere, & qu'au contraires'il prenoit la derniere qu'il seroit frustré de ce grand bien: me prenant à sous-rire de ceste parole, me dist, comment estes vous esmerueillé de cela, ce n'est rien dit-il, au regard des Bardaches, qu'ils ont en leurs maisōs, desquels ils sont plus ialoux que de leurs femmes mesmes, & quād ils vont aux champs ou à la guerre, ils les meinent auec eux pour leur seruir de femmes. O bon Dieu, ce dy-ie, esperent ils aller en paradis, & estre si meschans, pourquoy non, respondit il, tous leurs pechez ne leur sont ils pas pardonnez en se lauant. Alors ie ne me peus empescher de rire appertement de leur folle opinion. Il me dist d'auantage que les femmes des Turcs n'en auoient aucune ialousie, combien qu'ils en eussent cinq ou six, & huict ou dix esclaues femelles, ains viuoient ensemble paisiblement sans aucun debat ou contention. La raison de ce est assez manifeste, car encore qu'il leur soit permis espouser quatre femmes à vn coup, elles sont toutes fois en puissance esgalle, à raison que tant les esclaues que les femmes sont achetees à deniers contans. La coustume en Turquie estant telle, que quand quelqu'vn a vne belle fille à marier, c'est autant d'argent en sa bourse: Elles n'emportent point d'argent, de douaire n'y d'vtensilles de la maison paternelle, ains faut que ceux qui les veulent prendre en mariage les acheptent a beaux deniers, leur baillant des accoustremens, & le pere les liure, comme au plus offrant & dernier encherisseur, ne se souciant

*Les Turcs sont grands Sodomites.*

*Nulle ialousie entre les femmes des Turcs.*

*Femmes s'acheptent en Turquie.*

Gg

beaucoup de ne les reuoir plus, ainſi il n'y a pas grande parenté ou lignage en Turquie, comme il y a en Fráce. Pour preuue de mon dire, l'on ne trouue aucun ſurnom entre les Turcs pour mó-ſtrer l'antiquité de leur maiſon, meſme le grand Seigneur n'en a aucun, ſinon des Otomans, & qui eſt bien d'auantage les payſans n'ont point de dictions pour nommer leurs parents, car ſouuent ils changent de femmes, ainſi y a peu d'amitié entre les peres & enfans. Celuy entr'eux qui eſt d'vne eſclaue, n'en eſt aucunement villipendé non plus que s'il eſtoit iſſu d'vne legitime, n'ayant point de honte d'eſtre appellé fils d'eſclaue, car vne eſclaue n'eſt pas tenuë pour adultere. Si quelqu'vn auoit eſpouſé la fille du grand Seigneur, & qu'il euſt auſſi pris en mariage quelque pauure fille mecanique, il faudroit qu'elle feiſt compagnie à la fille du grand Seigneur. Les eſclaues ſeruent à tout ce qu'il plaiſt au grand Turc, & ſi elles ont des enfans, ils tiendront auſſi leur nom, comme s'ils eſtoient ſortis de legitimes. Les femmes encore qu'elles ſoient ainſi aſſemblees s'accordent bien toutesfois enſemble, & eſtans enfermees en meſme châbre, n'ont plus d'authorité l'vne que l'autre, n'ayant charge de faire rien ſinon ce que le mary commande. Elles ne portent point, à la façon des femmes Françoiſes, de gros clauiers pédus à la ceinture pour remporter le nó de bonne meſnagere, car pour tous vtenſilles de meſnage il leur ſuffiſt d'auoir vn tapis pour s'aſſeoir à terre, quand il faut prédre le repas, n'ayát

*Enfant d'eſclaue eſt repu-té legitime entre les Turcs.*

*Grãde vnion entre les femmes de Turcs.*

*De quels meubles vſent les Turcs.*

aucun usage d'escabelle n'y de selles, table ou buffet: ains seulement quelques coussins pour s'appuyer, & lors que le vespre est venu ils estendent un loudier pour passer ainsi la nuict. Il y en a peu qui se seruent de linceux, car tant les hommes que les femmes changent de brayes de linge blāc, qui sont faites cóme les chausses ou calçons des mariniers, qu'ils prennent la nuict. Les esclaues n'ont pas grand peine à fourbir leur vaisselle, car ils sont contens d'vn pot pour tous potages, & d'vne escuëlle: & ne faut lauer les verres, toute la compagnie beuuant en vn hanap de cuir ou de bois. Les hommes sont fort curieux de tenir leurs Turbans bien blancs, les lauans eux mesmes aux bains auec leurs brayes, ou les baillent aux esclaues qui seruent aux bains pour les blanchir. Les Turcs n'estiment pas la prouësse & vaillantise de la mesme maniere que l'on fait en France, ou si quelqu'vn est tousiours prest de cōbatre, tournant les yeux en teste comme vn furieux & incensé, iurant le Sainct nō de Dieu, & n'endurant iamais vn demēty, l'on le met au nōbre des honnestes hommes & valeureux, & qui entendent le point d'honneur, combien que selon la verité, il deust plus tost estre appellé homme temeraire & audacieux que non pas genereux: Mais les Turcs au contraire en temps de paix, sont fort modestes, deposant les armes en leurs maisons pour viure en paix & tranquilité, ne portant, allant par la ville leurs cimeterres: mais lors qu'il faut aller à la guerre, ils sçauent bien faire paroistre l'honneur de

Gg ij

*Voyages du Seigneur*

leur vaillantiſe ſur leurs ennemis, on n'a iamais ouy dire qu'ils ſe ſoient battus entr'eux, & que s'il aduenoit que quelqu'vn euſt outragé ſon cõpagnon, il ne remporte pour tout cela le nom de vaillant. La couſtume entr'eux de punir les malfaicteurs, qui ne veulent du tout faire mourir, eſt de leur dõner quelques baſtonnades pour leur abaiſſer leur orgueil & arrogance. Le Ianniſſaire & moy euſmes pluſieurs autres propos enſemble, que ie laiſſeray maintenant pour dire que les Ianniſſaires ſont beaucoup reſpectez en-

*Puiſſance des Ianniſſaires & de quelle nation ils ſont.*

tre les Turcs, Mores & Chreſtiens à cauſe de leur eſtat, pour ce que la force & deffence de l'empire Mahumetan, conſiſte en eux: combien qu'ils ſoient tous renegats & compoſez de diuerſes nations, ſçauoir d'Albanois, Hongres, Sclauons, Pollonnois, Italiens, & ſur tout de la Natolie, Grece & Trebizonde, par ce que le grand Turc y prend tiranniquement de trois ans en trois ans, le tribut des enfans maſles qui y naiſſent des

*Turc prend decime ſur les enfans des Chreſtiens de la Grece.*

Chreſtiens, qui eſt de trois maſles vn, leſquels ſont appellez Azamoglans ou enfans de tribut, dont pour faire la recolte d'vne ſi damnable decime y a grand nombre de commiſſaires eſtablis qui choiſiſſent le plus beau des enfãs qu'ait le pere, & ſouuent n'en trouuans qu'vn, ils l'emmeinent auec eux, contre tout droict & l'ordonnance meſme du tribut, ſans auoir compaſſion de voir le pauure pere, & la dolente mere pleurer, & regretter la perte irrecuperable de leurs propres enfans, non tant pour la ſeruitude où ils ſeront reduicts, comme pour ce qu'ils les voient laisser le baptesme & la cognoissance de Iesus-Christ, qui les eust conduicts en paradis: pour prendre, helas, la vieille circoncision & embrasser la secte de Mahomet, qui les meinera au plus profond d'enfer. Pour certain c'est vne chose bien lamentable, & qui deuroit esmouuoir les Rois & Princes Chrestiens à laisser leurs guerres, pour deliurer les Chrestiens de l'Orient d'vne si miserable seruitude. Or pour continuer iusques à la fin vn discours si pitoyable, les commissaires retournans à Constantinople, emmeinent vne grande multitude de tels enfans, entre lesquels les plus beaux sont esleuez & mis dans le serrail du grand Seigneur, où ils sont nourris & enseignez en la fauce doctrine de Mahomet, & aussi en l'art militaire, iusques à ce qu'ils soiët paruenus en l'aage de vingt & deux ou vingt & trois ans, qui est alors que le grand Turc les voulans mettre hors de son serrail, les faict comme cheualiers, en leur donnant cheuaux & habillements, & trête aspres à despendre par iour, puis croissans peu à peu de dignité selon leurs merites paruiennent à estre Bachas & Visir, qui sont les premiers de tout l'empire. Les autres enfans sont mis en vn autre serrail, auquel ils sont employez à toutes sortes de seruices & trauaux inestimables pour les endurcir à la peine, & quand ils sont paruenus en pareil aage que les precedans ils sont mis en liberté & faicts Iannissaires, puis de degré en degré montent à estre Bachas, se trouuans peu de Turcs naturels que le grand Seigneur esleue à si haute dignité comme il faict les renegats, lesquels sont plus meschans aux Chrestiens, que les Turcs mesmes. Il y a deux sortes de Iannissaires, les vns mariez, les autres non, payez selon leur valeur & merite, & toutesfois leur plus haute paye n'est que de quatre ou huict aspres par iour outre l'ordinaire. Les Ambassadeurs en ont cinq ou six pour leur garde & conseruation, & les Consuls des nations en tiennent ordinairement vn ou deux, afin que par les Turcs ou Mores ne leur soit faict quelque tort ou iniure, ny à leurs amis aussi: & si quelqu'vn estoit si temeraire de le faire, les Iannissaires ont pouuoir & authorité de le chastier à coups de baston sur le ventre & sur la plante des pieds, sans que personne les en ose reprédre. Mais souuent ils en battent plusieurs pour leur plaisir ou pour l'appetit de quelque argent qui leur sera donné par ceux qui se voudront venger de leurs ennemis, c'est pourquoy par les citez & villages ils portent tousiours vn gros baston, qu'ils appellent Muchtur, & quand ils vont par la campagne, ils ont le cimeterre au costé, & la harquebuse à meche, ou le long dard en la main. Leurs habillements sont semblables à ceux des Turcs, sinon qu'ils portent sur leur teste vn chaperon de feustre blanc qu'ils nomment Zarcola, lequel leur vient descendre sur les espaules, comme font ceux des bourgeoises de Fráce, & par le deuant il est esleué de deux ampans de haut, & orné d'vne guirláde d'or, ou d'argét doré, qui monte iusques à la sommité du chaperó, à laquelle ils attachent vn tres-grand panache

*Auctorité des Iannissaires.*

*Vestemēts des Iannissaires.*

de plumes d'Autriche, qui leur descend presque iusques sur les iambes: Et ainsi accoustrez & deguisez ressemblent a des Geans, tant ils sont espouuentables. Tous les Iannissaires ne portent pas ordinairement tels habillements de teste, s'ils ne sont à la porte du grand Turc, ou à la garde des Bachas, Beiz, Sangiaco & autres seigneurs de Turquie. Ceux que i'ay menez auec moy par pays, ne portoient que le turban blanc, ou bien le feustre sans panache seulement: & par tel signal ils donnent a cognoistre a vn chacun qu'ils sont Iannissaires. Les Turcs n'y tous les peuples d'Orient ne decouppent iamais leurs habillements de quelque estofe qu'ils soient, ainsi que font les Italiens & François: Mais au lieu des decoupeures desquelles nous vsons ils enrichissent leurs vestemets d'orfeurie & broderie d'or & d'argent, ou bien d'autres passements d'or ou de soye, au deuant de leurs vestements. Les Iannissaires & autres Turcs ont vne bonne coustume allant par pays, c'est que tousiours ils portent auec eux vn fuzil, vne petite lanterne de fer blanc garnie de chandelle, auec vne petite cuillier de bois, & vn sachet de cuir remply de sel batu, auec des aux, pour leur prouoquer l'appetit. La raison pourquoy ils portent toutes ces choses, c'est par ce qu'il n'y a aucune hostellerie en Turquie, mais bien des Carbacharas sur les grands chemins, où les personnes se logent auec leurs montures à couuert comme i'ay dit cy dessus. Ils auoient accoustumé de porter de grandes & longues moustaches

*Coustume des Turcs allant par pays.*

*Turcs portent longue barbe & la teste raze.*

## Voyages du Seigneur

& le reste de la barbe raze, mais à present ils portent fort longue, comme font pareillement tous les Turcs, lesquels generallement ont la teste raze, fors vn peu de poil qu'ils laissent au sommet d'icelle, sur laquelle ils mettent vne calotte & le turban dessus. Et est à noter qu'il n'y a Turc en tout l'Empire Turquesque, qui est d'vne admirable estenduë, qui n'ait gage du grand Turc selon sa qualité, & le moindre se monte à trois ou quatre aspres par iour, qui est cause que tant de Chrestiens renient le salut de leur ame pour la nourriture du corps. Or pour reuenir à nostre discours, nous ne trouuasmes aucun empeschement en nostre chemin, sinon le deuxiesme iour en vne valee, où nous rencontrasmes sept Arabes à cheual, lesquels de prime abordee me vouloient faire despouiller pour chercher si i'auois beaucoup d'argent auec moy, mais le Iannissaire les pria tant qu'à la fin ils se contenterêt de quatre sequins d'or de Venise que ie leur baillay, estant bien aise d'en estre quicte à si bon marché, le reste du chemin nous le parfismes heureusement iusques à Tripoly, où nous arriuasmes le dixiesme d'Aoust. A nostre arriuee nous sceusmes de certain que la peste estoit du tout cessee, & que le Consul estoit retourné à son fondique où ie m'en allay descendre & loger.

*Caffares d'Arabes entre Damas & Tripoly.*

*Discours de l'empire du grand Turc, & de la puissance de ses armees, tant en paix qu'en guerre, & des brulemens que se font les Turcs, & de leur brandillement.*

## CHAP. VI.

*Description de l'empire du grand Turc.*

L'Empire du grand Turc s'eſtend en Aſie, Afrique & Europe, & commençant au deſtroict de Gilbatar, il poſſede toute la Mauritanie, & la Barbarie, iuſques au fleuue du Nil, & du Nil iuſques au ſein Arrabic, ou mer rouge, qui borne l'Afrique, auec le petit traict ou deſtroit de terre qui eſt entre la mer rouge, & la mer mediterranee en forme de meridien du coſté du leuant. De là il entre en Aſie, & continuë ſa dominatiõ par la fertile Egypte, iuſques à la grãd mer Occeane, par toute l'Arrabie, la Paleſtine, la Meſopotamie, la grande & petite Armenie, les Parthes & Medes, & tout l'empire des anciens Babiloniens, ou Aſſiriens, & au delà du fleuue d'Eufrates il le continuë iuſques à l'embouchure du fleuue du Tigre, qui ſe perd dans le goulfe perſique, & s'eſtend encore iuſqu'à la mer Caſpie: & reuenant vers l'Aſie mineur, il commande par toute la Sirie, Caramanie, Chipre, Ionie, Yſaure, Carie, Lidie, Sithye, Acarie, Pruſie, ou Burſie, Cilicie, Pamphilie, Paphlagonie, Capadoce, Bithinie, Põt, Frigie, Miſie, Natolie & Trebiſonde iuſques au fleuue Tanais, où il paſſe en Europe & tient l'empire de Conſtantinople, Trace, la Macedone, l'Epire, la Moree ou Peloponeſe, Negrepont, les pays des Spartes & Atheniens, l'Albanie, la Sclauonie, & quaſi la Dalmatie, Achaye, Carcauie, Serbie, & Seruie, Licaonie, Bulgarie, Vallaquie, Theſſalonie, & pluſieurs autres prouinces, & son Empire se confine aux terres de l'Empereur Chrestien, & aux Venitiens vers Occident, & du costé de Septentrion aux Poulonnois, Moscouites & Tartares. De la part d'Orient au grand Sophy de Perse, & aux Indes Orientales, & vers midy & la mer de su au grand Prete Iean & grand Calisquer qui sont les deux Empereurs de la coste d'Afrique vers la mer Occeane, dont le Prete-Iean est Catholique recognoissant le Pape, son Empire s'estendant en toute l'Ethiopie. Et le grãd Calisquer Mahometan, qui est celuy qui fait le pius souuent la guerre au Roy d'Espagne à cause qu'il est son proche voisin, & qu'il a la grande mer à commandement, c'est luy qui est Roy de Fez & de Maroc. Or au milieu d'vne si ample dominatiõ que tient le grand Turc, est la mer de leuant, de laquelle il est seigneur, comme aussi de la mer noire, & de la mer Maior, & de toutes les riches Isles de Larchipelago, fors du Royaume de Candie, & de quelques Isles qui sont aux Venitiens, pour lesquelles ils payent tous les ans dix huict mille ducats de tribut au grand Turc. Cest Empire est gouuerné sous le grand Turc par vingt & deux Beglerbeis ou Bachas qui sont comme Vicerois: & y a tel Bacha (cóme celuy d'Egypte) qui a vingt & trois Sangiacs ou gouuerneurs de prouince sous son authorité. Il a pour sa deffence cent cinquante mille hommes de cheual appellez Spachis de Tymarre, lesquels sont distribuez en garnison par tous ses royaumes & prouinces, & à chacun Spachy est dóné trois mille cinq cẽts aspres à despendre par an, qui sont soixante & dix escus, leur payement leur est baillé en temps de paix & de guerre sur les terres de la prouince où ils resident: laquelle terre ils font labourer aux Chrestiens & aux Mores, & leur en donnent quelque profit: les autres la font labourer à leurs esclaues. Il y a certains Spachis qui ont chacū an cinq mille aspres a despendre qui sont cent escus, mais il faut auparauāt qu'ils ayent fait quelque acte valeureux. Ils sont obligez quand ils vont à la guerre de faire porter toutes leurs prouisions pour viure, de sorte qu'il leur faut grand nombre d'animaux, & de seruiteurs ou esclaues pour cest effect. Est aussi a considerer que leur paye se monte plus pour viure que ne feroit en France trois a quatre fois autant. Les armees de ces Spachis sont le cimeterre, le dard ou la foible lance, la rotelle ou bouclier, & quelques vns outre cela portent l'arc & le carquoys. Nul d'entr'eux, n'y aucun Turc, que rarement laboure la terre, reputant cela par entr'eux indigne, leur paye estant suffisante pour les nourrir sans trauailler: mais cóme i'ay cy dessus dit, les Chrestiés Mores & Sarrazins labourent la terre pour eux, ne réportans le plus souuent pour leurs longues peines & trauaux, que bien peu de chose pour nourrir leurs vies miserables. Du reuenu du grand Turc on tient qu'il peut mettre en son tresor tous les ans onze a douze millions d'or, toute sa gendarmerie, tous ses Iannissaires, toute sa maison, & generallement tous les Turcs payez & sallariez. En tout ce grand

*Le nombre des Spachis & cōme en les paye.*

*Les armes des Spachis.*

*Quel reuenu a le grād Turc*

*Voyages du Seigneur*

& admirable Empire, uy a aucunes villes fortes, sinon Famagouste qui est Royaume de Chipre, l'isle de Rodes qui est en l'Archipelago, les Chasteaux de Dardanelly qui sont au destroit de l'Hellespont, & quelques autres en petit nombre. I'estime quand à moy, ou qu'ils sont ignorans en matiere de fortifications, ou qu'ils presument par trop de leurs forces, ou que l'auarice de laquelle ils sont remplis les en empesche. C'est assez parlé de la grandeur de l'empire Turquesque, il reste maintenant à dire la puissance qu'il a en guerre, c'est qu'il peut dresser vne armee de six cents mille hommes, ce qui semblera à plusieurs incroyable pour la difficulté de nourrir vne si grande trouppe attendu mesme qu'vn Roy ou Empereur de la Chrestienté a peine pourroit-il nourrir vne armee de cinquante mille hommes. Mais si nous faisons conference de leur façon de viure auec la nostre, cela ne nous semblera difficile, car l'ordre de viure qu'ils tiennent en temps de paix, nous apprendra qu'vne grande trouppe d'hommes en guerre peut estre nourrie & entretenuë, & qu'il n'est pas plus difficile au grand Turc de mener vne armee d'vn million d'hommes, qu'il seroit à vn Roy de France d'en mener cinquāte mille. Car soit en temps de paix ou de guerre ils viuent fort sobrement & austerement y estās accoustumez des leur ieunesse, ne s'ennuyans d'estre trois ou quatre ans sans reuoir leur patrie, leurs amis & moyens: car la vie qu'ils meinent en leurs maisons est plus sobre & estroicte, que s'ils estoient en guerre. En

*Maniere de viure des Turcs & de leurs cheuaux en guerre.*

...eps de guerre, le grand Seigneur, ne se sert point (comme les François) d'estrangers, mais de ceux seulement qu'il nourrist & entretient en temps de paix, qui leur est vn esguillō qui les espoinçōne tellement à luy estre obeissans qu'ils supportent patiemment les fatigues de la guerre, voire plus allaigrement que ne faisoient les legions Romaines. Le grand Seigneur menant la guerre, faict bien vn plus grand profit que les Princes Chrestiens, car tous ceux qu'il prend en guerre, il les vend vn grand pris. Le soldat entr'eux, cōme en nostre France, nous voyons le semblable, est curieux d'auoir quelque beau cheual, voire qu'il ne craindra pas y employer cinquante escus n'eust il que cela vaillant, car il s'asseurera d'en auoir pour sa vie, ayant coustume de les garder vingt ans pour le moins, leurs cheuaux couchent ordinairement sur la dure, & ne mangent iamais en ratellier ou mangouëre comme en France, non plus en leur maison que en guerre, ne se couchans iamais que sur la terre & sans lictiere ou paille. Le moyen & richesse des Turcs soldats ne consiste n'y en terre n'y en maisons, ains en argent contant: car s'ils auoient acquis quelque terre, apres leur decez elle viendroit en la possession du grand Turc, qui est occasion qu'ils ne s'amusent à faire bastir de grandes & superbes maisons, comme nos François, ains se logent le plus souuent à l'enseigne de la lune, se contentans d'vn pot de cuiure, duquel ils se seruent en temps de paix, & tous les vaisseaux qui leur seruent en ce temps là, leur

*Voyages du Seigneur*

sont en vsage durant la guerre, de sorte qu'ils ne regrettent point leurs biens, car ils resemblent à Bias qui disoit qu'il portoit tous ses biens auec luy, ils ne vont iamais sans leur fuzil, soit a leur maison, soit a la guerre. Boiuent seulement de l'eau, auec des aux & oignons, qui leur sont cóme aux François les viandes exquises, pour delices. Partant estans accoustumez a telle austerité, ce n'est merueille s'ils endurent paciémẽt les trauaux de la guerre, comme y estans appris de leur ieunesse, c'est pourquoy ils sçauent bien se cãper dessous les tentes & pauillons. Et à raison qu'ils ont de la toile de coton fort legere, leurs pauillons sont bien plus aisez que les nostres qui sont de lin ou chanure: car les cordes de cotton sont legeres & iamais ne se roidissent pour estre mouillees, tout a l'opposite de celles de Fráce, qui s'entortillẽt fort à la pluye, qui est cause qu'elles sont fort difficiles à manier. Au reste encore que les Turcs n'ayent aucune guerre, & que les chasteaux soiẽt en païs seur, si est-ce qu'ils font tousiours la garde, comme s'ils estoiẽt en guerre. Or quand il est question de combatre en guerre, le grand Seigneur peut mettre en campagne vne tres-grande armee de cauallerie, car il a ordinairement deux cents trẽte trois mille Spachis, qui sont hommes de cheual, lesquels ont chacun iour, quinze, vingt ou vingt cinq aspres à despẽdre, estans suiects en temps de guerre de mener auec eux autant d'hommes & de cheuaux, comme ils auront de fois huict aspres le iour à despendre, de sorte qu'ayant deux ou trois fois

*L'armee du grand Turc se monte en tẽps de paix & de guerre deux cents trẽte trois mille hommes de cheual, sans les Ianniſſaires & autres soldats de pied*

huict aspres le iour, ce sera autant d'hommes de cheual qu'ils fourniront: ce qui rend l'armee du Turc a plus de sept cents mille cheuaux, sans mettre en compte les Iannissaires, qui sont bons harquebuziers, & vn nombre infiny de gens de pied. Que si quelqu'vn curieux me demandoit comme ie le sçaurois, ie luy ferois responce, que ie l'aurois ainsi entendu par le recit & relation de plusieurs personnes notables de Turquie, & pour auoir esté aux lieux où y en auoit partie. D'autre part, sinon que ce seroit vne chose par trop longue à descrire ie nommerois par le menu le nombre des Bachas de l'Orient, & combien ils ont de gens de cheual & de Iannissaires sous eux. Mais cela est tant cogneu d'vn chacun, signamment des Italiens & de partie des Marsillois qui y frequentent & marchandent ordinairement, que ce ne seroit qu'vne redite. Ie diray bien qu'il seroit difficile que le grand Turc, peust mettre ensemble toutes ses forces, à raison de la distance des lieux, & aussi qu'vne si grande armee contenant plus d'vn million d'hommes ne pourroit pas viure long temps ensemble, qu'il auroit peur que pendant qu'il desgarniroit de forces quelques vns de ses pays, son ennemy n'entrast sur luy au despourueu, & ne conquestast sur luy quelque Royaume, ou quelque prouince: Mais son armee ordinaire est de trois cents mille hommes combatans, comme i'ay amplement cy dessus dict. Si sa puissance

*Armee ordinaire du grād Turc.*

terrestre est grande & incredible, la naualle ne l'est pas moins : car il peut mettre a poinct nommé trois cents galleres à la voile, sans les naues, gallions, galliottes, carmousas & fregattes. Les soldats Turcs qui font la garde par les prouinces & forteresses, ont ceste couttume qu'au soir & matin ils sonnent de leurs tambours accordans auec les hauts-bois, en sorte qu'ils rendent vne grande melodie qui retentist hautemét en l'air. Ils vsent de deux sortes de tambours, les vns sont petits qui se portent à cheual n'estans enfoncez que d'vn bout, les autres sont beaucoup plus grands ayant fonds des deux bouts, lesquels ils ne portent pas pendus au col comme l'on faict en France, mais s'appuyent contre terre quand ils veulent les battre frappant des deux bouts à dextre & à senestre. De la main dextre ils tiennent vn baston courbé en façon de crosse ou billart frappans le fonds du tabourin à dextre, tenans en la senestre vne vergette fort delice redoublans plus souuent que la dextre. Le tambour qui est double est aisé a porter à cheual ayant le fust d'airin, dont y en a tousiours vn plus petit que l'autre, & faut que le tabourineur soit courbé contre terre en le battant, ou qu'il l'ait appuyé. Les Arrabes ont appris aux Turcs d'accorder les hauts-bois auec les tambours, qui est vne gentille façon, tant en temps de guerre que de paix, & n'y a Sangiac qui ne soit tenu d'auoir de tels ioueurs de hauts bois accordés auec les tambours, principallement où il y a des chasteaux & forteresses à garder, ces instrumēts font retentir

*De quels tambours vsent les Turcs.*

*Les Turcs accordent les tabours auec les hauts-bois.*

de Villamont Livre 3.   241

retentir vn merueilleux bruit. Ayant assez parlé de la façon de faire des Turcs quand ils sont en guerre ou en leurs garnisons, ne sera impertinent de dire quelques vnes de leurs coustumes qu'ils ont encore en vsage, resentans grandement l'antiquité, comme la façon qu'ils ont de se brusler les membres sans en prendre conseil du medecin, lors qu'il leur suruient quelque defluxió, ou mal de teste, ou sur quelque autre partie du corps, bruslans la partie dolente auec de l'esmorce ou du drapeau. Plusieurs des Grecs en ont faict mention, nommant telle bruslure Adustion Arrabique, laquelle les Turcs continuent tellement, que plusieurs se trouuent ayans le front & les temples marquees de telles brulures. Ceste adustion s'est trouuee auoir de grande efficace, mesme à l'endroit d'vne femme Iuifue, qui par telle adustion fut guarie d'vn mal de teste qui luy auoit duré plus de six ans, ils sont si patients à l'endurer, qu'ils ont la constance d'attendre qu'elle soit refroidie, ne mettans rien pour consolider la playe, sinon vn peu de cotton par dessus la trace. Mais c'est assez parlé de leurs brulures & marques: reste maintenant a racompter les brandillemens desquels ils vsent en leurs plus grandes festes, comme à Pasques, où ils n'ont rien plus exquis que de se brandiller, qui est vne chose merueilleuse, tãt ils s'eslancent haut en l'air. Ils font esleuer vne potence fort haute auec deux pilliers à laquelle ils attachent deux cordes esloignees l'vne de l'autre d'enuiron deux pieds, attachees à deux anneaux

*Adustions & bruslemens des Turcs à la façon des Arrabes.*

*Brandillemens des Mores & Turcs.*

Hh

*Voyages du Seigneur*

de bois afin que les cordes obeiſſent mieux: Les deux extremitez des cordes d'embas ſont attachees à vne planche faicte comme vne petite ſelle liee par les quatre coings, deſſus laquelle le brandilleur eſt debout, & en ſe repliant ſoy meſme ſe donne tel branſle, ſans eſtre pouſſé, qu'il va auſſi haut que la potence, eſtant debout ſur la planche & ſe tenant des deux mains aux cordes qui ſont a coſté de luy: eſtant preſque incroyable tant il s'eſlance haut & en auant & en arriere, la potence ayant bien douze toiſes de hauteur: & quand il eſt laſſé, il ſe ſied ſur la planche. Ils en ont bien d'autres pour les petits enfans comme nous auós en France, mais qui ſont choſes pueriles & indignes d'eſtre miſes en auant.

*Maniere de viure des Arrabes & leurs couſtumes, auec la deſcription du mont de Liban, & des ceremonies que faict le Patriarche & autres Euſſques Chreſtiens Maronites celebrant la meſſe.*

### Chap. VII.

LEs Arrabes s'eſtiment eſtre les plus nobles du monde, pour eſtre deſcendus de la lignee d'Iſmaël, fils d'Agar, chambriere d'Abraham: & pour ne s'eſtre iamais alliez par mariage auec autre nation que la leur. Mahomet eſt deſcendu de ceſte nation, duquel eſt prouenu ſa fauce creance, qu'ont non ſeullement les Arrabes, mais auſſi les Mores, Perſiens, Turcs

& Barbares. Ils n'ayment point à se tenir par les citez, ains tiennent toujours les montagnes & la campagne, portans tantes & pauillons pour se loger à couuert, menans auec eux leurs femmes, enfans & bestail, dont ils ont grand nombre, & quand ils ont esté quelques iours en vne montagne ou campagne, & que leurs bestiaux ont mangé ce qu'il y auoit de bon, ils leuent leurs tantes & s'en vont habiter en vn autre lieu. Et depuis qu'ils ont planté leurs pauillons en vn endroict, les hommes montent à cheual & s'assemblent par trouppes & courent tout le pays d'alentour pour piller & desrober ce qu'ils pourront rencontrer, ne viuans tous d'autre choses que de larcin, & quand ils ne trouuent que desrober ils s'entre-desrobent eux mesmes leurs bestiaux. De toute antiquité ils ont eu guerre ciuile les vns contre les autres, s'ils estoient vnis ensemble, ils seroient suffisans de conquerir le pays de leurs voisins. Car il faut noter que ceste nation est sur toutes celles du monde endurcie au trauail, & leurs cheuaux à la peine, d'autant qu'ils les accoustument dés leur ieunesse à ne manger & boire qu'vne seule fois en vingt & quatre heures, encore bié petitement, qui est cause qu'ils sont ordinairement maigres, mais prompts à courir par mótagnes & valees, & à faire de grádes coruees. Aussi tous le iours depuis le matin iusques au soir ils sont dessus, & quád ils attaquét quelques vns qui ont des harquebuses, ils ont plus de peur de la mort de leurs cheuaux, que de la leur

*Maniere de viure des Arabes.*

*Comme les Arrabes traictent leurs cheuaux.*

*Vie des Arrabes miserable.*

mesme. Pour le regard de leur vie elle est miserable, car premierement ils ne boiuent point de vin, ny ne mangent point de pain, sinon ce qu'ils en peuuent desrober, pour ce qu'ils ne prennent pas la peine de labourer n'y semer la terre. Ils vsent au lieu de pain d'vne certaine grene que la terre produit d'elle mesme, laquelle ils mangent auec le laict de leurs bestiaux, qui est la plus grand part de leur nourriture : ie me suis souuent esmerueillé comme ils pouuoient estre si forts & robustes, veu les trauaux & la pauure vie qu'ils menent. Ils sont d'assez grande stature,

*Description de l'Arrabe & son vestement.*

ayans le regard furieux & cruel, & le corps & visage tout bruslé de l'ardeur du Soleil, la plus part d'iceux vont tous nuds, fors quelque meschante toile qu'ils portent pour couurir leurs parties honteuses. Ceux qui vont à cheual portent certaines chemises de couleur turquine, dont les manches sont ouuertes quasi iusques en terre, tellement que quand ils courent ou cheminent l'on voit le vent s'entonner dedans, comme en vne voile de nauire, & dessus ladite chemise ils portent quelquesfois quelque meschante robbe. Pour toutes armes ils ont le cimeterre, la massuë, & le long dard, auec l'arc & le carquois. Leurs cheuaux sont enharnachez à la Turquesque & caparassonnez de toile peinte sous le ventre & par tout à cause de la poussiere : ils pré-

*Arrabes prennent autãt de femmes qu'ils veulent.*

nent autant de femmes qu'ils veulent, sans en repudier pas vne, comme font les Turcs, & outre

*Arrabes sodomites.*

ce les vns deuant les autres commettent sodomie auec les hommes & les bestes, reputans ce luy qui en faict le plus, pour le plus vaillant. Les Turcs les appellent chiens pour ceste cause, & aussi pour ce qu'ils n'ont ny foy ny loy, ny aucune amitié entr'eux. Or apres m'estre rafraischy à Tripoly deux ou trois iours, il me print enuie d'aller voir le mont de Liban & ses Cedres, dot pour c'est effect ie pris vn asne & vn More pour m'y conduire, portans auec nous pain & vin, pour manger & boire par les chemins: car il y a de distance de Tripoly six bonnes lieuës. Trauersans donc vne belle & riche plaine de laquelle ie parleray cy apres, nous paruinsmes au commencement de ladite montagne, où y a vne belle fonteine couuerte d'ombrages, sous laquelle nous demeurasmes vn peu pour boire & manger: puis montans la montagne par lieux assez difficiles, arriuasmes au monastere où le patriarche se tient, qui n'est autre chose qu'vne pauure maison bastie au pendant dudit mont, & vne eglise de moyenne grandeur entaillee & voutee dans le roc, ny entrant autre lumiere que par la porte, & par deux petites fenestres qui y sont, a l'vne desquelles sont trois cloches que l'on sonne pour aller au seruice, ne s'en trouuant autres en tout l'Empire du grand Turc, ny mesmement aucune horloge, sinon qu'en ce seul lieu. Estans donc entré dans le monastere, ie fus conduit en vne petite chambrette pour saluër le patriarche qui estoit malade & couché sur vn lict fort pauurement dressé, n'ayant sous luy qu'vn vieil matelas & vn gros linceul pour se couurir, & sous sa teste de vieux habillements au lieu d'orilliers.

*Descriptiõ de l'eglise patriarchale du mont de Libã.*

Voilà toute la magnificence qu'auoit vn si grãd personnage, auquel tous les Chrestiens Maronites qui sont en si grand nombre rédent obeissance. Il estoit vestu d'vne longue soutane Turquine, & portoit sur sa teste vn gros turban de toile teinte en turquin, qui est son habit ordinaire, comme aussi a tous les Euesques & Archeuesques. Mais quand ils vont à l'eglise ou autre part, ils portent sus la soutanne vne autre lõgue robe noire sans aucun colet. Or apres auoir receu la benediction du Patriarche & sorty de sa chambrette, y entra vn Archeuesque & deux Euesques, qui estoient venus le visiter. Lesquels incontinent en sortirent pour entrer en l'eglise, où l'Archeuesque se prepara à nostre façon & coustume pour dire la messe, car ils sont obeissans maintenant à l'eglise Romaine. Luy dont estant à l'autel commença la messe en langue Caldaïque, auant les deux Euesques à ses costez qui luy aidoient à la dire, sans estre vestus d'autres ornemens que de leurs longues robbes & turbans: Puis la consecration faicte leua le sacré corps de nostre Seigneur Iesus-Christ en haut pour le monstrer aux assistans, ainsi que l'on faict en l'eglise catholique, lequel precieux corps il diuisa en trois pieces qu'il mist dans le calice, & auec vne cuillier d'argent qui y estoit communia les deux Euesques qui luy auoient aidé & assisté à dire la messe, retenant pour luy le reste qui demeura dans le calice. Ceste cerimonie nouuelle me fist demander à vn religieux qui parloit Italien, pourquoy l'Archeesque auoit communié les deux Euesques, il me respondit pour ce que tous trois ensemble auoient celebré la messe. Ce que ie trouuay estrange de prime abordee, consideré que les Euesques n'estoiēt vestus d'habits sacerdotaux, & que entre nous c'estoit vne chose inusitee, mais le religieux me dist que le Pape leur auoit concedé viure selon leurs coustumes anciennes: en attendant que peu à peu ils feussent du tout reduicts aux nostres. Or combien que tous ces prelats soient pauurement habillez sans suitte d'aucuns seruiteurs, ny de pompe mondaine, neātmoins le peuple les reuere & honore beaucoup, se prosternant à leurs pieds quand ils veulent parler à eux. Ce que le peuple obserue quasi de mesme à l'endroit des religieux, leur baisans les mains, comme ils font ausdits Euesques, tant ils se rendent obeissans & humbles vers les gens d'eglise. Apres que nous eusmes disné assez legierement, nous feusmes conduits hors le monastere pour voir plusieurs petits iardins que les religieux, Euesques, & quelquesfois le Patriarche, ont faits & labourez de leurs propres mains. Car si tost que leur seruice est finy, ils vont labourer la terre, & les vignes, ou s'exercer à quelque trauail terrestre, disans suyure en cela le commandement de Dieu, par ainsi ils ont accommodé tout le pendant de ladicte montagne de petits iardinets, & planté en iceux diuersitez d'arbres, les vns pour faire la soye, & les autres portans fruicts:

*Chrestiēs Maronites honorent grandement leurs prelats.*

Hh iiij

*Voyages du Seigneur*

Ils ont faict aussi grād nombre de petits canaux par où l'eau de quelques fonteines descend, courant deçà delà pour arrouser les iardins: au bas de la montagne elle faict mouldre vn moulin & de là se va ioindre auec la riuiere qui descend du mont de Liban, & qui passe par la cité de Tripoly.

*Riuiere de Tripoly.*

*Descriptions des cedres du mont de Liban, de la cité de Tripoly de Surie, de sa riche planure, & de quelques coustumes des Turcs.*

### Chap. VIII.

Tant plus l'homme voit, plus il desire voir, qui fut occasion qu'estant espris d'vn tel desir, ie voulus monter au lieu où sont les hauts & anciens cedres du mont de Liban, combien que plusieurs me donnassent aduertissement que le chemin y estoit fort perilleux, à cause des voleurs, tant Turcs, Arrabes que Chrestiens, qui estoient aux villes & villages qui sont autour de la montagne, toutesfois que prenant trois ou quatre archers, ie pourrois y aller seurement. Ce que ie feis, & accordé a deux sequins d'or, à trois archers pour m'y conduire: le lendemain à la diane, monté sur mon asne accompagné des archers qui estoient Chrestiens Maronites, suyuāt la droite route vers les cedres, passames au pied d'vne vieille ville appellee Picharai, laquelle est habitee de Mores, Turcs & Chrestiens, qui ont la reputation d'estre grands larrons. De là con-

*Ville de Picharai.*

tinuans nostre chemin paruinsmes aux cedres sans aucun empeschement, de la hauteur, grosseur, beauté & droicture desquels ie m'esmerueillay, & comme par la volonté de Dieu, ils estoient demeurez en leur grandeur & verdeur, depuis le temps du Roy Salomon, qui se monte enuiron trois mil ans, sans comprendre l'aage qu'ils pouuoient auoir au temps que le Roy Hiram luy en enuoya si grande multitude pour orner le temple qu'il edifioit en Hierusalem. C'est vn arbre qui est tousiours verd & portant son fruict & sa fueille esleuee en haut, ressemblant au Sapin, sinó que la feuille est beaucoup plus petite & deliee, & le fruict plus beau, lequel auec son arbre rend vne huille espoisse qui a vne tres-grande odeur, & sous les cedres, comme aussi sur le fais de ladite montagne sont des terres labourables, vignes, arbres portans fruicts, & beaux pasturages qui sont en la possession du patriarche, mais les bergers qui gardent le bestail, ont ruiné le pied de quelques cedres par le feu qu'ils ont faict, neantmoins leur verdeur c'est tousiours conseruee. Et par ce que i'auois esté aduerty qu'en les nombrant nul n'en pouuoit sçauoir le nombre, ie l'ay voulu experimenter par trois ou quatre fois, à toutes lesquelles i'en ay trouué tousiours plus ou moins, bien diray-ie à ce que ie puis iuger, qu'il y en a enuiron de vingt quatre ou vingt six. Ce n'est sans cause que la saincte escripture, faict mention si souuent des cedres & du mont de Liban., car c'est vne montagne tres-fertile en bons vins, bleds, bois, *Beauté des cedres de Liban & leur description.*

*Cedres du mõt de Libã ne se peuuent nombrer.*

*Fertilité du mont de Libã.*

*Voyages du Seigneur*

arbres, pasturages, & bonnes fonteines. Or estant retourné au monastere ie prins cógé du Patriarche, auquel chacun qui y va, laisse quelque aumosne: puis retournans par vn autre chemin que celuy par lequel nous estions venus, veismes plusieurs villes & villages: tant qu'à la fin arriuasmes en la tresbelle & riche planure de Tripoly, qui dure cinq lieuës de longueur vers la marine, s'estendant de trois en largeur vers le mont de Liban, elle est toute remplie d'oliuiers, meuriers à faire la soye, grenadiers, citronniers, orangiers, figuiers, vignes & froments semez sous lesdits arbres, & plusieurs autres sortes de fruicts, entre lesquels y en a vn qui ressemble aux abricots (mais bien meilleur) lesquels ils nomment Michenis, & se mange au mois de Iuin & Iuillet: comme aussi vn autre fruict qu'ils appellent amaza franchi, pour ce que les Chrestiens François, Italiens & autres qui en mangent pour sa bonté, en trop grande quantité, leur engendre vn flux de sang, ou quelque fieure pestilencieuse qui les faict mourir, ce qui a esté cause que les habitans du pays l'ont ainsi nommé, qui vaut autant à dire qu'à tuer les Chrestiés. Ce fruict a quelque sympatie à l'abricot, toutesfois il n'est pas si doux & excellent que le Micheniz : Et considerant la richesse de ceste planure il me souuient d'auoir leu dans le liure de la Mer des histoires qu'anciennement elle valoit de rente chacú an deux cents mil escus au Comte de Tripoly: ie demanday à plusieurs François & Italiens qui y font leur residence, & mesme-

*Riche planure de Tripoly.*

*Fruit en Tripoli appellée Amaza franchi.*

*Valeur de la planure de Tripoly.*

de Villamont Liure 3. 246

...ment au Conful de noſtre nation, combien elle valoit de rente chacun an, leſquels me reſpondirent vnanimement, vn million d'or, prouenant des ſoyes, huiles, d'vn ſol par chacun arbre, & de la dixme des fruicts, que le grand Turc prend chacun an de tribut. Or comme l'on approche à vne grande demie lieuë de Tripoly, l'on paſſe au bout du pont antique que fiſt faire Rodemont qui eſt baſty ſur cinq arcades. La cité de Tripoly eſt d'aſſez grãde eſtéduë, & plus longue que large, ſituee au pendãt d'vne coline q̃ nature a diuiſée en deux pour laiſſer courir la riuiere par le milieu de la cité, laquelle par apres ſe diuiſe en pluſieurs canaux, & arrouſe les terres d'vne autre planure qui continuë iuſques au bord de la mer, qui n'en eſt diſtante que de demie lieuë. Et ſur le haut de la coline eſt vn chaſteau qui commãde a la cité, qui a eſté autresfois edifié par les François, où les Turcs font bonne garde. Les maiſons y ſont baſties à la Turqueſque de deux ou trois eſtages de haut, auec des plates-formes deſſus qui leur ſeruent de couuerture, & ne les ferment qu'auec des clefs de bois, comme en Hieruſalem. Les ruës y ſont fort eſtroictes excepté celle qui va au pont d'Alep, laquelle eſt couuerte & voutee, comme pareillement ſont les baſards, ou marchez, où ſe vendent toutes ſortes de marchandiſes neceſſaires à l'homme, excepté du vin. L'air y eſt tres-mauuais & mal ſain quand le vent vient du coſté du mont de Liban. L'eau auſſi dont y a grande abondance, eſt tres-mauuaiſe à boire, & engendre diſſenterie & fiebures,

*Pont de Rodemont.*
*Cité de Tripoly & ſa deſcription.*
*Chaſteau de Tripoly.*
*Mauuais air en Tripoly.*

*Voyages du Seigneur*

*A qu'elle heu-*
*re du iour les*
*Turcs prient,*
*leurs ceremo-*
*nies & l'orne-*
*ment de leur*
*mosquees.*

dont on meurt quelquesfois. Il y a grand nombre de belles mosquees, où les Mores & Turcs vont faire leurs prieres aux heures accoustumees, qui est au poinct du iour, puis enuiron neuf heures, midy, trois heures apres midy, & quand le Soleil est couché, qui sont cinq fois le iour, & d'autant qu'ils n'ont point de cloches pour aduertir le peuple de venir à l'oraison, les Saintons qui sont leurs prestres, montent sur le haut des domes ou clochers de leurs mosquees pour les appeller à haute voix. La cerimonie de leurs prieres se faict ainsi que i'ay veu, eux estans en leurs mosquees, aussi pendant que i'ay esté auec eux sur mer & sur terre. Premierement auāt qu'ils entrent en leurs mosquees ils se lauent en vn lauatoire qui est à l'entree d'icelles, commençans aux parties honteuses & au cul, puis à leurs bouches, visages, pieds & mains. Ce faict entrēt

*Lauatoire des*
*Turcs auant*
*que faire leur*
*oraison.*

en leurs temples, en s'enclinans la teste contre terre, alors le Talasumany, qui est le premier prestre, commence l'oraison, & eux luy aident à la continuer, se prosternans à certaines paroles tous à genoux sur chacun son tapis, ou sur la terre qu'ils baisent par trois fois, puis ils demeurēt assis sur leurs talons detournant la teste à dextre & à senestre comme s'ils estoient hors d'entendement, saluant leur faux prophete Mahomet, disans par plusieurs fois ceste parole Haylamo, haylamo, puis iectent vn grand souspir disans houp, en tenant la teste auec les deux mains. L'oraison estant finie leur prestre monte en vne chaire pour leur adnoncer la grandeur de leur prophete Mahomet. S'ils sont sur mer à l'heure de faire leurs prieres, ils se lauent de l'eau de la mer, & sur terre de celle qu'ils pourront trouuer, faisans vne mosquee de leur mouchoir ou de quelque autre chose, puis font leur oraison les vns à haute voix, les autres en groumelans: mais ils sont les plus grands hypocrites du monde, car tout ce qu'ils font, c'est afin d'estre veus & louez des hommes ainsi que faisoient anciennement les Pharisiens. Ils font force cerimonies principalement deuant les Chrestiens, estimans par ce moyen les reduire a leur folle creance, mais s'il arriue que sans y penser ils touchent leur mouchoir qui leur sert de mosquee, ils leur feront desplaisir, ainsi qu'il m'arriua nauigeant auec eux de Tripoly en Chipre pour aller en Egypte. Leurs mosquees sont biē basties, ornees de domes & de clochers, comme nos eglises, sur lesquelles au lieu de croix est vn croissant les deux cornes à mont, & sont ordinairement toutes blanches par le dedans & remplies de grand nombre de lampes ardantes sans aucuns autels, image n'y figure, non seulement en leurs mosquees, mais aussi en leurs maisons, meubles, ouurages, & en tout ce qu'ils font, iusques à la figure d'vn petit oiseau : Pour ce que leur loy le deffend : & mesme qu'ils croyent que l'image ou le pourtraict, demandera son ame au iour du iugement au peintre qui l'aura faicte. I'apprins cecy au second voyage que ie feis en Chypre estant à Limisso logé en la maison du Vice-consul de France, qui auoit vn tresbeau pourtraict

*Voyages du Seigneur*

d'vne courtisanne Venitienne, ce qu'entendant le Cady fut desireux de le voir, & luy manda qu'il eust à luy porter ou enuoyer, lequel obeissant au commandement luy porta. Mais le voyant plus beau qu'il ne l'esperoit, demanda si en la Chrestienté y auoit de si belles femmes, le Vice-consul luy respondit que ouy, & que le pourtraict de celle qu'il voioit, estoit l'vne des moindres en beauté, lors il dist, si est-ce toutes-fois qu'il ne luy manque que la parole, laquelle luy sera donnee au iour du iugement, pour demander son ame à celuy qui la pourtraite: mais le Vice-consul luy respondist qu'elle ne pouuoit parler sans auoir ame, & aduenant qu'elle parlast, le peintre n'estoit tenu luy en fournir vne seconde, par ce que ny en ce monde, ny en l'autre, nul n'en a plus d'vne. Ceste replique luy ferma la bouche, & peu de iours apres il tomba malade d'vne fieure qui le feist mourir: le medecin qui le traita me venoit souuent visiter en ma maladie, & me dist que deux iours auant qu'il mourust, il mangea d'vne herbe nommee Haffion, de laquelle i'ay parlay cy deuant, afin qu'elle le prouoquast à vn sommeil plaisant & delectable, ce que font ordinairemét les Turcs, mais le pauure vieillard en mangea en si grande quantité, que par l'espace de deux iours il ne fist que dormir, & mourut incontinent apres son resueil.

*Plaisäte mort d'vn Cady de Limisso.*

quelle opinion ont les Turcs de Iesus-Christ, de la Vierge Marie, & de la foy Catholique: ensemble de leurs coustumes sur ceux qui blasphement Iesus-Christ & Mahomet, de la punition des adulteres, & des pleurs que font les Iuifs sur leurs morts.

## CHAP. IX.

LEs Turcs honorent le grand prestre de la loy Mahometanne qu'ils appellent Mostetti, & ceux qu'on nomme Seity, ie dis tellement, que si l'vn d'eux en auoit frappé vn, il auroit sur l'heure la main couppee: & s'il estoit Chrestien, il seroit condemné au feu: mais vn des Seity ayāt commis quelque faute, est seulement condemné à aller en exil ou en prison perpetuelle. Leurs prestres sont grands persecuteurs des Chrestiés, tachans de les faire tomber en quelque inconuenient. Il y en a d'autres qu'ils nomment Talasamani qui sont docteurs, ayans auec eux vn autre docteur appellé Paracady qui est autant à dire comme petit Docteur: & ceux cy ont plus d'auctorité que les autres, par ce que l'on approuue tout ce qu'ils font, leur office s'estendāt à faire les lettres de franchise, & la carte de la liberté des esclaues. Quant à leurs vestements ils ne sont aucunemét differents de ceux des Turcs, sinon que leur turban est beaucoup plus gros. Ils pensent faire vn grand bien pour le salut de leur ame d'inciter par tous moyens les Chrestiés à prendre leur loy, & quelquesfois voyant qu'ils

*Voyages du Seigneur*

ne peuuent les y reduire par leurs remonstrances, ils inuentent contre eux quelque fauce accusation, pour laquelle soustenir trouueront cinquante tesmoins qui tous rendront faux tesmoignage, tenans à grand honneur de tesmoigner faux contre les Chrestiens, afin d'estre occasion de leur faire renier Iesus-Christ pour accepter Mahomet: ils ne font que toucher le haut de leurs testes & leurs barbes pour porter tesmoignage de verité. L'accusation estant verifiee, le pauure Chrestien est condemné à la mort ou renoncer son salut, & neantmoins ils croient que apres leur loy, aucune n'est meilleure que la nostre, affermant que nostre Seigneur Iesus Christ estoit le souflement enuoyé de Dieu, disant qu'il estoit sainct & iuste, & qu'il sera le iuge des faicts des humains, & de toutes les choses de ce monde au iour du iugement. Pareillement ils croient que Mahomet doit venir auec luy au iour du iugement vniuersel, se seant à sa dextre, & luy monstrant ceux qui auront suiuy sa loy, tous lesquels selon leur opinió seront mis par nostre Redempteur à sa dextre, mais selon celle de l'eglise à la senestre. C'est pourquoy ils luy portent si grand honneur que si quelqu'vn le blaspheme, ils luy donnent cent bastonnades pour punition, & ceux qui prennét le nom de Dieu en vain, & celuy de leur faux prophete, ils le punissent de mort, disant que Dieu le veut ainsi, mais que leur prophete Mahomet, qui n'est pas Dieu, ains seulement vn pauure prophete qui ne se veut venger d'aucun outrage

outrage, en font la vengeance pour luy, le puniſ-
ſant de meſme peine & ſupplice, comme celuy
qui a blaſphemé Dieu. Que ſi vn Chreſtien tombe en ce peril, il a le moyen de ſauuer ſa vie ſe
faiſant Turc, ce que le Turc ne peut faire pour
rien du monde quand le blaſpheme eſt verifié
contre luy. L'opinion que les Turcs & Mores
ont de noſtre Sauueur Ieſus-Chriſt, eſt premierement qu'ils croient qu'il eſt, comme i'ay dit,
enuoyé de Dieu, nay de la glorieuſe Vierge Marie, elle demeurant Vierge, & qu'il a eſté ſans
peché, & a faict des miracles ſupernaturels, puis
a monté au ciel: mais de croire qu'il ſoit fils de
Dieu, & qu'il ait eſté crucifié, cela ne peut entrer
en leur ceruean. Ils diſent bien que les Iuifs luy
vouloient mal, & qu'ils le cherchoient pour
mettre à mort, à raiſon qu'il les reprenoit de
leurs mauuaiſes vies, & que au lieu de luy ils
prindrent vn de ſes diſciples qu'ils crucifierét, &
pluſieurs autres folies, que ie laiſſeray ſous ſilence. Là liberté eſt grande aux Chreſtiens qui
habitent en Tripoly, plus qu'en nul autre lieu
de la Turquie, à raiſon du grand commerce qui
s'y faict de toute l'Aſie, n'y ayant autre port de
mer que là & en Alexandrie, où l'on puiſſe charger la marchandiſe qui vient de l'Arabie, Indie, & de toutes les parties d'Aſie & Affrique, des
citez d'Alep en Sirie, & du grand Caire de Babilone en Egypte, toutesfois ils ne laiſſent pas
de leur faire quelque vanie pour auoir de l'argent, ainſi que i'ay veu, car ils furent accuſez
d'auoir eſtranglé vn More, qui fut trouué mort

& enfermé en vne boutique sans pouuoir estre recognu, dont pour sortir de ceste vanie, il fallut que les Chrestiens payassent cent ducats, tant au Sangiaco que au Cady, pour le sang du mort. Car ils ont vne coustume en toute la Turquie, que si celuy qui a commis vn homicide n'est representé à la iustice, les habitans des villes & villages d'alentour seront accusez de l'auoir fait, & à la fin contraincts payer deux ou trois cents ducats pour la vie du mort. Durant mon seiour pour passer le temps i'allay voir les ieux & dances que faisoient certains Mores en vne place qui est ioignāt le cimetiere des Iuifs, mais leurs ieux n'ont aucune resemblance à ceux de nos Comediens, ains sont barbares, comme ceux qui les font, leurs dances sont agreables d'vne part, & sales de l'autre, d'autant qu'en dansant ils font certains gestes auec le cul & la teste qui ne conuiennent nullement: au reste elle est assez plaisante, pour ce qu'ils vont en grauité tenant en chacune main deux petits os qu'ils manient si à propos & auec tant de grace, que leur son accorde auec celuy des instruments, qui sont petits tabourins qui n'ont qu'vn fond, & vne maniere de musette & haut-bois. Les Mores vsent de mesmes instruments & os, mais ils sont bien differents en leurs dances, d'autant qu'ils vont autant d'vne iambe comme de l'autre, faisans des gestes qui esmouuent les personnes à rire, & tels Mores sont les propres habitans du pays, appellez ainsi, non pour estre noirs, car ceux qui sont du tout noirs habitent au pays de Lydie en Affrique, & autres prouinces assises sous le midy: Ie ne veux pas dire que entre eux il ne s'en trouue quelques vns, mais non en si grande quantité comme l'on faict au pays d'Egypte. Estant ennuyé de voir leurs dances, i'allois ordinairement voir les pleurs, battements & chants pitoyables que font chacun iour, principalement le vendredy, les Iuifues, sur les sepultures de leurs maris, dequoy ie fus au commencement esbahy: car ils se battent les ioües & le visage par l'espace de plus de deux heures, chantans certaines lamentations en Hebreu, au chant desquelles les coups qu'elles se donnent sur le visage & par tout le corps, correspondent à la cadence. Ce faict ils deuiennent rouges & enflammees comme harpies, puis apres se couchent de leur long sur les sepulchres, ayans autour d'elles des femmes qu'elles louent pour pleurer, vn quart d'heure passé elles se leuent & comme desesperees parlent aux femmes, & recommencent leurs follies plus fort que deuant. Les Turcs se moquent infiniment d'elles & de leurs folles ceremonies, ainsi que souuét i'ay veu, mesme que plusieurs fois m'ont ils demádé si auions en vsance telles coustumes. Quant à eux, ils ont leurs sepultures sur le grand chemin qui va de Tripoly à la marine, vers la tour qu'vn Venitien feist faire pour se rachepter du peril de mort où il estoit tombé, pour auoir eu la iouissance d'vne femme Turque: estant vne maxime generale, que si vn Chrestien est trouué commettant luxure

*Voyages du Seigneur*

auec vne infidele, il est sans remission bruslé tout vif, ou contrainct renier Iesus-Christ & sa foy aussi. Si vn Turc est trouué auec vne Chrestienne, on le meine sur vn asne, portant les entrailles de quelque animal, & tenant la queuë de l'asne en ses mains au lieu de bride, & est conduit en ceste maniere par tous les lieux de la cité: Ils sont si ialoux de leurs femmes que iamais ne leur permettét d'aller faire leur priere aux mosquees, ny frequenter n'y parler à aucune personne, non pas mesme auec leurs enfans quand ils commencent à croistre, dont pour oster toute suspition, le pere les enuoye aux escholes, ou bien pour s'exercer aux armes, ou apprédre quelque mestier, afin que si la fortune tournoit contre eux, ils puissent viure de l'art qu'ils ont appris: d'où vient que eux ayant achepté quelque esclaue qui sçache quelque chose de vertu ils luy donneront leur propre fille en mariage, tant ils aiment ceux qui sont douez de quelque sçauoir, ce qui est cause qu'il y a tant de renegats par toute la Turquie.

*Luxure d'vn Turc auec vne Chrestienne peu puny.*

*Grãde ialousie des Turcs, & la suiectiõ de leurs femmes.*

*Ce qui couste pour aller de Tripoly à Marseille, & de Marseille à Tripoly. Que c'est qu'vne Carauanne. L'obseruation du Caresme, & de la Pasque des Turcs, auec la valeur des monnoyes, & du port de Tripoly.*

CHAP. X.

LE Dimanche premier iour de Septembre, arriua la Carauane où y auoit de conte faict douze cents chameaux chargez de diuerses marchandises pour les Marsillois, mais les hommes & Iannissaires qui estoient à la conduicte d'icelle, furent par leur grande faute volez par quarante Arrabes à cheual, qui pour toutes armes n'auoient que leur dard & leur cimeterre, & les autres estoient plus de cent, dont vne partie portoient des arquebuses. Les Arrabes les contraignirent de se despouiller tous nuds en leur presence, pour voir s'ils portoient de l'argent sur eux ou non. Il arriua qu'vn marchant François en ayant quelque nombre sur luy, feist difficulté se despouiller, qui fut cause qu'vn Arrabe le fendit presque en deux d'vn coup de cimeterre, duquel coup il mourut: ils prindrent son argent, & ietterent la reubarbe qu'il portoit par les chemins, n'ayans cognoissance de sa valeur. Il y eut aussi certains patrons de vaisseaux blessez de coups de dard, lesquels peu apres en guerirent, & à ce qu'on disoit la perte se montoit à douze mil escus. Peu de iours apres quatre ou cinq de leurs vaisseaux feirent voile pour s'en aller à Marseille, dans l'vn desquels se mirent les sieurs de Brignan, de Sainct Leonard, & de Saint Denis pour retourner en leurs maisons, ne leur coustât pour leur nourriture & passage qu'à chacun dix escus d'or seulement, qui est tout ce que prennent les Marsillois pour ceux qui veulent passer de Tripoly à Marseille: Et de Marseille pour venir à Tripoly ne prennent que cinq ou six escus, pour

*Voyages du Seigneur*

ce qu'ils ne sont pas tant de iours à venir en Syrie, comme à retourner à Marseille. Ce qui me fist leur rompre compagnie, fut le desir de voir le grand Caire d'Egypte: Mais ie fus saisy d'vne petite fieure lente auec vn flux de ventre qui m'osta du tout l'appetit, toutesfois ie ne laissé pas de me pourmener comme i'auois accoustumé iusques à ce que ie fus cōseillé par le sieur Consul changer d'air, & m'en aller en la montagne de Iacob. Ce que ie feis le iour mesme que i'esperois m'embarquer pour aller en Egypte:& y ayant recouuert santé cinq iours apres que i'y fus, ie renuoyay mon seruiteur à Tripoly pour achepter des prouisions, & pour aller s'informer au port si quelque Germe s'en alloit à Damiette, ce qu'il fit, & retourna diligemment auec deux moucaris & leurs asnes, pour porter & nous & nostre bagage iusques au port, parce que la nuict ensuyuant le Germe deuoit faire voile pour aller à Damiette, qui est vne des citez maritimes d'Egypte: mais elle seiourna encores deux iours, pendans lesquels ie feis mes prouisions necessaires à vn tel voyage. I'oublioîs

*Caresme des Turcs, & cōme ils l'obseruent.*

à reciter que les Turcs ont vn Caresme qui dure autant de iours, que la lune est à faire le Zodiaque, & ce caresme est appellé en langue Turquesque & en Moresque Romadan, n'ayant aucun temps limité comme le nostre, ains changeant tous les ans de cours. Car s'il est vn an en vn mois, l'an ensuyuant il sera en vn autre, & tous les Mahometans le ieusnent sans boire ny manger depuis Soleil leuant iusques à Soleil touchant, tellement qu'en esté ils endurent vne soif insuportable, pour raison des grandes chaleurs qui regnent en leur pays, & aduenant que quelqu'vn d'eux transgresse le ieusne, il est condemné en de grosses amendes, ainsi qu'il aduint à vn François renegat pour auoir beu de l'eau, auquel ils feirent payer douze sequins, ce qui luy donna occasion d'entreprendre le voyage d'Egypte auec moy. Or s'ils font abstinence le iour, ils passent les nuicts à boire & manger, sans qu'il leur prenne enuie de dormir, d'autant qu'ils employent le iour à cest exercice, ainsi que vous entendrez par cy apres. Bref ils ne le commencent point à ieusner iusques à ce qu'ils voyent le croissant de la lune, dont incontinent on tire du chasteau vn coup de canon, pour donner le signal de son commencement, & par toutes les mosquees on voit vne multitude de lampes ardantes sur le haut des Domes & clochers, la lueur desquelles se continuë toutes les nuicts pendant que le Romadan dure, & tout ainsi que à son commencement on donne le signal de son ouuerture par vn coup de canon, aussi à sa fin ils en vsent tout de mesme, puis chacun se prepare à dresser sa pasque, qui est de tuer force moutons, & boire & manger sans cesse par l'espace de trois iours & trois nuicts que la pasque dure, s'allans veoir & visiter l'vn l'autre, pour s'entre-aider à manger leurs moutons, n'y ayant si pauure homme, qui plus tost ne vende sa robbe que de manquer à auoir vn mouton le

*Comme les Turcs font leurs pasques.*

*Voyages du Seigneur*

*Folle creance des Turcs touchant leurs pasques.*

iour de leur pasques. La raison pourquoy ils sacrifient des moutons ce iour là, est qu'ils croient que les moutons qui y sont tuez entreront en paradis au iour du iugement : & que le mouton que le pere de la foy Abraham sacrifia au lieu de son fils Isaac, auoit esté nourry en paradis par l'espace de quarante ans, & que l'Ange Gabriel l'auoit apporté, & qu'il estoit de couleur noire. Ils croient aussi par vne folle superstition que les moutons qu'ils sacrifient le iour de Pasques prieront au iour du iugement pour ceux qui les auront sacrifiez. Ainsi ces pauures infideles apres auoir iesuné trente iours, ou vne lune, ils s'assemblét tous generalement le plus prochain védredy du dernier de la lune à la Mesgeda ou téple, là où ils font leurs annuelles oraisons, & font la priere du midy fort prolixe, où le prestre list diuers Asora ou chapitres de l'Alcorá, entre lesquels le troisiesme est le principal, lequel ils nóment Elmeide, c'est à dire Cene, durant lequel

*Grande reconciliation que font les Turcs & infideles à leurs pasques.*

ils se baisent les mains les vns aux autres, d'autres se baisent la bouche, se disans l'vn à l'autre, Dieu te donne la bonne pasque, en leur langue Turquesque, Alla, chair behiram, en Arrabe, teib behiram leche: & tout homme qui a vn ennemy, est contrainct luy aller demander pardon, & l'autre de luy dóner premier que de baiser main ou bouche, car autrement leur Behiram ou pasque ne vaudroit, & en outre seroient excommuniez s'il estoit apperceu que quelqu'vn y eust failly. Laquelle coustume ils ont prinse de la primitiue eglise, où les Chrestiens estoient tenus

de Villamont Liure 3. 253

de se reconcilier les vns auec les autres, auant que de se presenter au sainct Sacrement de l'Eucharistie, qui est pour ceste cause appellé sacrement d'vnion. Mais pour le iourd'huy ceste saincte tradition de la primitiue eglise est entre les Chrestiens si mal obseruee, que i'ay grand peur qu'au iour du iugement les Turcs & infidelles qui n'ont point esté esclairez de la lumiere Euangelique ne nous condemnent: Car il s'en trouuera entre ceux qui font profession du christianisme, qui sont poussez d'vne telle enuie & inimitié contre leur prochain qu'ils seront quelques fois vn an entier sans parler auec luy. Chose qui ne se rencontre en autre nation tant barbare qu'elle soit. Mais pour retourner à nostre propos, le iour de pasques les Mahumetistes demandent pardon l'vn à l'autre, & tous les vendredis quãd ils vont au Mesgeda ou temple, & n'oseroient faillir sur peine de haram, c'est à dire grãd peché, de pardõner, ou pour le moins faire le semblant à son ennemy: parquoy les meschans qui ne veulent pardonner, ne s'y trouuent que peu souuent: car apres auoir pardonné, s'ils se faisoient quelque iniure l'vn à l'autre pour l'ancienne querelle, & que la partie interessee peust prouuer qu'ils s'estoient reconciliez, l'agresseur encouroit vne merueilleuse punition, plus que pour vne autre offence. Car ils disent que ceux qui font cela se moquent de Dieu & des hommes. Deuant que vous raconter comme ie m'embarquay dans la Germe. Ie veux d'escrire la situation & valeur du port de

*Saincte coustume des Turcs de se pardõner tous les vendredis, & la raison pourquoy, & la punition de ceux qui contreuiennent.*

Tripoly, la douanne duquel vaut de ferme au grand Turc quatre cents mille escus. Quant à la beauté du port, elle depend d'vne longue pointe de la planure qui s'auance fort en la mer, ayāt à son extremité vne forte tour carree, qui deffend son entree, à demy quart de lieuë de laquelle y en a vne autre semblable ioignant la douanne du port qui est bastie de forme carree, & couuerte à la Turquesque, auec autres magazins où se mettent les marchandises. Il y a aussi des boutiques où l'on achepte ce qui est requis pour viure excepté du vin. Outre les deux tours cy dessus mentionnees, s'en voyent encore cinq autres le long du port, lesquelles sont fabriquees de mesme forme que les precedentes, & assez distantes l'vne de l'autre, la plus part desquelles la Royne Saincte Helene feist faire auparauant que d'aller en Hierusalem, cercher la vraye croix, afin que par le moyen desdictes tours qui se cōtinuoient le long de la mer depuis Iaffa, iusques en Constantinople, elle donnast par le signal de feu qu'ils s'entre-faisoient, prōpt aduertissemēt à l'Empereur Constantin son fils si la Saincte croix estoit trouuee ou non. Ce qu'elle fist en trois iours & trois nuicts à ce que disent aucuns, combien que Hierusalem soit distant de trente & huict iournees de Constantinople. Pour conclurre de ce que i'ay veu & appris de la Syrie, c'est l'vn des beaux & riche pays de l'Oriēt, y trouuāt tout ce qu'vn homme peut souhaiter, aussi bien pour le viure que pour les gentillesses du mōde, d'autāt que ce qui n'y croist point, y abonde des

Indes & de tout l'Orient, où se voyēt des richesses & ouurages si magnifiques, rares & excelléts que tout homme qui y aura esté cófessera librement qu'en Occident ne s'en trouue de pareilles. Car combien que les Orientaux ne frequentent les pays estranges, neantmoins ils ont l'entendement tresbon à trauailler à toutes sortes d'ouurage de soye, & autres choses tresbelles & ingenieuses. I'ay veu en la Syrie, Iudee, Egypte la queuë des moutons si grosse, grande & large qu'elle pesoit trente trois liures & d'auantage, & toutesfois les moutons ne sont guere plus gráds que ceux de Berry, mais bien plus gros & la laine plus belle. Pour le regard des monnoyes qui s'y dependent, le sequin de Venise, & les grandes realles d'Espagne, y ont plus de cours que toute autre monnoye. Le sequin s'y met à nonáte maidins, & le sultanin autant, la reale d'Espagne à 60. maidins, qui est gagner, outre son pris ordinaire, huict sols de France, & la nóment piastre. Les escus de France & d'Espagne s'y mettent à 80. maidins entre les Chrestiens, mais les Turcs ne veulét que des sequins ou des piastres, & quád ils parlent de ducats courans, ils entendét qu'ils ne valent que 40. maidins: car les autres ducats se prennent pour escus d'or. Il y aussi des seyas qui s'y mettent pour 5. maidins, & le maidin reuiét à dix deniers de Fráce, mais toutes leurs mónoyes sont faulses, & n'ont point de pois aresté. Or l'heure venuë qu'il failloit m'embarquer en la Germe, qui est vn vaisseau sás tillac, que les Egyptiés amenét chargee de ris & autres marchádises

*Oriētaux ont bon entendement.*

*Valeur des monnoyes de Syrie.*

*Que c'est que vne germe.*

## Voyages du Seigneur

en la Syrie. I'y fis porter ma casse, mon matelat & mes victuailles, esperant estre logé à couuert suyuant la promesse que m'auoit faicte le Rais, mais ie fus deceu de mon esperance, car le soir du dimanche dixiesme iour du mois de Septembre que nous nous embarquasmes, ie trouuay le vaisseau tout chargé de Mores, Turcs & Egyptiens, tant qu'à grãd peine pouuois-ie trouuer lieu pour mettre ma casse, toutesfois pour la nuict ie pris pacience, me confiant que le Rais m'accommoderoit mieux, lequel au lieu de ce faire ne voulut oncques permettre qu'on fist du feu en son vaisseau, contreuenant du tout à ce qu'il m'auoit promis, me donnant à cognoistre le peu de foy que l'on doit adiouster en leurs paroles. Nauigeant donc vers le royaume de Chipre pour aller en Damiette, nous endurasmes vne si grande chaleur, que dés le premier iour, ie fus attaint d'vne fieure continuë accõpagnee d'vn flux de ventre vehement, de maniere que de iour en iour mes forces diminuoient, parce que ie ne beuuois ny mangeois que du pain & de l'eau, d'autant que le Rais ne vouloit pas qu'on allumast du feu en son vaisseau, ny les Turcs & Mores que ie beusse du vin pour l'amour de leur Romadan. Ils me disoient mille vilannies, & entre autres que i'estois vn espion d'Espagne, de Malte, ou du Pape, & qu'il me failloit ietter dans la mer, passant & repassant sur moy, cõme sur vne pauure beste: & ce qui me faisoit plus de desplaisir, estoit qu'ils me dõnerent tãt de poux que ie ne pouuois fournir à les tuer.

*Embarquemẽt de Tripoly pour aller en Egypte.*

*Maladie que i'enduray sur mer auec les Sarrazins.*

de Villamont. Livre 3. 255

Il y en avoit entre eux quelques vns qui estoient pitoyables, & qui m'offroient de ce qu'ils mangeoient la nuict, mais iamais ne me print enuie de gouster à leurs viures: le renegat dont i'ay parlé cy dessus me secourut & seruit beaucoup, tant en ma personne que pour parler pour moy à ces infideles: Ausquels ie respondois ces paroles en langue Moresque, quand ils me disoient quelque vilanie, Franchy Turquy gar-dach, qui signifient que les François & Turcs sont freres: alors ils se taisoient & demandoient si i'estois François, ce que souuent leur testifioit le Rais & le renegat. Au huictiesme iour nous arriuasmes aux salines de Chipre, où mettāt pied à terre cerchay logis pour y demeurer, mais nul des Chrestiens Grecs & Venitiens qui y habitent ne me voulurent loger, parquoy ie remontay sur la germe tirant droit à Limisso. La nuict auparauant que d'y arriuer i'entēdis tous ceux du vaisseau se lamenter au lieu de boire & de manger, comme ils auoient accoustumé, ce qui m'occasionna de demander au renegat pourquoy ils estoient si dolents, lequel me dist qu'ils auoient descouuert dix galleres qu'ils pensoient estre celles des Chrestiens, & comme nous parlions ensemble le Rays recogneut qu'elles estoient Turquesques, dont tous se leuerent incontinent debout hurlans & menans ioye à haute voix, tāt que l'vne des galeres approchant nostre vaisseau & le recognoissant estre Turc luy feist seulemēt caler la voile, puis nous laissa aller. Le grand Turc les auoit enuoyé de Constantinople en

*Dix galleres Turquesques enuoyees en Chipre.*

## Voyages du Seigneur

Chipre, afin d'empescher les courses & prinses que faisoient celles des Chrestiens, & celuy qui commandoit dedans estoit renegat & general des galeres du grand Turc, & Bacha de Chypre, lequel à son arriuee à Famagouste, receut toutes les plaintes des Chrestiens, ainsi que ie diray cy apres. Cependant nous continuasmes nostre route iusques à trois mille de Limisso, où le Rais fut contraint de baigner l'encre, disant à tous ceux de la germe mettre pied à terre s'ils vouloient aller à Limisso. Moy ioyeux de ces nouuelles descendy en l'esquif, auquel nous feusmes tous grandement mouillez des ondes qui passoient par sur nous, & le pis fut que nul ne pouuoit descendre à terre sans se mettre en l'eau iusques au haut des cuisses, de maniere que i'estois en grand soucy regardant çà & là, si aucun me voudroit secourir. Ce que voyant vn Turc me chargea sur ses espaules, & me porta en terre, vsant de pareille courtoisie à mon seruiteur.

*De quelle mort sont punis les mal-faicteurs en Turquie. La situation de la cité de Damiette, les descriptions des cheuaux marins, de l'arbre de Paradis, & de plusieurs choses qui sont sur le fleuue du Nil, & de la description du grand Caire d'Egypte.*

### Chap. XI.

*de Villamont liure* 3.   256

EStans donc descendus à terre feismes nostre effort de trouuer quelques asnes pour nous porter à Limisso, ce qui fut du tout impossible, à raison qu'estions beaucoup esloignez de maisons, tellement que ie fus contraint cheminer peu à peu iusques à ce que trouuant vn pauure berger Chrestien qui gardoit ses moutons le priay me porter le plus loing qu'il pourroit: Ce qu'il m'accorda facilement moyennant certains aspres que ie luy donnay, & apres auoir faict vn quart de lieuë de chemin trouuasmes vn Turc & vn Chrestien montez sur chacun son asne, auquel Chrestien voulu donner vn ducat pour le loüage de son asne iusques à Limisso, où n'y auoit plus que deux tiers de lieuë, ce que incontinent il accepta, mais le Turc l'empescha de venir auec moy, de sorte qu'estant demy mort & accablé de mal, cheminay le plus que ie peus, trouuant de bonne auanture par les chemins vn ieune Chrestien qui me loüa son asne. Par ainsi estant arriué à Limisso, m'en allay droict en la maison du Consul de nostre nation, qui me receut fort honorablement, & où ie fus encore dix iours malade de la fieure continuë auparauant que de receuoir santé, & y seiournay iusqu'au sixiesme du mois d'Octobre, que ie m'embarquay pour aller à Damiette. Il me souuiét qu'au chapitre precedét i'auois proposé de parler de la iustice q̃ le Bacha feist faire à son arriuee à Famagouste, qui fut telle, que ayát entédu les plaintes des Chrestiés, & cóme ils auoiét esté mal traitez de plusieurs Turcs, & mesme du Sangiac qui

*Voyages du Seigneur*

commandoit à Famagouste. Il enuoya ses Ianníssaires pour les apprehender, ce que sçachant le Sangiac enuoya promptement au Bacha vn present de dix cheuaux Turcs extrememét beaux & bien enharnachez, & caparaçonnez de satin turquin à broderie d'or, auec de grands pennaches sur leurs testes, & dix mille sultanins d'or, qui valent douze mille cinq cents escus de France, & dix esclaues forts & robustes qui menoient les dix cheuaux en main, accoustrez de mesme couleur qu'estoient les caparaçons des cheuaux: outre ce il y auoit d'honnestes gens qui estoient destinez pour le conduire & presenter: Mais le Bacha au lieu de l'accepter, le refusa, & dist qu'il estoit incorruptible en toutes ses actions, & auparauant que le Sangiac eust eu nouuelles de son present, il enuoya ses Ianníssaires pour le prendre, ce qu'ils executerent si bien, que le pauure Sangiac pris, mis prisonnier, son proces luy fut faict en vingt & quatre heures, & condamné à estre ganché. Ce genre de mort est fort estrange, que l'on faict en ceste maniere, on plante trois longs bois en terre peu esloignez les vns des autres, & ioints par le haut auec d'autres bois, sur tous lesquels sont de longues pointes de fer fort acerees: & au milieu de ces trois bois il y en a vn autre esleué beaucoup plus haut en maniere d'estrapade pour guinder le criminel, pour puis apres le laisser tomber sur l'vne de ces pointes de fer: ce qui fut executé sur ce Sãgiac, où le mal'heur l'assista tant, qu'il ne fut lardé qu'en vne espaule, de sorte qu'il resta encore

*De quelle mort sont punis les criminels en Turquie.*

core en vie trois iours en languiſſant miſerablement. L'ordonnance eſtant telle en toute la Turquie, qu'vn corps deſtiné au ſupplice, demeure iuſques à la mort au lieu où la triſte fortune la attaché, ſans qu'il ſoit permis à aucũ vſer de charité en ſon endroit, s'il ne veut encourir les meſmes peines de celuy duquel il aura eu compaſſion. Il y en eut quantité d'autres empallez, ou embrochez d'vn pau de bois par le fondement, ainſi qu'on feroit vn chappon, & s'il aduient que la pointe du bois paſſe outre ſans offencer les parties nobles, le miſerable demeure longuement ſuſpendu en ce bois, auant que de mourir. Ie trouue ceſte mort extrememẽt cruelle : car d'embrocher vn homme par le fondement auec vn bois pointu, & qui vient par apres peu à peu groſſiſſant, & ſuffiſant d'eſtre planté en terre pour ſupporter le patient, ie trouue que c'eſt l'extremité des extremes douleurs. Ce genre de ſupplice eſt donné à ceux qui n'ont aucune charge, comme aux Mores qui ſont habitans du pays, & aux Chreſtiens qui contreuiennent aux ordonnances du Turc. Il y a vne autre eſpece de mort fort ſenſible, de laquelle ils vſent auſſi fort ſouuent, c'eſt qu'ils arrachent les ongles des pieds & des mains, puis les font eſcorcher la teſte la premiere, ainſi qu'ils feirent au ſeigneur Dandolo gentil-homme Venitien : contreuenans toutesfois à la promeſſe qu'ils luy auoiẽt faite, dequoy ils font trophee d'honneur, quãt ceſt à l'endroit d'vn Chreſtien. Ils ont auſſi le feu pour ſupplice : auquel ils

*Voyages du Seigneur*

condamnent les renegats qui retournēt au christianisme, & les Chrestiens qui entrent au temple de Salomon & autres mosquees d'importance, & qui sont trouuez iouissans d'vne Turque. Il y a plusieurs autres sortes de tourments comme de fourrer des aiguilles sous les ongles des doigts & des pieds, qui est celuy qu'on donne aux traistres: & le garot qu'on baille à la chambre aux Bachas & autres gens de qualité condamnez à la mort. Le iour venu que ie deuois m'embarquer pour aller en Egypte, ie pris congé de nostre Consul en le contentant de la despence que i'auois faite en sa maison, & ainsi ie m'embarquay le sixiesme iour d'Octobre en vn Carmoussal qui faisoit voile en Damiette, auquel ie fus bien mieux accommodé que ie n'auois esté en la Germe, aussi que ce vaisseau est bien plus grand, & plus prompt à la voile, & meilleur pour se deffendre. Nauigeāt donc assez heureusement & auec bon vent, arriuasmes à Damiette le cinquiesme iour apres nostre embarquement, ayant faict enuiron cinq cents mil de chemin: où estant ie m'en allé loger en la maison du Vice-consul des Venitiens, lequel me receut honorablement en faueur d'vne lettre du Consul de Tripoly, & me monstra les singularitez de Damiette pendant que i'attendois la commodité d'vne Germe pour aller au grand Caire, me faisant mention comme le Roy Sainct Louys auoit autres-fois subiugué ceste ville, & comme il vouloit passer outre iusqu'au grand Caire, qu'il fut pris prisonnier par le Souldan d'Egyde Villamont. Livre 3.   258

te, ce que nos chroniques Françoises testifient assez amplement. Or Damiette est vne ville situee en Egypte, & esloignee de la mer de leuant d'enuiron deux lieuës & demie, & bastie sur le fleuue du Nil, qui arrouse l'vne de ses longueurs, & fortifie ses deux largeurs par le moyen d'vn creux fossé, dans lequel le Nil entre. De l'autre part, elle n'a que les maisons qui luy seruent de murailles comme font celles de Tripoly, & neantmoins elle ne laisse d'estre forte pour son assiette, qui est en plat pays: elle peut auoir de longueur trois quarts de lieuë Françoise, & est beaucoup plus longue que large: Les bastiments pour la plus-part ne sont faicts que de terre cuitte au Soleil, ainsi qu'en plusieurs autres lieux où la pierre leur manque: mais ils sont enrichis de grand nombre de beaux iardins arrousez du fleuue du Nil, & plantez d'vne infinité d'excellens arbres de diuerses manieres, comme palmiers, cassiers, limonniers, orangers, grenadiers, oliuiers, figuiers, cannes de sucre en tresgrande abondance, & vn autre arbre nommé par les Chrestiens l'arbre de paradis, & par les Damiettans Moussé: C'est arbre est faict d'vne estrange maniere, il a son tronc de moyennne hauteur, & ses fueilles pendantes quasi contre terre, sous lesquelles peuuent estre à l'ombrage deux ou trois personnes, elles ressemblent proprement à vne langue de bœuf, & de hauteur semblable à vne lance. Sur le haut de c'est arbre naist diuerses fleurs, toutes lesquelles

Kk ij

neantmoins n'apportent qu'vn seul fruict qui est fort doux & excellent à manger, & diroit on que ce seroit vne pomme de Cedre, ou de pin, tant ce fruict luy ressemble. Or pour auoir ce fruict qui est sur la cime de l'arbre, il conuient coupper l'arbre par le pied, soit auant ou apres, afin qu'il en renaisse vn autre de sa racine l'an ensuyuant. Aux enuirons de Damiette, dans le

*cheuaux marins.* fleuue du Nil, se voyent les cheuaux marins nager & se leuer sur l'eau, tout ainsi que feroit vn cheual d'Espagne en nageant, & quelquefois on les voit aller paistre en vne isle qui en est tout ioignant. C'est animal, à la couleur quasi tannée & ressemble presque du tout à vn cheual d'Allemagne, fors le derriere qui retire fort à celuy du Buffle, sa grandeur est semblable à celle du Chameau, & son mufle à celuy d'vn bœuf. Du reste il a la teste pareille à celle d'vn cheual, son encoleure fort grosse, l'aureille petite, les nazeaux fort gros & ouuerts, les pieds tresgrands & presque ronds, les yeux fort gros, & peu ou point de poil sur la peau, nō plus que l'Elephant : laquelle peau est tellement dure qu'il la faut scier quand on en veut faire des semelles de souliers. Les habitans du pays me dirent qu'il en auoit esté les annees precedentes pris vn, la peau duquel auoit cousté soixante ducats, & que l'annee apres, la famine auoit esté telle par tout le pays, que ce peuple superstitieux eut opinion que Dieu la leur auoit enuoyee à cause qu'ils auoiēt faict mourir ce cheual marin, dont du depuis nul n'a osé leur faire aucun mal. Voulant par-

de Villamont Liure 3. 259

...ir de Damiette pour aller au grand Caire où y a pour le moins deux cents cinquante mille de chemin, ie me mis en vne Germe où plusieurs personnes de diuerses nations estoient, partie desquels auoient des harquebuzes à meches pour empescher les Arrabes qui sont aux enuirons du Nil de nous voler: car sur toutes choses ils apprehendent la harquebuse, d'autant qu'ils ne sçauent que c'est, & qu'il n'est permis à aucū leur en vendre ou bailler. La nuict nous allumions nombre de meches pour leur faire paroistre qu'auions quantité d'arquebuses, de sorte qu'aucun n'osa nous aborder en tout nostre voyage. De l'autre costé du Nil opposite à celuy de Damiette, est vne isle de grande estenduë nommee par les anciés Delta, pour ce qu'elle est en triangle: laquelle on dit auoir sept cents mille de tour, & qu'il y a vn lac fort grand du costé de Garbie qui enuironne partie de ceste isle. Et d'autant que ie n'y ay entré, ie laisseray ce discours pour vous faire entendre que c'est que Garbie. Les habitans du pays pour distinguer l'vne riue du Nil d'auec l'autre, ont donné le nō de Garbie à la terre qui est delà le Nil vers Orient, & le nom de Charguye à celle qui est vers le midy, & du costé de Damiette. Quand donc ie parleray des deux riues du Nil, vous entēdrez facilement par ces deux mots de quel costé ie voudray parler. Entre Damiette & le grand Caire y a de grandes villes situees des deux costez du Nil, entre lesquelles sont Serou & Rascallis vis à vis l'vn de l'autre, n'ayant que le Nil entre deux,

K k iij

*Voyages du Seigneur*

lesquelles de toute antiquité ont esté ennemies & le sont encore à present plus que iamais, sans auoir peu trouuer moyen de les reconcilier. Apres sõt du costé de Garbie les villages de Cherbin & Baramon, & celuy de Charguye, Tauille &

*Ville de Massoura en Egypte.*

Cayarie, lesquels passant l'vn apres l'autre paruinsmes à la grande ville de Massoura, où le Nil fait vn bras d'eau, qu'ils appellẽt Barzuguer qui va rendre fertile vn certain pays nõmé Menzara. Il y a fort grand plaisir de voguer sur ce fleuue, pour le grand nõbre de viiles & villages, iardins & vergers plantez de toutes sortes d'excellens arbres qui si voient en grãde quãtité, & sur tout des cannes de sucre, bleds, lins, ris, fruits & pasturages: Il y croist aussi des grenadiers qui portent des grenades douces & aigres, fort grosses, en

*Verdeur perpetuelle du Sicomore.*

ayant veu telle de laquelle i'ay faict plus d'vn setier de vin, qui est tres-bon & propre pour desalterer quand il est cõposé de douces & aigres. Il s'y voit aussi grande quantité de Sicomore, qui en toutes saisons sõt tousiours verds: C'est pourquoy les Egyptiẽs, & autres natiõs qui sont sous le midy prennent grand soin à l'esleuer pour sa verdeur perpetuelle, à raison que sous iceluy ils se mettent souuent à l'ombrage pour disner &

*Descriptiõ de l'arbre du cassier.*

souper, & se reposer à couuert. L'arbre du cassier y croist fort haut, cõme le Sicomore, & porte la fueille semblable à celle quasi du noyer, & vn long fruit pendãt, cõme il se voit assez en nostre Europe chez les apoticaires & droguistes. Nous prenions aussi grãd plaisir de voir pescher dãs le Nil le brochet & autres poissons: Les pescheurs y ont vne couſtume ſemblable à ceux du fleuue du Pau qui eſt en Italie, ayans de l'eau au fond de leur bateau pour mettre le poiſſon, afin de le conſeruer en vie, & par deſſus l'eau y a vne cliſſe ou on marche ſans aucunemét ſe mouiller. Ils ont vn certain bec d'oiſeau fort grád duquel ils ſe ſeruent pour ietter l'eau de leur bateau, ſa façon eſt preſque en forme d'oualle, mais beaucoup plus eſtroit d'vn bout que de l'autre : les oyſeaux qui les portent nagent ſur le Nil & ſont ſéblables de groſſeur à vn Cygne : Il y a pluſieurs autres ſortes d'oiſeaux qui volent ſur le Nil, leſquels ie laiſſeray ſous ſilence, pour ſuyure noſtre route, & dire qu'ayant paſſé Callebo, & vne grande ville nómee Menie Canibri, qui eſt du coſté de Charguye, & iuſtement à moitié chemin de Damiette & du grand Caire, nous paſſames les villages de Maſſara & Sphayty pour aller rencótrer le canal qui va du Caire à Alexandrie & a Roſette, d'où ſinglant à mont le Nil à plein voile deſcouuriſmes les villes de Caracanie, Bulgaité, Abeſſus & Soubra: leſquelles ayant paſſé arriuaſmes finalement à Boulacq, qui eſt le port du grád Caire, à l'entree duquel on paye trête maidins de caffarre qui en valent 60. de Hieruſalem. Ce qu'ayant fait ie monté ſur vne aſne & me feis conduire en la maiſon du Côſul de noſtre natió nómé móſieur Vante, où y a du port demie lieuë de chemin : lequel ſieur Vante me receut fort honorablement & me logea, & m'offrit de ſes moyens en faueur de quelques lettres que ie luy auois portees.

*Moitié chemin de Damiette au grád Caire.*

*Voyages du Seigneur*

Description du grand Caire de Babylone, & de son chasteau superbe, du croissement du fleuve du Nil, & Cocodrilles, de la fertilité d'Egypte, & des n[ations] qui y demeurent.

### CHAP. XII.

*Description du gñd Caire.*

LE grand Caire de Babylone est vne tresgrande & admirable cité, edifiee au cœur de l'Egypte en vne plaine qui se confine à la montaigne de Moncatun, distante du fleuve du Nil de plus d'vn mille de chemin, de la grandeur & circuit de laquelle peu de gens en peuuent parler, bien diray-ie que selon l'opinion commune el-

*Grandeur du Caire.*

le a vingt & deux mille de tour, i'entens parler du Caire nouueau, sans y comprendre le vieil Caire de Babylone, Boulacq, Medin & la grande ville de Caraffar, ou Massar, toutes lesquelles sont de grande estenduë, & ioignantes le Caire nouueau, de sorte que toutes ensemble font vne admirable grandeur qui represente vne oualle: laquelle peut auoir trente vn mille de long, & vingt de large. Au circuit des foibles murailles de ceste ville y a plusieurs portes, entre lesquelles, y en a trois principales, sçauoir, vne appellee Babé Namsré qui est vers le desert de la mer Rouge, vne autre dite Bebzuailla, qui conduist vers le Nil & la vieille Babylone, & la tierce nómee Babel Futuch, qui va vers les campagnes. Les ruës y sont fort estroites & les maisons fort hautes esleuees de deux à trois estages, afin d'em-

de Villamont Livre 3. 261

bescher l'ardeur du Soleil d'offencer ceux qui se pourmenent par les ruës, estant tres-difficile d'y pouuoir passer sans estre poussé ou heurté de quelqu'vn, tant ceste ville est habitee & peuplee de toutes les nations qui sont au monde, à cause du grand commerce qui s'y faict des Indes, & de toute l'Asie, Affrique & Europe. La ruë où il y a le plus de marchands & artisans, commence à la porte Namsré & se finist à celle de Beb, faisant lequel chemin on voit plusieurs sortes de marchādises, & vn nombre tres-grand de mosquees, entre lesquelles est celle de Gemith, belle par excellence. L'on passe aussi par les quantons où se vendent les viandes cuittes, & vne eau composee de fruicts qui est tresbonne à boire, & propre pour desalterer. Il y a des bazars & fondiques destinez pour les marchands de draps de soye, de laine, camelots, & toiles de cotton. En vn baza appellé Cauelhalily, se vend toutes sortes d'espiceries, ioyaux precieux & toile d'Indie, ioignāt lequel est le lieu où le musq, ciuette, ambre, & toutes sortes de parfums se vendent à tresbon marché. Le plus beau se nomme Kancaly, auquel toutes sortes de marchandises de pierreries de grande valeur & de petit pris se vendent. Il y a autres lieux peu esloignez de là, & situez en ruës estroites, où sont assis par ordre contre les murailles vne infinité d'hommes & femmes esclaues qui attendent ceux qui les viendront achepter: On les regarde & manie tout ainsi qu'on feroit vn cheual, & selon leur force & bōté on les achepte. Il y a aussi grād nombre d'hospitaux,

*Bazars du grand Caire.*

*Où se vendēt les esclaues au grand Caire.*

## Voyages du Seigneur

*115000. eſcus de rente.*

entre leſquels y en a vn fort magnifique qui vaut cent mille ſultanins de rente, dans lequel toutes ſortes de perſonnes de quelque nation qu'ils ſoient y ſont receus, & traictez fort honorablement, & viſitez des medecins iuſqu'à ce qu'ils ſoient guaris, ſans qu'il leur couſte vn aſpre: mais aduenant qu'ils y meurent, tout ce qu'ils y auront porté y demeure. Le nombre des moſquees qui ſont en ceſte ville eſt ſi grand que ie n'oſe preſque le mettre par eſcrit, toutesfois ne le croyant, n'y ne l'aſſeurant pas, d'autant que ie ne les ay nombrees, ie diray que les habitans d'icelle font eſtat ſelon leurs contrades qu'il y en a vingt & deux mille huict cents quarante, y comprenãt tous les petits oratoires & moſquees que pluſieurs Turcs, Mores, & Egyptiés ont ioignant leurs maiſons, & auſſi les egliſes des Chreſtiens. Au dedans & preſque au milieu de la ville eſt vne tres-grande piece de terre nommée Zebeguye qui contient vingt iournaux de terre labourable: laquelle eſt ſi fertile que iamais on ne la void inutile, car auſſi toſt que l'on en a oſté quelque moiſſon, ſubitement on l'enſemence de quelque autre grain. Il ne me ſouuient point auoir veu en aucune ville vne piece de terre ſi grande qu'eſt celle-la, apres laquelle ie donne le ſecond lieu au pré de Saincte Iuſtine qui eſt à Padouë: Et croy qu'on a laiſſé cela expres pour mettre en temps de guerre les gens en bataille. Or la principale force de ceſte ville conſiſte en la multitude des hommes qui y ſont, & en ce que les ruës ſont fermees de

*22840. moſquees au grãd Caire.*

*Grande piece de terre dãs le grand Caire.*

de Villamont Livre 3. 262

bonnes portes, à toutes lesquelles y a vn Cap ou Capitaine qui cōmande à deux cents hommes. Il y a aussi vn chasteau qui est l'vn des plus somptueux du monde, tant pour sa belle situation, que pour sa richesse & ornement: il est de tresgrande estenduë, & enuironné de bonnes murailles & grosses tours basties à l'antique, & plāté sur vne montagne qui cōmande à la plus grāde partie du grand Caire, & à la grande ville de Caraffar ou Massar qui ioint au Caire, cōme i'ay cy dessus dit: En ceste ville de Caraffar y a plusieurs beaux bastimens, pour ce qu'anciennemēt les Souldans ou Circasses d'Egypte y faisoient leur demeure, & qu'elle auoit alors plus de sept lieuës de tour: maintenant elle n'est pas si grāde ne si peuplee que le Caire nouueau. Ce chasteau n'a aucuns fossez à cause de la montagne sur laquelle il est edifié, ny n'a forme caree ny ronde, toutesfois il est assez bien flanqué de plusieurs tours qui l'enuironnent. Il est superbe & magnifique en son architecture, ses murailles par le bas sont reuestuës d'vn fin marbre, les portes & fenestrages enrichies de nacres de perles, d'ebene & de cristal, & le reste tout faict à la peinture Mosaïque, qui est vne chose beaucoup plus riche que le marbre, ainsi que i'ay dit cy dessus au 2. liure. Il est en fort bel aspect à cause de sa situatiō qui est en haut lieu, & aussi que d'iceluy on voit la plus grand part d'Egypte, & quasi tout le grād Caire: le fleuue du Nil, & les iardins qui sont à l'enuiron: les piramides, & les deserts areneux. Pour entrer dedans on monte vn escalier qui est

*Description du superbe chasteau du grād Caire.*

tout d'vne piece & entaillé dans le roch, & de largeur si grande & si aisé a monter, que les cheuaux & chameaux y peuuent monter estãt chargez, qui est vne chose du tout admirable. Puis ayant passé les premiers & second corps de garde, on entre en vne grande court, ou l'on voit en passant vn gros canon nommé Touffa d'esmerueillable grosseur: car vn homme tout entier peut entrer au dedans, & faut deux cents cinquante cheuaux pour la tirer. Ceste court est fort spatieuse, & les chambres & salles si magnifiques & superbes, que les estrangers les voyãs en demeurent esmerueillez. En la plus grande salle se tient le Diuan, qui est a dire l'audiéce, où le Bacha, Sangiac, le Taftarda qui est le general des finances du royaume d'Egypte, & autres officiers se trouuent pour entendre les comptes, & receuoir les douannes, & droits qui appartiennent au grand Turc, & aussi pour bailler les fermes. En ce chasteau n'y a aucune eau de fontaine ny de puits, sinon celle du fleuue du Nil qui y est transportee d'aupres du Boulacq (où y a pour le moins vne lieuë de chemin) par vn canal ou aqueduc basty de tres-belle & grosse pierre, & esleué de terre à seize brasses plus haut que n'est le Nil, afin que l'eau qui y est esleuee par certains engins de rouës que tournent incessamment des bœufs, puisse facilement tomber en vne grande cisterne qui est au pied du chasteau. La raison de cecy est que le Nil est beaucoup plus bas que la cisterne, ce qui a esté cause d'esleuer si haut ce canal, lequel est soustenu sur trois cents cinquan-

*Canon d'extreme grosseur*

re voutes ou arcades. Or l'eau qui coulle sans cesse dans la cisterne, est aussi incessamment leuee dans le chasteau par la force de plusieurs bœufs, qui tournent alternatiuement certains engins semblables à vne rouë enuironnee de plusieurs seaux, lesquels chacun en son ordre se deschargent de leur eau en vn autre canal, par lequel elle va couler par tous les endroits du chasteau, comme fait celle d'vn Moyse qui est à Rome, & d'vn Neptune qui est à Floréce. La cisterne où l'eau tombe au pied du chasteau, est toute taillee & cauee dans le roch, pour descendre en laquelle on passe par vn degré fort large taillé aussi dans le roch, autour duquel y a des veuës bien faictes & commodes: Et ce vis ou degré a plus de cinq cents marches depuis le haut iusques à l'eau de la cisterne. La rencontre que ie feis au grand Caire du Baron de la Faye, fut cause que ie veis la plus grande part des choses que i'ay narrees cy dessus: Ce Baron de la Faye est François, lequel ayant consommé tout son bien en despences superfluës & excessiues, & endebté de beaucoup plus qu'il n'auoit vaillant, s'en alla rendre Turc pour viure, & en intention de paruenir à quelque haut degré d'honneur, ainsi qu'il est facile aux renegats de bon entendement, au nombre desquels ie le compte, encore qu'il ayt monstré le contraire en reniant son Dieu & son salut, pour prendre le faux prophete Mahomet, & ses enfers. Ceux du Caire n'vsent non plus de serrures ou claueüres de fer, que font ceux de Hierusalem, Damas, & Tripoly, mais dans les

*Clostures de bois au grand Caire.* leurs qui sont de bois y a autant ou d'auantage d'artifice qu'aux nostres qui sont de fer. Les premiers iours que nous y arriuasmes nous feusmes fort persecutez des petites mouches ou cousins qui volent la nuict, lesquelles nous piqueret si viuement, & en si grand nombre d'endroits, que le matin nous estions, tous couuerts de rougeurs, comme vn qui a la rougeole, me souuenāt en auoir ainsi esté affligé en la maison de Ioseph d'Arimathie qui est en Rama, & à Rome au mois de Septembre & Octobre, mais non en si grande quantité. Ceste cité est tant peuplee & habitee de nations estranges, que la peste si met de trois ans en trois ans comme elle a accoustumé, & fait mourir par iour quelquesfois plus de dix mille hommes, sans que l'on s'apperçoiue apres que elle est finie, que le nombre d'iceux en soit diminué. En icelle l'on trouue des François, Italiens, Allemans, Anglois, Grecs, Georgiens, Æthiopiens, Iacobites, Armeniens, Syriens, Abissins, Goffites, Nestoriés, Maronites & Nubiés, tous Chrestiens, & croyans en Iesus-Christ, mais en diuerses manieres, le nōbre desquels à ce que i'ay entendu se monte à plus de cent mil personnes. Quant aux nations infideles, il y a des Turcs, des Mores blancs & noirs, des Persiens, Indiens, Arrabes, Iuifs, Barbares & Sarrazins. Ie croy que la peste qui y vient de trois ans en trois ans, procede de la multitude du peuple qui y est. Et d'autant qu'elle est de si grande estenduë, on trouue par toutes les ruës des cheuaux, mulets & asnes sellez & bridez pour aller en quel lieu de la ville

de Villamont Livre 3.　　264

qu'il vous plaira moyennāt vn maidin ou deux, & des chameaux en grād nōbre, qui portēt l'eau du Nil par les maisons, le bois & autres choses, meime pour aller au mōt de Sinay, à la Mecque, & en Indie, s'en trouuant quelquesfois iusques au nōbre de quarante mille au mois d'Octobre, qui vōt porter les pelerins à la Mecque pour visiter le sepulchre de Mahomet, sans les autres montures cōme mulets & asnes qui y vont. Car il faut croire que les Mahumetans ont en grāde estime celuy d'entr'eux qui a veu le sepulchre de leur faux prophette Mahomet, ce qui est cause pour gagner ceste vaine gloire, que chacun s'esforce d'y aller, dont pour trouuer la commodité de monture, viennent presque tous par mer en Damiette & Alexandrie, pour aller au grād Caire. Ie regrette fort d'auoir esté priué de la veuë d'vne si grāde Carauanne, car ils disent que c'est vne chose tresbelle à voir, & quelquesfois tāt en marchāds que pelerins ils sont plus de cent mille personnes allans tous en ordre sous leurs capitaines. Au surplus pour la decoratiō & enrichissement d'vne telle cité, le grand fleuue du Nil passe tout ioignant, pouuant auoir au port de Boulaque vne lieuë Françoise de largeur, & en autres endroits plus ou moins, son cours est lent, & son eau trouble, laquelle estant mise en vn vase de terre, deuient claire comme celle d'vn rocher, & meilleure pour boire que toutes les eaux du monde, ne faisant iamais mal à celuy qui en boit, voire quand il en beuroit outre mesure, par ce que elle est cuitte & recuitte

*Belle commodité pour aller par le Caire.*

au Soleil, & pour la boire fraifche, ils ont p[ar] toutes les maifons de grandes iares de terre [ou] chaftre, attachees fur leur feneftre, où ils le[s] mettent rafraifchir, ayant la proprieté de deu[e]nir claire incontinent apres auoir ietté vne an[se] de pilee dedans. En toute l'Egypte qui eft v[n] grand Royaume, n'y a autre eau de puits ne d[e] fontaines que celle du Nil, excepté celle de [la] Mataria, de laquelle ie parleray en fon ordr[e.] Ce fleuue fournift d'eau tous les habitan[s] du pays, & arroufe leurs terres, par ce qu[e] n'y pleut point, ainfi que i'ay veu par l'efp[ace] d'vn hyuer que i'y ay feiourné. Tous les ans l[e] Nil croift au mois de Iuillet, & à la fin de celu[y] d'Aouft commence à decroiftre, y ayant vn certain lieu nommé Michias, auquel fe void par fon croiffement, s'il y aura abondance de biens ou cherté, & ce lieu là eft profond de dixhuict braffees, au milieu duquel eft plantee vne colonne de mefme hauteur, à laquelle on cognoift quand il commence à croiftre, pour ce que l'eau tombe incontinent dans la foffe ou chacun iour elle croift de deux doigts, autre de trois, & autre de demy braffe, & y a gens deputez pour voir fon accroiffement, lefquels le declarét tous les iours à certains hómes qui le vont publiant par la cité, afin de receuoir quelques dons des habitans en figne d'alegreffe, & lors que le fleuue a creu iufques a quinze braffees de haut, c'eft vn fignal que l'annee fera tres-fertile, s'il ne paffe point douze, la recolte de l'annee fera mediocre, mais de douze defcendant à dix, demonftre figne de famine,

*Cómodité au grand Caire pour boire l'eau fraifche.*

*En toute l'Egypte n'y a autre eau que celle du Nil.*

*Mefure du croiffement du Nil.*

amine, & s'il monte iusques à dix huict brasses le pays d'Egypte court peril d'estre noyé. Quand l'on voit son accroissement expiré, le grand Bartha auec sa suitte, & la plus part des habitans vont tailler le Caleze, qui est vne tresgrande chaussee qui retient le Nil, laquelle estant rompuë l'eau entre en vn canal, qui passe par le milieu de la cité, & remplissant les cisternes, s'en va arrouser toute la terre, iusques à son engoulfement en la mer. Ceste chose se faict auec vne grande solemnité, accompagnee d'vne feste qui dure sept iours & sept nuicts continuels, pendant lesquels l'on n'entend que le son des tambours & de plusieurs instruments par la cité, tellement que l'on diroit qu'elle va sans dessus dessous, passans la nuict à se pourmener sur le Nil, beuuans, mangeans, & menans signe de grande ioye: De maniere que plusieurs marchands, & artisans depédent en ceste sepmaine tout ce qu'ils auront gagné en l'annee, n'estant reputé homme de bien par entr'eux, celuy qui faut à solemniser ceste feste, c'est à sçauoir en boire & manger. La commune opinion est, que le grand Prestre-Ian peut empescher le Nil de courir par l'Egypte, qui est cause que le grand Turc luy paye tous les ans vn certain tribut, afin qu'il ne destourne le fleuue de son cours ordinaire: en iceluy habitent les grands & veneneux Cocodrilles, qui ont la proprieté de chercher leurs nourritures sur la terre aussi bien que dedans l'eau, deuorás hommes & femmes par tout où ils en peuuent trouuer, comme i'en ay eu cognoissance estant au

*Que c'est que Caleze.*

port de Boulacque, où il en fut pris vn en vie,
qu'vn Venitien achepta, lequel apres l'auoir fait
ouurir le fist emplir de foin pour l'enuoyer à Venise: au ventre duquel ou trouua grande quantité de pendans d'oreilles les vns d'argent les autres de cuiure doré, que portoient les Mores
qu'ils auoient deuorez. Car ordinairement ils en
portent trois ou quatre à leurs oreilles & mesmement les femmes, c'est animal auoit treize
pieds de lõgueur, sçauoir depuis la teste iusques
au bout de la queuë, & pres de trois pieds de large par le gros du corps, il a les quatre pieds fort
gros, la gueulle tres-large, & les dẽts fort grãdes
il se vuide par la bouche, tout ainsi qu'il y prend
sa nourriture, & ne remuë que la machouère de
dessus, sa chair en est grosse & blanche, laquelle
les Mores du pays mangent, & disent la trouuer
fort delicate. Ceux qui les acheptent en retiennent ordinairement la peau, la graisse, le fiel & le
foye, qu'ils disent estre propres pour la guarison
de plusieurs maladies: on dit que la nature du
Cocodrille femelle sent le musq. Ie me laissay
dire que les habitans du port de Boulacque les
enchantent pour les surprendre plus facilemẽt
sans prendre la peine de leur preparer vne fosse
pour les faire tomber dedans. Au surplus la terre d'Egypte est si abondante & grasse, que se-
mant au mois de Septembre les froments, bleds,
orges, ris & autres grains, ils les recueillent au
mois de Feurier ensuyuant, & en tout temps ils
mangent des poix & feues nouuelles. Y abonde
aussi grande quantité de sucres, chairs, fruicts, &

de Villamont Liure 3.   266

autres choses requises à la vie humaine. Le bois y est fort rare, & les pierres pour bastir: Quant aux vins il n'y en croist point, d'autant que les Mahumetans ont ruyné par cy deuant toutes les vignes, mais il s'y en apporte de Candie, de Chypre, du mont de Liban, & des Isles de Zante & de Cephalonie, de sorte qu'il n'y manque aucunement.

*Amples descriptions des admirables pyramides d'Egypte, du grand Collosse ou idole, & des mommies qui sont és deserts areneux, auec la description du lieu où croist le baulme, & des grandes garnisons qui sont en Egypte.*

### CHAP. XIII.

APres auoir consideré par quelques iours les choses plus remarquables du grand Caire, ie voulu paistre ma veuë de la grandeur inestimable des pyramides d'Egypte, qui n'en sont esloignees que d'enuiron quatre lieuës Françoises, lesquelles mon Iannissaire, mon Dragoman, & moy feismes par terre & par eau, pour ce qu'alors le Nil n'auoit finy son inondation. Ces trois pyramides superbes & magnifiques, sont presque ioignant le fleuue du Nil, dans les deserts sablonneux, peu esloignees les vnes des autres, & basties de tres-grosses & larges pierres de taille, qui ont de trois à quatre pieds de largeur, & deux fois autant de longueur,

Ll ij

## Voyages du Seigneur

J'ay leu quelques historiens qui en ont escrit, mais ils en traittent si legerement, que i'ay opinion qu'ils en parlent, comme vn escolier des armes, suyuant le commun adage, ne les ayant iamais veuës, ou bien les ayant veuës, se sont oubliez de descrire au vray leur grandeur admirable, laquelle se monstre si excessiue, que veuës & contemplées, ressemblent à des montagnes de demesurée hauteur. Or ces trois pyramides sont de forme carree, diminuans leur grosseur peu à peu, ainsi qu'elles montent. La plus grande des trois a de largeur par le base quatre cents pas de chacune face, qui sont seize cents de circuit, reuenant chaque pas à deux pieds & demy, qui est quatre mil pieds de tour, chose quasi incredible, mais toutesfois tres-veritable. Quant à sa hauteur nous contasmes en montant sur sa cime par le dehors, enuiron deux cents quinze rancs de pierre, lesquelles sont si bien mises en œuure, que l'on y monte par le dehors comme par degrez ou marches, qui seroit (selon la mesure qu'en auons faicte & dite cy dessus) plus de neuf cents quatre vingts douze pieds de haut: trouué qu'elle est aussi haute que large par l'vn de ses carrez du bas. Estans montez à grand trauail sur sa sommité, feusmes esmerueillez d'y voir vne si grande plate-forme toute faite d'vne seule pierre carree, qui a pour le moins de chacun costé quinze pieds en carré, estant encore plus à admirer comment, & par quels engins on la peu esleuer si haut. Certes tant plus ie regardois c'est œuure, plus ie l'admirois, car du bas on eust di-

*Largeur & circuit de la grande pyramide d'Egypte.*

que la pyramide estoit pointuë comme vn diamant, & toutesfois estant au haut on y voioit vne si grande plate-forme, que d'icelle nous voyons à clair le Caire, les deserts areneux, & partie de l'inondation du Nil, qui arrousoit encore les terres de la fertile Egypte. Pour me gratifier mon Dragoman homme fort robuste tira de toute sa puissance vne fleche en l'air, estimant l'enuoyer par delà l'vn des fondemens de la pyramide, car il estoit iustement au milieu. Mais il ne fut pas en sa puissance de le faire: d'autant que la fleche tomba sur les degrez de la pyramide. Considerez donc qu'elle desmesuree grandeur elle a, puisqu'vn si fort archer n'en pouuoit faire la moitié d'vn coup. Redescendans par le mesme sentier qu'auions monté, pour ce que les autres cantons estoient vn peu gastez, voulusmes voir ce qui estoit au dedans de la pyramide, dõt pour cest effect prinsmes chacun vn flambeau: puis entrans par vne porte fort proprement bastie & bien voutee, trouuasmes qu'il failloit descendre plus de vingt pieds sans aucuns degrez, au lieu de monter. Ce qu'ayant faict assez mal aisement, pour ce qu'il faut estre courbez, paruinsmes à vn petit destroict, où il fallut se coucher quasi contre terre pour entrer en vne grande chambre toute gastee de ruynes qui m'empescherent de la mesurer. Sortans d'icelle, à main senestre trouuasmes vne tresbelle & spacieuse voye, qui sert pour monter en vne autre chambre, laquelle voye est faicte sans aucuns degrez, mais elle a des relais de chacun costé pour aider

*premiere chãbre de la pyramide.*

à ceux qui y veulent monter, sans lesquels difficilement pourroit on paruenir au haut, d'autant qu'elle est pauee de grandes & larges pierres qui sont polies & glissantes. Et estans entrez dans la seconde chambre qui a treze ou quatorze pas de long, & huict de large, haute deux fois autant, & reuestuë de marbre precieux. Nous veismes au milieu vn magnifique & somptueux sepulchre, qui est faict d'vn grand coffre de marbre tirant sur le noir, d'vne seule pierre, & sans aucun couuercle, lequel peut auoir de longueur huict pieds & demy, & cinq de hauteur. Ce marbre est si luisant que l'on s'y voit comme en vn mirouër, & y touchant auec la main on entēd vn son harmonieux. I'ay opinion que ce beau vase y fut mis, lors qu'on batissoit ceste pyramide, pour ce qu'il est tout d'vne piece, & que depuis il n'y eust sceu entrer. Descendant de la chambre, il se trouue à main gauche vn puits sans eau, auquel, ainsi que me dirent nos truchements & conducteurs, le dernier Bacha du grand Caire y feist descendre vn homme qui estoit iugé à la mort, en esperance qu'il trouueroit au bas du puits, quelque tresor: Mais ainsi qu'ils le descendoient par vne corde, elle se rompit, & il cheut tout au bas, où se trouuant demy froissé & brisé de sa cheute, priué de lumiere, & d'espoir de saluation, ne sçauoit à qui s'addresser, iusques à ce que tournoyant & virant tantost deçà tantost delà, trouua vn sentier qu'il suiuit iusques au lendemain tout du long du iour qu'il estoit fort tard, qu'il apperceut la clarté du jour, qui luy feist recognoistre les deserts areneux. Se voyant hors du peril, se proposa de retourner au Caire, pour en declarer le faict au Bacha, qui luy donna la vie. La seconde pyramide semble de loing estre plus haute que la premiere, pour ce qu'elle est situee en haut lieu, mais en estant aupres on iuge le contraire. Elle n'a aucuns degrez par le dehors pour monter à sa sommité, n'y chose notable au pris de l'autre par le dedans, bien est elle de forme carree, & d'admirable structure. Comme est aussi la troisiesme pyramide, qui en est fort peu esloignee, laquelle est moindre que les autres en hauteur, si est-ce toutesfois que c'est vn edifice merueilleux, pour estre tout basty entierement de marbre, & s'estre conserué du tout en son entier. Il n'y a non plus de degrez au dehors & au dedans pour y monter qu'en la seconde. Outre ces pyramides, il s'en void vn grand nombre d'autres petites espanduës çà & là par les deserts qui seruoient aux anciens Egyptiens de sepultures. Peu distant de la grande pyramide, & quasi ioignant le Nil, est vn Colosse ou teste d'idole d'vne admirable grosseur: car celles qui se voyent au Campidogle de Rome ne sont rien au pris d'elle. Ceste cy est esleuee sur vne coulonne faicte d'vne seule piece de marbre, elle a de hauteur quatre vingts douze pieds, sans y comprendre la coulonne qui la supporte, & de grosseur soixante pieds. Pline luy en donne d'auantage, l'appellant Sphinge, & dit que son front contient cent deux pieds

*Seconde pyramide d'Egypte.*

*Troisiesme pyramide.*

*Diuerses pyramides en Egypte.*

*Merueilleux Colosse ou teste d'idole.*

## Voyages du Seigneur

de largeur, & la longueur de la teste est de cent quatre vingts trois, ce qui n'est toutes fois est vne teste d'esmerueillable grosseur, & digne d'estre mise au nombre des merueilles. On dit que anciennement c'estoit vn oracle, lequel si tost que le Soleil estoit leué, donnoit responce aux Egyptiens des choses qu'ils luy demandoient. Le iour ensuyuant nous allasmes au grand village de la Matalia, qui est enuiron vne lieuë & demie esloignee de la derniere porte du Caire, auquel lieu la Vierge Marie s'arresta auec Ioseph son espoux & Iesus-Christ nostre Seigneur, lassee du trauail du chemin qu'elle auoit fait fuyant la cruauté d'Herodes, & endurāt vne soif extreme, il sourdit incontinent vne fonteine à ses pieds, de laquelle elle beut & aussi Ioseph A present la fonteine est faicte en forme d'vn puits, aupres duquel est vne porte par où l'on entre au mesme lieu, où l'immaculee Vierge lauoit souuēt les linges de nostre Redempteur, & l'eau que l'on tire de ladite fonteine tombe dans vn vase de marbre, auant que d'aller arrouser le iardin ou l'arbre du seul & vnique baume croist. Ledit arbre est fort petit n'ayant que deux pieds de haut estant tousiours verd, ressemblant de la fueille à celle du Basiliq, sinon qu'elle est vn peu plus grande. Quand l'on y faict vne incisure, qui est ordinairement sur la fin du mois d'Aoust on en voit sortir vne eau rousse, qui est le vray & naturel baume, le cueillant deux fois l'an en ceste maniere, & pour la garde d'iceluy sont certains Turcs qui y laissent difficilement entrer les

*Miraculeuse fontaine de Matalia.*

*Description de l'arbre qui produit le baume.*

de Villamont livre 3. 269

Chrestiens & Iuifs, par ce que les Iuifs auoient esté occasion cy deuant de faire mourir quasi tout le baume. Outre ce, il y a vne muraille auprés du vase de marbre, en laquelle on voit vne fenestre où la Vierge Marie mettoit nostre Seigneur, pendãt qu'elle lauoit ses linges. Les Chrestiens y celebrent la messe sur vn petit autel de bois qui y est, & à la main droicte, les Turcs ont faict vne petite mosquee en la muraille, où ils vont faire leurs prieres. Peu distant de la fonteineest vn grãd figuier iustemẽt fendu par la moitié, dans lequel l'on tient pour certain que la Vierge Marie, Ioseph, & nostre Seigneur Iesus-Christ, se cacherent lors qu'ils apperceurent vne trouppe de gens qui les suyuoient, & que subitement le figuier se ferma sur eux, iusques à ce qu'ils fussent tous passez : puis se r'ouurit incõtinent apres, en la maniere qu'on le voit encore à present, & dit on que aucun bastard ne peut passer dessous. Retournant de la Mataria au Caire, nous passames pardeuant l'arsenal de la mer rouge, dans lequel sont toutes les munitions & vaisseaux de guerre que tient le grand Turc pour y aller. De là on passe par vn certain endroit fermé de murailles des deux costez : lequel peut auoir de longueur deux mille pas, & quelque trẽte de largeur, ayant des sieges de pierres au dedans tout le long des murailles, & au dessus vn tresbel ordre de fenestrages des deux costez. En cest edifice, on court les pallis ainsi qu'on faict à Rome au Carnaual, & comme i'ay veu faire estant à Damas. Et estant arriué au logis nous re-

*Figuier de la Vierge Marie en Egypte.*

*Arsenal de la mer rouge.*

*Voyages du Seigneur*

citames à monsieur Vente, & autres ce que nous auions veu, lesquels nous dirent qu'il ne restoit plus qu'aller aux deserts pour voir les Mómies, ce que nous conclusmes de faire aux prochains iours, de sorte qu'ayant pris quelques harquebusiers de peur des Arrabes, & mon Iannissaire & Dragoman, montasmes sur nos asnes, & allans vers les Mommies, qui sont esloignees du grand Caire d'enuiron neuf lieuës. En chemin nous veismes sur le sable deux grands Collosses, que nous laissames pour suiure nostre chemin iusques à Zaccara, qui est vn village où nous prismes des guides pour nous y conduire : lesquelles en sont distátes de trois quarts de lieuë, où estans arriuez il fallut les payer, auparauant qu'ils descouurissent de sable le lieu par lequel il falloit entrer. La situation de ce lieu est aux grands deserts areneux & en pays montueux qui dure enuiron trois lieuës & demie sous terre, où sont vne infinité de grottes taillees dans le roc. Ce sont sepulchres antiques, où les corps de plusieurs milliers d'hommes de la cité de Memphis ont esté mis, & où ils se sont conseruez en leur entier iusqu'à ce iourd'huy. Ceste grande ville en estoit peu esloignee, de l'orgueil & grandeur de laquelle n'apparoist que vestiges somptueux, toutesfois il y a encore forme de ville. La raison pourquoy ils auoient choisi ce lieu pour leurs sepultures, c'est qu'il estoit fort commode pour sa situatió, qui est en pays mótueux, & pour la commodité de la roche, qui estoit au dessous, en laquelle ils canoiét des grottes pour leur ser-

*Voyage des Mommies, & leur descriptió.*

*Ville de Méphis.*

de Villamont Livre 3.  270

...ir de sepulchres, comme se voit encore maintenant, aussi que anciennement nul n'estoit ense-
ulturé aux villes, ce qui s'observe encore ce
ourd'huy fort estroitemēt par toute la Turquie,
 pays oriētal, ainsi qu'avez peu voir au prece-
ent livre. Les habitans du village ayant vuidé
 grande quātité de sable, nous mōstrerent le lieu
par lequel il falloit descendre. Ce lieu est de forme carree, & a de profondeur dixsept à dix huict
pieds sans aucun escalier pour y descendre, biē y
 a il quelque pertuis des deux costez pour descē-
dre iusques au bas, où estant paruenus l'vn apres
l'autre allumasmes chacun vn flambeau pour entrer en la premiere grotte ou cauerne, dont pour
cest effect fallut chacun de nous passer à quatre
pieds par vn trou, qui n'estoit grand, qu'autant
qu'il estoit necessaire pour l'entree d'vn hōme,
& l'aide que nous faisoiēt nos guides qui estoiēt
entrez les premiers, nous seruit beaucoup à passer ce destroit. Estans entrez dedās nous veismes
grande quātité de grottes taillees dans le roc, &
plusieurs chābrettes qui vont de l'vne à l'autre,
toutes lesquelles ont leurs entrees fort basses, de
sorte qu'estions contraints nous pancher quelque peu. En toutes ces grottes sont vne infinité
de corps morts, lesquels se voyent tous en leur
entier, & enseuelis de linges fort proprement
plissez, les vns mieux que les autres, selon leurs
qualitez, car il s'en voit là plusieurs à qui les linges sont fort noirs, & semble qu'ils n'ayent esté
embaumez que de sel & de poix. Les autres qui
l'ont esté de Mirrhe & Aloës, ont bien leurs

linges plus beaux, s'en trouuant de ceux la qui ont les ongles dorez, où les autres ne les ont peints que de couleur orangee, ainsi que tous les Turcs obseruent encore ce iourd'huy quand ils veulent se parer, ce qu'ils font mesmement à leurs cheuaux, sçauoir au crin, à la queuë, & aux pieds. Ceste couleur est faicte de la fueille d'vn arbre qu'ils appellent Alkainna en langue Arrabesque: laquelle estant sechee en font de la poudre qu'ils detrempent puis apres auec de l'eau pour en oindre l'ongle ou la poictrine, qu'ils veulent faire deuenir rouge: laquelle tenant enueloppee de quelque linge par quelques iours, & la desueloppant par apres, ceste partie se trouue peinte de ceste couleur, qui ne s'oste pas bien aisément. Il n'entre aucune lumiere en ces lieux sous-terrains, fors celle qu'on y porte aux flambeaux, & se doit on donner de garde que le feu ne tôbe sur ces corps qui sont ainsi enueloppez de linges secs, & de poix, de peur que le feu ne consommast les viuans auec les morts, ou qu'on ne fust suffoqué de la fumee qui ne pourroit trouuer aucun lieu pour sortir: C'est en ces lieux que la mommie plus excellente se trouue. Sortans de là à quatre pieds, par le lieu mesme où nous auions entré, retournasmes à Zaccara pour aller au grand Caire où ie seiourné iusqu'au dixiesme iour de Mars 1590. que ie m'embarquay au port de Boulacq pour descendre à Rosette, pour de là aller à Alexandrie m'embarquer pour m'en retourner en la Chrestienté. Le premier lieu que nous veismes nauigeant sur le Nil, fut

*Dequoy est fait se la couleur de laquelle les Turcs s'oignet*

le monastere de Sainct Machaire, auprés duquel on trouue les pierres Aquilines qui sont propres pour faire enfanter les femmes qui sont en trauail. A moitié chemin du Caire & de Rosette est vne ville qui se nomme Salomon, & plus bas les villes de Pharson & de Foua qui sont plaisantes & belles, & situees du costé de Garbie vers Damiette: car l'autre costé qui est vers Alexandrie s'appelle Beherye, où le Calix (qui est vn canal du Nil) fait son cours pour aller en Alexandrie sans estre contraints aller descendre à Rosette pour y aller par mer. Ce canal & plusieurs autres sont faicts artificiellement pour conduire l'eau du Nil pour remplir les cisternes, & arrouser les terres du plat pays. Le plus grād plaisir que nous eusmes en ce voyage fut de iouir de la veuë de certains oyseaux nommez de Paradis: lesquels sont merueilleusement beaux pour la diuersité des couleurs qu'ils ont en leurs plumages, ayans vne proprieté telle, que tant plus ils s'approchent des personnnes, plus ils perdent la iouissance de la beauté de leurs plumages à cause des grands rayons qu'ils en iettent. Finalement nous arriuasmes à Rosette qui est vne ville situee sur le Nil, & esloignee d'vne grand lieuë de la mer, de laquelle on compte iusques au Caire pres de trois cents mille de chemin. Nous n'y seiournasmes qu'vne nuict, pour ce qu'à la diane du iour ensuyuant nous feismes voile pour aller par mer à Alexandrie où y à enuiron cinquante mil de chemin, que nous feismes en trente heures. Auāt donné fond au port d'Alexandrie nous allasmes

*Où se trouue les pierres Aquilines.*

*Villes de Pharson & Foua.*

*Descriptiō de l'oyseau de paradis.*

*Ville de Rosette en Egypte.*

*Voyages du Seigneur*

loger en la maison de monsieur Angelo Vente, nepueu du Consul du grand Caire: lequel nous receut fort honorablement.

*Valeur des monnoyes qui se mettent en Egypte, comme les Turcs & Turques s'habillent, comme les Turcs font l'amour, & autres coustumes.*

### CHAP. XIIII.

*Quelle monnoye se despẽd en Egypte & sa valeur.*

AVparauant que de parler de la cité d'Alexandrie, ie reciteray en ce chapitre quelques coustumes des Turcs, & quelle monnoye se despend en Egypte & leur valeur. Le sequin de Venise s'y mettoit à quaráte & cinq maidins, lors que i'y estois, & le maidin en vaut deux de ceux de Tripoly, l'escu de France & d'Espagne y valoient trente cinq maidins chacun, estans de pois, & la piastre vingt six, deux aspres pour vn maidin, & trois grands folleris pour vne aspre, six grands folleris pour vn maidin, & douze de petits. Les folleris sont mõnoyes de metail semblables aux doubles de France. Voilà les monnoyes qui se despendent ordinairement en Egypte, ie ne dy pas que la monnoye Venitienne, & autres n'y ayent quelque cours entre les Chrestiens, mais entre les Turcs, elle se perd au change, sinon sur les piastres, qui sont les realles d'Espagne, de deux, quatre & d'huict. Pour le regard des coustumes des Turcs, i'en ay vn peu parlé cy deuãt, mais il reste encore à traicter de leurs vestemens, de leur dormir, & de la maniere de leur

boire & manger. Tous les Turcs vont vestus d'v- *Vestemēs des*
ne mesme sorte, premierement leurs chemises *Turcs.*
sont sans colet, & si estroictes par l'ouuerture du
haut, qu'ils trauaillent beaucoup à les faire passer par sur leurs testes, portans par dessus vn Iupon qui leur descend iusques à la moitié de la cuisse, auec vn autre vestement qui a les manches fort plissees, & estroictes par le bout. Le bas & haut de leurs chausses s'entretiennent, n'vsans point de iartiere pour les releuer comme nous faisons, ains les laissent descendre en bas assez vilainement : Et croy que ce qu'ils en font, est pour n'auoir aucune chose qui leur empesche le mouuement du corps. En leurs pieds ils portent des demies botines, & quelquesfois des escarpins qu'ils mettent en des souliers qui sont fort pointus par le bout & hauts de deux doigts par le derriere, ferrez par le dessous comme les pieds d'vn cheual, dōt en chemināt ils font grād bruit. Ils se delectent fort à porter leurs chaussures de couleur, fors le noir, d'autāt qu'ils le voiēt porter aux Chrestiés. En apres ils portēt le Doliman qui est vne longue robe sēblable à vne soutáne, mais plus estroite, & faite d'autre façon, n'ayant point de colet, & leur descēd sur la greue de la iābe; le deuant d'icelle est fermé de boutons de fil d'or à longue queuë, ou de soye, iusques à la ceinture, laquelle est faite de toile de cottō, & peinte de diuerses couleurs, faisāt deux ou trois tours à l'entour du corps, quelques vns les portent de *Richesses des* vingt cinq ou trēte lacets de soye attachez auec- *ceintures des* ques des boucles d'or ou d'argent, autres les ont *Turcs.*

de cuir damasquin couuerte presque du tout de placars d'or & d'argent: Et d'autres qui les portent de taffetas façonné, & toutes sont pour le moins deux tours & demy à l'entour de leurs corps. Sur leur Dolyman ils portent vne autre longue robbe qui leur descend beaucoup plus bas, à laquelle y a de petites manches par le derriere, qui pendent presque iusques en terre, & sans aucun colet. Ils portent tous la teste raze selon le commandement de leur loy, fors sur le haut d'icelle, où ils laissent vne touffe de poil qu'ils couurent d'vne calotte faicte à la Grecque sur laquelle ils tournent & retournent dix ou douze aunes de tres-fine toile de cotton, iusques à ce que leur turban soit parfait. Et quoy qu'ils y employent tant de toile, il est toutesfois plus leger que nos chappeaux, la toile estant si deliee qu'elle ne pese presque rien, & estime qu'en tout le monde ne se peut voir plus belles toiles, plus belles hardes, & à meilleur marché qu'en l'Orient.

*Ceux qui sont de la lignee de Mahomet portent le turban verd.* Il y a entre les Turcs, ceux qui se disent estre de la race de Mahomet, qui portent le turban & vestements verds, n'estant permis à aucun qui viue de porter de ladite couleur, sinon à eux, & si d'auenture il leur prend enuie de le porter blanc, ils mettent vne esguillette ou autre chose verte à leur turban pour estre recognus.

*Vestemēt des femmes des Turcs.* Les femmes Turquesques, portent leurs chemises de tres-fine toile de cotton ou de taffetas de diuerses couleurs, faictes pareillement comme celles des hommes, mais bien plus enrichies au colet, aux manches, & tout à l'entour: sur icelles ont
vne

vne longue camisole de soye qui a des franges tout autour, laquelle est doublee de cotton, & d'vne toile bien deliee piquee auec l'aiguille fort pres à pres, ayans les manches & le busque estroict, & le colet quelque peu ouuert par le deuant: du reste elles sont habillees de leur Doman & calçons comme les hommes: aux pieds elles ont des chaussures de diuerses couleurs de cuir elabouré à la damasquine, & couuerts d'or ou d'argent, & quelquesfois de ioyaux precieux, signamment aux grandes dames. L'acoustremét de leurs testes est tres-gentil & bien accommodé de mille tresses de leurs cheueux, qu'elles laissent s'espádre sur leurs espaules, auec des coiffes de fine toile, ouurees tres-richement, elles portent aussi certaine chose semblable à vne guyrlande, qui est faicte d'or & de perles, & semee de fleurs & de bouquets par dessus. Quand elles vont dehors elles sont couuertes d'vn voile blãc & leur visage d'vn masque noir, cachans leurs mains sous leur voile, de peur d'estre veuës d'aucune personne, d'autant qu'ils tiennent vne femme pour putain, quand elle monstre seulement ses mains. Voilà comme elles vont par les rues, & commé elles sont habillees en leurs maisons. Or s'il aduient que quelques Turcs deuiennent amoureux de quelques Turques, ils cherchent le moyen de les voir en quelque lieu, soit sur la plateforme de leurs maisons, ou bien à leurs ialousies & fenestres: puis les regardans haussent leurs testes, & prenans la peau de leur gosier l'estendent fort deuant elles, leur denon-

*Côme les Turques võt par la ville.*

*Comme les Turcs font l'amour à vne fille ou femme*

## Voyages du Seigneur

çant par ce signal qu'ils sont leurs esclaues enchaisnez, pour ce qu'en toute la Turquie on ne peut d'auantage s'humilier à vne personne, sinon en se rendāt son esclaue enchaisné. Si la dame les ayāt apperceus faire ce signe se tiēt debout sās se mouuoir, & baise sa main, le Turcq prendra bōne esperance de sa recherche, de sorte que le plus tost qu'il luy sera possible se trouuera en lieu où elle le puisse voir, & auec son petit malcus qui ne tranche que d'vn costé, ou biē auec son coustean se fera plusieurs taillades & grādes playes sur ses cuisses, pommeau de iambes, bras & autres lieux de leurs corps, pour par ce moyen donner & faire entendre à celle qu'ils desirēt auoir, combien ils en sont amoureux. C'est la maniere qu'ils obseruent en faisant l'amour, car le parler leur est estroictement deffendu, qui est vne coustume

*Grand liberté que ont les femmes en France.*

fort contraire à celle de nostre France, où par necessité il est besoin de parler & faire mille gābades à la veuë de sa bien-aimee. Si les femmes en France estoient aussi recluses & enfermees comme sont celles de tous les pays du monde,

*Captiuité des femmes Turquesques.*

i'ay opinion que leur abord seroit aussi difficile qu'est le leur. A ce propos i'ose dire qu'il n'y a royaume sur la terre où les femmes mariees, filles & veufues à marier ayent si grande liberté d'aller, venir, parler & frequenter auec les hommes comme elles ont en France, où celles des autres nations tant d'Orient, que du midy, à peine ont elles permission de faire vn pas, si ce n'est à l'eglise, & toutes celles des Turcs ou Mores, n'ont pas permissiō d'aller à leur mosquee pour rier Dieu, ny de parler à personne, si ce n'est en grand secret, n'y mesmement sortir hors leurs maisons, si ce n'est pour aller trois fois la sepmaine aux bains, & encore en allant sont toutes voilees, les mains cachees, & accompagnees de grãd nombre d'esclaues femelles. Ie ne dy pas qu'en leur logis ils ne trouuent bien moyen de contenter leur appetit: Mais il faict fort dangereux a vn Chrestien d'y aller, pour deux raisons. La premiere est, que s'il y est trouué, il sera bruslé, ou bien sera contrainct se faire Turc, ainsi comme j'ay dit cy dessus. La seconde est qu'apres qu'elles en ont eu la iouissance, & qu'il n'a plus de force de fournir à l'appoinctement, elles le font tuer ou estrangler par leurs esclaues, puis le cachent & l'enterrent, afin que iamais n'en soit aucunes nouuelles. Voilà côme elles en vsent souuentesfois: Car à dire la verité la loy de mariage est peu plaisante pour les femmes en Turquie, d'autant que leur mary tiendra quatre ou cinq femmes, & peut estre deux fois autant d'esclaues: qui est l'occasion que ne pouuãt fournir à elles toutes, sont contraintes cercher leur plaisir autre part. Or si vn Chrestien veut auoir compagnie d'vne Turque ou Chrestienne, il vse de ceste maniere pour cognoistre de quelle religion elle sera: Il leue droit contre le ciel le prochain doigt du poulce en la presence de celle qu'il aymera, laquelle si elle est Turque le leuera aussi pareillement. Mais si elle est Chrestienne, en le leuant droit au ciel crachera contre son doigt, auec lequel & celuy

*Voyages du Seigneur*

du poulce fera le signe de la croix, qu'elle baisera par apres : Ce signe denote qu'elle est Chrestienne, de quelque nation qu'elle soit : car peu au monde se trouue royaumes ou prouinces, où il n'y ait des Chrestiens & Chrestiennes. Ce signe signifie donc qu'on peut aller seurement vers elle, ce qu'on ne pourroit pas librement faire à l'endroit d'vne Turque ou infidele. Quelqu'vn me dira, comment est il possible qu'on puisse faire ce signal à vne dame, veu que elles sont tousiours captiues en la maison, de laquelle sortans dehors encore ne les peut on cognoistre. Ie leur responds que la chose est assez facile, par ce qu'elles ont des ialousies à leurs fenestres, au trauers desquelles se peuuent voir facilement & cognoistre par signes les choses que dessus escriptes. D'autre part sur les terrasses de leurs maisons qui sont en plate-forme, elles se peuuent voir quelques heures le iour, & là s'entre-donner par signe, lieu, l'heure, & le temps propre pour accomplir la chose qu'ils desirent. Mais vous me direz, ce que vous dites est pour le regard des maisons ? que direz vous quand elles vont par la cité, certes ie respondray que souuét il est difficile de les cognoistre l'vne de l'autre, à raison qu'elles vont toutes voilees, toutesfois celles qui sont Chrestiénes sont recognuës par ce qu'elles cheminent par les ruës les mains descouuertes, qui est contreuenir aux coustumes des Turques & Sarrazines : C'est assez parlé de leur amour. Ils ont aussi vne coustume & tous Mahumetans de quelque nation qu'ils soient

*Maniere de cognoistre la Turquesque d'auec la Chrestienne.*

que s'ils vrinent & veulent faire de l'eau, ils s'accroupissent contre terre, comme font les femmes en France, de peur de toucher à leur membre viril, ou bié que quelque goutte d'eau tombast par cas fortuit sur quelque partie de leurs corps: Car s'il y en tombe, ils croient estre souillez en peché mortel, pour lequel effacer, il est besoin s'aller lauer promptement, comme si l'eau auoit puissance de nettoyer interieurement tous leurs pechez: Et estiment pecher mortellement de manier leurs parties hóteuses, & quád ils ont pissé, ils prénét deux petits bois, ou deux petites pierres pour s'esgouter. Les Chrestiés qui voyagent & frequentent auec eux, n'oseroient faire leur eau debout, ainsi que nous faisons, pour ce qu'en ce faisant ils les inuiteroient à leur ietter des pierres, de sorte que pour vn peu de temps, c'est beaucoup le meilleur de s'accómoder aux façons & coustumes du pays où l'on est. Si entre les Occidétaux le bas Breton est estimé tresbon luicteur, ie d'y que ce n'est rien au regard de la louange que l'on doit attribuer aux Turcs, lesquels luictás sont tous nuds fors le braguier, qui est vn tres-fort cuir huilé, de peur qu'ils n'ayent prinse l'vn sur l'autre, & quelquesfois ils s'huilent le corps, qui est alors que la luicte est tresbelle, pour ce qu'ils ne peuuent asseoir leurs prinses: combien que leur corps soit huilé, si est ce toutesfois que la luicte n'en est moins plaisante, d'autant que le braguier qu'ils ont estant fort serré contre leurs cuisses, ne sçauent ou s'adresser pour empoigner leur ennemy. De sorte

## Voyages du Seigneur

que tournant de tous coſtez pour le ſurprendre, ils ſont long temps auant s'entremettre bas, la regle y eſtant telle comme entre nos Bretons, ſçauoir, que ſi le vaincu n'eſt ietté par le vainqueur ſur le dos, le ſaut eſt nul, & faut recommencer; de maniere que le plaiſir eſt grand les voyant enflambez & eſcumer de toutes parts, d'affection qu'ils ont de deceuoir par force ou autrement leur ennemy : Car leur honneur pend en cela, comme à nous autres vn dementy, non que pourtant le vaincu cherche la vengeance contre le vainqueur, mais par entr'eux il eſt tenu pour homme fort foible & debile. Ceux qui veulent luicter ſe mettent en la place, auſquels incontinent on baille vn braguier. Apres les luictes finies, ſouuent ils paſſent leur temps à ſauter l'vn ſur l'autre d'vne grande dexterité, en ayant veu tel qui d'vn plain ſaut à afranchy quatre perſonnes : Ils prennent auſſi plaiſir à ſauter la ceinture fort haute eſleuee : Ce qui eſt cauſe qu'ils ſont ſi diſpos, c'eſt que le mouuement & la liberté de leur corps n'eſt retenuë d'aucune choſe, ainſi qu'eſt le noſtre, car ils ne ſe laiſſent pas gehenner dans leurs veſtements comme nous faiſons, n'y n'ont aucune eſguillette qui les empeſche de releuer quelque choſe qui ſeroit tombee en terre, eſtans ſur toutes autres nations les plus libres en leurs veſtemens, & les mieux & plus proprement habillez : Et croy que nos eccleſiaſtiques & gens de iuſtice les ont imitez portans leurs ſoutannes ſous leurs robes, afin d'eſtre trouuez plus graues & mieux eſtimez.

*Turcs ſont grãds ſauteurs*

*Diſcours ſur les veſtements des Turcs & autres Orientaux.*

*Diuerses coustumes des Turcs en leur boire, manger, dormir, vuider leurs différents & autres choses belles à voir.*

## Chap. XV.

Si ie voulois particularifer par le menu la difpofition & agilité des Turcs, ce feroit vne chofe trop prolixe, toutesfois ie vous raconteray pour plus grande preuue de ce que ie vous ay dit cy deffus, comme plufieurs d'entr'eux voltigent dextrement fur des cordes qui font tenduës en cefte maniere. Ils plantent en terre deux hauts & tres-gros bois en lieu public, où ils tendent leurs cordes hautes & baffes, fur les plus baffes ils voltigent huict ou dix à la fois d'vne maniere quafi incroyable, & fur les hautes font quelques autres Turcs, qui féruent de compas: Si telles chofes fe faifoient de mefme entre nous autres, voire la cinquiefme partie, plufieurs diroient que l'on les feroit auec enchantement. Quand quelques vns d'entr'eux font defcendus de la corde, ils demandent la courtoifie à tous les affiftans qui les auront regardez, fi importunement, qu'il eft tres-difficile de les pouuoir efcóduire, auffi ne prennent ils autre chofe de leur labeur, finon ce qu'on leur donne honneftement, ne faifant pas cóme les bafteleurs en France, lefquels il faut payer auant que les voir iouër. Il y a auffi des iouëurs de paffe-paffe, qui font chofes prefque du tout impoffibles à croire

*Voyages du Seigneur*

à ceux qui ne les ont veuës, ce qui m'occasionnera les passer sous silence: Car de dire qu'à coups de poing ils romproient vne barre de fer, ce seroit leur en faire accroire, comme aussi de leur vouloir persuader, qu'ils rompent les os d'vn pied de bœuf decharné sur l'os de leur iambe & bras, marcher les pieds nuds sur des cimeterres trenchans, & mille autres passe-temps & singeries qu'ils font és places publiques: Mais neantmoins c'est chose veritable, comme pourront testifier ceux qui auront voyagé en Orient, & frequeté auec eux: ie ne dy pas qu'il n'y ait quelque tromperie en leur faict, laquelle (s'y aucune y a) est si subtile qu'on ne s'en peut apperceuoir.

*Plaisante harmonie de certains instruments de Turquie.*

Pendāt qu'ils font tous ces esbats, il y a certains Turcs, Arrabes, & Mores, qui d'vne gentile façon battent auec leurs doigts les fonds de quelques petits tabourins foncez d'vn bout, accordans leurs voix si doucement auec ce son, accōpagné d'vne maniere d'instrument semblable au haut bois, duquel quelques vns sonnent, que c'est vn grand plaisir aux escoutans, d'entendre vne harmonie si douce. Or si les bouffons de Turquie passent leurs temps à tels esbats, ceux qui sont plus modestes l'employent à iouër aux 

*Turcs grands ioueurs d'eschez.*

eschez, dōt ils sont reputez les meilleurs ioueurs du monde, aussi portent ils tousiours auec eux leurs ieux d'eschez, & leur tablier, faict d'vne grosse carte ou linge peinct pour iouër par dessus. Plusieurs autres passent leur temps à manier 

*Diuers instrumens en Turquie où ils se recreent, & quels.*

le luth, les autres la guiterne, le sistre, la flûte, les haut-bois, & vne maniere de cornemuse faite

& composee de la peau d'vne canne ou roseau qui resonne vne douce & melodieuse harmonie. Tous leurs instruments sont differents d'accords & d'harmonie aux nostres, car le plus grād luth qu'ils puissent auoir n'a que huit cordes, le manche fort long & mal propre pour en iouër; les autres de moyenne grandeur n'ont que sept cordes: toutesfois quand ils peuuent recouurir de ceux que l'on faict à Padouë ou à Venise, ils sont fort curieux de les bien achepter, & s'accómodent le mieux qu'ils peuuent à en iouër à nostre vsage. Les cordes qu'ils vsent aux instrumés sont de diuerses couleurs, blanches, iaunes, turquines, verdes & rouges, & n'ont si bonne harmonie que les nostres, à raison qu'elles sont cordees ensemble cōme les grosses cordes de nos sistres, toutesfois elles seruiroient assez aux luths de Padouë & de Venise. Il y en a grāde quantité, & s'en fait vn tres-grād traficq: Car la plus part des paysans Grecs, Turcs, & Mores passent quelque heure de iour à bourdonner sur leurs instruments, au son desquels ils prennent vn merueilleux plaisir, s'estimans estre les plus excellents hommes du monde, pour bien sonner de toutes sortes d'instruments, & non pas en c'est art là seulement, mais en toutes autres sortes de mestiers, comme les cousturiers qui y sont si excellents en leur mestier qu'on ne sçauroit par maniere de dire cognoistre où ils ont faict leur cousture, tant l'ouurage est bien faict & de longue duree. Les mareschaux y sont beaucoup plus propres que ne sont les nostres, d'autant qu'ils

*Instrumēts de Turquie differents d'accords aux nostres.*

*Belles cordes de luth en Turquie.*

*Voyages du Seigneur*

ne se souillent point à manier le charbon, n'y n'ont que faire de soufflets ne de forge pour forger & percer le fer du cheual, ains prenans vn peu de fer le battent à coups de marteau sur vne enclume, & l'accommodent ainsi qu'ils veulent, puis prenant vn poinçon de fin acier de Damas le percent en quel endroit ils veulent: Les clour desquels ils attachent leurs cheuaux, ont la teste fort longue & grosse, ce qui est cause que leurs cheuaux, seront cinq mois sans deferrer, combié qu'ils cheminent ordinairement. Quand ils veulent ferrer vn cheual, ils ont vn certain fer qui est fort large, duquel ils parent le pied du cheual, nó en le voutant ou creusant en dedās, mais au contraire l'aplanissent, & leurs fers n'ont point de crampons, & sont d'vne moitié plus legers que les nostres. Les Turcs ne prennent pas si grand plaisir à la chasse des grosses bestes fauues & noires (combien qu'ils ayent d'assez bons chiens & leuriers) comme ils font à la volerie, à laquelle souuent ils se recreét, & nourrissent force esperuiers, vautours, tiercelets, sacres & faucons. Les autres qui ne sont pas de la qualité de tenir tels oyseaux, tiennent des corneilles grises & noires, qu'ils peignent de diuerses couleurs, lesquelles ils reclament comme on fait les oyseaux, c'est chose que i'ay veu faire en plusieurs villes de Turquie, & mesme en la cāpagne, où ils les portēt sur la main dextre, où les voulans reclamer, crient houb, houb, par diuerses fois, iusques à ce qu'ils reuiennent sur leur poing. Bref ils ont vne infinité d'hónestes exercices, ausquels ils passent

*De la chasse des Turcs, & de leurs volleries.*

leur temps, sans auoir aucūs procez ou chicaneries par entr'eux, aussi ny a il aucūs aduocats ny procureurs, ny autres gens de cest estat, comme en la Chrestienté : & m'esbahis que nous autres qui auōs esté esclairez de la lumiere de la foy de Iesus-Christ, qui nous enseigne la charité que nous deuons à nostre prochain, n'en faisons cas, ains delaissans tous enseignemens diuins, aymōs beaucoup mieux consommer nostre vie, nostre bien & moyens en proces en la haine de Dieu & de nostre prochain, que nō pas en quelque autre actiō vertueuse. Ie ne dis pas que ce ne soit chose tres-necessaire & loüable d'auoir des magistrats en toute republique pour punir les malfaicteurs, & faire iustice à ceux qui sont oppressez, attendu que c'est le but où tendent toutes les loix ciuilles & toute la disposition de Iustice qui taschent de maintenir en vnion & cōcorde tous les citoyens ensemble: Mais ie dis q̄ tant d'inuētiōs de tergiuersatiōs & chicaneries est chose pernicieuse à la republique, procurāt plus tost sa ruine que son auancement, cōme l'experience maistresse des choses, nous en dōne preuue tres-euidente. Mais quelqu'vn me dira que font donc les Turcs quand opprimez de quelques vns, ils demandent Iustice, la partie offencee s'en ira trouuer son aduerse partie, à laquelle en presence de deux tesmoins le touchera sur l'espaule, & luy dira ces mots: Ie t'adiourne maintenant à cōparoir à la iustice de Dieu, tout incōtinēt l'autre obeissant, s'en iront ensemble trouuer le Cady ou Bey, deuant lequel le demandeur proposera sa demande, à laquelle le deffendeur, defend sur le champ, & le iuge donne sa sentence. S'il est besoin faire preuue, ils la feront promptement, faisans publiquement ouyr leurs tesmoins, ausquels on ne baille aucune reproche. Si aussi le faict ne se peut prouuer par tesmoins ou autrement, l'vne des parties baille la cause au serment de l'autre: s'il est Chrestien, Grec ou d'autre nation, il iure sur les sainctes Euangiles, s'il est Turc ou Mahumetain, il iure sur l'Alcoran. Voilà la maniere, comme ils procedent quand il suruiét quelque debat entr'eux, ou entre les Chrestiens & Iuifs. A ce propos il me souuient qu'estant en Tripoly de Surie, il y eut vn procez entre vn Iuif Dragoman de nostre logis & nostre Iannissaire, lequel le Iuif voulut croire, ou qu'il fut creu luy mesme à son serment: le Iannissaire iura & gagna son proces. Ce Iuif m'estoit fort amy (si ainsi le doy-ie dire) qui fut occasió que vn iour allât nous pourmener sur nos asnes par les belles campagnes de Tripoly, ie luy demanday d'où venoit que luy & les autres Iuifs estoient si iaunes & mal colorez, il me dist que leur naturel si adonnoit, pour ce qu'ils estoient fort melancholiques: & repliquant, ie dis, est-il possible que ne puissiez trouuer aucun remede à ce fascheux mal, si a bien dit-il, mais tous n'en sçauent pas vser: d'où vient cela, ie vous prie me le dire, c'est respondit il, que nous vsons d'vne pierre qui se trouue dans le fiel des bœufs, laquelle reduicte en poudre, est propre pour nostre mal, & se nomme selon vn ancié autheur Arrabe, Hara-

*Secret d'vne pierre qui se trouue au fiel de bœuf.*

Bié me dift-il, que en tous les fiels de bœuf ne s'en trouue pas, mais que quelquesfois auſſi s'en trouuent deux en vn: I'ay bien voulu noter cecy comme vne recherche curieuſe pour guerir la iauniſſe & pour oſter la melancolie. Les Mores, Turcs & tous Mahumetans quand ils veulent manger, eſt de s'aſſeoir ſur vn tapis, ou ſur la terre, les iambes croiſees, comme les couſturiers, mettans au milieu d'eux leur nappe ronde nommee Sophra, qui eſt faicte de cuir, s'ouurant & fermant comme vne bourſe. Premier que de manger ils font vne briefue oraiſō à Dieu, ce faict chacun prend place autour de la nappe qui eſt miſe ſur terre: au milieu de laquelle ils mettent leurs viures, afin qu'vn chacun en ſoit auſſi pres l'vn comme l'autre. Durant leur manger font vn grād ſilence, de maniere que peu ou point parlent en prenant leur repas, ſi d'auenture ne ſont en la compagnie des Chreſtiens: leur pain eſt de meſme froment que le noſtre, ſinon qu'ils n'vſent point de couſteaux pour le coupper, ains le rompent tout en pieces, afin que chacun en prenne à ſa volonté, & s'ils ſont à la table de quelque Chreſtien, ils taillent leur pain par morceaux, ſelon leur couſtume: ils mangent de toutes ſortes de chairs, fors celle de porc, & le plus ſouuent vſent de ris en leurs meneſtres plus que d'autres choſes, le mangeant auec des cuilliers de bois pluſtoſt qu'auec celles d'argent, pour ce que leur loy le veut ainſi. Ils font auſſi des meneſtres de froment, choux & autres ſortes d'herbes accouſtrees auec du beurre ou de l'huille, mais toutes

*L'vſance du manger des Mores & Turcs.*

*Turcs ne mangent point de porc.*

## Voyages du Seigneur

leurs viandes sont accommodees d'vne autre sorte que les nostres, n'aprochant en rien à la delicatesse d'icelles, & quand ils prennent leur repas, ils n'vsent point de fourchettes, comme font les Lombards & Venitiens, ains mangent auec trois doigts ou auec les cinq, pource qu'ils ont opinion, que le Diable mange auec deux: Ils sont grandement amateurs des fruicts, les mangeant auparauant qu'ils soient demy-meurs, comme aussi les concombres, sucrins, angouries & autres fruicts, sans estre malades. Ceux qui sont zelateurs & obseruateurs de leur loy ne boiuent iamais que de l'eau, le vin leur estant estroictemét prohibé & deffendu par leur Alcoran, mais ils mettent du sucre dedans, ou du miel pour la rendre plus delectable en la beuuant. Les autres qui sont en grand nombre, signamment des Chrestiens reniez, boiuent du vin en si grande abondance qu'ils demeurent yures sur la place, menás ceste vie brutale depuis le matin iusques au soir, les ayant veus sur mer & sur terre manger à leur poste, & aussi auec les Chrestiens, mais depuis que les Chrestiens s'estoient leuez de table, ils y demeuroient iusques à ce qu'ils s'endormissent comme porcs. Ils ont vne bonne coustume, qui est que lors qu'ils mangent, ils donnent à manger à ceux qui les regardent, & toutesfois sont si auares, que pour de l'argent vous les rendrez vos esclaues. Quand à la decoration de leurs chambres, il ny a ny table, ny banc, ny aucune chose pour s'asseoir, sinon vn tapis au milieu d'icelles, sur lequel ils se seent en beuuant

*Du boire des Turcs.*

*Renegats grás yurongnes.*

*Turcs sont auaricieux.*

*Turcs n'ont aucuns meubles de bois en leurs maisons.*

& mangeant, & d'vne autre part vn meschant matelas, où ils dorment le plus souuent sans linceux, ny sans se despouiller, ayant vne corde au trauers de leur chambre sur laquelle ils mettent toutes leurs hardes. Bref ils font fort peu d'estat des bastiments, & de la decoration d'iceux, le demonstrant assez, quand ils laissent tomber en ruyne les chasteaux & maisons des villes par eux prinses sur les Chrestiens. Et si tost qu'ils ont pris vne ville ou cité, ils abbatent toute la couuerture, & charpenterie des maisons pour les accommoder à la Turquesque. Qui voudroit amplement descrire toutes leurs coustumes & maniere de faire, il faudroit en faire vn volume à part.

*Ample description de la cité d'Alexandrie en Egypte, & de ses aiguilles admirables, ensemble les descriptions de la Giraffe, de l'Elephant, du Chameau, & de plusieurs choses aduenues sur mer.*

## CHAP. XVI.

LA cité d'Alexandrie fut iadis edifiee (comme chacun sçait) par Alexandre le grand, sur le bord de la mer Mediterranee. S'estant touſiours maintenuë en sa beauté & splendeur, iusques à ce qu'elle vint sous la puissance des Mahumetans, où elle commença à decliner peu à peu & tomber en ruine, comme elle se void

*Descripcion d'Alexandrie d'Egypte.*

à present, & n'estoit qu'elle est situee le lōg de la marine, & que la plus part de tous les vaisseaux d'Occident qui vont en Egypte y prennēt port, pour la commodité d'vn des bras du Nil, qui en est peu distant, ie croy qu'elle demeureroit sans estre aucunemēt habitee, à cause du mauuais air qui y regne. Elle est situee en lieu fort sablonneux, bastie de forme carree & encore enuironnee de ses deux anciennes murailles, qui sont de grand circuit, esquelles y a quatre portes principalles, couuertes de lames de fer, sçauoir celle qui est vers le leuant, & du costé du Nil, nommee porte du Caire, l'autre qui est du costé du ponant, & qui conduist aux grands deserts de

*Desert de Barca & de S. Machaire.* Barca, & de Sainct Machaire, qui s'appelle la porte de Barca ou des deserts. La troisiesme se nomme porte du Pepe: ceste-cy est situee vers l'Affrique & le Midy, & conduist droict au grād

*Lac de Bouchiara ou de Mareotis.* lac de Bouchiara, dit autrement Mareotis, distāt d'Alexandrie d'enuiron demie lieuë. Ce lac est de grande estenduë, & de tres-grand reuenu en poisson. La quatriesme est dicte porte de Marine, pour ce qu'elle est assise sur le bord de la mer.

A ceste-cy demeurent ordinairement les gar-
*Belle douanne en Alexādrie.* diens de la douanne, lesquels sont establis par le grand Turc pour receuoir les daces & gabelles de toutes les marchandises qui vont & viennent par terre & par mer prendre port à Alexandrie, soit des Indes, d'Arrabie heureuse, de Genes, Venise, Angleterre, Marseille, Raguse en Sclauonie, Constantinople, Barbarie, Sicile, & autres lieux du monde. Car le port est tresseur, & hors le peril

ril des corsaires & mesme fort commode pour le trafic du grand Caire, & de tout l'Orient. Ce port est diuisé en deux par vne petite isle ( laquelle si i'ay bonne souuenance ) Cæsar nommoit Pharus, qui maintenant est ioincte à terre ferme, & aux murailles de la cité, de maniere que venant faire deux poinctes du costé d'Orient & d'Occident, se viennent ioindre presque à deux autres poinctes qui sont fort auancees en plaine mer, laissans au milieu d'elles, deux embouchemens pour entrer dans lesdits ports, lesquels sont faicts quasi en forme d'oualle. L'vn est appellé Porto Vechio, qui n'a aucun chasteau pour sa deffence, sinon du costé de la ville vne maniere de chasteau, dit castel Vechio. Sur les deux pointes qui sont à l'emboucheure de l'autre port, sont deux chasteaux assez forts & tenables, appellez Pharillons, mais mal-aisez & incómodes, à raison que les garnisons qui sont dedás, n'ont aucune eau douce, si elle ne leur est apportee des cisternes de la cité sur des chameaux. Le grand Pharillon est beaucoup plus fort que le petit, car il est fermé de hautes murailles qui sont garnies de tours bien flanquees, ayant en son exterieur vn gros dongeon carré enuironné de quatre tours tresbié flanquees, l'vne desquelles est de beaucoup plus haute que les autres. C'est celle qui sert pour loger la sentinelle, & de phanal pour porter la lumiere, pour r'adresser au droit chemin les desuoyez qui sont la nuict sur la mer. Ces deux chasteaux sont si pres l'vn de l'autre qui se peuuent secourir facilement, &

N n

nul vaisseau ne peut entrer au port, sans passer entre leurs murailles. Quant aux maisons d'Alexandrie, elles sont toutes couuertes en terrasse & plate-forme, comme sont celles de Turquie, Grece, & autres lieux de l'Orient : & sur les plate-formes ou terrasses les Alexandrins, Egyptiens, & Arrabes, dorment toutes les nuicts de l'hyuer & de l'esté pour chercher la fraischeur, d'autant qu'en ces pays là, il n'y faict point de froid. Ils ne dorment sur des licts de plumes, cōme nous faisons, car cela seroit fort dommageable à leur santé, mais se contentent seulement d'auoir quelque manteau ou couuerture autour d'eux. Ce n'est donc de merueille si telles gens, de toute antiquité ont si exactement obserué le cours des estoilles, veu qu'à toutes les heures de la nuict, ils les voyent se leuer & coucher & faire le cours du Zodiacque, par ce que le temps est tousiours serain & clair en ces pays là, & en toute l'Egypte. Pour retourner aux bastiments d'Alexandrie, les maisons sont basties sur grosses arcades & colonnes de marbre, sous lesquelles sont les cisternes qui reçoiuēt l'eau du Nil, au temps de son accroissement : Car il faut noter que combien que le Nil en soit beaucoup esloigné, si est-ce toutesfois que vne partie d'iceluy y vient par vn canal que les anciens Egyptiens feirent faire, qui passe par dessous les murailles de la cité, & remplist toutes les cisternes, l'eau desquelles quand elle est nouuelle venuë, est tres-mauuaise à boire, engendrant vne siebure auec la dissenterie qui faict mourir le plus

*Du dormir des Egyptiens & Arrabes.*

*Bastiments d'Alexandrie.*

*Canal d'Alexandrie.*

souuent ceux qui en sont atteints : de maniere que les habitans qui sont curieux de leur santé, reseruent l'eau de l'annee precedente pour s'en seruir iusques au mois de Nouembre. Combien que la ville soit situee en lieu desert & areneux, si est-ce toutesfois que l'on y trouue abondance de toutes choses necessaires à la vie, car le poisson d'eau douce & de mer n'y manque nullement, pource qu'elle est sur le bord de la mer, & le lac de Bouchiara ou Mareotis le voisine de pres d'vn costé, & de l'autre costé le Nil. Pour le regard des chairs, le mouton, veau, bœuf & cheureau, s'y trouuent à grand marché, comme aussi toute sorte de gibier, & entr'autres certaines gazelles qui sont cheures sauuages, qu'on tuë à coups de harquebuse. Il s'y trouue aussi grande quantité de bleds, fruits & legumes. Quand est du vin, il y en vient de toutes parts, d'Occident, Septentrion, & Orient, tellement qu'il n'y manque aucune chose, sinon le mauuais air qui y regne, fors és mois d'Aoust, Septembre & Octobre, lequel par sa subtilité engendre fiebures tierces & continuës. I'estois bien aduerty longuement auparauant que d'arriuer en Alexandrie, qu'il estoit necessaire tenir son estomach fort chaudement, s'empescher de manger par trop de fruicts, & viure sobrement : Ie m'esforçay d'obseruer ceste reigle de toute ma puissance, qui fut en vain : Car dés le quatriesme iour la fiebure tierce me saisit auec vn froid si vehemét,

*Fiebure tierce me print en Alexandrie.*

& vne chaleur bruslante apres, qu'on n'en esperoit de moy sinon la mort prochaine, qui fut occasion que plusieurs me conseillerent d'aller changer l'air autre part, ou bien retourner en la Chrestienté. Ie pensay en moy-mesme que i'auois veu toutes les choses qu'vn hóme pourroit desirer voir, & qu'il ne me restoit desormais, que de retourner en ma patrie, & que pour ce faire, ie voyois plusieurs belles commoditez se presenter deuant mes yeux: y ayant au port plusieurs vaisseaux Marsillois & Venitiens, dans lesquels seurement ie pouuois passer la mer à peu de frais, toutesfois ie ne voulois en ce du tout suyure ma propre volonté, sans en auoir communiqué à nostre Vice-Consul & autres Italiés, Grecs & Iuifs, qui m'estoient bós amis: tous lesquels vnanimement me conseillerent suyure ma resolution. Bien me dirent-ils qu'ils n'estoient pas d'aduis que ie passasse droit en France, à cause des corsaires de la Barbarie, & de soixante galeres que le grand Turc y auoit enuoyees à la Sainct Iean precedente, pour chastier ceux de Tripoly de Barbarie, qui s'estoient voulu rebeller contre sa Seigneurie. Aussi que nul vaisseau ne suyuoit ceste route, iusques à la fin du mois de Mars, mais que vne naue Venitienne faisoit voile dans deux ou trois mois, en laquelle ils estoient d'aduis que ie m'embarquasse. Ce cóseil donné, incontinent ie parlay au patron & à l'escriuain de la naue, auec lesquels faisant marché pour ma nourriture & passage, me promirent de faire voile dans trois iours. Ce pendant i'eus la *de Villamont Livre 3.* 283

commodité de voir plusieurs choses antiques qui sont tant au dedans d'Alexandrie que au dehors: car au dedans se voyent trois petites montagnes semblables à celle du Testatio de Rome, dans lesquelles on trouue plusieurs vases de terre, qui me fait presumer qu'elles ont esté autresfois faictes artificiellement. Il se voit aussi pres l'ancien palais d'Alexandre, deux Obelisques ou aiguilles faites d'vne seule piece de marbre d'environ cent pieds de haut, & huict de large, ressemblans presque à celle de Sainct Pierre de Rome, l'vne est droite & entiere, l'autre est couchee par terre & rompuë. Ces Obelisques ou aiguilles sont choses de tres-grande admiration, car elles sont d'vne seule piece massiue, si grande, si grosse, si longue, & si bien polie & engrauee, que l'homme demeure esmerueillé voyant vne telle œuure au monde, & comme on la peu esleuer & tailler ainsi d'vne seule piece de marbre. I'ay opinion que celles qui sont à Rome y ont esté conduites de l'Egypte, pour ce qu'il ne se peut trouuer rocher Thebaicque si commode, pour cest effect, comme il se faict en Egypte, mesmes que les caracteres & figures qui sont engrauez à celles de Sainct Iean de Latran, de nostre dame du Populo, & de Saincte Marie maior à Rome, sont semblables à ceux de celle-cy. Ceste sorte de marbre Thebaicque est grisastre & marqueté de deux ou trois couleurs, & duquel mesmement l'admirable & haute colonne de Pompee est faicte toute d'vne seule piece, d'vne si demesuree hauteur, espaisseur & grosseur, qu'il est impossi-

*Trois montagnes en Alexandrie.*

*Aiguilles de marbre pres l'ancien palais d'Alexandre le grand.*

*Admirable colonne de Pompee & sa description.*

N n iij

ble de pouuoir trouuer ouurier qui par engins la peust transporter autre part, ayant pour le moins six vingts pieds de haut, & quinze de circuit par le bas. Toutes les colonnes de Rome ny celles de nostre dame de la Rotonde, n'approchent en rien celle-cy : Elle est esleuee dessus vn promótoire qui est à demy quart de lieuë d'Alexandrie, & duquel on voit facilement le lac de Bouchiara, & les palmiers qui l'enuironnent, comme aussi la mer, & grande partie de la terre ferme : m'enquerant de plusieurs pourquoy on la nommoit du nom de Pompee : il me fut dit que c'estoit Cæsar qui l'auoit faict eriger pour perpetuer la memoire de la signalee victoire qu'il auoit euë contre Pompee le grand. Se voit aussi hors la cité, le lieu où Sainct Athanase s'alla cacher fuyant la persecution Arienne, & auquel il composa le beau Cantique, *Quicumque vult saluus esse* Au dedans de la ville se voit le lieu ioignant trois colonnes de porphire, où la la bonne Saincte Catherine eut la teste tranchee: les Chrestiens y auoient faict faire vne eglise, que les Turcs ont reduicte en mosquee. Quasi tout ioignant est le lieu où monsieur Sainct Marc l'Euangeliste fut decapité, le corps duquel a depuis esté porté à Venise. Il y a vne pierre en l'eglise dediee à Sainct Iean Baptiste, sur laquelle il eut la teste tranchee par le commandement d'Herodes: On dit que nul Turc ou infidele ne se peut seoir dessus sans endurer quelque tourmét, ie n'ay pas veu la pierre, nó plus que l'experiéce d'vn tel mal. Or pendát que ie sciournay en

*Où S. Marc fut decapité.*

*Pierre où S. Iean Baptiste fut decapité.*

Alexandrie, y arriua certains Turcs qui menoiēt vn Elephant à Constantinople, vne Giraffe & plusieurs autres especes de diuerses & rares bestes à nous incogneuës, toutes lesquelles le grand Bacha du Caire enuoyoit au grand Turc, d'autāt qu'il se plaist fort d'auoir en son serrail toutes sortes d'animaux, entre lesquels ie croy qu'il ne s'en peut voir vn plus beau, plus rare, plus poly & de nature plus douce que la Giraffe. C'est vn animal que nature a produit d'vne estrange maniere, & qu'elle a enrichi (à mon aduis) de beauté sur tous autres, pour ce que des pieds de derriere elle va tousiours haussant iusques au sōmet de sa teste: La raisō de cecy est, q̄ ses pieds de deuāt sont de moitié plus haut, que ceux de derriere, puis portāt le col gresle, droit, & long, cela la rēd fort haute esleuee. Elle a la teste presque sēblable à celle du cerf, sinō que ses petites cornes mousses n'ont que demy pied de lōg, ses oreilles sont grādes cōme celles d'vne vache, & n'a point de dents au dessus de la macheliere, ses crins sont ronds & deliez, ses iābes gresles & semblables à celles d'vn cerf, & ses pieds à ceux d'vn taureau: Elle a le corps fort gresle, & la couleur de sō poil ressemble à celuy d'vn loup seruier, quand elle court, ses pieds de deuant marchēt ensemble, du reste sa maniere de faire est fort semblable à celle du chameau : c'est vn animal entre tous ceux que i'ay veus par le monde qui est le plus beau & plus rare. Au contraire l'Elephant & le chameau sont les plus sales & vilains. L'Elephant est vne beste de merueilleuse grandeur, & est tout

*Description de la Giraffe.*

Nn iiij

noir, & sans aucun poil, n'ayant autre iointure que celles des espaules, il a la teste fort grosse & grande, & les yeux roux & espouuentables, les dents grandes hors la bouche d'enuiron deux pieds de longueur, & le mufle ou nez de dessus est long iusques en terre, duquel il se sert pour leuer tout ce qu'il veut manger : il a les pieds ronds & les oreilles semblables à celle d'vn Dragon, & tant plus pesant il porte & plus chemine il asseurément, n'estant de merueille si l'on dict qu'il peut porter vne tour pleine de gens-darmes auec leurs victuailles. Le chameau est vn animal beaucoup plus grand qu'vn cheual, de sorte quand on le veut charger & descharger, il se met à genoux contre terre beuglant assez espouuantablement : Il a les pieds fourchez comme vn bœuf & mols comme paste, faisant son vrine par derriere au contraire des animaux masculins : il a le milieu du dos fort haut esleué, l'encolure gresle, & la teste petite, le poil de couleur cendrine, & rongeant son frein comme vn bœuf, & quand il paist ou mange quelque chose, il leue la teste en haut pour l'aualer. Le iour estant venu que la naue Venitienne dite Treuizana deuoit faire voile la minuict ensuiuant, ie feis porter ma casse dedans & quelques petites prouisions de vin, fruicts & autres choses, combien que i'auois faict marché auec le patron à six escus d'or & demy par mois pour me nourrir, sans le nolle & passage qui me coustoit huict ducats Venitiens, & apres auoir contenté & pris congé du Vice-Consul, ie montay en la naue le vingt & deuxiesme iour dudit mois, le patron de laquelle estoit vn Grec de l'isle de Zante, qui nous traicta fort pauurement tout le long de nostre voyage, nous faisant manger puante chair salee, biscuit noir remply de vers, & boire du vin pire que de l'eau, aux iours maigres ne mangiós que des febues cuictes en l'eau sans auoir amandement: Ceux qui auoient faict des prouisions extraordinaires leur seruirent beaucoup. Si le patron estoit auare & inhumain, les mariniers estoient larrons, blasphemateurs, & remplis de tous vices, nous desrobans la nuict en dormant, & mesme l'escriuain de la naue, sans que l'on peust descouurir le lendemain celuy qui auoit commis le larcin, d'autant que le patron n'en tenoit aucun compte, pour ce qu'ils estoient tous Grecs comme luy, natió qui nous a plus en haine que les Turcs & Barbares, aymant mieux dóner leurs filles en seruitude aux Turcs qu'en mariage aux Catholiques, aussi la punition de Dieu est tombee sur leurs testes, en leur ostant leur Empire & toutes leurs possessions, & les reduisans comme en seruitude en diuerses parties du monde, osant bien les comparer aux Iuifs obstinez, sinon pour le regard de la foy & du nom de Chrestien qu'ils portét. Le patron m'auoit promis de me loger à couuert, mais quád nous feusmes embarquez dedans, il me dist que ie loüasse la case où le nocher dormoit, ce que ie fus contrainct faire & en payer trois sequins d'or, pour dormir seulement dessus. Or nous feismes voile vers Venise la nuict du vingt & deuxiesme de

Mars, mais le iour enfuyuant, le vent fe trouuant magiftral, nous contraignit au deuxiefme iour retourner au port d'Alexandrie, duquel rehauffames les voiles enuiron minuict pour fuiure noftre route. Ce pendant l'efcriuain, & le fouscriuain de la naue, vn riche marchand de Venife, vn Flamand & vn cordelier François, trois religieux Italiens, & quinze mariniers tomberent tous malades de fiebures tierces, & continuës, & de flux de ventre, tellement que le quatriefme iour d'Auril mourut le pauure Flamand, par faute d'eftre fecouru, lequel eftant incontinent defpouillé par les mariniers fut iecté en la mer. Le huictiefme iour du mois le cordelier François mourut auffi de flux de ventre & fut pareillemēt iecté en la mer auec deux groffes pierres attachees à fon col & à fes pieds, & pour ce que le vent nous eftoit toufiours côtraire, feufmes iettez malgré nous à la veuë du goulfe de Syrte Maior, dont pour euiter fon entree, le patron commanda donner fond, en attendant la commodité du temps. Ce goulfe eft de tres-grande eftenduë faict en forme d'vn demy rond, ayant fur le bord d'iceluy vne grande cité nommee Syrte maior, qui eft l'vne des principales de l'Afrique, mais nul de nous ne defcendit à terre pour prendre rafaifchiffement, craignans que les Mores & Turcs nous feiffent quelque ennuy, ainfi le 17. iour enfuyuant le vent s'eftant tourné Siroco redreffames les voiles vers l'ifle de Zante nauigeant profperement par l'efpace de deux iours & trois nuicts, au bout defquels mourut le marchand Venitien, qui fut honnestement enseuely & iecté comme les autres dans la mer, dont peu apres le vent croissant & se haussant leuante, continuasmes nostre nauigation par treize iours & quatorze nuicts auec la voile du trinquet seulement, pour ce que la mer se tempestoit d'vne si grande furie, qu'elle passoit par sur le tillac, voire mesme par sur le haut de la pouppe, faisant tomber sur la place les mariniers qui estoient au manegement de leurs cordages, de maniere que chacun de nous voyant la tempeste, & les pluyes continuës qui se faisoient auoient grand peur de perir, & bien encore plus quand le Peneze de la prouë cria, terre, terre, à main gauche: Alors le patron & pilote iugerent que c'estoient les isles de Gozy, les autres, que c'estoit la coste de Barbarie, & quelques vns des plus experimentez voyant la boussolle de la prouë de la naue vers l'Occident, disoient estre impossible que ce fust la Barbarie, qui est situee au midy. Tant y a que pendant qu'ils menoient telles questions & debats, arriuasmes à demy quart de lieuë de terre, qui fut lors que l'ignorant Pilote, & peu experimenté Patron, congneurent que c'estoit la coste de Barbarie, & que estions proches de nous perdre contre le cap de bon Andrea, s'escriant se sauue qui pourra. Ce disant il feist porter du biscuit & de l'eau dans la petite barque, afin de se mettre dedans, aduenant naufrage du

*Mort du marchand Venitien.*

*Tempeste sur la mer Mediterranee.*

*Voyages du Seigneur*

vaisseau. Vn peu auparauant il auoit ietté en la mer, vn Agnus Dei, pour faire cesser la tempeste, laquelle peu à peu commença à diminuer & le temps à s'esclarcir, de maniere que l'on eut le loisir de caler la voile du trinquet, & iecter l'encre sur douze pieds d'eau. Ie laisse à penser à ceux qui ont nauigué le grand peril où nous estions, & que de rechef nous encourusmes quand la gommene qui tient l'encre se rompit, la naue s'en allant briser contre terre, sinon la prudence du Peneze qui auoit preparé vne autre ancre & gommene qu'il iecta promptemét dans la mer, laquelle tint bon, & nous hors du peril de naufrage, eusmes vne secóde frayeur de demeurer tous esclaues entre les mains des Barbares, le naturel desquels n'est en rien semblable à celuy du Turc qui permet facilement le rachapt des Chrestiens, payant rançon honneste: Mais les Barbares les detiennét en perpetuelle seruitude leur faisant endurer mille maux, & quand bié on se pourroit rachepter de leurs mains, la chose est presque impossible, d'autant que les Chrestiens n'y font aucun trafiq, pour leur infidelité. Voilà pourquoy estions en gráde perplexité, voyát ne pouuoir euiter vn peril si eminent à raison du vent qui nous empeschoit la sortie du port, ce qui occasionna vn chacun à reclamer Dieu à son aide, & se vouër aux saincts lieux où ils auoient plus de deuotion. Le patron de la naue au nom de tous ceux qui estoient dedans se voüa à nostre dame de Scopo, qui est en l'isle de Zante & à Sainct Marc de Venise, puis feist appeller tous

*Grand peril à la coste de Barbarie.*

*les* passagers & mariniers au haut de la pouppe, *l*eur disant en ceste sorte.

*Les remonstrances que feist le patron de la nane aux passagers sur le peril de naufrage où ils estoient, auec la description des confins, grandeurs, largeurs & circuit des mers de l'Orient.*

### Chap. XVII.

IL n'est plus temps de vous celer, ô seigneurs passagers & mariniers, le peril où nous sommes à present, d'estre tous pris esclaues, car vous voyez que nullement ne pouuons sortir de ce port, s'il ne plaist à Dieu auoir pitié de nous, ainsi qu'il a eu ce iourd'huy, nous sauuant de naufrage, reclamons le donc à nostre aide de tout nostre cœur, & prions nostre dame de Scopo & mósieur Sainct Marc interceder pour nous, ausquels maintenant ie me suis voué & aussi toute la compagnie, laquelle ie supplie faire vne bonne aumone pour l'accomplissement du vœu: telles ou semblables paroles finies, le patron commença certaines prieres pendant qu'vn chacun se preparoit à faire son aumone. La nuict estát suruenuë, les gardes feurent posees aux lieux acoustumez de la naue, & le lendemain qui estoit le dixiesme iour du mois de May enuiron le poinct du iour se leua vn petit vent d'ostro garbin, par le moyen duquel sortismes du port, & nous sauuasmes des mains des Barbares, singlant en haute mer iusques au vingt & septiesme iour, que

*Remonstrances du patron de la nane aux passagers*

## Voyages du Seigneur

nous defcouurifmes de loing l'ifle de Corfou au lieu de celle de Zante. Ce que voyant le patron delibera ne prendre port en aucun lieu, n'y auffi rafraichiffement, eftimant qu'il faifoit cela pluftoft par auarice que autrement, d'autant qu'il y auoit plus de quinze iours que l'eau commençoit à nous faillir, & qu'on la departoit par mefure, chacun n'en ayant que chopine par iour à boire, & qui plus eft, elle eftoit fi plaine de vers & puoit fi fort, que l'on eftoit contrainct la paffer par vn linge, & fe boucher le nez en la beuuant. D'autre part il faifoit cuire la chair pour deux iours pour efpargner l'eau & la defpence, ne me fouuenant auoir iamais tant enduré de foif que i'ay faict en ce voyage, pour ce que la fiebure me brufloit d'vn cofté, & la chaleur vehemente du temps de l'autre, & fi les vers fe pourmenoient par l'eau, ils n'en faifoient pas moins par le bifcuit. Tellement que nous eftions tref-mal traictez, mais la neceffité de la vie nous faifoit boire & manger de ce que nous trouuions, fans autrement auoir efgard aux chofes qui fe trouuoient dedans. Or eftans paruenus à l'emboucheure du goulfe de Venife nous commençafmes à fentir vne petite pluye quafi continuë, auquel changement d'air ma fiebure me laiffa fort foible & debile, & le mefme iour le fous-efcriuain de la naue mourut, lequel comme les autres fut iecté en la mer. Or nauigeant par l'efpace de vingt iours fur ce goulfe tempeftueux, nous eufmes par diuerfes fois iufques au nombre de treize tem-

*Grande neceffité d'eau fur la mer.*

*Mort du fous-efcriuain de la naue.*

pestes, desquelles & de plusieurs autres precedentes ie ne parleray pour euiter prolixité. Finalement arriuasmes en Istrie le sixiesme iour de Iuillet, où la naue baigna l'encre au port de Quieto, qui signifie port de repos, lequel est esloigné de cent mille de Venise, & tous vaisseaux qui viennent du leuant & du ponant sont contraints d'y prendre port & vn pilote pour les conduire iusques au port de Malemoque, qui est cinq mille distant de Venise, auquel port ne peuuent arriuer s'ils n'ont le vent de Tramontane ou de Grego leuante, & que le temps soit fort clair & serain. Les escriuains de toutes les naues ont accoustumé de prendre vne barque pour s'en aller deuant à Venise, & de mener auec eux les passagers qui voudront s'y embarquer, payant chacun vn ducat & quelquesfois vn sequin: Mais aduiendra qu'ils seront de dix, vingt, trente iours plustost rendus à Lazareto, que ceux qui demeurent és naues, aussi arriuera que lesdites naues prendront port à Venise, aussi tost que eux, le tout selon la commodité du temps. Nous autres passagers qui estions en ladicte naue, nous embarquasmes dans la barque dudict escriuain: laquelle faisant voile à souhait paruinsmes graces à Dieu aux forteresses de Venise le septiesme iour du mois de Iuillet, apres auoir esté sur mer cent huict iours, sans mettre pied à terre, & dudit lieu feusmes incontinent enuoyez par les Seigneurs de la santé à Lazareto Vecchio, qui est vn lieu où les personnes vont pour se purger par quarante iours,

*Vnze tépestes sur le goulfe de Venise.*

*Port de Quieto en Istrie.*

*Embarquemẽt en Istrie.*

*Voyages du Seigneur*

*Description de Lazareto.*

auparauant que de mettre le pied en Venise: A Lazareto nouo toutes les marchādises sont portees pour y estre esuentees aussi par quarante iours. Ce sont deux lieux fabriquez sur marescages enuironnez de mer, & esloignez quelque deux mille de Venise, d'où les gondolles apportent chacun iour ce qui est necessaire pour la vie de ceux qui y sont, pourueu qu'ils payent les viures, & la peine des gondoliers. Les bastiments des logis sont tresbeaux, & diuisez l'vn de l'autre par grands iardins, esquels on se peut pourmener ayant licence du sous-gardien, autrement l'on seroit en danger de recommencer la quarātaine, comme aussi si on touche à nul de ceux qui seront logez és autres logis, estant par maniere de dire, comme vne vraye prison, sinon l'esperāce qu'on a d'en sortir promptement: & combien que la naue & les personnes soient sans suspiciō de contagion, neantmoins font difficulté de leur donner congé, iusques à ce qu'ils se soient purgez par l'espace de quinze iours. Nous auions esperance que les ayans accomplis nous aurions liberté, mais fortuitement aduint la mort à vn ieune marchand Venitien, qui estoit en nostre compagnie, & à vn marinier qui estoit logé auec les autres, & l'vn estant mort hydropique, l'autre de fluz de ventre, qu'il auoit apporté d'Alexandrie, cela fut occasion de retarder beaucoup nostre deliurance, combien que les medecins de la sāté qui estoiēt venus visiter les corps apres leur mort, eussent declaré faisans leur rapport aux seigneurs de la santé, qu'ils n'estoiēt morts d'aucune

*Mort d'vn Venitien & d'vn marinier*

rune maladie contagieuse. Pendãt que nous faisons nostre quarantaine Dieu me preserua miraculeusement de la picqueure d'vn Scorpion, que i'auois sur la gorge, estant couché contre terre sur mon matelats, duquel benefice & vne infinité d'autres que i'ay receus de sa main, ie luy en rends & rendray graces à iamais: car sans doute s'il m'eust picqué de sa queuë veneneuse, i'estois mort infailliblement. Or avans esté trente & sept iours detenus en captiuité, finallement nous en fusmes deliurez le quatorziéme d'Aoust auquel iour i'entray pour la seconde fois à Venise, & y demeuray iusques au penultiéme iour de l'an, tant pour me rafraischir, & me faire guarir d'vne opilation de ratte que i'auois, pour auoir trop beu de meschante eau en l'Orient, que aussi pour gaigner le grand iubillé que nostre sainct pere le Pape auoit côcedé à toute la Chrestienté, pour prier Dieu auoir pitié de nostre pauure & affligé royaume de France. Il me semble qu'apres auoir nauigué la plus grande part des mers du Leuant, il n'est raisonnable de les obmettre en arriere, sans premierement parler de leurs confins & grandeurs. Ie diray donc que pour discerner lesdites mers, il est necessaire de commencer au destroict de Gilbatar qui est entre l'Espagne & la Mauritanie, où la mer s'eslargissant peu à peu, prend diuers noms, baignant la coste d'Europe, d'Asie, & Affrique, sçauoir du costé de la Catalongne & Valentienne, elle est appellee Ibericque, changeant son nom en Gallicque à la coste de Marseille, puis venant bor-

*Confins, grandeurs, & largeurs des mers Orientalles.*

*Voyages du Seigneur*

der l'Italie se faict nommer des superbes Genevois, mer Ligustique, & se restraignant vn peu en costoyant la belle Toscane, les riches campagnes de la Romanie, & le plaisant regne Neapolitain, est dite la mer de Thirene iusques à l'estroicte pointe qui separe la longue Italie de la fertile Sicile, où lors prenant son ample nom de Mediterranee vient ioindre l'Adriatique, entre le Peloponese & Candie, où la mer Adriatique perdant son nom, la Mediterranee s'en va ondoyant la coste de la Grece, & d'Asie, muant le sien en Ægee, à present dit Archipelago, iusques au destroit de l'Hellespont ou de Gallipoly qu'Alexandre le grand passa valeureusement pour aller conquerir l'Asie contre le Roy Darius, puis est appellee Negre-pont, mer Maior, Pamphilie & Cilicie ou Caramanie, au bout desquels royaumes, reduicts maintenāt en prouinces, elle se termine au goulfe d'Alexandrette qui separe la Cilicie ou Caramanie d'auec la Syrie, d'où cómençant à faire son demy cercle vers l'Orient, prend le nó de Syriaque, iusques au promontoire d'Acre ou de Ptolemaide, où elle se fait nómer Phenice, Cesarce, & Palestine, tāt qu'arriuāt au goulfe de Risa, qui est en la Palestine ou Iudee, est appellee mer d'Egypte. De là se pliant fort vers le midy, fait le grand goulfe de Sirte Maior, qui est en la Libie, prenant le nó de Libique, à cause de ladite prouince, puis d'Affrique, pour ce qu'elle en baigne toute la coste, cóme aussi de la Barbarie & de la Mauritanie, qui se cófine, comme i'ay dit, au destroit de Gibaltar. Quant à sa lógueur, largeur & circuit: Son circuit soit du Goulfe de Venise, ou du destroit de l'Hellespont a dix mil sept cents mille, qui sont cinq mil trois cēts cinquāte lieuës, mettāt deux mil d'Italie pour lieuë Françoise. Sa longueur qui est depuis le destroit de Gibaltar iusques en Alexandrette, cy deuant nōmé, contient trois mil trois cents mille selon les modernes, qui sont seize cēts cinquāte lieuës de France. Mais Ptolomee en met cent trente mille d'auātage. L'autre longueur qui prend son cōmencement au destroit de Gibaltar, & se termine à celuy d'Hellespont ou de Gallipoly, est de deux mil cinq cēts mille, reuenāt à douze cēts cinquante lieuës de France. Et sa plus grāde largeur est depuis Sirte maior, qui est en l'Affrique Olibie, iusques à la coste de Dalmatie q̄ le goulfe de Venise baigne, où l'on conte selō le vulgaire des mariniers mil mille, qui sont cinq cents lieuës, toutesfois Ptolomee dit qu'il n'y a que huit cents septante huit mille par la droite ligne qui va depuis Sirte Maior, passer par la mer Ionie pour entrer au goulfe de Venise, & à celuy de Ludrino: mais selon mon iugement & la preuue que i'en ay faite en nauigeant, ie dirois qu'elle auroit pour le moins les cinq cents lieuës: Et à dire la verité la carte marine en marque autant. Voilà ce que i'ay bien voulu escrire touchant les longeurs, largeurs, circuit, & confins des mers du Leuant, ayant cy deuant parlé assez amplement de la grandeur & circuit de la mer Adriatique, au commencement du quatriesme chapitre du second liure.

*Lōgueur, largeur, & circuit de la mer du Leuant.*

*Voyages du Seigneur*

*Histoire notable d'Antonio Bragadino qui a trouvé la pierre philosophale.*

CHAP. XVIII.

*Histoire notable d'vn Alquemiste qui faict l'or.*

IE ne doute point que plusieurs s'esmerueillerôt au recit de ceste histoire, quoy qu'elle soit tres veritable: pource que de soy, elle est presque impossible, attendu les preuues infinies que diuers grãds seigneurs & personnes notables de nostre Frãce se sont efforcez faire, pour y paruenir. Mais quoy? ils n'y sont iamais paruenus, cõbien qu'ils n'ayẽt espargné pour cest effect toutes leurs forces & puissances, & recherché tous les moyens qui leur a esté possible pour toucher à ce grand but. Toutes lesquelles choses ne leur ont de rien seruy, sinõ d'vn insuportable regret qui les a tousiours accompagnez iusques au tombeau, d'auoir ainsi souflé leur bien, & consommé leur temps, sans pouuoir dire en auoir tiré aucune recompense digne des moindres de leurs labeurs: Mais au contraire de tres-riches & opulents qu'ils estoient, sont paruenus à l'humble pauureté. Voilà l'honneur & le gain qu'ils en ont rapporté. Ce que n'a faict celuy duquel ie veux parler, qui a seul emporté de nostre temps, & peut estre de celuy de nos peres, le haut degré, l'honneur & le profit de la pierre philosophale. Celuy duquel ie parle est vn gentil-homme, natif du Royaume de Chypre nommé Antonio Bragadino, vulgairement dit Bragadin, aagé d'enuiron quarante ou quarante & cinq ans, hômme noir & de basse stature, vaillant & prompt en toutes ses actions, & qui a bien estudié és langues Grecque, Arrabesque, Latine, & Italienne. C'estuy estant au royaume de Chypre en l'an mil cinq cents septante, lors que le grand Turc auec vne armee de trois cents mille hommes, le conquist sur les Venitiens, il se monstra si vaillât & courageux à la deffence de sa patrie, que les Venitiens apres la perte de leur royaume, le menerent à Venise, où ils luy departirent quelque office de la chose publique, afin de luy donner moyen de viure. Mais peu de temps apres aduint qu'estant atteint & conuaincu d'vn homicide, fut par la Seigneurie banny perpetuellement de leur estat. Luy se voyant ainsi confiné en exil, se retira en vn lieu fort solitaire, où il passa quelques annees à estudier à la philosophie, puis sortant de ce lieu passa en France, retourna en Italie, suyuit les cours de diuers Princes: Finalemēt se vint retirer entre les terres du Duc de Mantouë, & celles des Venitiens, où estant, passa encore vn an à rechercher la pierre philosophale. Quelques vns m'ont dit estant à Venise & à Mantouë, qu'il s'estoit acosté d'vne maniere d'Hermite qui se tenoit audit lieu, lequel auoit la reputation de soufler comme les autres, mais non d'auoir atteint la perfection, que tant de milliers d'hommes ont desiré auoir, toutesfois on croit maintenant qu'il l'auoit acquis, & qu'à sa mort il declara son secret tant caché à ce gentil-homme Chyprien qui estoit jà paruenu à

Oo iij

quelque haut degré de ceste admirable science. Or quoy qu'il en soit ce Bragadin sur tous autres ayant emporté le pris, & se voyant recherché du Duc de Mantoüe, & de plusieurs autres grāds Seigneurs, pensa sur ce qu'il auoit à faire : car il preuoioit bien que pour se maintenir il luy estoit necessaire d'auoir l'appuy de quelque grand Roy ou Monarque. De venir sous l'aîle de la France, il n'y auoit apparence, attendu que elle estoit en combustion par les guerres ciuiles: de passer en Espagne s'estoit se mettre droit dās le filet, duquel il n'eust iamais sorty : d'aller vers le grand Turc, c'estoit au nom du pire : de s'arrester sous le domaine de quelques Princes d'Italie, il courroit grande fortune d'aualler le bouccon, d'autant que leur ayant descouuert son secret ( par force ou autrement ) cela leur eust baillé suiect de le faire mourir de peur qu'il eust reuelé son secret à autres. Voltigeant donc ainsi autour de ses pensees, considera pour la seureté de sa personne qu'il n'y auoit au monde lieu plus propre, plus seur, & plus commode que Venise, & qu'il auroit à faire à vne seigneurie benigne, douce & amiable, & composee de deux mille gentils-hommes saiges & prudens, lesquels iamais ne permettroient de faire vn acte contreuenant à leur grandeur. Que quand bien il y en auroit quelqu'vn qui se voudroit tant oublier que d'entreprendre telle chose, qu'il en seroit tousiours empesché par les autres, outre la peur du ban ou de la mort qu'il encouroit, commettant vn tel acte, faisant lequel n'en pourroit esperer aucun profit, ainsi que pourroit faire vn Prince, Roy, ou Empereur. D'autre part se promettoit que la Seigneurie le reuocqueroit facilement de son exil par le moyen de sa science & de son secret qu'il leur eust mis entre les mains. Mais le moyen de paruenir à son dessein sembloit vn peu difficile au commencement, iusques à ce que le Comte de Martinangue pareillement banny de l'estat des Venitiens, voyant vn bon moyen d'estre rappellé de son ban, en escriuit fort amplement à la Seigneurie de Venise, laquelle entendant cette chose, luy feist responce, que tous ceux qui seroient occasion d'vn tel bien à leur Republique, ne seroient non seulement reuoquez de leur ban, ains tenus pour leurs fidelles amis. Il ne faut demander si la responce fut receuë ioyeusement, tant de la part du Comte de Martinangue que de celle du Bragadin, lequel Bragadin enuoya de rechef vers la Seigneurie, pour l'asseurer qu'elle seroit gardienne de son secret, & qu'il le mettroit entre les mains du Doge (qui est leur Prince) pour par luy, & quarente des principaux Seigneurs, en estre faicte la preuue, laquelle estant congneuë par eux tres-veritable, il desiroit que le secret fust celé, & mis dans le tresor, duquel il ne sortist iusques à ce que le Doge ou luy feussent morts, disant que pendant qu'il seroit viuant, il ne vouloit que autre que luy vsast du secret, & que pour leur donner

O o iiij

à cognoistre de quelle masse ou mine estoit son or, il leur en envoya plusieurs lingots qui valoient bien cinquante mille escus. La seigneurie voyant son offre tres-raisonnable l'accepta de très bon cœur, comme aussi son present qu'ils feirent visiter à gens experts, qui raporterent l'or estre meilleur que celuy du sequin ou sultanin. Ce qui fut cause que tout incontinent la Seigneurie le rappella du ban, avec le Comte de Marnangue, leur escrivant par gentils hommes expres, qu'elle envoya vers eux, qu'ils eussent à venir librement à Venise, mandans aux villes par où ils devoient passer, qu'ils les receussent fort honorablement: Ce qu'ayant faict arrivèrent finalement à Venise, où plusieurs gentils-hommes à ce deputez allerent au devant les recevoir pour les conduire en leurs palais. Le lendemain qui estoit iour de dimanche, il fut conduict au palais de Sainct Marc, où toute la Seigneurie estoit assemblée pour traicter de leurs affaires suyvant leur coustume ordinaire, ainsi que fort amplement i'ay traicté en mon premier livre, où estant arrivé devant ces barbes blanches, leur feist quelque harangue, à la fin de laquelle leur feist present d'vne petite ampoulle, en leur disant que de la pouldre qui estoit dedans y en auoit pour faire cinq cents mille escus, ainsi qu'il leur feroit parroistre quand ils voudroient, puis tirant son secret hors de son sein, le mist en la presence de tous les Seigneurs, entre les mains du Doge, lequel le remerciant affectueusement au nom de toute la Seigneurie, s'en allerent hors du conseil. Peu de iours apres, il fut question que Bragadin feist preuue de son dire en la presence du Prince, & des quarante Seigneurs, ce qu'il feist si dextrement, que la plus part des orfeures de Venise, ayans esté appellez pour faire preuue de l'or, dirent qu'il estoit impossible d'en trouuer de meilleur, de sorte que la chose estant ainsi congneuë & aueree, pour veritable, tout le peuple couroit par la cité, pour voir monsieur le Bragadin, lequel ne chemine iamais qu'il ne soit accompagné cóme vn Prince: Car premierement marchent ses estafiers, ses seruiteurs domestiques, les Suisses de sa garde, ses gentils-hommes, puis luy seul au milieu, auec quelques seigneurs Venitiens, & par apres nombre d'autres hommes qui le suyuét à la foule: C'est l'ordre qu'il tient marchant en la ville de Venise. Mais ie laisse à penser s'il chemine en telle grandeur, comme il se faict seruir superbement en son palais: Ie ne sçay si ie le dois comparer aux seruices des Monarques & Rois: mais i'oseray bien dire qu'en quelque chose il les surpasse: car ceux de sa maison, où ceux qui veulent entrer pour le voir (excepté les gentils-hómes Venitiens) sont descouuerts: il a des gentils-hommes à sa suite, ausquels il donne quatre cēts ducats de pension, & que iamais il ne disne, que ses gagez ioueurs, ou sonneurs d'instruments, & ses musiciens ordinaires, ne chantent & sonnent pendant son repas: Lequel finy on voit sur l'eschauffaut le stratulle comedien, accompagné de zany & pantalon. Bref ie vous puis asseurer que ceux de sa maison m'ont dit & autres gens notables, que par iour il despend douze cents escus, qui est par an quatre cents trente & huict mille escus, sans conter ce qu'il donne, ce qu'il iouë, & ce qu'il peut despendre extraordinairement. C'estoit vn argument que ie faisois à quelques Venitiens enuieux de son bon heur, qui me disoient que ce n'estoit qu'vne certaine poudre qu'il auoit, laquelle estant consommee son sçauoir finissoit auec elle, & qu'il ne pouuoit faire à la fois qu'vn certain nombre d'or, & non en si grande quantité qu'il eust bien desiré. Ie leur respõdis que ie ne cognoissois homme de quelque qualité qu'il feust, qui eust esté si liberal de luy donner vn si royal present, & le Bragadin si miserable d'en presenter vn si grãd à la Seigneurie de Venise, qui n'en a affaire: d'autre part que l'on cognoissoit la grande despence qu'il faisoit chacun iour en sa maison, sans auoir vn seul denier d'intrade, & que si ainsi eust esté qu'il se feust mesuré dés le commencement, pour ne tomber par apres en tel deshonneur : mais qu'il sçauoit tresbien que celuy qui faisoit & auoit faict la pouldre, l'en fourniroit iusques à la mort. Il obserue à la verité vne chose, c'est quand il iouë contre quelque Venitien, & qu'il aduient qu'il perd, il se courrouce fort souuent, non comme ie croy pour le regret de la perte de ses deniers, mais d'auoir esté vaincu: De là ils ont encore voulu dire que cela signifioit qu'il n'auoit pas la faculté de faire l'or, comme il disoit : mais ils ne considerent pas que peut estre il faict cela tout expres & à dessein. Or combien qu'en Venise y ait peu de cheuaux, & qu'il y face ordinairement sa demeure, ce neantmoins il a vn escuyer & vne tresbelle escurie que i'ay souuent veuë à Padoue. Voilà le contenu de l'histoire du Bragadin digne d'estre congneuë & entenduë par tout le monde, afin que ceux qui ont desiré ou desirent paruenir a si haute science ne s'en desesperent aucunement, ains que continuans leurs entreprises ils se consolent en attendant le fruict de leurs labeurs.

*Description de la cité de Padoue, du sepulchre d'Antenor, & autres choses y contenues.*

## CHAP. XIX.

ME contentant d'auoir esté si longuement sur les ondes marines, & trauersé par leur moyen diuers royaumes & riches isles, qu'elles enuironnent: ie desire planter mon pied en terre ferme pour changer l'air, & pour cercher nouuelle nourriture, ne cognoissant pour cest effect lieu plus propre que Padouë, tant pour sa belle assiette, & diuerses compagnies cóposees de toutes les parts de l'Europe, qui y viennēt estudier, qu'aussi pour raison des exercices vertueux, ausquels ie desirois passer quelques mois pour me rafreschir des precedés que i'auois faits à Rome, Ce seul suiect m'occasionna laisser Venise pour m'embarquer en l'vne des barques qui vót chacun iour de Venise à Padouë, lesquelles sont

*Embarquement de Venise pour aller à Padoue.*

toutes couuertes & fort commodes, ne couſtent pour chacune perſonne que ſeize ſols Venitiés, qui ſont ſix ſois des noſtres, pour aller à Padouë, où il y a vingt cinq mille. Auſdites barques ſe trouuent ordinairement diuerſes nations, où il conuiét à pluſieurs de ſe monſtrer modeſtes en leur parler de peur de tomber en quelque accident, pour ce que la plus part de ceux qui vont & viennent, ſont tous couuerts de iacque de maille & prompts à poignarder. Ainſi nauigeant cinq mille de mer, paruinſmes au traquet de Lizafouſina, qui eſt à l'emboucheure de la mer & de la riuiere de Brente, lequel traquet reſſemble à vne tres-grande chauſſee qui ſepare la mer d'auec la riuiere, toutesfois le lieu par où l'on monte les barques eſt compoſé de bois, ſur lequel par certains engins qu'vn cheual faict tourner, les barques ſont enleuees en vn moment de la mer en la riuiere. La raiſon pourquoy ce traquet a eſté baſty, ç'a eſté pour conſeruer & empeſcher la mixtion de l'eau douce auec la ſalce, par ce que de Lizafouſina on la porte par bateaux iuſques à Veniſe. Combien que à Veniſe y ait vn nombre infiny de puits & de ciſternes. Mais ce n'eſt ſeulement que pour ſeruir au commun peuple qui n'a pas la commodité d'auoir des puits ou ciſternes en leurs maiſons : De Lizafouſina on peut aller ſi on veut, par carroſſe à Padouë. Toutesfois le cours de l'eau eſt plus plaiſant à cauſe des beaux palais qui ſont edifiez à ſes riues. Tant y a que ayant paſſé Dele & autres villages qui ſont ſur la riuiere, nous arriuaſmes à l'antique cité de

*Traquet de Lizafouſina.*
*Riuiere de la Brenta.*

Padouë bastie en ceste maniere. Padouë est vne tres-antique cité surnommee tres-forte sur toutes celles d'Italie, laquelle fut iadis edifiée par Antenor apres la destruction de Troye la grande, ainsi que tresbien dit Tite Liue au commencement de ses histoires, disant que la chose estoit manifeste qu'en la prise de Troye tous les Troyens furent tuez ou faicts prisonniers, excepté Æneas & Antenor, à cause qu'ils auoient tasché par tous moyens à faire deliurer la Royne Helene aux Grecs, & outre ce, il se testifie encore plus appertement par le sepulchre dudit Antenor, qui est esleué sur colonnes de marbre à l'entree de l'eglise de Sainct Laurent, & basty de belles pierres de marbre, où ses vers latins sont inscripts, *Description de la cité de Padoüe.*

*Inclitus Antenor patriam vox visa quietem*
*Transtulit, hunc Henetum Dardanidumque frigas.*
*Expulit Euganeos, Patauini condidit vrbem,*
*Quem tenet hic humili marmore cæsa domus.*
S'y voit encore deux vers latins qui disent ainsi: *Sepulchre d'Antenor & sa description.*

*Hic iacet Antenor Padouana conditor vrbis:*
*Proditor ipse fuit, hique sequuntur eum.*

Certes il me semble que celuy qui feist ces derniers vers, se deuoit deporter de parler si desauantageusement d'Antenor, l'accusant par iceux d'auoir esté traistre de sa propre patrie. Padoüe donc est vne antique cité bastie en vne tresbelle plaine, où n'y a aucuns arbres de demie lieuë à l'enuiron, ce qui la rend beaucoup plus forte, à raison que nul n'en peut approcher, qu'il ne soit aussi tost descouuert par ceux de la ville, à laquel- *Situation de Padouë & la description de ses murailles.*

*Voyages du Seigneur*

le y a deux tres-fortes murailles, la premiere desquelles est bastie toute de brique, & fortifiee de vingt fors bastions, qui sont remplis de terre, comme aussi sont les murailles, de sorte qu'il est tres-difficile que le canon les puissent offencer attendu leur forteresse, & la largeur de leurs rampars, sur lesquels ordinairement on iouë au ballon & autres ieux. Sur les murailles y a diuers arbres plantez & dressez à la ligne, où l'on se pourmene à l'ombrage par dessous, d'où vous voyez au bas des murailles la riuiere de la Brante courir & circuir partie de la ville, ce qu'ayant faict, passe par certains lieux pour aller du tout enuironner les secondes murailles de Padoué, qui sont celles qui d'antiquité y estoient, lesquelles de forteresse ne sont à esgaller aux premieres. En apres la riuiere entre en la ville se diuisant en plusieurs beaux canaux qui font moudre grand nombre de moulins. Quant au dedans de la cité, elle n'est pas beaucoup delectable, à raison que les maisons sont basties sur portiques, ce qui est cause que les ruës sont fort estroictes & sales, les portiques seruent grandement à se pourmener à couuert tant en esté qu'en hyuer, par ce qu'on est exempt des pluyes, des bourbes & de la chaleur. On y voit plusieurs beaux palais, signamment ceux de la seigneurie de Venise, & celuy d'Areno, où le Roy Henry troisiesme logea retournant de Polongne. Du reste elle est fort peu habitee de marchands, par ce que les Venitiens leur ostent la commodité du traffiq, quoy qu'elle soit en lieu fort commo-

*Canaux en Padoue.*

*Palais d'Areno.*
*Padoue peu habitee de marchands.*

de pour traffiquer. En recompence de ce, elle est peuplee de gentils-hommes, & de grande multitude d'escoliers qui y viennent de toutes les parts de l'Europe, les vns pour estudier aux loix, aux mathematiques & autres sciences, les autres pour chanter en musique, iouër des instruments, monter à cheual, tirer des armes, voltiger, & plusieurs autres exercices honnestes, ausquels les gentils-hómes & autres manieres de gens s'exercent ordinairement, de sorte que par ce moyen la cité est assez habitee. Mais ce qui est cause que tant de nations estranges y habitent plus tost qu'en vn autre lieu, c'est la trop grande liberté qu'elles y ont, & les homicides qui s'y commettent de iour en iour trop peu punis. Car il faut faire estat que difficilement faict on mourir vn escolier, mais bien le Podestat le bannist de la terre des Venitiens. Aussi quand la iustice se voudroit ingerer de ce faire, ce seroit vne occasion de faire mettre en armes tous les escoliers, pour l'en empescher, car comme i'ay dict cy dessus, Padouë demeureroit presque deserte (combien qu'elle contient sept mil de circuit) si-non la demeurance ordinaire qui font les estrangers, à cause des estudes & exercices militaires, qui y sont. D'autre part les Venitiens veulét que toutes nations soient libres en leur cité, & qu'ils portét espees & autres armes pour leur deffence, excepté l'harquebuse, mais ils ne laissent pas de la porter la nuict quand ils ont querelle les vns contre les autres: Ce qui aduient si souuent, que plusieurs le matin sont trouuez morts sur

*Grandes estudes generales, & exercices militaires à Padoue.*

*Homicides frequents à Padoue, & pourquoy.*

la ruë: aduenant quelquesfois que l'innocent est tué pour le coulpable, par ce que en ces lieux là, on ne surprend son ennemy que par trahison, ou à son aduantage, & qui plus est on ne chemine point le iour, sans porter quelque cuirassine ou iacque de maille, auec l'espee, poignard, pistolle, & la nuict la harquebuze, & continuellemét la tocque de fer derriere le cul, laquelle ils mettent sur leur teste pour la sauuer des coups d'estramaçons, de sorte que quiconque veut demeurer en paix à Padoüe, il est besoin de se gouuerner sagement, & ne prendre querelle contre personne. Quant aux eglises qui y sont, la plus belle est celle qu'on appelle maintenant Sainct Antoine de Pade, le corps duquel repose en ladite eglise sous vn autel, qui est esleué au milieu d'vne tres-grande & tres-riche chappelle, faicte toute de marbre par le dedans, & enrichies d'histoires releuees à personnages de marbre blanc, qui representent tous les miracles que Sainct Antoine de Padoüe a faicts en son viuant, qui est vne chose somptueuse & tresbelle à voir, & qui a cousté beaucoup à esleuer. Peu distant de la chapelle, & ioignant le cœur de l'eglise, est la vraye effigie de Sainct Anthoine, de peinte en vn pillier, sous laquelle effigie se voit escrit comme il mourut en l'aage de trente & six ans, mil deux cents trente & vn, & comme il fut canonisé l'an ensuyuant par le Pape Gregoire IX. puis porté en ladite eglise, qui auparauant estoit dediee à la glorieuse Vierge Marie, & mis dans le superbe sepulchre qui est en ladite chappelle. Le cœur de l'eglise

*Description de l'eglise de S. Antoine de Pade.*
*Corps dudit S. Anthoine.*

l'eglife eſt tres-riche en ſon circuit, pour ce qu'il eſt tout de porphyre, entaillé à petits perſonnages, choſe à la verité tres-magnifique. Il y a auſſi pluſieurs autres belles choſes que ie laiſſeray, pour dire que le dehors & la couuerture de l'egliſe, eſt l'vne des plus rares que i'aye veuë, pour ce qu'elle eſt compoſee de ſept grands domes & trois tours, ou manieres de clochers, tous couuerts de plomb. Au deuant d'icelle il y a vne grande & ſpacieuſe place, où ſe voit eſleuée ſur vne haute maſſe de pierre la ſtatuë de Donatelly montee ſur vn grand cheual de bronze, portant à ſa ceinture les petites ſtatuës de deux ſiens fils, qu'il maſſacra, pour auoir conſpiré contre leur patrie. Il y a auſſi l'egliſe de Saincte Iuſtine qui eſt baſtie ſuperbemét, & embellie de deux cœurs l'vn ſur l'autre: Les religieux diſent auoir les oſſements de Sainct Luc Euangeliſte en vn antique ſepulchre d'albaſtre qu'on y void, & les Venitiens d'autre part eſtimét en eſtre poſſeſſeurs. Bref, ie ne ſçay leſquels en ſont gardiens, bien diray-ie qu'en l'egliſe ſont les reliques de Saincte Iuſtine, Sainct Maxime & Sainct Proſdocine, & qu'au deuant d'icelle eſt vn pré de grande eſtenduë par lequel courent diuers ruiſſeaux qui l'embelliſſent beaucoup. Il ne me reſouuient point auoir veu en ville du monde vn pré ſi grand, & ſi beau. Iuſtement au milieu de la cité eſt le palais où demeure le Podeſta de la ſeigneurie de Veniſe, auquel y a vne ſale baſtie d'vn edifice merueilleux: elle a cent pas de long & trente & trois de large, & au lieu de groſſes poultres

*7. Domes & 3. tours ſur vne Egliſe.*

*Belle place en Padoue.*

*Statue de brõze de Donatelly, de ſon cheual, & de ſes deux enfans.*

*Egliſe de Saincte Iuſtine.*

*Pré de Saincte Iuſtine.*

*Salle de cent pas de lõgueur & trente trois de large.*

bois qu'on a de coustume mettre aux bastimens pour soustenir la charpente & la couuerture, ce sont grandes barres de fer qui passent d'vne part à l'autre, lesquelles en soustiennent grand nombre d'autres qui supportent les cercles de fer & la couuerture de plomb qui est par dessus. Considerant donc bien cest edifice, on le trouuera grandement admirable, non pour sa grandeur, mais pour sa belle structure. A l'vn des bouts de la salle est le sepulchre du grand historien Tite Liue, la renommee duquel est espanduë par tout l'vniuers, lequel sepulchre est enfermé dans le pignon de la muraille auec sa representation & ses epitaphes qui disent,

*Sepulchre de Tite Liue.*

*Epitaphes de Tite Liue.*

  *Ossa tuumque caput ciues tibi maxime Liui*
*Prompto animo hic omnes composuere tui,*
*Tu famam æternam Romæ patriæque dedisti*
*Huic oriens illi fortia facta canens:*
*At tibi dat patria hæc, & si maiora liceret,*
*Hoc, totus stares aureus ipse loco.*

  *Titus Liuius quarto imperij Tiberij Cæsaris anno, vita excessit. Ætatis vero suæ 66.* Et au dehors du pignon est pareillement son effigie sous laquelle ces mots sont escrits. *Ossa Titi Liui Patauini vnius omnium mortalium iudicio, dignus, cuius propè inuicto calamo, inuicti populi Romani res gestæ conscriberentur.* Voilà comme reposent honorablement les os de l'vnique historien Romain, la maison duquel se voit encore à Padouë. Aux costez de ce grand palais sont deux belles places qui voisinét de prez la place de la seigneurie & son beau palais, où ordinairement chacun se pourmene

*Maison de Tite Liue.*

pour voir diverses compagnies. A cinq mille de Padouë, sont les excellens bains d'Abano, lesquels ont tres-grande vertu pour guarir plusieurs maladies, & mesmement la fange d'iceux, laquelle estant apposee sur quelque apostume la faict s'evanouir ou rendre incontinent, & mille autres proprietez qu'ils ont, lesquelles sont assez cognuës d'vn chacun.

*Bains d'Abano.*

*Description de la forteresse de Lignago, & du superbe pont de Mantoue.*

### CHAP. XX.

LE temps s'approchant qu'il falloit retourner au premier climat duquel i'auois premierement sorty, i'abandonnay Padouë le quatriesme iour de Mars 1591. pour venir faire mon Carnaual à Mantouë, prenant la commodité de la riuiere de la Brante & des barques ordinaires qui vont chacun iour de Padouë à Exte, où y a enuiron dixsept ou dixhuict mil de chemin, faisans lesquels passames la ville du mont Celis, & aussi son chasteau qui est esleué sur vne fertile montagne, encloses de murailles de tous costez. La forteresse est de l'estat des Venitiens, comme la ville & chasteau dudit Exte, qui est edifiee sur le commencement de la nauigation du fleuue de la Brante. En icelle on trouue carrosses & cheuaux à loüer, pour aller à Mantouë, Veronne, Vicence, & autres lieux & places, bien est vray qu'ils ont vne coustume de ne

*Partement de Padoue.*

*Ville & chasteau du mont Celis.*

*Grande fiance qu'a l'Italien à l'estranger.*

*Voyages du Seigneur*

Iouër leurs cheuaux qu'à la iournee seulement, & de ne bailler aucun voicturier pour les ramener, ainsi que l'on faict aux autres villes de l'Italie, ains se fiant aux personnes qui les louënt, les leur mettent entre les mains sans aucun respondant, leur donnant vne bulette pour bailler au patron de l'hostellerie ou l'on doit coucher le soir ensuyuant, afin qu'il reçoiue les cheuaux & les nourrisse en attendāt les renuoyer auec nouuelle voicture, car celuy qui les a menez n'est obligé de ce faire, sinon les nourrir vn seul disner. Mais aduenant que la iournee entiere ne fust accomplie, en ce cas on est tenu nourrir les cheuaux, iusques à ce qu'on soit arriué à l'hostellerie ou s'addresse le bultin: faisant estat que pour tous frais, les cheuaux peuuent reuenir à vn escu par iour. Ceux qui ne feront pas beaucoup d'estat de leur hôneur, n'y de la crainte de Dieu, auront bien le moyen de desrober plusieurs cheuaux, non seulement dudit Exte, mais aussi sur la Duché de Mantouë, car disans aller en vn lieu, ils pourroient tourner de l'autre. Ayāt dōc prins vn cheual à Exte, pour aller à Mantouë ie passay par Montagnano, ville fermee de murailles & situee en planure, laquelle pour sa decoration a vne grande place au milieu, qui se cōfine à vne belle eglise. A cinq mille de là est la grande forteresse de Lignago, derniere de l'estat des Venitiens, qui y tiennent ordinairement grande garnison, pour ce que la place est de cōsequence, situee en vne planure où n'y a aucuns arbres: Ce qui est cause que les sentinelles des-

*Ville de Mōtagnano.*

*Forteresse de Lignago & sa description.*

couurent de plus d'vne demie lieuë à la ronde tous ceux qui y veulent arriuer, dont pour en aduertir ceux qui sont establis à la garde de la porte, sonnent la cloche du guet, autant de fois comme il y aura de personnes à cheual, lesquels sont interrogez à la porte, d'où ils sont, d'où ils viénent, & où ils vont. Ceste forteresse est diuisee en deux par vn tres-large fleuue nommé Ladere qui passe iustement par le milieu, sur lequel y a vn pont de bois qui sert pour aller de l'vne forteresse à l'autre, quand les ponts leuis, qui sont a ses extremitez, sont abatus de chacune part : or il faut noter que lesdites forteresses sont d'esgalle force & grandeur, ne se pouuans en rien commander l'vn l'autre, pour ce qu'elles sont (comme i'ay dit cy dessus) edifiees en vne plaine, & leurs murailles & bastions basties de briques & remplis de terre par le dedans, de mesme hauteur : quand à leurs fossez ils sont faicts a fonds de cuue & comblez d'eau de pareille largeur, cōbien que si on vouloit, on y pourroit faire entrer de tous costez celle de la riuiere, laquelle encore qu'elle soit beaucoup large, ce neantmoins elle est fermee de tres grosses chesnes de fer, de maniere qu'aucun ny peut entrer, soit par terre ou par eau, sans la licence des habitans : iugeant lesdites places estre du nombre des plus fortes de l'Italie, ainsi que feront ceux qui les auront veuës & consiederees de prez. De là continuant mon chemin passay le chasteau de sainct Gouin, qui est moyennement fort, & celuy de Castellete qui est le premier du Duché de Mantouë, le-

*Fleuue de Ladere.*

*Chasteau de Castellete.*

quel pour estre situé sur vne frontiere, n'a aucune apparence d'estre fort, qui fut occasion que passant outre huict mille de chemin, arriuay aux faux-bourgs de Mantouë, qui sont tous enfermez de murailles & de fossez pleins de marescages, où auparauant que d'entrer on demande à la porte d'où l'on vient, & si on a quelque chose qui doiue payer gabelle, & aussi si on porte quelque poignard auec soy. Car il est estroictement defendu de n'en porter aucun sur le Duché de Mantouë, ny mesme l'espee par la cité d'icelle, qui est cause que ceux qui ont demeuré quelque temps à Venise, à Padouë & autres lieux dependant de l'estat des Venitiens, où l'on a liberté de porter toutes sortes d'armes, fors les harquebuses, le trouuent fort estrange de prime abordee. Mais neantmoins il se faut sçauoir accommoder à toutes les coustumes du pays où l'on est, où bien n'y aller nullement. Or ayant donc passé le faux-bourg, on paruient à vn pont leuis, qui est à l'entree du magnifique pont qui est basty sur le lac de Mantouë. Ce pont contient de longueur vn demy mille pour le moins, c'est vn edifice somptueux, tout fabriqué de pierres, & couuert comme vne belle gallerie, ayant à ses deux flancs de beaux pilliers de brique qui soustiennent la couuerture, sous laquelle chacun peut aller de la cité aux faux-bourgs, sans estre incommodé de la pluye aucunement, & au bout on voit le chasteau & palais du Duc de Mantouë, duquel ie parleray cy apres.

*Portement d'espée defendu à Mantoue.*

*Superbe pont de Mantoue, & sa discription.*

*Description de Mantoue, & de la monnoye qui s'y despend.*

## CHAP. XXI.

Mantouë est l'vne des belle, gentile & aggreable cité de l'Italie, tant à raison de sa situation que pour ce que elle est situee en vn lac qui l'enuironne de toutes parts, & lequel passe en diuers lieux de la cité pour emporter ses incommoditez, & faire moudre grand nombre de moulins qui y sont. Ce lac est tresbeau & de grande estenduë, sur lequel on nauigue depuis Mantouë iusques à Venise, y ayant ordinairemét des barques ordónees pour c'est effect, pour mener & ramener ceux qui voudront aller de l'vne à l'autre, & outre ces cómoditez, le lac produist du poisson en si gráde quantité, qu'il est suffisant pour l'entretié de la cité, laquelle (cóme i'ay dit cy dessus) est tresbié bastie & ornee de tresbelles maisons peintes & enrichies de diuerses histoires, & si bié arrágees l'vne aupres de l'autre, que l'on diroit propremét que la ligne y auroit passé. Il ne faut penser y voir des bastimens de bois, n'y les ruës si sales & vilaines cóme en plusieurs villes de France, ains au contraire les maisons basties de pierre ou de bricque, & les ruës larges, droites, nettes & polies, de sorte que de quelque costé qu'on aille, on ne peut receuoir que plaisir & delectation. Au surplus par ce que son Altesse y fait la plus part du temps sa demeure,

*Description de la cité de Mátoue.*

*Lac de Mantoue.*

P p iiij

*Voyages du Seigneur*

*Carnaual de Mantoue.*

on y voit tousiours quelque chose de nouueau, ainsi qu'aduint au Carnaual dernier, où ie veis faire vn cõbat à la barriere en la forme qui s'en-suit. Premierement en l'vne des courts du palais y auoit plusieurs eschauffaux dressez, tant pour madame la Duchesse & les dames de sa court, que pour autres seigneurs & estrangers qui deuoient assister & iuger desdits combats,

*Cõbat de 40. cheualiers à la barriere.*

demeurant au milieu vne grande place vuide qui estoit dediee pour les quarante combatans, lesquels estans appareillez à l'heure destinee, qui fut sur les huict ou neuf heures du soir le iour du Dimanche gras, sortirent par quatre portes à la clarté d'vn nombre infiny de flambeaux qui esclairoient de toutes parts: Or commençans la charge deux à deux, quatre à quatre, dix à dix, finalemét tous pesle mesle, il faisoit bõ voir reluire leurs belles armeures, & claires espees à la lueur des flambeaux, mais le plaisir estoit bien encore plus grand de voir resonner & briller le fer des armes, des puissans coups d'espees qu'ils se donnoient les vns aux autres, de sorte que au commencement nul ne pouuoit iuger qui emporteroit le pris, iusques à ce qu'à la fin chacun cogneut que le party du Duc estoit victorieux, apres auoir biẽ combatu l'espace de demie heure & d'auantage, les autres iours furét employez à iouër comedies, porter mascarades, courir la lance contre l'homme armé de toutes pieces, & mil autres jeux, que ie serois trop longuement à reciter. Pour le regard de la forme du chasteau,

*Chasteau de Mantoue & sa description.*

il est moyennement fort & d'assez grande estenduë, partie duquel est circuit de tresbons fossez à fonds de cuue, tous remplis d'eau, le reste estãt composé de plusieurs corps de logis bastis nouuellement, & d'vne belle eglise dediee à Saincte Barbe erigee à present en Euesché. Au dedans du chasteau y a de belles sales & chambres toutes peintes & dorees superbement, comme pareillement sont tous les corps de logis par le dehors, entre lesquels y a quatre ou cinq cours & vn iardin qu'il faut passer auant que y paruenir. L'an precedent suruint en la grande salle des armes vn accident de feu si vehement qu'il brusla & consomma le logis & tout ce qui estoit dedans, qui fut à ce que i'ay peu apprendre vne tresgrande perte au Duc de Mantouë, sans qu'il ait iamais sceu descouurir comme le feu si estoit accueilly. Il en faict maintenãt fabriquer vn autre, & mesmement vn rauelin sur le bord du lac de Mantouë qui fortifiera beaucoup son chasteau. A cinquante ou soixante pas duquel sont les escuries, en la premiere desquelles y a cent cheuaux dressez, partie desquels sont du regne Neapolitain, & les autres de diuerses races d'Italie, & mesme de celle du Duc de Mantouë qui est estimee des meilleures entre les Italiens. En la secõde y a pareillement cent autres cheuaux qui seruent pour trainer les carrosses & charrettes, & aussi pour aller à la chasse & faire autres seruices de la maison. Il y en a vn autre hors la cité, où sont cinquante beaux poulains en l'aage de trois ans tous yssus de coursiers du regne. Voilà le nombre des cheuaux que i'ay veus aux escuries de son

*Belles escuries du Duc de Mantoue, & le nombre des cheuaux qui y sont.*

*Voyages du Seigneur*

Alteſſe, m'eſtant beaucoup eſmerueillé comme elle en pouuoit tant tenir, conſideré que ſa Duché eſt de fort petite eſtenduë au pris de celle du grand Duc de Toſcane: mais cela vient du grand nombre de iuments qu'il a en ſes harats, leſquel- les luy produiſent tous les ans des cheuaux. Au deuant du chaſteau y a vne tres-grande place de- coree de pluſieurs palais, & de l'egliſe cathedral- le nommee Sainct Pierre, la voute de laquelle eſt toute doree & lembriſſee tres-richement. Bien eſt vray que le cœur n'en eſt pas beaucoup beau, à raiſon qu'il n'eſt pas parfaict. Il y a deux autres places en la cité, en l'vne deſquelles eſt l'egliſe de Sainct André qui a vne treſbelle voute pa- reillement doree & peinte de diuerſes hiſtoires, en icelle ſe conſerue en vn oratoire, qui eſt ſous le grand autel, du ſang de noſtre Seigneur Ieſus- Chriſt. On void à quelque cent pas de la cité le palais de Thei, que ſon Alteſſe a faict enri- chir d'or & de peintures exquiſes, pour ce que le lieu eſt tres-plaiſant & aggreable, & baſty en vne iſle qui eſt de toutes parts enuironnee de l'eau du lac, & bien accommodee de lon- gues & droictes allees plantees des deux coſtez de tres-hauts arbriſſeaux qui donnent ombra- ge à ceux qui ſe pourmenent au deſſous, qui eſt certainement vn plaiſir delectable d'y paſſer ordinairement quelques heures le iour, outre le bel aſpect qu'on a de voir volleter en grand nombre les oyſeaux ſur le lac, & de conſide- rer de prez la belle & gentille ſituation de la

*Marginalia:*
*Grande place au deuant de l'egliſe de Mā- toue.*

*Deſcription du palais de They.*

cité, & desdictes allees qui durent pour le moins deux mille de longueur. Les Iuifs de Mantouë ont vne liberté trop grande, par ce qu'ils ne sont recogneus entre tous les Chrestiens, sinon à vn petit de passement iaune ou orangé qu'ils portent au costé gauche de leur manteau. La grande somme de deniers qu'ils ont donnez au Duc de Mantouë, leur a causé ce priuilege sur toutes ses terres, mais quand ils vont en toutes les autres d'Italie (fors au Piedmont, où ils ont pareillement grande liberté) ils portent tous la barette, ou chappeau iaune, ou rouge. Ce qu'ils font mesmement en toute la Turquie, sans que iamais ils ayent peu obtenir vn pareil priuilege que celuy cy dessus mentionné. Ceste nation est digne d'admiration, laquelle combien qu'elle soit abandonnee & delaissee de Dieu, & esparse par tout le monde comme pauures esclaues, ne pouuans nullement acquerir aucunes terres & heritages des Chrestiens, ny mesmement des Turcs, ce neantmoins par leurs vsures & fripperies deuiennent tout incontinent riches & opulents, le moyen de ce est, qu'ils ne baillent leurs deniers que pour vn ou deux mois seulement, desquels toutesfois ils tirent aussi grand interest, comme si c'estoit pour vn an entier: & plusieurs autres astuces & tromperies qu'ils ont, qui leur apporte tousiours quelque cōmodité. Or nul ne peut sortir de ladite ville de Mantouë, que premierement il

*Grāde liberté qu'ont les Iuifs de Mantoue.*

*Iuifs grands vsuriers.*

*Quelle bulette il faut prendre à Mantoue.*

n'ait pris vne bulette, qui teſtifiera ſi on eſt en coche, à pied, ou à cheual, afin qu'en vertu d'icelle ceux qui ſont eſtablis à la porte, pour receuoir les daces, & gabelles les laiſſent paſſer libremēt, & la bulette couſte ſept ſols & demy de la monnoye de Mantouë, à ceux qui ſont à cheual ou en coche, & trois ſols aux autres qui ſont à pied. Sont les moyens que les Princes d'Italie tiennēt & inuentent chacun iour pour accroiſtre leurs reuenus, par ce que leurs ſouuerainetez ne ſont pas de grande eſtenduë. Mais ceux qui portent la couronne ronde, & que leur domination s'eſtend en diuerſes prouinces, ne ſeront pas excuſez de les auoir imitez, & oppreſſé leur peuple, outre la couſtume ordinaire. Tant y a que retournans au fil de mon hiſtoire, ie diray que la monnoye qui ſe depend à Mantouë, ſont les ſequins Venitiens qui s'y mettent à huict liures douze ſols, & l'eſcu d'or de Mantouë à ſept, celuy d'argent a ſix liures quatre ſols, le ſol quatre trétis, le trantin vn denier, & le quart d'vn denier de France: vne parpavolle deux ſols, vne barbarine ſix, le iulle dix & demy, la realle d'Eſpagne douze & demy, la liure vingt ſols, le carollus de France deux, le ſeizin deux trantis, & le tranty trois deniers Mantoüans qui font vn peu plus d'vn denier de France.

*Deſcription de la cité de Cremonne, du parc de Pauie, & du lieu où le grand Roy François fut mis priſonnier.*

## Chap. XXII.

LE Carnaual estant passé à Mantoüe, ie prins vn cheual pour aller à Cremone qui en est distante de quarente mille, sans oublier de prendre la bulette mentionnee cy dessus pour sortir de la cité, sur la chaussee de laquelle apres auoir passé le pont leuis, fus arresté des gabeleurs ausquels baillay la bulette, esperant par ce moyen sortir librement de leurs mains, mais il fut du tout impossible iusques à ce qu'ils eussent receu la courtoisie de moy. Ainsi continuant mon chemin ie paruins à Curtaton qui est à quatre mille de Mantoüe, où les passans qui sont à cheual payent deux sols chacun, pour passer sur vn pont de bois qui ioinct à vne tour, & à Marcaria qui est la derniere forteresse du Duché de Mantoüe, il en faut payer vn pour passer sur vn grand pont de bois nouuellement edifié sur le fleuue Doy, au beau milieu duquel y a vn pont leuis, qui faict la separation de l'estat Mantoüan d'auec celuy du Duc de Sabionnette. Ledit chasteau est de moyenne force, & le fleuue assez large & profond, lequel s'en va de là perdre son nom dans le fleuue du Po. A l'opposite de Marcaria on passe par le chasteau & la belle bourgade appellee S. Martin, laquelle est dependante de la Duché de Sabionnette, comme pareillement la forte citadelle & le village de Bozeul, la grandeur & beauté duquel ie ne puis parangoner à nul autre pour ce qu'il est si beau, si net & si poly en ses larges &

*Grands gabeleurs en Italie*

*Forteresse de Marcaria.*

*Fleuue Doy.*

*Sur tous villages Bozeul est le plus beau*

droites ruës, pauees de bricque, & ses maisons tát bien basties & decorees de diuerses peintures, outre leur belle situation, que i'estime qui difficilement en pourra l'on trouuer que le seconde en gentillesse & beauté. De Bozeul on passe le lōg d'vn droit chemin & d'vne petite riuiere qui le borde, laquelle se cōtinuë quasi iusques à Cremone premiere cité du Duché de Milan, où estāt paruenu on est interrogé auant que d'y entrer du lieu d'où l'on viét, où l'on va, & mesme presque contrainct de donner quelque chose à ceux de la porte pour en permettre l'entree. La cité de Cremone est grande & assez bien bastie, & esloignee du fleuue du Po d'vn bon mille seulement: en icelle y a vne tour la plus belle & celebre de toute l'Italie à raison de sa structure & hauteur, car elle contient depuis le bas iusques à sa cime deux cents vingt six brasses de haut, & par son fondement vingt six & demie, ainsi que vn chacun void escrit en vne grosse pierre au bas d'icelle, peu distant de laquelle on entre en vne porte qui conduist en vn escalier qui est tout faict de marbre & brique, contenāt de hauteur iusques à la premiere galerie six cents trente degrez chacun desquels a pour le moins quatre pieds de longueur. Ladite tour se cōfine d'vne part à vne belle place, & de l'autre costé à la grande eglise de Cremone, la voute de laquelle en richesse & beauté ne veut cedder à nulle autre, à raison qu'elle est toute doree & peinte, comme semblablement le reste de ladicte

*Descriptiō de la cité de Cremone & de sa haute tour.*

*Belle eglise de Cremone.*

eglise, qui a deux cœurs esleuez l'vn sur l'autre tres-richement ornez. Quant au chasteau qui est basty à l'vn des bouts de ladite cité de Cremone, il est tres-fort & circuit de larges & profonds fossez faicts à fonds de cuue tous remplis d'eau, ayant au deuant d'iceluy chasteau du costé de la ville, vne tres-grande place quasi semblable à celle qui est à l'aspect du chasteau de Milan, de sorte que nul n'en peut nullement approcher sans estre descouuert de la garnison Espagnolle qui est dedans ledit chasteau, lequel combien qu'il soit peu esleué de terre, neantmoins il commande entierement à la cité, où l'estranger n'a non plus de permission de porter l'espee au costé, qu'à Rome, Naples & autres lieux d'Italie. Prenant cheual nouueau à Cremone pour aller voir la belle cité de Pauie & sa Chartreuse, qui sont distantes de Cremonne de quarante mille, on me bailla vn garçon pour me conduire, & pour ramener le cheual: mais comme i'estois sorty hors la porte, les gabeleurs ou receueurs des daces voulurent visiter ma valize, pour voir si i'auois quelque chose dedans suiect à la gabelle, & combien que sur ma parolle ie les asseurasse que non, les suppliant accepter la courtoisie de moy pour me laisser aller, sans me faire perdre le temps en fouillant & reuisitant ma valize. Ce neantmoins ils ne voulurent aucunement accepter ma requeste, ains tout au contraire vsant de toute rigueur me feirent

*Chasteau de Cremone & sa description.*

perdre vne demie iournee, & qui plus est voyans qu'ils ne trouuoient aucune chose selon leur desir, ils me vouloient faire payer gabelle des patenostres, & des agnus Dei que i'auois apporté de Rome & de Hierusalem, mais il suruint à la porte vn gentil-homme Espagnol qui les reprist fort aigrement, me disant continuer mon chemin.

*Ville & chasteau de Picigniton & leur description.*

Ce qu'ayant faict iusques à Picigniton, ie m'arresté quelque peu à considerer la ville & le chasteau où le grand Roy François fut detenu prisonnier apres auoir perdu la bataille à Pauie. La ville est de petite estenduë, mais fort gentille à cause de la riuiere de Serri, qui en costoye partie de ses murailles, laquelle se venant engoulfer dans le fleuue d'Abda qui passe au deuant du chasteau & aussi de ladite ville, les rendant toutes deux tres-fortes & tenables. Ce fut pourquoy les gens de l'Empereur Charles le Quint ayant obtenu la victoire dans le parc de Pauie, contre le grand Roy François, premier de ce nó, choisit sur tous les autres lieux le chasteau de Picigniton, pour le detenir prisonnier en attendát le mener autre part.

*Riuiere de Serri.*

*Tour où le grand Roy François fut mis prisonnier apres auoir esté pris deuant Pauie.*

On voit sur le bord du fleuue d'Alba vne grande tour carree faicte en maniere de pauillon, en laquelle le Roy estoit detenu. De là cheminant douze mil, on passe le fleuue de Lambre par bateau, duquel laissant le droit chemin de Pauie à la senestre, prins celuy de la Chartreuse à la dextre, passant le long d'vne petite riuiere, bordee des deux costez de gentils arbrisseaux, lesquels suyuans par l'espace de sept mille me feirent costoyer les murailles du grand parc,

*Fleuue de Lambre.*

parc, où les armees de l'Empereur Charles V. & du grand Roy François estoient auant se donner la bataille, combien que la bataille fut donnée dans le parc en vne belle campagne qui se termine à vn bois de hauste fustaye. Le parc est quasi de forme carree, & tout fermé de murailles de brique qui ont enuiron neuf ou dix pieds de haut, & leur longueur contient de chacune face six ou sept mille pour le moins. Celuy qui le feist fabriquer, feist mesmement edifier le chasteau de Pauie & la superbe eglise de la Chartreuse, qui fut le Viconte Iean Galleace premier Duc de Milan, lequel mourut comme vous entendrez cy apres, en l'an mille quatre cents vingt & deux.

*Où se donna la bataille deuant Pauie*

*Description de la superbe Chartreuse qui est pres Pauie, & de la cité de Pauie.*

### CHAP. XXIII.

Pour maintenant parler de la Chartreuse de Pauie, c'est vn ouurage si excellent & magnifique, que non sans cause il est tant celebre par toute la Chrestienté pour remporter le prix sur tous les autres, & qui voudroit particulariser les choses singulieres quiy sont, il faudroit y faire vn long seiour: encore que ie doute que difficilement on en pourroit venir à bout. C'est pourquoy ie ne m'esforceray d'entreprendre chose si haute & d'en parler laconiquement, encore que pour dire la verité i'y aye seiourné fort

*Eglise de la Chartreuse de Pauie & sa description.*

*Voyages du Seigneur*

peu, ie diray toutesfois ce que i'y auray veu de plus signallé & remarquable, sans mentionner le surplus. Or entre tous les bastimens qui enuironnent la Chartreuse, l'eglise d'icelle est le plus beau & superbe, pour estre bastie en ceste maniere: Premierement elle a vn beau frontispice tout faict entierement de marbre blanc, au bas duquel sont insculpées & engrauées les figures de tous les Empereurs qui ont regné depuis Iulles Cæsar, puis esleuant en haut sa veuë, on apperçoit grand nombre de statuës de marbre mises l'vne sur l'autre en tresbel ordre, auec tant d'autres petites & moyennes figures representans diuerses histoires, qu'il est presque impossible de les pouuoir nombrer: mais ce n'est rien encore si on ne considere bien les grands ouurages qui sont autour de la porte, par laquelle on entre en ladicte eglise : car on y verra à petits personnages releuez si grand nombre d'histoires que rarement peut on voir le semblable. Passant outre par la porte, on entre au dedans de l'eglise qui est bastie en forme de croix, la voute de laquelle est richement peinte & dorée, & tout son pauemét est de serpentine & de marbre. Mais tout cela n'est rien au regard du beau tabernacle qui est sur le grand autel, lequel pour estre fait d'alebastre est estimé plus d'vn million d'or: Il a à ses costez l'Ascension de Iesus-Christ, & celle de la Vierge Marie, toutes deux faictes d'vn marbre precieux tout releué à personnages. Quant aux chaires du cœur, & celles où se mettent les conuers, elles sont faictes de

*Riche tabernacle.*

plusieurs bois de diverses couleurs, lesquels joincts ensemble representent au naturel plusieurs histoires, cóme si le pinceau y auoit passé. Au deuāt de la porte du cœur sont huict grosses colonnes d'vn marbre meslangé, & sur l'autel de Sainct Christofle qui est à la senestre poincte de la croisee qu'on trouve en entrant en ladite eglise, y a trois grandes quaisses faictes de marbre blanc, dont la plus grande est sur l'autel, & les deux autres à ses deux costez, toutes sont faictes d'vn artifice si merueilleux, qu'elles sont estimees plus que leur pesant d'or: Il me fut dit par ceux qui me monstroient vn si riche thresor, que vne Roine de Frāce auoit fait le present, present à la verité digne d'vne Roine de Frāce. Il ne reste donc plus qu'à n'arrer par escrit le superbe sepulchre de Iean Galleace Vicomte de Pauie & premier Duc de Milan, lequel on voit à l'autre pointe de la croisee de l'eglise basty en ceste forme. Premierement son fondement est faict de marbre blāc, sur lequel est vn base d'albastre qui supporte les effigies dudit Iean Galleace, & celles de deux Anges qui sont à sa teste & aux pieds lesquelles sont toutes faites pareillement d'albastre, autour desquelles sont six piliers de marbre, où l'on void insculpé à petits personnages, tous les beaux faits d'armes, ensemble les armures q̃ portoit ledit Galleace en conquerant les vingt & quatre citez, le nō desquelles est escrit aux piliers, dōt celle de Milā est la principale, laquelle auparauant estoit regie & gouuernee en forme de Republique. Or sur ces piliers est

*Present d'vne Roine de Frāce à la Chartreuse de Pauie.*

*Sepulchre du fondateur de la Chartreuse de Pauie, & sa description.*

Q q ij

vn beau tabernacle enrichi d'vn costé de l'image de la Vierge Marie, & de l'autre costé de la statue dudit Ian Galleace, toutes deux faites d'vn precieux albastre, & au bas du monument sont les statuës de marbre blanc de Ludouic Sforce & de sa femme, combien que l'vn n'y l'autre n'y ayent esté ensepulturez, mais c'est à raison que iceluy Ludouic estoit de la maisō de Sforce, & qu'il succeda audit Galleace à l'estat de Milan. Se void sur le base qui supporte l'effigie dudit Galeace ces mots escripts : *Ioanni Galleaceo Vicom. Duci Milani primo ac priori eius vxori Carthusiani memores gratique posuere.* 1561. die X X. Decemb. Et tout ioignant le sepulchre est le long epitaphe qui contient les faicts valeureux qu'il a faicts en sa vie, tesmoignant à la fin comme il mourut en l'aage de quarante & sept ans, en l'an 1422. Apres auoir parlé du dedans de l'eglise, ie diray que sa couuerture & celles des maisons des religieux sont toutes couuertes de plomb, voyant dans l'enclos des longues murailles qui enuironnent le conuent, de tres-delicieux iardins & belles fonteines, auec plusieurs autres choses tres-belles, que ie serois longuement à reciter : & pour l'entretien d'vn si riche lieu ie me suis laissé dire que chacun an il a bien pres de quatre vingts mille escus de rente. Partant de là ie m'en allay droict à Pauie, où il peut auoir seulement enuiron cinq mille de chemin : où estant arriué d'abordee me fut monstré vne petite eglise où tous les os des François qui furent tuez deuant Pauie y sont mis en repos. Ceste cité est fort antique &

*Reuenu de la Chartreuse de Pauie.*
*Où sont les os des François qui furet tuez deuant Pauie.*

bastie sur le bord du fleuue de Thesin, lequel passant le long de ses murailles, s'en va chercher le Po à six mille de là, pour accroistre son cours. Sur le Thesin y a vn tresbeau pont de pierre sur lequel peut passer de front trois charrettes liees ensemble, il est couuert comme celuy qui est à Mantouë, sa longueur toutesfois n'estant en rien equiualente, mais son ouurage est beau & magnifique. En la cité se void en la grande place, la superbe statuë d'Antonin Empereur, qui est monté sur vn cheual de bronze qu'vne grosse colonne porte, ressemblant de toutes choses à celle de Marc Aurelle, qui est au Capidogle à Rome. Il se void mesme en l'eglise des Augustins vn tresbel arc nommé l'arc de Sainct Augustin, lequel est faict d'vn marbre blanc tres-precieux qui croist aux enuirons de Pauie, ledit arc est tres-haut & couuert comme vn tabernacle, sous lequel est couchee l'image de Sainct Augustin, qui est enuironné de tous costez de petits personnages releuez sur ledit marbre representans tous les miracles qu'il a faits en sa vie, & apres sa mort. Certes l'ouurage est digne d'admiration & d'estre veu par ceux qui voyagent & qui sont curieux de voir. Outre ce il y a à l'vn des bouts de la cité vn chasteau de tres-grande estenduë, lequel fut mesmement edifié par celuy qui auoit fait fabriquer la Chartreuse, & son parc. Ce chasteau est de forme carree & composé de grands corps de logis, partie desquels ne sont encore parfaits, mais ceux qui le sont du tout, c'est vn plaisir que de les voir: & en iceluy y a garnison

*Fleuue de Thesin passe par Pauie.*

*Beau pont couuert à Pauie. Statue de bronze de l'Empereur Antonin à Pauie.*

*Description de l'arc de Sainct Augustin.*

*Chasteau de Pauie & sa description.*

Q q iiij

*Voyages du Seigneur*

d'Espagnols. Plus se voyent en la grande ruë de Pauie de hautes tours carrees basties de brique & de pareille forme que sont celles d'Ast & de Viterbe, en toutes lesquelles n'y a aucun logis, croyant que quelques seigneurs de grande puissance & auctorité les ont faict faire & esleuer si haut pour immortaliser leurs noms. A Pauie il n'est permis à l'estranger de porter l'espee au costé non plus que és villes precedentes, & ceux qui seroient curieux de voir le lieu d'où le grand Roy François battoit ladite ville, ils le verront sur vne petite coline où y a vne eglise & quelques petites maisons, desquelles à sa commodité il la battoit, & aux ruines qu'il feist y a maintenant vne belle maison edifice, faisant laquelle on a trouué grand nombre de boulets, ainsi que m'a dit celuy à qui elle appartient. Le Roy d'Espagne y tollere les Iuifs, comme aussi en Alexandrie de la Paille, ce dont ie m'estonne beaucoup, consideré qu'en tous ces pays d'Espagne il n'en souffre pas vn, n'y mesmement à Milan, sinon pour faire leur trafiq en l'espace de vingt & quatre heures.

*Le lieu d'où le grand Roy François bastoit Pauie.*

### Description des citez d'Alexandrie de la Paille, & d'Ast en Piedmont.

### Chap. XXIIII.

*Cité d'Alexandrie de la Paille & sa description.*

ALexandrie de la Paille est vne grande cité dependante du Duché de Milan, & distante de Pauie, de trente & deux mille, deux desquels font vne bonne lieuë: Elle est situee en vne tres-belle & grasse planure, où croist le froment en abondance, qui a esté cause qu'on luy a donné ce surnom de la Paille: Passe ioignant les murailles d'icelle le fleuue de Tane qui separe la cité d'auec son faux bourg, lequel est aussi bien fermé de murailles & inuesti de bons fossez comme est la cité: & ledit fleuue est treslarge sur lequel y a vn tresbeau pont de pierre pareillement couuert & orné de colonnes & piliers comme celuy de Pauie, mais il n'est pas du tout si large. Pour certain la beauté de l'ouurage de ce pont & des autres precedents est superbe & magnifique, & les citez situees en bon pays, bien est vray que celle de Mantouë emporte le prix de beauté sur plusieurs autres pour le regard de son assiette, & autres choses rares qui y sont, toutesfois en ceste cy il ne laisse pas d'y auoir du plaisir, combien que ses bastimens ne soient pas si magnifiques, comme en autres lieux, mais il faut considerer que la demeure ordinaire que faict vn Prince en vne cité l'embellist beaucoup, plus que non pas vne autre où n'y aura que les citadins à s'y tenir: Bref, la cité d'Alexandrie est agreable & ses issuës tres-belles & plaisantes, car outre le cours du fleuue de Tane qui passe (comme i'ay dict) entre elle & le faux-bourg, il y a vne autre belle riuiere qui s'appelle Bormida, qui costoye la citadelle de ladite ville d'Alexandrie, en laquelle, comme aussi en la cité, y a cinq

*Riuiere de Bormida costoye la citadelle d'Alexandrie.*

*Voyages du Seigneur*

compagnies d'Espagnols en garnison, pour ce que la place est d'importance, combien qu'elle soit en lieu champestre. En icelle y a vne grande place au deuant de l'eglise cathedralle, où l'on trauaille tous les iours pour son ornement, & mesmement pour celuy de la cité, où l'estranger ne porte non plus l'espee à son costé que és autres villes precedentes. Partans donc d'Alexandrie, suiuismes la belle campagne par l'espace de quatorze mille, trouuans quelques petites villes & chasteaux, iusques à ce que nous costoyasmes celle de Non, & son chasteau qui est situé sur vne montagne, lequel est le dernier du Duché de Milan, car à dix pas de là on trouue sur le grãd chemin vne grosse pierre qui faict la separation du Duché de Milan & du Piedmont: A cinq mille de laquelle on entre en l'antique cité d'Ast, premiere de la principauté de Piedmõt, appartenãte maintenant au Duc de Sauoye, & est d'assez grande estenduë, à raison du faux-bourg qui est enfermé dedans. Ceste cité est agreable tant pour son bel emplacement qui est aupres du fleuue de Tane, qu'aussi pour ce que la plus part de ses maisons sont enrichies de gentiles peintures, lesquelles ont pour leur deffence vn assez fort chasteau, qui est esleué sur vne coline qui commande entierement à la cité, comme fait pareillement vne citadelle qui est du costé de la riuiere. Il y a au milieu d'Ast, trois places qui sont presque en triangle, que la citadelle bat directement, & en icelles sont plusieurs hautes tours carrees toutes faictes de bricque, lesquelles res-

*Non derniere forteresse du Duché de Milan.*

*Cité d'Ast & sa description.*

*Chasteau & citadelle d'Ast & sa situatiõ.*

semblent à celles de Viterbe & de Pauie, mentionnees cy dessus. Ausdites places se trouuent toutes choses requises à la vie humaine, & mesme de l'argent à vsure, que les Iuifs prestét, ausquels le Duc de Sauoye a donné trop grande liberté, par ce que leurs habillemens ne sont en rien differéts aux nostres, ainsi qu'ils sont ez autres lieux d'Italie, qui est cause qu'ils ne sont recognus pour tels qu'ils sont. Toutesfois ils ont vne coustume que peu ou point ils ne renient leur nation. A seize mille d'Ast, on passe par le milieu de la cité de Gueré, laquelle de grandeur ne cede à celle dudit Ast, mais elle n'est pas du tout si belle & gentille. Sa situation est au pied d'vne haute & fertille montagne, qui dure pour monter & descendre cinq bons mille, de chemin assez fascheux & rude au temps d'hyuer, lesquels estans parfaicts on passe le fleuue du Po par sur vn pōt de pierre, pour paruenir à la cité de Thurin principale de Piedmont, de laquelle i'ay parlé assez amplement en mon premier liure.

*Grande liberté des Iuifs en Piedmont.*

*Cité de Gueré & sa situatiō.*

*Montagne de Gueré & sa description.*

*Retour de Thurin à Lyon.*

## CHAP. XXV.

Voulant entrer en la cité de Thurin, ie fus interrogé à la porte d'où ie venois, qui i'estois, & où i'allois, ausquels ayant par ma response satisfaict, me permirent facilemét l'entree, en me donnant vne bulette pour me loger à l'hostellerie de la rose rouge, où ie trouuay par cas

## Voyages du Seigneur

fortuit certains François qui s'en reuenoient d'Italie, lesquels ayant cognus à Naples & à Rome, me mis en leur compagnie pour venir iusques à Lion, dont pour c'est effect prinsmes des cheuaux de Marons qui nous cousterent à chacú cinq escus & demy, mais il faut noter que le soir mesme nous feusmes conduits en la maison d'vn commissaire deputé par son Altesse pour interroger les estrangers qui entrét en Thurin: Ceste coustume y auoit esté introduite depuis la prinse de Carmagnolle. Tant y a que partans de Thurin, la neige commença de telle sorte à blanchir les chemins, que ne pouuions trouuer le droict sentier, sinon par le moyen des Marons qui alloient deuant pour le nous preparer, & ceste neige continua iusques à ce que fussions arriuez à la Noualaise, qui fut sur le soir du iour ensuyuant, où estans, estions en grande difficulté de monter le mont Senis, à raison que les chemins estoient couuerts des neiges precedentes : car il faut noter que depuis qu'il a neigé vne nuict en abondance, ce n'est pas à qui montera la montagne le premier, pour faire le passage aux autres, d'autant qu'il couste quelquesfois plus de cinquante escus pour ce faire. Ce qui est cause que pour euiter ceste despence, plusieurs attendent tant d'vn costé que de l'autre de ladicte montagne quelqu'vn à passer le premier, pour par apres suyure sa trace, ou bien se ioignent ensemble pour faire les frais du chemin. Or ainsi que parlions de ceste cho-

*Marché pour aller de Thurin à Lion.*

se le temps s'embellissoit tousiours, qui fut occasion que deux capitaines Espagnols qui venoient de Chambery passerent en diligence la montagne pour aller trouuer son Altesse à Thurin, & nous attendismes le matin ensuyuant pour monter, pour ce que la tourmente n'est pas si frequente sur le haut de la montagne au matin, comme elle est apres midy & sur le soir. Nous la montasmes graces à Dieu sans aucun inconuenient, & la descendismes quasi en volant sur la ramasse, qui est certes vn tres-grand plaisir, car en moins d'vn quart d'heure l'on faict vne bonne lieuë, laquelle finie continuasmes nostre chemin par la Sauoye iusques à Chambery, où nous trouuasmes grande garnison d'Espagnols. De là voulant entrer en France nous ne suyuismes pas la droicte voye du Dauphiné par la montagne d'Aiguebellete, mais nous passames celle du Chat, qui de hauteur & grandeur esgalle celle de l'Aiguebellete. Bien est vray qu'elle n'est pas du tout si rude & fascheuse, toutesfois c'est vn passage perilleux, à cause des bois desquels elle est remplie, & d'vn grand lac qui est au pied, auquel facilement du haut de la montagne on precipiteroit ceux qu'on voudroit faire mourir pour auoir leur argent. Ce lac enuironne le bas de ladicte montagne, faisant vn demy rond, auquel on pesche du poisson aussi bon & aussi delicat, qu'en celuy qui costoye le mont d'Aiguebellete. Finalement passans par

*Mõt du Chat & sa description.*

*Lac du mont du Chat.*

*Voyages du Seigneur*

*Pierre-Chasteau en Sauoye.*
*Ville de Montluet.*

plusieurs villages & tres-rudes chemins entre hautes montagnes, passames à Pierre-Chasteau le fleuue du Rosne par bateau, puis paruenant à la ville de Montluet, qui est la derniere du Duché de Sauoye, esloignee de Lyon de trois lieuës seulement, mismes le pied en France vn peu auparauant que d'entrer à Lyon.

### Retour de Lyon en Bretagne.

### CHAP. XXVI.

*Retour de Lion en Bretaigne.*

ADonc estans entrez dedans Lyon, eusmes plus de soucy de retourner en nos patries que n'auions eu (comme ie croy) d'entreprendre si longs voyages. Car nous n'apprehendions pas tant de passer par les nations estranges, que nous faisions de passer par la nostre mesme, par ce que generalement toute la France estoit en trouble & remplie de guerres ciuiles, toutesfois me mettant en hazard d'estre pris ou massacré par les chemins, party seulet de Lion, en habit de pauure paysant, vins droit à Rouanne par cheuaux de Marons, où trouuant compagnie de marchands de Neuers, m'embarquay auec eux sur le fleuue de Loire pour descédre à Neuers, qui ne fut sans encourir de grandes risques de l'vn & de l'autre party, de toutes lesquelles, Dieu par sa grace me preserua, comme aussi tout le reste du chemin: Car trouuant à Neuers vn Seigneur qui alloit en l'armee, i'acheptay vn cheual pour me mettre en sa compagnie, afin d'euiter les rencôtres de plusieurs coureurs qui estoient en la campagne, & mesme pour gaigner peu à peu le pays Occidental. Partans de Neuers passames la riuiere de Loire sur les ponts de la Charité pour entrer sur les terres du Duché de Berry, où ayans cheminé dixsept ou dixhuict lieuës repassames de rechef la riuiere sur les ponts de Gian, d'ou par apres trauersames la fascheuse forest d'Orleans, pour aller à Corbeil, où estant me mis en la compagnie d'vn autre gentil-homme qui s'en venoit en Anjou. Ainsi cheminans ensemble vinsmes sans aucun destourbier iusques à Angers, où le laissant m'en allay en ma patrie, apres auoir heureusement accomply le cours de mes voyages en trête neuf mois, pendant lesquels i'ay fait en allant & retournant, tant par mer que par terre cinq mil six cents cinquante & huict lieuës, sans compter plusieurs petits voyages de cinq ou six lieuës que i'ay faicts pour aller voir diuerses choses curieuses, & aussi sans cóprendre les voltes & bords que l'on faict sur la mer, pour tousiours s'entretenir au cours de son voyage quand le vent est contraire, qui est alors que pour faire vne lieuë de droite ligne, il en faut faire huict tortueuses que les mariniers de l'Occean appellēt bardees, & ceux de l'Orient voltes, pour ce qu'on ne faict que tournoyer en les faisant, de sorte que ie ne mets en compte telles longueurs de chemins, nō plus que les esloignemens de nostre route que les tempestes nous ont causé par plusieurs fois, ainsi qu'auez peu voir lisant nos liures precedés, ausquels si i'ay obmis quelque chose requise

*5658. Lieuës faictes en mon voyage.*

*L'autheur fait estat d'auoir faict en tout son voyage plus de sept mille lieues de chemin.*

*Voyages du Seigneur*

pour le fil du discours de nostre peregrination, ou bien que ie me sois esgaré aucunement en la description des villes & prouinces, que i'y ay (ou mieux qu'il m'a esté possible) depeintes: ou que le langage duquel i'ay vsé n'ait esté si poly & orné comme les oreilles des hômes doctes & eloquens de nostre temps le demanderoient, ie les supplie, & tous les prudens lecteurs de suppleer à mon defaut, & passant outre excuser mes fautes. Voilà donc au vray le contenu des choses plus memorables que i'ay veuës en tournoyant partie du monde en ce mien voyage, auquel i'ay tant receu de benediction de la main liberalle de ce bon Dieu, qui par sa diuine prouidence regist & gouuerne ceste machine ronde, qu'ayant par sa grace specialle euité mille perils & dangers qui m'enuironnoient de toutes parts, non seulemét ie n'ay receu aucun dommage en mes deniers, ny perte, ains au contraire toute faueur & aide, mesme entre les infidelles, cognoissant bien que cela ne m'est aduenu, sinon par la bonté diuine de nostre Dieu, lequel a vn si merueilleux soing de ses creatures, & specialement de l'homme, lequel ayant effigié son pourtraict & modele en luy, a espandu tellement les rayons de sa diuinité, qu'il n'y a creature si noble que luy en ce bas territoier, duquel il est monarque: à raison dequoy Dieu luy a mesme donné vn bon Ange pour le côduire en tout le cours de sa vie, qui est appellé des escriuains tant diuins que profanes, vne peregrination. Or ayans donc ainsi heureusement voyagé par l'aide & faueur de ce bon Dieu, ie serois par trop ingrat si ie ne luy rendois action de grace pour m'auoir par sa diuine bonté preserué tant par mer que par terre, de dangers infinis, & m'auoir ramené sain & sauf (contre l'opinion de plusieurs) iusques à ma patrie. Il est donc raisonnable que la memoire de tant de benefices que i'ay receus de la diuine clemence, demeurēt perpetuellement consacrez au temple de ma memoire: laquelle les representans iournellement deuant les yeux de mon entendement, le prouoque & aiguillonne à chanter ses loüanges, puis la volonté se rendant prompte & obeissante, luy sacrifie le cœur enflambé de l'amour diuin, sans iamais se destourner de ceste saincte vnion & liaison spirituelle, par les vaines pensees de ce miserable siecle mondain, lequel estant aueuglé par les voluptez transitoires & de peu de duree, ne peut voir ny regarder les choses diuines & celestes. Sus mon ame desploye maintenant toutes tes forces, prenant en main ta harpe harmonieuse pour chanter de ton Dieu les hymnes & loüanges, les faisant bruire & retentir par tous les cantons de cest vniuers, luy rendant graces eternelles par son fils Iesus-Christ, auquel soit gloire & honneur au siecle des siecles.